高等职业教育“十二五”规划教材

高职高专文秘类教材系列

会议策划组织与会议文书

张芹玲　宋　菲　主　编

张　婷　宿美丽　副主编

科 学 出 版 社

北　京

内 容 简 介

本书分为会议策划组织、会议文书写作、常见会议综合实训三大部分。第一部分着重介绍会议策划组织的基本工作任务；第二部分对会议策划组织过程中涉及的事务性、主题性、礼仪性三大类文书的写作进行介绍；第三部分则整合前面两部分的内容，选取日常工作中使用较多的几种会议形式来进行综合实训指导。本书以“任务驱动”教学法来设计教学内容，引领学生进入职业情景，完成目标任务；通过设计“实例展示”和“实例看台”，引导学生正确评判现实案例，夯实相关知识点；结合任务要求和学生的生活现实设计会务情景实训，帮助学生巩固实操技能，提高办会能力。

本书既可以作为各大专院校文秘、行政管理等专业的课程教材，也可供各单位从事秘书或会议策划执行等工作的在职人员培训和参考使用。

图书在版编目（CIP）数据

会议策划组织与会议文书/张芹玲，宋菲主编. —北京：科学出版社，2012.4

（高等职业教育“十二五”规划教材·高职高专文秘类教材系列）

ISBN 978-7-03-033651-4

Ⅰ.①会… Ⅱ.①张… ②…宋 Ⅲ.①会议-组织管理学-高等职业教育-教材 ②会议-公文-写作-高等职业教育-教材 Ⅳ①C931.47 ②H152.3

中国版本图书馆 CIP 数据核字（2012）第 030771 号

责任编辑：朱大益 / 责任校对：耿 耘
责任印制：吕春珉 / 封面设计：东方人华平面设计部

科学出版社出版
北京东黄城根北街 16 号
邮政编码：100717
http://www.sciencep.com
北京教图印刷有限公司 印刷
科学出版社发行 各地新华书店经销
*
2012 年 3 月第 一 版 开本：787×1092 1/16
2018 年 9 月第二次印刷 印张：24
字数：557 000

定价：59.00 元

（如有印装质量问题，我社负责调换〈北京教图〉）
销售部电话 010-62134988 编辑部电话 010-62138978-8205（VF02）

前　言

在以能力培养为本位的高职教育中，文秘专业的能力核心体现为“办文、办会、办事”三大基本技能。“办文、办会、办事”之间存在着既相对独立又相互联系的关系。就会议工作而言，它一方面有着区别于办文和办事工作的独特的工作体系，另一方面又集中了办文（会议相关文书的制发）和办事（上下左右的综合协调）两大元素。因此，在高职文秘专业的教学培养过程中，需要特别重视学生对会议工作流程和相关技能的掌握。

目前文秘专业的学生尽管在校期间都进行了秘书实务课程或者专门的会议管理课程的学习，但在步入工作岗位后，仍然会出现无法回避的尴尬问题——面对用人单位的招聘面试，有的文秘专业学生连一份短小的会议通知都写不好；准备小型例会时，虽然理论上明白，实践中却无从下手，比如在确定人员座次时，甚至搞不清到底应该“以右为上”还是“以左为上”。

学生缺乏的，正是我们在教学中应该着力弥补的。为了方便文秘专业教学以及各工作领域中办会人员学习和查阅办会流程、工作技巧，我们特意编写了这部工具式的教材。本书的特色主要有：

第一，体例编排方便教学。

本书分为会议策划组织、会议文书写作和常见会议综合实训三个单元。第一单元着重根据会议的基本流程，将会议组织过程中各环节的具体步骤和细节一一呈现；第二单元则按照会议不同环节所产生的不同文书的内容和作用，分成事务性、主题性、礼仪性、传播性文书等；第三单元则整合前面两部分的内容，选取日常工作中使用较多的几种会议形式来进行综合实训。

第二，根据“任务驱动”教学法来设计教学内容。

以“任务驱动”教学法来设计教学内容，旨在引领学生进入职业情景，完成目标任务。本书每一单元分为若干章，每一章分解为具有典型意义的若干任务。这种设计的益处在于，一是可以通过任务情景的设计将理论知识与现实工作中的实际问题衔接起来，二是模拟现实的任务情景更容易激发学生提出问题并思考解决问题的方法。

第三，设计“实例展示”和“实例看台”，夯实相关知识点。

在每个任务之后，我们均提供了相应的案例。第一、第三单元中设计为“实例展示”，第二单元则以“实例看台”的形式出现。这一环节旨在引导学生根据学过的知识和掌握的技能，正确评析现实案例，巩固学过的知识。

第四，实训形式不拘一格。

在实训安排上，确保每一个任务后都有相应的实训内容，形式多种多样，有“情景问答”、“供料实训”、“材料诊改”等。在实训形式的设计上，摒弃了死记硬背的定义阐释、知识填空等陈旧形式，根据具体任务的要求和学生的实际情况（比如熟悉学校生活，对现实社会问题认知不够，应用文书语言感觉缺乏等），设计一些会务情景，来完成实训任务。会议文书部分甚至引用了类似公务员考试使用的申论形式，给学生提供大量的新闻材料，然后通过对材料进行合理的分析、归纳、整合等工作，写出一篇会议讲话或会议提案。

本书参编人员均为教学一线的骨干教师和秘书工作一线的从业人员。具体编写分工如下：宋菲负责第一章、第八章任务一至任务三的编写；宿美丽负责第二章、第三章的编写；郝勇强负责第四章的编写；张婷负责第五章、第六章的编写；赵娟负责第七章的编写；李小妲负责第八章任务四至任务六的编写；王雅淇负责附录 A（会展简介）的编写；张芹玲负责附录 B（公务文书中的数字使用规范）的编写。本书的会议策划组织和综合实训部分主要由宋菲统稿，会议文书写作部分主要由张芹玲统稿。

本书为国家社会科学基金（教育科学）“十一五”规划课题“以就业为导向的职业教育教学理论与实践研究”子课题“以就业为导向的高等职业教育文秘专业教学整体解决方案的研究”的研究成果。在编写过程中，得到了很多专家和朋友，尤其是子课题组长彭秀海老师的帮助，在此谨致谢忱！编写过程中，我们还借鉴了部分教材、报刊、网络材料、政府文件和某些公务员考试真题等，在此一并向有关作者表示诚挚的谢意！

书中疏误及不当之处，敬请读者提出宝贵意见。

编　者

2012 年 2 月

目　　录

第一单元　会议策划组织

第二单元　会议文书写作

第三单元　常见会议综合实训

第一单元

会议策划组织

本单元我们将对会议的策划和组织工作作总体介绍。本部分共分为四章，第一章是对会议和会议策划的相关知识的解说；第二至四章分别从会前、会中、会后三个阶段进行分解介绍。

所有的会议在组织流程上是具有共性的，如：都可以划分为会前筹划准备、会中组织实施、后会善后总结三个大的阶段；在会议组织的各工作领域也有一些共同之处，大致都要涉及会议材料、会议场地、会议的联络接待、生活服务和财务管理等方面。本单元对会议组织工作的介绍将侧重这些共性的部分。不同类型会议在组织上的个性特点，我们将在第三单元进行介绍。另外，第二至四章中涉及会议材料的任务里，我们重点介绍文件材料工作的处理流程，对于会议中涉及的各类文书的写作，将在第二单元进行详细阐述。

第一章　会议和会议策划

在介绍会议的组织工作之前，我们首先要对“会议”本身有一个基本的认识；同时，在掌握会议的具体实施过程之前，我们还要了解会议策划的一般方法。因此，我们在本章中设置了认识会议和会议策划两项任务，希望能够帮助大家对会议的策划组织工作做好准备、打好基础、“热好身”。

任务一　认 识 会 议

一、任务目标

1．熟悉会议的概念和类型。
2．了解会议的意义和功能。
3．掌握会议的基本要素，并能够结合会议要素把握会议组织的一般工作流程。

二、任务情景

假设你是路通公司的行政主管，由于公司最近的会务工作特别繁杂，为此公司又新近招聘了一名行政助理，主要负责办会事务的辅助工作。这位新人名叫蓝心，是今年刚毕业的学行政管理学的大学生，尽管学历、潜质都不错，但对会议工作的相关基础知识及实际操作能力还有所欠缺。人力资源部将蓝心安排给你，由你来对她的工作进行培训和指导，并希望你能尽快让蓝心掌握会议组织工作的各种技能，使她成为能独当一面开展会务工作的得力干将。明天上午，蓝心将到你处报到，你打算借此机会为蓝心上会议管理的第一课——会议的基础知识，以帮助蓝心对会议和会议工作有基本的了解和把握。你将会在明天的见面中，具体介绍哪些基本知识呢？

三、任务分析

作为会议工作的初学者，首先想了解和把握的内容应该就是会议的基本知识，包括会议的概念、类型、功能、要素，以及一般会议的组织程序。掌握了这些基本知识，我们才可能进而展开“如何策划会议”和“如何组织会议”的学习、讨论与实践。

四、任务实施

步骤一：会议的概念

会议一词，从字面上分解来看，“会”即会合、聚合、合拢；“议”为商议、讨论、商量。从字面理解，我们可以将会议解释为有两人以上共同参与，以一定的方式聚合在一起商议、讨论、解决问题的活动。

《现代汉语词典》中对“会议”一词有两种解释：一是指有组织有领导地商议事情的集会，如全体会议、工作会议；二是指一种经常商讨并处理重要事务的常设机构或组织，如中国人民政治协商会议。我们一般所说的会议是指第一种解释。在美国《韦氏新大学词典》中把会议解释为“一种会晤的行为或过程”，指的也是把众多的人员聚集起来讨论问题的社会活动方式。

孙中山先生在其《民权初步》中提到：“凡研究事理而为之解决，一人谓之独思，二人谓之对话，三人以上而循有一定规则者，则谓之会议。”王首程编著的《会议管理》中，结合孙先生的这段话，对会议下了这样的定义，即：“三个或三个以上的人（其中一个可以是主持人）按一定的组织原则聚合在一起，围绕某些共同关心的内容，遵循一定的程序而进行的多项沟通。”

在对会议定义的理解和把握上，我们需要特别注意以下几个要点。

（1）参与人数：3 人或 3 人以上。

（2）讨论内容：有共同关心的主题和议题。

（3）聚合形式：有一定的组织原则。会议，最初被称做“围立”，即开会的时候，民众可以站立着，围成一个圈参加会议，并享有发言的权利。“围立”是对人类早期议事活动的直观描述，是一种有“组织”的行动。组织则是人们在相互交往过程中形成的并为参与交往的人群所接受的行为关系。在当代，即便是所谓“自发性的集会”，也是一种有组织的聚会。因为自发的集会也需要有人进行协调，以求达成一致。这个“协调人”或者听命于他人，或者指挥他人，从而形成了一种机构关系，“组织”便已经存在了。

（4）有无程序：需遵循一定的程序。遵循一定的程序是实现会议功能的必然要求，也是维持会场秩序的基本手段，并且对会议中每一个环节都有具体的约定。在许多国家，会议的规则和约定用“法”的形式固定下来，要求国民普遍遵行。例如，关于与会人员数额的规定和关于讨论表决的程序等，都有约定的规则。

（5）沟通方向：多向沟通。会议是实施民主政治的方式。为了达到群策群力的目的，会议必须在与会者之间实现多项的而不是单向的、双向的沟通。当代越来越多的学者、管理专家把会议解释为“一种会晤的行为或过程”，是“一种通常的、正式的意见交换”，是“一种两人或更多的人对共同关心的事情的商讨”。

步骤二：会议的类型

1. 按会议规模划分

根据与会人数的多少，会议可以分为微型会议、小型会议、中型会议、大型会议和特大型会议，如表 1-1 所示。

表 1-1　会议的规模

序号	规模	对应人数
1	微型会议	少于 10 人
2	小型会议	10～100 人
3	中型会议	100～1000 人
4	大型会议	1000～10 000 人
5	特大型会议	多于 10 000 人

2. 按会议内容划分

（1）综合性会议，指一次会议要讨论和研究多方面的问题。例如人民代表大会要讨论政治、经济、科教文卫、外交和宗教等多方面的工作；再如工作总结会，也要分析讨论前一段时间以来各方面工作、活动的开展情况、任务完成的情况。

（2）专题性会议，是与综合性会议相对而言的。这类会议一次只集中解决一方面的问题，讨论研究一方面的工作或事情。会议议题具有单一性或专一性。如××经验交流会、××节日庆祝活动会、高校招生工作会议等。

3. 按会议时间划分

（1）定期会议，指按照一定的时间间隔或一定的循环周期召开的会议，如办公例会、各种定期召开的经验交流会、学术讨论会、年会等。其中最为常见的为各类组织内部定期召开的工作会议，很多地方也称之为工作例会。根据例会召开周期的不同，又可以分为晨会、周例会、月例会等。

（2）不定期会议，根据组织开展工作的需要，随时要召开的会议。如防汛紧急会、抗灾紧急会、××工作布置会等。

4. 按会议级别划分

会议的级别是依据我国党政领导机构从中央到地方的不同等级划分的，比如中央级会议，省（自治区、直辖市）级会议；又如组织机构内部召开的领导班子会议、中层干部会议、部门会议、小组会议等。

5. 按会议秘密程度划分

（1）公开会议，内容无需保密的会议，如新闻发布会、表彰大会、庆典等。

（2）内部会议，内容只能在组织内部公开的会议，如工作例会、涉及企业内部发展管理策略的会议等。

（3）机密会议，会议内容涉及组织的秘密，或不必扩大知情范围的会议。

6. 按会议与会人员集中或分散情况划分

由于现代会议形式的出现，有了与传统的与会人员在同一时间、同一地点集中一处开会不同的异地开会形式，因而也就有了与集中开会对应的非集中会议形式。非集中会议主要是在现代通信技术和电子设备的支持下举行的本地或异地会议，包括电话会议、电视会议、网络会议等，统称为远程会议或电子会议。

7. 按与会者国别或与会各方的数量划分

按与会者国别或与会各方的数量划分，会议可分为单边会议、双边会议和多边会议。

步骤三：会议的功能

1. 科学决策、发扬民主

科学的决策依赖于集体的智慧，集体智慧不仅包含领导集体的智慧，还包含群众的智慧、专家的智慧。而集体智慧的交流、汇总是需要通过一定形式来实现的，其中，会议就是现代决策活动的一种非常重要的形式。通过会议，与会人员可以就相关议题发表意见，通过分析得失、权衡利弊，为问题的解决提出最为积极有效的决策和相应的解决方案。在这一过程中，不同的见解得以融合，不同的矛盾得以化解，不同的思路得以尊重，而这恰恰使现代民主制度得以实现。

2. 有效沟通、塑造形象

会议为所有与会人员提供了一个良好的交流平台。通过这个平台，对内可以传达上级的意图，了解下属的状况，交流同事间的经验、信息、情感，从而增强组织内部的凝聚力；对外可以公布单位整体状况、政策措施、发展战略，以及在处理突发事件过程中合理有效地应对媒体，从而树立组织良好的公关形象。

3. 实施管理、检查监督

召开常规工作会议也是各级各类单位实施管理的一种非常重要的手段。通过会议中的沟通交流，领导可以掌握工作的进展、效果，了解员工的工作状态，从而能够及时调整工作进度、查找制度缺口、实施业务的有效管理。

步骤四：会议的要素

1. 会议名称

确定会议名称一是为了明确会议主题，二是便于必要时制作会标。一个完整的会议名称一般由四部分组成：会议主办单位或会议范围、会议的时间或届别、会议的主题以及会议的类型。在实际工作中部分要素是可以适当省略的。

2. 会议时间

会议时间包括通知开会的时间、会议开始时间、结束时间、会期和每项议程时间。

3. 会议地点

会议地点包括会址（会议所在地区）和会场（开会的具体场地）。

4. 会议主持者

会议主持者是指主办部门、主持会议的领导人或司仪。

5. 会议参与者

会议参与者是指会议的出席者、列席者或者因讨论具体事项而特别要参会的人员。

6. 会议议题

会议议题包括会议的主要议题和其他要上会讨论的问题。

7. 会议形式

会议形式指会议进行的具体方式方法。

8. 会议文书

会议文书指包括书面会议通知在内的一切会议书面材料。

9. 会议结果

会议结果是指会议形成的结论、具体议题的解决办法、确定的承办部门以及具体落实步骤等。

10. 会议费用

会议的费用是指会议的必要支出。

任何一次会议，我们都可以通过以上十个要素进行描述、分析和准备。

步骤五：会议的一般组织流程

会议的一般组织流程如表 1-2 所示。

表 1-2 会议的一般组织流程

第一阶段	会前（筹划、准备）	任务一	组建会议筹备机构	承接会议后，领会领导意图，组建会议筹备机构，做好人员分工，及时对举办会议的具体要求如程序、文字、会址选择要求、会场布置、接待规格等方面进行确定
		任务二	会议材料	编制会议策划方案、会议筹备方案、会议日程、议程、会议通知、邀请函、大会手册、讲话发言稿、主持词、与会人员名录等各类材料
		任务三	会议场地	确定会址，安排具体会场；做好会场布置、会场设备准备等工作
		任务四	联络接待	发送会议通知，及时接收回执以确定具体与会人员名单及人数；了解与会人员的需求和要求，特别注意与会人员到达会场的方式及是否需要接站等；联络相关媒体，做好会议宣传
		任务五	生活服务	确定接站方案；预订食宿、车辆、文娱、参观等活动；安排保卫、医疗卫生、车票预订等工作
		任务六	财务管理	编制预算、上报审批、费用支出控制

续表

第二阶段	会中（组织、实施）	任务一	会议材料	形成会议记录、会议简报、会议决议等材料
		任务二	会议场地	会议场地的检查与调控
		任务三	联络接待	接站、报到、签到、下发会议材料及其他会场服务工作
		任务四	生活服务	会间的食宿、娱乐、参观等活动的组织实施
		任务五	财务管理	费用支出控制
第三阶段	会后（善后、总结）	任务一	会议材料	会议纪要、公开发表的重要文件、新闻稿件等材料的拟写；回收需回收的文书；会议材料的归档整理；需承办的其他材料归口处理
		任务二	会议场地	做好驻地、会场的善后工作
		任务三	联络接待	离会时协助与会人员退房、完成返回送站工作
		任务四	财务管理	与会人员的财务结算和账目票据结清；会务费用整体结算
		任务五	会议评估与总结	会议评估和总结

步骤六：常见的会议形式

会议的形式非常多，下面主要列举日常工作中使用频率较高的几类会议形式。

（1）行政工作会议。如工作例会、总结表彰大会、职工代表会、股东大会、董事会等。

（2）商务工作会议。如会见、会谈、签字仪式、庆典、宴请等。

（3）媒体交流会议。如新闻发布会、记者招待会等。

（4）学术研究会议。如研讨会、论坛等。

……

不论哪种会议形式，在组织流程上都是具有共性的，如都可以划分为会前筹划准备、会中组织实施、会议善后总结三个大的阶段。在会议组织的分工上也有一些共同之处：大致都要涉及会议材料、会议场地、会议的联络接待、生活服务和财务管理等方面。但是，不同类型的会议由于其形式不同，在具体的时间要求、场地要求、程序要求和服务要求上都有不同。所以，在会务组织过程中，我们既要把握所有会议的共性，又要掌握某种具体会议形式的自身特性。在本书的第三单元，我们将会对常见的会议形式的具体组织进行详细介绍，以满足读者的实际工作需求。

五、知识链接

（一）影响会议质量的负面因素

影响会议质量的因素非常多，会议组织过程中，但凡某一环节准备不足或者没有做到位，都有可能影响到会议的质量和效果。在这里，我们介绍几大影响会议质量的主要因素。

1. 会议目的不明确

会议的目的决定了会议是否召开、会议以何种形式召开、相关领导和主持人在会上要做什么、会议将形成怎样的结果等后续的一系列问题。很多会议在决定召开之前，组

织者并没有明确这一点，于是便出现了领导会上讲话滔滔不绝、与会人员态度散漫、主持人难控局面、会议议题议而不决等情况。还有一些会议，组织者是有目的的，但是他们的目的缺乏意义，或者方向不正确。他们不是为解决问题而开，而是为了惯例、为了攀比、为了表功、为了变相福利而开，结果同样是"只有形式，没有内容"，造成与会人员的反感，浪费了与会人员的时间，虚耗了组织的经费，影响了组织的形象。

2. 会议责任分工不清晰

一个有效的会议必然是一个有明确责任分工的会议，会议主持人和参加人都对会议成功负有责任，要充分发挥各自的作用，扮演好自己的角色，相互配合，保证会议圆满成功。一般来说，会议的召集方和出席方应有下列责任分工，如表 1-3 所示。

表 1-3 参会各方的责任分工

会议阶段	会议召集方	会议出席方
会前	明确会议目标、制定会议计划、进行各项会议准备。如安排会议内容、选择会议时间和场所、挑选会议人选、与有关人员进行联络、准备会议文件、发出会议通知、准备会场等	掌握相关信息，做出必要的会议准备。如将会议时间列入自己的日程安排，确保出席会议、清楚地了解会议的目标及会议安排、知道自己在会议中应该发挥的作用并做好充分准备
会中	按时开会、保证会议取得预期结果。具体包括对会议进程及气氛进行控制引导、提供必要的设备和信息、提供会议服务、对每一阶段的讨论进行总结，做会议记录，保证每个出席人清楚地知道讨论结果等	按时出席，积极参与，遵守会议纪律。具体包括按时出席会议、不开小会、不跑题、遵守会议纪律、认真倾听并对有关内容进行记录、积极参与、适时提出自己的意见或问题等
会后	完成会议善后工作，对会议所达成的决议或布置的工作进行落实追踪。如清理会场、整理会议文件、编写会议纪要、对会议进行总结等。另外还要按照会议讨论并决定的事项开展工作，针对评估意见采取改进措施	按照会议决议及分配的任务开展工作。如向有关人员转达本次会议信息，分配布置工作，按照会议讨论并决定的事项开展工作等

［资料来源：中国就业培训技术指导中心．2006．秘书国家职业资格培训教程（三级秘书）．北京：中央广播电视大学出版社］

3. 会议筹备不周全

在决定要召开会议之后，会务工作人员应当完成系统的会议筹备工作。筹备工作的事项要考虑周全；人员分工要合理、明确；具体工作的完成要准确、细致。但在实际工作中，我们经常会在下面几个问题上出现纰漏，进而影响到会议召开时的效果：议程、日程设置不合理或日程不详，造成与会人员的猜测，或者造成部分与会人员出现了听会的情况；会议通知发放时间过早或过晚，导致与会人员忘记或来不及参会，有时与会人员因来不及对会议的内容提前做材料、信息上的准备，导致会议进行时难以完成相关议题的讨论；再有，会场大小选择不当也是影响会议效果的一个因素，有些单位的工作会议选在容纳人数远远大于与会人数的大型会议室中，与会人员就座时零散或者距主席台距离较远，反而造成沟通不畅的情况。此外，如会议时间选择和经费控制上的不当、人员分工不明确等缺陷，也都会造成后续工作无法顺利开展。

4. 会中控制不得力

会中影响会议质量的常见因素包括以下几个方面。

（1）会议召开不准时或会议时间过长，与会人员抱怨声不断。

（2）主持人会场控制不得力，导致发言和讨论时间过长、离题较远、与会人员出现矛盾冲突等。

（3）缺乏与会人员的考勤机制，与会人员有缺勤、迟到、会场接打手机、吸烟、睡觉、随意出入会场等情况，导致会场嘈杂不堪。

（4）会议器材发生故障，相应的议题环节难以完成。

（5）讨论没有准备的议题。

5. 会议形成的决定和措施会后落实不到位

会后要做的工作很多，包括材料的立卷归档、宣传会议精神、对会议进行评估和总结等，但在诸多工作中最为重要、难度最大、也是对会议质量影响最显著的工作是对会议内容的落实。“认认真真走过场，马马虎虎办落实”的情形，会严重影响会议组织方的公信力，造成与会人员对会议组织者和会议管理工作上的信任度降低。会议，原本非常有效的管理手段，将随着会议组织方公信力的降低而渐渐失去其意义和价值。

总之，在整个会务工作过程中，影响会议质量的因素很多。作为会务工作人员，应该提前了解和掌握这些可能出现的情况，未雨绸缪。

（二）会议工作人员的基本素质

1. 良好的职业道德和职业形象

会务工作是一项辛苦的工作，工作任务重、工作时间紧，加班加点的情况随时会出现。因此，会务工作人员一方面要具有吃苦耐劳的精神，另一方面要有甘于奉献的精神，有做无名英雄的准备。在会务活动组织管理过程中，有时可能个人的付出不能被领导所看到、所了解，但即使如此，会务工作人员也要努力把自己的工作做好，这是会务工作人员所必备的最起码的职业道德。

会务工作是一项服务工作，其实也是一项公关工作。办会人员的形象不仅代表个人，更代表着会议的组织单位。因此，会务工作人员的言谈举止要规范得体、符合礼仪，工作时切勿懒散、推脱，展现出良好的职业形象。

2. 出色的组织能力和协调能力

会务工作是一项团队合作的工作，只身一人挑大梁无法很好地完成会务工作的全部进程。会务工作涉及层面多、部门广，既需要人力资源的合理调配，也需要各部门之间的协作配合。会务机构的各部门、各个工作人员在各尽其职的同时，也要尽力协助其他工作人员的工作，使会务工作在融洽的气氛中顺利进行。在这个过程中，会务工作人员的组织能力和协调能力显得尤为重要。

组织能力是指会务工作人员在会议活动日程、议程的安排，人员的调动，会议活动事项进程的推动过程中所体现出的综合掌控能力。组织能力具体体现在以下几个方面：

①程序组织。日程、议程要安排合理、紧凑，合理利用时间资源，使时间得到优化，使会议活动进程井然有序、有条不紊。②人员组织，各类人员分工安排得当，什么人员在什么时间、什么地点、参加什么活动都要精确无误，不能打乱仗。③事务组织。会议活动的事务性工作都要想得尽可能周到，并要按计划严格要求、精心组织，使会议活动组织得有板有眼、有节奏、有成效。

协调能力是化解矛盾的能力，是聚分力为合力的能力，是变消极因素为积极因素的能力，是动员、组织、充分调动会务人员工作积极性的能力。没有密切的协调配合，会议活动就难以顺利进行。协调主要包括任务、力量和规则方面的协调。任务协调，就是所有任务要有明确分工，做到“事有人干，人有事干”，岗岗有人，人人尽责。力量协调，就是在会务组织过程中出现变化，能够迅速有效地协调人力、物力、财力等资源，尽快解决问题。规则协调，就是按照一定规则、机制和要求进行协调，在举行会议活动之初，就要制定协调规则，提出有关要求，并建立协调的机制。

3. 扎实的办会知识和办会技能

（1）会策划。会议活动组织人员首先要会策划，这是总揽全局、协调各方的基础。一项会议活动，不论规模大小、时间长短、规格高低，总是离不开策划工作的。

（2）会写作。会写作主要是指会写会务活动中所涉及的各类文件材料。例如会议主题性材料中的会议策划方案、会议筹备方案、会议通知、邀请函、会议报告、讲话稿、主持词、开幕词、闭幕词、迎送词、答谢词、祝贺词、祝酒词等；又如会议事务性材料中的会议手册或会议须知、会议分组名单、会场座次表、签到表（卡）、房间安排表、与会人员证件、席签、会场指示图等；又如会议宣传性材料中的新闻通稿等。

（3）会主持。会主持是指会务工作人员要对会议活动组织程序非常熟悉，并能够主持一般的会议活动。在有些场合，往往需要会议活动的组织人员临时主持一些会议活动，如：在正式的会议活动之间往往有一些非正式的会议活动，工作人员应当能担当主持人的工作；有些小型会议活动，往往也需要会议活动的组织者完成主持人的工作；会议活动的准备会议或预备会议，这种会议一般不能让领导直接主持，而应当由工作人员主持或协助主持完成；会议活动中的文化娱乐活动，有时也要会议活动的组织者来组织主持。因此，会务工作人员在办会技能的学习准备过程中，也不能缺少会议主持这一项。

（4）会设备。随着现代科学技术的发展，办公自动化水平和会议活动的科技含量越来越高，许多先进的电子设备在会议活动中普遍使用，会务工作人员必须了解和掌握这些新设备，如音响设备、录音录像设备、摄（照）像设备、投影设备、计算机设备、电视电话设备、扫描设备、传真设备、联网技术、多媒体技术、磁卡技术等。

（5）会礼仪。会务工作人员的礼仪素养，对会议成功与否起着重要的作用。不同主题、不同形式的会议对礼仪服务的要求也不尽相同，但通常都包括迎送、签到、引导、介绍、陪同乘车等基本礼仪。不论哪一种形式的会议，细致、周到的服务，既能让与会者倍感温馨，同时也可以促进会议顺利进行。因此，会务工作人员必须具备良好的礼仪修养。

4. 灵活的应急能力和应变能力

会务安排的内容是固定的，但突发事件也是随时可能出现的，要保证会务工作顺利进行，会务工作人员必须具备处理突发事件和意外事件的素质。

六、实例展示

【案例一】

初入职场的“会议”

王义大学毕业后，应聘到一家大型企业做秘书。一天公司杨经理走进办公室，说：“明天上午九点在三楼会议室开会……”

“唉，怎么又开会？”王义脱口说了一句。

杨经理有点惊讶地反问道：“你认为开会是没有意义的事吗？”杨经理似乎看出了王义不以为然的样子，继续问，“你说说会议都有哪些价值，或者为什么没有价值？”

这个问题王义从没有想过，对开会的厌烦情绪，淹没了他对会议的理性思考。

杨经理见他语塞，递给他一份资料，“拿去看看，好好准备明天的会。”

王义想，自己刚来不久，没啥事会问到自己，开会嘛就是走走过场。所以王义打定主意，第二天到会场上“休息休息”。

会上，杨经理看到坐在角落，睡眼朦胧的王义，便点名让他为讨论的方案献计。

王义急忙站起，两手空空，两耳空空，口中无语，看看四周，才发现大家手边都放着些资料，而且都在记录着什么，他一下涨红了脸，低下头……

杨经理见状，沉默了一会儿，对他说：“会后你到我办公室来一下。”

王义开完会后来到杨经理办公室，杨经理递给他一份文件，“下周有个新员工培训会议，你帮我来办会。”

王义仔细看了文件上的要求，原来这么简单的一个会还有这么多的准备工作，看来办会还真不简单。

（资料来源：向阳，强月霞．2010．会议策划与组织．重庆：重庆大学出版社）

【解读】 会议是各类组织在行政管理过程中的一种必要的管理手段，它不仅是组织实施管理、检查督促的有效方式，也是促进沟通、树立形象的重要途径。但是，有不少单位在会议组织过程中不注意会议质量的提高，出现了一些为开会而开会、只重形式不重内容的会议，也出现了为旅游、为娱乐而开会的不良现象。而恰恰是这些不良现象，导致很多人对“会议”产生了误解和曲解，正如案例中王义所想“开会嘛就是走走过场”。但事实上，会议工作不仅仅关系到一个组织决策的效率和效益，同时还关系到组织内外沟通协调和战略规划。不仅如此，会议的组织管理工作也并非人们想的那么简单，它是一项系统的工作，涉及整体策划、人员分工、材料、场地、接待、服务、经费等多方面的工作，同时它也不是一个人就可以完成的，需要会务人员协同合作。所以，对于即将从事会议策划、管理等相关工作的人而言，必须首先要对会议有一个正确的、系统的、全面的认识。

【案例二】

会场里的“生人味”

从四面八方来的负责人差不多到齐了。李董事长环视会场，与到会的下属不断点头问好，满脸微笑。

“都到齐了吗？”他问秘书小张。

“都到齐了，整二十位。”小张说。

突然，董事长脸上的笑容凝住了。他吸了吸鼻子，沉默了一会儿，一声不响地走出了会议室。

张秘书一下子紧张起来，也跟着走了出来。与会者只得坐在那里等待。

“董事长。”张秘书轻声叫道，等待指示。

“小张，会场上怎么有股生人味？”董事长问。

“生人味？”张秘书不解地问。

“好像有不该参加的人来到了会场。”

“不会吧？”张秘书说，“名单您审定过，这里是您的签字。来的都是各地经销处的负责人。”他拿出经董事长审定的名单，递给董事长。

董事长没有接过名单，问道：“坐在我对面的那日本人怎么也到会了？”

“他是我们东京的代销商。”

“代销商和经销处一样吗？”董事长严肃地问，“你难道不知道今天会议的议题？”

“今天是研究海外市场促销对策……”

“这是本公司的核心机密。代销商只是合作伙伴，并不是本企业的成员，更不是研究企业经营决策的核心成员。内外有别啊!”董事长说。

“名单上有李明，这代销商的中国名字也叫李明……”

“好了！你待会儿再认真看看名单吧！”董事长一挥手说，“现在，你说该怎么办？”

“那现在能不能由我通知日本人让他退出会场？”张秘书说。

“你说呢？”董事长反问道。

“这样好像不妥，会影响关系的。”张秘书说，“是不是改变会议议题？”

“现在也只有这样了。”董事长说，“今天上午的议题改为介绍东京代销商野田二郎先生与各经销处长认识，交流经销经验。主要请野田先生讲东京的市场状况和他们的对策，我介绍中国“三十六计”在日本商场的运用。用半天务虚，下午正式研究问题。你通知公关部下午派人陪野田游览市内风景名胜，并通知公关部下午派人陪野田到张家界森林公园去游览三天。三天后我抽出时间，再与他单独研究如何拓宽双方的合作。”说罢，董事长快步走进会议室。

小张待董事长离开后打开名单一看，除各销售处长的名单外，董事长亲笔加了“请东京的李明同志到会”一行字。东京的李明同志是指公司派往东京的市场调查员。而日本的野田二郎虽也叫“李明”，但不是“同志”，只是合作者。

他急忙去公关部联系，然后打国际长途请东京的李明同志飞回总公司开会。

（资料来源：王育．2003．秘书实务．北京：高等教育出版社）

【解读】 会场里的"生人味"是由于筹备会议的秘书人员没有认真领会领导的意图，没有根据会议的主题和内容审定与会代表资格造成的。秘书人员工作上的疏忽使得不该参加会议的人前来参加会议，应该参加的人反而没能到会，若不及时处理，可能造成会议中有保密意义的内容泄露出去，出现消极影响，甚至给组织造成损失。

再者，"会场的生人味"让我们懂得召开一次会议时多准备几个议题的重要性，它可以在情况发生变化时救急或减少不必要的损失。在这一案例中，如果董事长不因野田二郎的"生人味"而想出应急的议题，而采取不让野田二郎开会的方法，会影响双方关系，乃至使合作关系破裂，应视为下下策。因此，秘书人员在协助领导确定和选择议题时，有必要多准备一至两个，是有好处的。

七、拓展实训

【情景问答】

材料一：

开会有意义吗？全球上班族表示怀疑

有八成员工认为，他们公司至少一半的会议是没有意义的，纯粹是在浪费宝贵的工作时间。

人力资源集团 Robert Walters 最近对 13 个国家和地区的 2000 名上班族进行了一次国际调研，研究企业界为什么有那么多会议。虽然会议在企业中具有"重要"作用，高管们通常每天要参加两三个会议，但 Robert Walters 人力资源招聘总监苏珊• 梅杰（Susan Major）承认，如果这些会议没有任何成果，那它们就毫无意义。

Robert Walters 通过网络进行的这项调查涵盖了会计、金融、银行、IT、法律、销售、营销和人力资源等领域。而在目前，许多国家的上班族都在努力尝试，希望在工作和私人生活之间实现更好的平衡。

员工的态度也存在文化差异。在觉得会议最没用的名单中，南非工人名列榜首，83% 的受调查者认为会议没有达到工作目标。紧随其后的是美国、中国香港地区和新加坡。

在日本，经商办企业经常需要召开大型会议，61%的日本员工觉得至少一半会议没有效果。与日本人的观点最为接近的是爱尔兰人和卢森堡人。

Robert Walters 认为，良好的日程安排和前期准备可以降低员工的失望感。因此，减少与会人数、培训会议主持、禁止开会期间使用手机和黑莓（Black Berrys）等措施，可以帮助与会人员集中注意力。

而在会议结束时，对会议讨论内容进行明确评估，这一点非常重要。

（资料来源：http://www.ftchinese.com/story/001007697/ce）

结合上述情景材料回答下列问题：

1．请以"开会的意义"为主题做一次社会调查，可以将本班同学分为数个小组，分组进行。此次社会调查必须包含设计调查问卷、确定恰当的调查对象、问卷下发与回收、整理数据、形成调查报告等环节。完成后，全班进行交流、讨论。

2．请谈谈你对会议的认识和看法。

材料二：

博鳌亚洲论坛2011年年会闭幕

（新华网海南博鳌4月16日电　记者郑玮娜）经过3天的高层对话与讨论之后，博鳌亚洲论坛2011年年会16日下午在海南博鳌落下帷幕。

博鳌亚洲论坛2011年年会的主题是“包容性发展：共同议程与全新挑战”，旨在通过政府、企业、学术界和媒体之间的广泛对话，进一步探讨包容性发展的内涵，为亚洲经济的适时转型提供前瞻性的思路和引导。年会设立“包容性发展——健康、有序的增长”“新一轮增长的需求引擎”“‘中等收入陷阱，的亚洲式规避”“人民币走出去：挑战与机遇”等23个议题，进一步探讨了包容性发展的具体策略。

中国国家主席胡锦涛在开幕大会上发表题为《推动共同发展　共建和谐亚洲》的主旨演讲。俄罗斯总统梅德韦杰夫、巴西总统罗塞夫、南非总统祖马、韩国总理金滉植、西班牙首相萨帕特罗、乌克兰总理阿扎罗夫也发表了演讲。

据论坛秘书处介绍，2000余名各国政要、工商界领袖、专家学者和媒体人士出席今年年会。论坛接待规模创历年之最。

博鳌亚洲论坛成立于2001年，作为一个非政府、非营利性的国际组织，目前共有28个发起国。博鳌亚洲论坛成立以来，致力于推动亚洲区域经济合作，为本地区经济实现可持续发展提供智力支持，目前已成为亚洲以及其他大洲有关国家政府、工商界和学术界领袖就亚洲以及全球重要事务进行对话的高层次平台。

（资料来源：http://www.xinhua.org）

结合材料中给出的消息，分析博鳌亚洲论坛2011年年会的会议要素。

【供料实训】

材料一：

模拟联合国（Model United Nations）

模拟联合国（Model United Nations）简称MUN，是模仿联合国及相关的国际机构，依据其运作方式和议事原则，围绕国际上的热点问题召开的会议。青年学生们扮演不同国家的外交官，作为各国代表，参与到“联合国会议”当中。代表们遵循大会规则，在会议主席团的主持下，通过演讲阐述“自己国家”的观点，为了“自己国家”的利益进行辩论、游说，他们与友好的国家沟通协作，解决冲突；他们讨论决议草案，促进国际合作；他们在“联合国”的舞台上，充分发挥自己的才能。

中国大学生模拟联合国的发展历史

模拟联合国在中国的发展可以分为三个阶段。第一个阶段是2001～2004年，第二个阶段是2005～2006年，第三个阶段是2007年至今。如果对中国的模拟联合国活动追根溯源，最早的开拓者应当是北京顺义国际学校。这所学校专门服务于在华外国人子女。早在1993年，北京顺义国际学校就召开了第一届北京模拟联合国大会（Beijing Model United Nations，BEIMUN），该大会是海牙国际模拟联合国大会的分会。

2001～2004年是模拟联合国的起步期。模拟联合国在西方国家发展得比较成熟，到了20世纪90年代，这项活动才进入中国。近年来发展势头尤为迅猛。北京大学、外交学院和西北工业大学于2001年成立了北京大学模拟联合国协会，成为全国高校中首批专门开展模拟联合国活动的学生组织。从2001年到2004年，模拟联合国在中国处于起步摸索的阶段，学生们主要是参加会议积累做代表的经验，尝试学习国际会议，在国内开展同类活动。仅有若干所学校随之建立起模拟联合国的学生组织，大部分学校依然把此项活动作为学生会、研会等学生组织偶尔参与的非主流活动。

2005～2006年是模拟联合国的巩固期。该阶段全国有近50所高校开展了模拟联合国活动，已有模拟联合国团队的学校进入了巩固期，在全国处于一个平稳的发展时期。有的高校将模拟联合国活动纳入某一学生社团或学生会的活动；而后起的中国人民大学、北京师范大学、北京外国语大学、南京大学等高校也建立了专门的模拟联合国学生组织。香港、台湾地区高校也在积极开展此项活动，香港浸会大学、台湾大学、台湾政治大学成立了相应的学生社团。该阶段国内校际间的模拟联合国以200人以下的中小型为主。

2007年至今是蓬勃发展时期。目前中国大学生模拟联合国大会主要有三大会议，一是由中国联合国协会（China United Nations Association）主办的中国模拟联合国大会，二是由外交学院主办的北京模拟联合国大会（Beijing Model United Nations），以及由北京大学模拟联合国协会主办的亚洲国际模拟联合国大会（Asian International Model United Nations，Peking University）。

模拟联合国会议主要流程

模拟联合国对青年学生的吸引不仅在于其别具风格的形式，更在于其真实的对于联合国规则的模拟。在模拟联合国大会当中，参会学生将会根据特定的会议规则对某一议题进行演讲、辩论、磋商，形成书面文件，寻找解决方案。模拟联合国主要通过语言交流和书面文件两套方式进行问题解决。

语言方面

通常会经过点名后加入主发言名单（Speaker's List）→有组织核心磋商（Moderated Caucus）→自由磋商（Unmoderated Caucus）→主发言名单（Speaker's List）这样一个循环，关于议题（Topic）中某一问题不断深入地进行交流讨论。

书面文件

通常会经过立场文件（Position Paper）→工作文件（Working Paper）→决议案草案（Draft Resolution）→修正案（Amendment）→决议案（Resolution）的一个单向流程。立场文件是表明一个国家对某一议题基本立场和看法的文件，要求每个参会代表在会议召开前提交；工作文件是通过对一个阶段会议主要成果的整理而成，通常集结了一个或多个国家集团的主要观点；决议草案是对一个议题的解决方案的初步解决方案；修正案是对决议草案中的不足之处进行的修正。

（资料来源：http://baike.baidu.com/view/104662.htm）

材料二：

2011北京模拟联合国大会在京开幕

（新华网北京4月8日电　记者王优玲）　2011北京模拟联合国大会8日在京开幕。

本次大会以“青年的声音”为主题，是庆祝联合国国际青年年的主题活动，来自57所国内外大学和高中的300多名学生代表参会。

联合国秘书长潘基文在贺信中说，模拟联合国是联合国决议中的重要一环。世界需要青年的积极参与。我敦促青年利用从这次模拟联合国大会中学到的知识和技巧等，来使联合国的目标有所发展。“到处都是寻找机会和尊严的有志青年，世界必须聆听他们的声音，鼓励他们的远大抱负。”

据介绍，“模拟联合国”是世界各国官方和民间团体为青年人组织的活动，目的在于帮助青年人熟悉联合国的运作方式，激发青年人对联合国工作的兴趣和对国际事务的责任感。2011北京模拟联合国由外交学院、共青团北京市委员会、中国联合国协会和联合国儿童基金会联合主办。

在本次活动中，参会代表将模拟联合国大会议程，以模拟外交官身份，分别在联大——经济金融委员会、人权理事会和粮食计划署等三个模拟委员会中，就主权债务危机问题、反对针对儿童的暴力以及食品安全等全球热点问题展开辩论，并发表公告性文件总结会议讨论成果。此外，大会还设立历史危机互动内阁，就历史上的柏林危机举行会议、讨论对策。

（资料来源：http//www.xinhua.org）

结合以上材料，完成下列综合实训任务：请全班同学组织一次模拟联合国会议。

要求：

1．结合最近国际关注焦点，确定此次会议主题和议题。

2．搜集联合国会议和模拟联合国会议的组织流程，选派本班同学扮演外交官角色。

3．会议全程录像，结束后，通过观看会议录像对此次模拟活动进行点评。

八、学习反思

____

____

____

任务二 会议策划

一、任务目标

1．熟悉会议策划的概念、了解会议策划的原则。

2．掌握会议策划的工作流程。

3．能够独立进行会议策划。

二、任务情景

由于人事变动，最近天俪公司人员流动较大，销售部的情况尤其突出。销售部经理想做一个小型会议，希望通过这次会议，能够使员工的心态稳定下来，强化团队的合作精神，同时希望会场的气氛能够活跃些，会议时间大概控制在 2 小时左右。如果经理把这次会议策划的工作交给了你，你将怎样完成？

三、任务分析

“凡事预则立，不预则废”，对于会议组织而言，充分的会前准备对会议的顺利进行有着十分重要的作用，而在会前准备的众多工作中，首要完成的就是会议的策划。会议策划与一般的计划、筹划不同，它更多地表现为战略性，通过分析情况、发现问题、确定目标、设计优化方案，从而最终形成具体工作设置等一套系统的环节。而这种战略性的策划，可以更好地保证会议高效完成，从而实现举行会议之目的。不仅大型的、政务、管理类会议需要会议策划，小型的、商务、营销类的会议同样需要策划，只是在策划上投入的时间、人力、物力会有所区别。策划意识在会议管理中是需要我们特别注意的。

四、任务实施

步骤一：确定会议的目标和任务，实施调研

会议是一种目的性很强的群体社会交往活动，确定会议目标和任务就是解决为什么开会这个最基本的问题，因此，明确会议的目标和任务是我们要完成的第一个步骤。确定会议目的要充分考虑到与会人员的兴趣和愿望以及会议能够帮助他们解决的问题。会议目标的确定要集中、明确、紧扣主题、有可行性。

对于情景中所给出的信息，我们可以很明确地把握此次会议的目标和任务，即稳定员工情绪、强化团队合作精神。此外，我们可以结合任务去搜集一些相关的信息，或者吸取其他单位或部门以前取得的好的经验。

步骤二：设计策划方案，进行可行性研究

在会议的策划过程中，我们也可以借鉴 5W1H 分析法。5W1H 分析法也叫六何分析法，主要是从原因（何因）、对象（何事）、地点（何地）、时间（何时）、人员（何人）、方法（何法）六个方面提出问题进行思考。按照该方法，会议策划方案的内容主要体现在以下几个方面：

（1）why——为什么开会。即会议的目标是什么，可围绕目标进而分析出会议的主题和议题。

（2）who——会议的人员及规模。具体包括会务工作人员、嘉宾、主持人、发言人、与会人员等。

（3）what——会议的形式。根据会议目标来确定会议的具体形式。

（4）when——会议的时间。具体包括会议召开的时间、会期、日程等。

（5）where——会议的地点。具体包括会议会址和会场的选择、会场的布局设计等。

（6）how——怎样处理具体的会务工作。具体包括会议所需的经费数量、会议的进程安排、会议机构的组成及人员安排、突发情况的预测及解决方案等。

相关内容确定后，就可以按照会议策划方案的写作要求，形成会议策划方案的文字

材料。在撰写完毕后，需及时做好可行性分析，出现不当之处及时修改，从而使方案愈加完善、周密。在可行性分析过程中，既要考虑会议的环境和目标公众的可行性，又要考虑财力的可行性、效益的可行性、物质水平适应性和应急能力的可行性。

步骤三：比较论证，选择方案

对同一个会议提出策划意向后，可能会出现两个或两个以上的策划方案。在给出的方案中，我们可以通过征求意见、专家指导的方式，最终由会议组织方的领导和策划人员共同决定最后使用的一套策划方案。论证的常见方法包括以下几种。

1. 经验判断法

经验判断是基于决策人员已有的经验、知识、技术水平，对各个方案进行分析比较从而对其优劣做出判断而进行抉择的一种方法。经验在评价和选择策划方案中起着相当重要的作用。

2. 定位式优选法

从各种方案中优选出上、中、下三类，对其风险和收益进行比较，选出最优化的方案进行重点完善。

3. 轮转式优选法

对各个方案逐一进行分析和论证，对每个方案的优点与不足进行修正和完善，最后再选择出最优方案。

4. 优点移植法

对各个方案的优点进行集中，在某个比较成熟的方案中移植其他方案的优点，以弥补其不足。

当会议策划方案得以确定后，还要制定出备用方案。因为主方案虽然在策划方案评选时被认为是最精彩的方案，但是可能因为条件的变化而无法付诸实施，如果此时再策划新的方案，时间就有可能来不及了，因此需要有备选方案以解燃眉之急。

步骤四：方案实施，适时调整

策划方案确定之后，可以根据本单位的具体情况，组成会议筹备小组，形成会议筹备方案，将具体的实施步骤、时间安排、人员分工等情况明确下来。

五、知识链接

（一）什么是会议策划

会议策划是依据会议的目的，借助科学的方法和手段，对会议活动的总体战略以及会议活动的进程进行总体构思的前瞻性活动。会议策划是整个会议组织管理的最初环节。好的会议策划，一方面需要会议方案在设计、构思上有新意、有创意；另一方面，需要策划者对具体的执行方案有深入的思考，策划方案必须具有可行性，对达到会议目的有实际效用。

（二）会议策划的原则

1. 目的性

会议是交流信息、进行管理的一种方法和手段，任何一次会议都有其特定的目的。因此，会议的策划必须紧紧围绕会议的目标展开实施。

2. 系统性

任何事物都可以视为一个系统，会议也不例外。会议策划的对象是系统的，也就决定了会议策划需要策划者具有全局的观念，对会议各个要素的设计安排要进行精心、周密、统筹的规划。

3. 客观性

会议策划的客观性要求会议策划方案要具有充分的可操作性。策划时必须结合具体客观实际来进行，否则就等于纸上谈兵。

4. 规范性

规范性原则要求策划者在会议策划过程中既要遵守相关的法律、法规和行业规范，又要遵守社会伦理道德，以及从业人员的职业道德。

（三）会议策划方案和会议筹备方案的关系

会议策划方案和会议筹备方案既有区别又有联系。

1. 区别

会议策划方案是对会议做整体的计划，而会议筹备方案则对具体的要素如何实现提出更为具体的实施办法。比如在会场的安排上，策划方案里侧重场地的选择、设计、安排，而在筹备方案中则会对具体的会场工作进行细致的分工，责任到人。因此，总体来看，会议策划方案着眼于宏观，会议筹备方案则着眼于具体；会议策划方案比较务虚，会议筹备方案更加务实。此外，对于同一个会议的策划，可能会有一个或者多个策划方案，但最终只能根据最后敲定的策划方案去做相应的筹备方案，所以策划方案可能会有多个，而筹备方案通常只有一个。

2. 联系

从时间上来看，一般是先出会议策划方案，再有会议筹备方案；从内容上来看，会议策划方案和会议筹备方案体现出的会议要素基本上是一致的，但会议策划方案中给出的内容可以相对笼统，而会议筹备方案中的内容则需更加具体。

六、实例展示

【案例一】

节假日期间的研讨会

鑫源公司是一家计算机网络培训机构，考虑到上班族平时上班很忙，没有时间充电，打算利用十一黄金周七天的假期开设一期“网络工程师研讨会”。经过之前的信息采集，发现国内网络工程师这个岗位非常热门，很多大型网络公司都有在岗人员培训的需求，当地有参加此类研讨会意向的从业人员也很多。所以，公司经理最终决定要利用这一时机开好研讨会的第一期，为后续工作打下良好基础。

公司经理考虑再三，决定派出办公室梁秘书来全权负责此次研讨会的会务工作。梁秘书是位很有经验的会务工作人员，接到任务后，他与会务组的其他同事一起研究此次研讨会的策划方案。经过充分考虑，他们一致认为此次研讨会内容要“少而精”，因为来参加研讨会的学员，多是从事这方面工作的专业人员，他们的目的是来充电，因此授课老师一定要请国内网络方面的“大腕”，要给学员提供最新最前沿的知识，要让学员感觉到放弃休息时间来学习是值得的。另外，会期也不能太长，还要给学员留出休息，以及和亲人团聚的时间。因此，最终敲定会期为四天。期间除了专家授课外，还安排了研讨、联谊等活动。与会人员的开会座次，以及聚餐时的座次也都做了很好的设计，每一节课，每一次聚餐的座次都有不同，目的就是让学员多一些专业交流和交朋友的机会。

经过梁秘书等人的精心策划和安排，研讨会的邀请函发出后，得到了广泛的响应，前来参加的实际人数远远超过了预期。正式开班后，由于授课专家的精彩讲解，再加上整个会务期间会务人员热情接待和服务，这次研讨会收到了良好的效果，与会人员都非常满意。

（资料来源：孟庆荣．2010．秘书工作案例及分析．2版．北京：清华大学出版社）

【解读】 一个高效、令人满意的会议，往往取决于多种因素和条件。会务工作人员要进行精心的策划，根据会议主题，拟定有效的会议实施方案；结合实际情况，安排适当的会期、会议时间和会议地点；根据会议双方要达到的目的，确定相应的会议内容，安排相应的活动，使会议获得最大限度的价值。梁秘书在此次会务工作中，能够领会领导的意图，结合具体的情况，制定恰当的会议方案，考虑得很周全，收到了良好的效果，达到了会议的目的。

【案例二】

“两会”上如何排座次

今年“两会”的第一个亮点，是代表、委员座次的变化，即在人民大会堂开会时，大家前后排“轮”着坐。此举看似小事，但极为可贵。在大会堂开大会时，历来是一个省（市）两行（到后面或三四行），从第一排纵向坐到最后一排。大会堂座位30多排，每排都有桌子，不比早先的电影院，起码是50多排。省长、市长法定坐头排，余下按姓氏笔画，少的在前多的在后，几排几号标在出席证上。

按说坐前坐后一样开会一样行使权力，但实际感觉可大不一样。坐前排，看台上清清楚楚，能认出主席团里谁是谁。坐后面，只能看个大概。当然，代表、委员是去开会，不是看戏，但同样进大会堂，机会又很有限，谁也愿意坐前面。故此，偶尔无表决、投票议程的大会，有的代表就会相互换一下座位，共同分享坐前排的乐趣。这回前后排轮着坐，肯定受代表欢迎。又于细微处显出平等与和谐的理念。

（资料来源：http://www.nxnet.net/guonei/jdzt/200903/t20090312_472773.htm）

【解读】 会议策划涉及的方面很多，此案例体现的是对前文所提到的“where”要素中会场场内设计的策划。“轮”着坐的座次安排方式，不仅让与会人员体会到会议组织方的平等理念，同时也能促进与会人员积极、认真参与会议的各项议题，从而促进了会议质量的提高。

七、拓展实训

【情景问答】

1. 会议策划人应达到哪些要求？

会议策划者的角色是多面的，他们要分头去做各种各样的工作。具体来说，会议策划者应具备以下特点：①善于与人共事；②善于解决问题；③善于注意小节；④善于与人协商；⑤能够管理会议财务事宜；⑥熟悉酒店运作；⑦能够安排恰到好处的菜单；⑧能够熟练操作电脑；⑨能够熟练地与视听服务公司打交道；⑩能妥善接待贵宾和外国客人；⑪熟知各种礼仪；⑫行事果断、执著。

2. 会议策划人的任务有哪些？

一般来说，会议策划人需要完成以下几方面的工作：①制定计划，确定必须要做的事项以满足会议的需要并达到会议确定的目标；②制定会议议程；③了解可供使用的场所和设施情况；④选择或提议合适的场所；⑤检查并比较各项设施；⑥安排交通事宜；⑦协调会务工作人员的活动；⑧招收、培训会务人员和广告人员；⑨制定可行预算或按既定预算安排有关工作；⑩确定各项工作的时间安排；□视察选定的场所和设施；□与各有关方面进行接洽（运输公司、旅行社、视听服务公司）；□确定印刷公司；□安排食品、饮料有关事宜；□讨价还价；□同会议发言人和各位贵宾进行联系。

结合上述材料回答下列问题。

1. 对上述材料中提到的两个问题你是否认同？除此之外，会议策划人的素质及任务还包含哪些内容？

2. 分小组讨论，评定出本班较为适合从事会议策划的同学，并分析原因。

3. 剖析自身从事会议策划工作可能存在的不足，并提出解决的办法。

【供料实训】

实训一：

最近由于校园活动较多，很多同学没有协调好课外活动与学习之间的关系，同时也导致班级管理上出现了很多问题：上课出勤率较低，课堂秩序差，晚自习人数减少，宿舍卫生状况下降等，班集体的向心力和凝聚力较上一学期下降很多。在召开班委会时，班委会成员一致表示，希望通过召开一次主题班会来帮助同学们发现问题、解决问题，

从而改善当前班级风气。

结合上述材料完成以下实训：

1．每六人形成一个策划小组，并选派一名负责人。

2．在负责人的带领下，以解决材料中的问题为目的，策划一次主题班会，最终形成会议策划方案。

实训二：

明锡公司是A市一家公务礼品销售公司，最近打算举行一次营销推广会议，邀请参会对象主要是公司的一些老客户和新增加的优质客户。经领导层讨论，决定拿出15万元左右的经费来组织这次会议。会期为2天，地点就在A市周边，不能太远，环境要好，在本市要有一定的知名度。会期内需要安排一天的景区游览。

假如经理让你来具体策划这次会议，你会怎样完成？请将最终的会议策划方案提交经理过目。

八、学习反思

第二章　会前准备工作

会议组织工作千头万绪，为了便于知识掌握和具体工作的组织实施，我们将会议组织工作在“纵向”上分为会前、会中、会后三个阶段，每个阶段的工作均相对应的在“横向”上分为会议材料、会议场地、联络接待、生活服务、财务管理几个任务，稍有区别的是会前工作多了“成立会务工作机构”的任务，会后工作增加了“会议的评价和评估”的任务。“纵横”分明的划分方法可以让我们更清晰地把握会议组织的整体体系。会议策划组织工作中的每项任务都设置任务情景，明确任务目标，进行任务分析，并细化任务实施步骤。

“好的开始是成功的一半”，在会议的策划组织过程中，这一点也体现得非常明显。充分的准备是会议成功的必要前提和重要基础。我们在各类媒体上经常看到各类成功会议的报道，如全国人民代表大会、全国政治协商会议、博鳌亚洲论坛、联合国会议等，这些会议之所以能够取得成功，与充分细致的会前准备是分不开的。因此，我们必须充分意识到会前准备工作在会议组织过程中的重要地位和作用，筹划、准备过程中要细致、周全，做好各环节中人力、物力和财力的安排和落实。

任务一　成立会务工作机构

一、任务目标

1．明确大会筹备处的工作内容、工作性质。

2．能够根据会议的规模、形式等特点，组成会议的会务工作机构。

二、任务情景

阳昊集团是一家从事机械制造的大型企业，员工近 10 000 人。2010 年 12 月中旬，集团党委决定于2011年4月份召开集团第五次党员代表大会。此次会议的主要议程包括：听取和审议中共阳昊集团第四届委员会的工作报告；听取和审议中共阳昊集团纪律检查委员会的工作报告；听取和审议中共阳昊集团第四届委员会关于党费收缴、使用和管理情况的报告；听取和审议阳昊集团“十二五”发展纲要；选举中共阳昊集团第五届委员会；选举中共阳昊集团纪律检查委员会。党员大会的党员代表总额确定为 200 人左右，从本集团的 24 个总支中按比例选举产生。集团党委要求于 12 月底之前成立大会筹备工作机构，如果你是相关负责人员，你将如何完成这项工作？

三、任务分析

此次会议是党员代表大会，属于中型规模的会议，会期略长但不涉及人员食宿问题，会议期间的相关文件材料较多。需要特别注意的是，相对其他会议形式而言，党员代表大会还涉及代表选举的事项。因此，在会务工作机构的设置上要从上述客观需求出发，先由党的委员会成立党代表大会筹备工作领导小组，然后可从党的委员会有关部门抽调有经验的同志组成若干工作小组，如人事安排工作小组、代表选举工作小组、文件起草工作小组、会务准备工作小组、宣传工作小组等，分别负责党代表大会筹备工作的有关事宜。

四、任务实施

步骤一：成立会务工作机构的领导小组

根据工作需要，由相关领导牵头，成立大会的会务工作机构，确定会务工作机构的领导小组。领导小组可设置组长 1 名，副组长 2 名，成员 4 名，分别由集团党委相关同志担任。

步骤二：明确会务工作机构的分组并确定抽调人员

领导小组召开筹备会议，根据大会要求将所有工作人员分成若干工作小组，结合此次会议的基本情况，可确定人事安排工作小组、代表选举工作小组、文件起草工作小组、会务准备工作小组和宣传工作小组，共 5 个组别。每组安排 1 名组长、2 名副组长、成员 3～5 名。具体的小组职能及抽调人员的来源可参照如下内容。

1. 人事安排工作小组

工作人员从组织部门抽调，组长由党委负责同志或组织部负责同志担任。主要任务是：组织党的委员会和纪律检查委员会组成人员预备人选的民主推荐、考察工作，并起草向上级党组织的有关报告，拟定代表大会领导机构组成人员建议名单，拟定代表资格审查委员会组成人员建议名单，拟定代表团（组）长建议名单；编制党委委员、候补委员、纪委委员候选人名册、登记表，起草有关情况说明等。

2. 代表选举工作小组

工作人员从组织部门抽调，组长由党委负责同志或组织部负责同志担任。主要任务是：起草代表选举工作的通知；组织、指导各选举单位选举代表；对代表资格进行初步审查并起草代表资格审查报告；起草党代表大会和第一次全体会议选举办法；拟定党代表大会特邀代表、列席人员、来宾建议名单；编制代表名册等。

3. 文件起草工作小组

工作人员从党的委员会的有关部门和纪律检查委员会抽调，组长由党委负责同志担任。主要任务是：起草党委工作报告、纪委工作报告；起草党委负责同志在有关会议上的讲话；起草有关决议、通知等文件材料。

4. 会务准备工作小组

工作人员从党的委员会的有关部门和纪律检查委员会抽调，组长由党委秘书长或办公厅（室）负责同志担任。主要任务是：编制党代表大会经费预算；拟定会议通知、会议日程安排及其他会务文件；制作会议有关证件等。

5. 宣传工作小组

工作人员从宣传部门抽调，组长由党委负责同志或宣传部负责同志担任。主要任务是：制定党代表大会宣传工作方案，编发宣传提纲，组织并检查各项宣传计划和内容的落实，及时处理和解决舆论宣传工作中出现的问题，协调各新闻单位之间的关系等。

步骤三：各小组明确分工

每个小组在负责人的领导下，分头开展工作。小组负责人可以进一步明确组员责任，将本组需要完成的工作用文字或表格的形式固定下来，并标明具体的完成时间，每一部分内容指定专人负责。

步骤四：随时检查筹备进展

根据固定下来的工作内容，小组负责人要随时跟进，检查内容实施、完成情况，并根据工作进展，定期向大会秘书处领导汇报工作，以便秘书处总体掌握大会筹备工作的进度和质量。

步骤五：准备开幕

大会按期开幕，筹备工作结束。各小组将自己的筹备工作进程表整理、上报，形成会务工作材料。

五、知识链接

（一）什么是会务工作机构

会务工作机构也叫会议筹备机构、大会筹备处、大会秘书处，是会议召开之前为会议各阶段、各方面工作组织所设立的机构。会务工作机构的设立及人员的分工，便于会务人员明确责任，细化工作内容，从而避免出现工作上互相推诿、推卸责任的现象。每个小组的工作内容都可用叙述性文字或表格固定下来，按内容要求逐步展开工作。

（二）会务工作机构设置的类型

1. 按会务工作机构设置的久暂进行划分

（1）常设的会务工作机构

常设的会务工作机构是专门为领导机关日常的工作会议所设置的常设工作机构。在很多单位的办公厅、办公室、综合部门内部所设立的以“会务处”、“会务科”为名称的分支部门，它们的任务主要就是为领导或组织内部组织一些例行工作会议。

（2）临时的会务工作机构

临时的会务工作机构是为筹备和组织特定的会议而临时组建的会议工作机构，其人员通常是从各类单位抽调来的，会议结束后，临时的会务工作机构也就随之撤销，人员也将回到各自原来的岗位。例如，常见的××会议筹委会、××会议筹备组、××会议筹备办公室、××会议秘书处等，其内部还可分设秘书、宣传、保卫、后勤、组织、生活服务等分支机构，在会议领导机关的统一领导下，分头开展工作。

2．按会务工作机构设置的层级进行划分

（1）一级会务工作机构

一级会务工作机构通常是微型或小型会议所设置的会务工作机构。这类会务工作机构一般只有一级办事机构，即秘书处或秘书组。秘书处（组）由会议领导指定一个人牵头负责，并根据会务工作内容配备适当的人员，共同完成会议筹备工作的有关事宜。有时可能只需要牵头负责的人员独自完成即可。

（2）二级会务工作机构

二级会务工作机构通常是中型会议所设置的会务工作机构。其内部分为两级：第一级为会议筹备办公室，第二级为下设的秘书组、宣传组、保卫组、生活服务组等各组别。

（3）三级会务工作机构

三级会务工作机构通常是大型或特大型会议所设置的会务工作机构。其内部分为三级：第一级为大会筹备委员会，筹备委员会的负责人即是大会负责人，一般由单位主要领导人担任；第二级为大会筹备委员会办公室，办公室负责人即是筹备（或组织）委员会的组成人员；第三级为各个职能处，如秘书处、宣传处、生活服务处、保卫处等，各职能处（组）的负责人是筹委会办公室的组成人员。

（三）会务工作机构人员的职务名称

设立会务工作机构的大中型会议，其会务秘书部门的负责人，一般称为秘书长和副秘书长；会务工作机构的秘书机构称为会务办公室，其负责人称为主任和副主任；大会秘书处下设立的会务、宣传、后勤、保卫等处（组）别的负责人，分别称为会务处处（组）长、宣传处处（组）长、后勤处处（组）长、保卫处处（组）长等。

设立会务工作机构的中小型会议，会务工作机构的秘书部门负责人一般称为秘书组长和副组长，下设若干名秘书分管各项会务工作。有的党政机关、企事业单位中的小型会议，常常由办公室或领导指定一名秘书负责会务工作，这名秘书的身份、称呼与平时相同。

（四）会务工作机构分工

常见的会务工作机构下设以下几个小组。

（1）秘书组——负责会议文字工作及领导在会议组织期间交办的各项任务。

（2）材料组——负责会议材料的印制、保管、分发、回收等工作，也包括各类会议材料在会议结束后的立卷归档工作。

（3）会务组——负责参会人员的确认、编组、签到、资格审查工作，会场布置工作及相关指示牌、条幅、席签、代表证件的设计、印制工作，会议协调，会议进程控制等任务。

（4）技术组——负责会议期间需用到的各种设备的安装、调试与维护工作。

（5）后勤组——负责会议期间的后勤保障，如参会人员的食宿、交通、娱乐、卫生保障、返程车船票预订等工作。

（6）宣传组——负责对外宣传报道、联络沟通，会内摄影、摄像工作。

（7）保卫组——负责会议的安全保卫工作。有关安全保卫、警卫等执勤任务，可从公安机关、武警部队抽调人员承担，也可从保安公司雇佣保安人员来完成此项工作。

会议筹备处下设各工作小组，分头开展工作。成立的小组名称和工作内容可以根据实际需要加以变化，例如，宣传组一般负责联络、接待、对媒体宣传、会议期间的文娱活动等事项，在实际情形中，有的大会筹备处把这部分工作分给两个小组：联络接待组和宣传组；后勤组一般负责大会食宿、交通等参会人员生活事宜，而有的大会把这部分工作交给联络接待组来完成。所以，筹备处的工作，就在于根据大会的要求，明确筹备工作的内容，统筹规划各小组的工作重点，让每位工作人员有事可干，有责可担，将筹备工作做细、做好。

（五）会议筹备处与会议筹备方案的关系

1. 会议筹备处是筹备方案的制定者和执行者

会议筹备方案是会议筹备处的主要工作成果和工作开展依据。要制定会议筹备方案，首先要组建好会议筹备处，划分好筹备小组，确定筹备方案编写负责人，在此基础上形成筹备方案。方案确定之后，会议筹备处还要定期检查筹备方案的进展情况，落实好会议筹备方案规定的各项工作内容。

2. 筹备方案是会议筹备处的工作依据和工作原则

会议筹备处的工作是会议筹备方案的重要内容之一。会议筹备方案中用文字明确了会议筹备处的人员配备和职责分工，会议筹备处各工作人员据此开展工作。各筹备工作小组也可以根据筹备方案的规定，制定出组内筹备方案，细化工作职责。

3. 会议筹备处和筹备方案的区别

会议筹备处和筹备方案产生的依据、服务的对象相同决定了彼此之间你中有我、我中有你的水乳交融关系，但两者之间也存在区别，主要区别在于两者所指不同：会议筹备处指的是人员配备与工作之间的联系，体现了一种动态的联系过程；会议筹备方案一旦形成，就成为静态的会议材料。

六、实例展示

【案例一】 公司新人张敏参加工作不久，恰逢总公司要召开年度工作大会，张敏被

临时借调到会议筹备处工作。根据领导安排，筹备处的二十个人分成三个小组，明确分工、各司其职。秘书组负责拟定会议通知、邀请函，起草主持词、大会报告和领导讲话稿；后勤组负责落实参会人员就餐、车辆、医疗、安保等相关事宜；会务组负责编制参会人员名单、印制会场签到表，制作代表证、工作证、会场主席台桌签，落实会场、会议室布置方案。每个小组指定一名负责人，定期向领导汇报工作进展情况。会务小组安排给张敏的主要工作内容是：根据回执以参会人员所在地区为顺序编排好参会人员名单，这项工作要求经过细心的校对、确认名单无一遗漏、无一错别字才最终定稿；根据领导要求制作代表证、工作证、坐席签；将会议筹备处负责人办公地点、联系方式和主要工作人员名单进行核对；设计一份简单的表格，内容包括会场、会议室布置的要素及各要素责任人；将领导确定的主席台人员安排名单打印好；将编入大会手册中的参会人员名单和工作人员名单及联系方式进行校对。

【解读】 本案例展示的是筹备小组内成员的工作内容、工作方式、工作态度。会务组的工作涉及会议的组织、掌控，这部分工作比较琐碎，头绪多，组内成员可以根据领导的要求和安排，将具体的工作分工到人，责任到人。对于从事具体工作的成员来说，虽然从事的工作是会议筹备的一小部分，但无论多么琐碎的工作，都是为会议顺利召开服务的，因此都要求工作人员付出细心、耐心和责任心，把工作做细做好。

【案例二】

关于丽水市二届人大六次会议筹备办（秘书处）各组工作职责分工的意见

市二届人大六次会议筹备办公室各工作组：

丽水市第二届人民代表大会第六次会议将于 2010 年 3 月 28 日在丽水召开。为切实做好会议筹备和服务工作，确保大会圆满成功，现就丽水市二届人大六次会议筹备办（秘书处）各组工作职责分工提出如下意见。

一、会议筹备工作的组织领导

市二届人大六次会议筹备工作，在市委和市人大常委会领导下开展，市人大常委会秘书长办公会议和市人大常委会办公室负责具体实施。会议筹备期间，设立市二届人大六次会议筹备办公室，下设秘书、文件简报、后勤、组织、宣传、财经、议案、保卫、信访等 9 个工作组。会议召开时，筹备办公室转为主席团领导下的大会秘书处，各工作组在大会秘书处直接领导下开展会议期间的服务工作。

二、各工作组的主要工作

（一）秘书组

1. 筹备阶段主要工作

（1）起草会议有关事项的请示；（2）起草会议筹备办（秘书处）各组工作职责分工的意见、行事历，负责筹备办各组的联络和筹备办会议服务工作；（3）起草会议议程草案、日程草案；（4）起草印发分别向全体市人大代表、列席人员、特邀人员、旁听人员、邀请在主席台就座领导的会议通知，向县（市、区）人大常委会发会议有关事项的通知，给主席团成员发各次主席团会议的通知等；（5）起草召集人会议、预备会议、每次全体会议、主席团会议主持词等（选举大会主持词由组织组起草）；（6）制作和发放并严格管理会议出席证、列席证、特邀证、旁听证、工作证、记者证、“两会”党员会议证及会议签到卡等各类证件，印制车辆通行证、全体会议出（缺）席人数报告单等；（7）收集编印各代表团、各工作组工作人员名单，编印、发放通信录；（8）及时了解汇总筹备办各组筹备情况，收集编印《会议指南》；（9）负责大会特邀人员的报到、组织听会；（10）负责大会旁听人员的资格审查、报到、组织听会；（11）联系市委、市政府、两院和市政府有关部门负责人参加代表团审议和听取意见等工作，编制领导活动安排表等；（12）承办大会筹备办领导交办的其他工作。

2. 会议期间及闭会之后的主要工作（略）

（二）文件简报组

1. 筹备阶段主要工作

（1）组织起草市人大常委会工作报告文稿和说明，并做好征求意见和修改工作；（2）组织起草市委、市人大常委会领导在临时党委扩大会议暨召集人会议上的讲话稿，市委领导在大会闭幕时的讲话稿，《丽水日报》社论；（3）负责“一府两院”工作报告及政府计划、预算报告和大会参阅文件到位审印的具体工作；（4）编印大会文件目录，负责组织大会各项报告、参阅文件、相关资料的印制、装袋和发送；（5）牵头组织起草大会各项决定、决议草案；（6）衔接宣传报道相关工作；（7）承办大会筹备办领导交办的其他工作。

2. 会议期间及闭会之后的主要工作（略）

（三）后勤组

1. 筹备期间主要工作

（1）负责大会的财务工作，汇总编制会议经费预算，拟定各项经费发放标准和范围等行政工作具体规定，办理各项经费开支的汇兑和报销事项；（2）负责大会驻地的选择和分配，安排代表团住所（包括住宿、工作用房，审议活动场所，停车场），安排大会总部及大会秘书处派驻各宾馆会务小组用房，联系落实驻地宾馆花木摆放和内外场景布置；（3）负责安排驻会代表、列席人员、相关工作人员的膳食，审查会议期间各驻地宾馆的菜单，保证会议用餐的质量；（4）负责大会主会场布置和莲都区委大院内环境美化，体现庄严、隆重、热烈的气氛，包括主席台搭台，座位翻板，落实灯光和扩音设备、国歌与音乐磁带，大会会标及横幅的制作和张挂，会场的外观美化，花木摆放，路线示意图和会议室标志制作，主席台上服务工作和会场内茶水供应等；（5）落实并布置主席团会议会场和财政预算审查委员会会议会场（包括各项会标制作、张挂），联系落实服务工作；（6）负责联系落实大会医疗保健、饮食卫生及环境卫生监督工作，联络大会的医疗保健人员和临时医疗点，督促卫生防疫部门加强对各驻地宾馆食品卫生的管理，把好饮食卫生质量关，落实开展预防、医疗、保健工作；（7）负责大会用车安排，组织落实和调度代表出席会议、视察或参观活动用车，主席团成员（含老领导）出席主席团会议用车，特邀人员参加会议用车，以及秘书处和各组工作用车；（8）负责会议用品采购、定制及

发放，资料袋制作，发放会议用品要先拟定发放范围，印制领发清单，严格发放手续；(9)负责联系落实大会期间莲都会议中心、行政中心和代表团驻地供电供水的保障措施，严防突发停电、停水事故；(10)协助宣传组落实各代表团驻地氛围营造(包括横幅及标语的制作、张挂等)；(11)承办大会筹备办领导交办的其他工作。

2. 会议期间及闭会之后的主要工作(略)

(四)组织组

1. 筹备阶段主要工作

(1)为代表资格审查委员会起草资格审查报告，及时收集新当选代表照片，代表资格审查通过后，及时予以公布，并发给代表证。编印各代表团代表名单(以姓氏笔画为序)；(2)通知县(市、区)人大常委会和军分区代表中心组、代表小组组织市人大代表会前视察活动；(3)提出主席团和秘书长建议名单、大会财政预算审查委员会建议名单、主席团常务主席建议名单、执行主席分组建议名单、副秘书长建议名单、特邀人员名单、在主席台上就座领导名单、临时党委和党支部书记、副书记建议名单，提出列席人员建议名单并进行编组[按县(市、区)代表团]；(4)起草市委领导在党员代表、列席人员会议上的讲话稿；(5)起草大会选举办法(草案)及其说明；(6)起草市委向大会主席团提出的候选人建议名单和候选人情况简介，起草大会主席团向大会提出的候选人名单和候选人情况简介；(7)起草大会选举主持词；(8)负责起草、印制大会选举注意事项；(9)提出大会选举总监票人建议名单；(10)编印大会主席台座位安排表、代表座位安排表、主席团会议座位安排表；(11)提出临时召集人名单，根据各代表团推选结果，起草各代表团团长、副团长名单，并收集各代表小组负责人产生情况；(12)印制代表联名推荐表；(13)承办大会筹备办领导交办的其他工作。

2. 会议期间及闭会之后的主要工作(略)

(五)宣传组

1. 筹备阶段主要工作

(1)协调报社、广播电视总台等有关部门，负责组织大会宣传报道工作；(2)制定大会宣传工作计划(包括要求各家新闻单位拟定具体方案)，审定丽水日报、丽水广播电视总台“两会”报道方案并组织实施，及时向大会筹备办汇报工作进展情况；(3)拟定大会宣传标语，制作横幅在代表驻地、市行政中心、主要街道等场所张挂；(4)落实会议宣传布展工作；(5)导播大会实况，组织有关采访；(6)落实负责宣读会议文件人员，并与文件简报组衔接；(7)承办大会筹备办领导交办的其他工作。

2. 会议期间及闭会之后的主要工作(略)

(六)财经组

1. 筹备阶段主要工作

(1)负责落实财经工委听取市政府部门关于计划执行情况及计划(草案)、预算执行情况及预算(草案)汇报的有关事项；(2)根据财经工委的初步审查意见，草拟关于财政预算执行情况及预算草案的审查报告；(3)承办大会筹备办领导交办的其他工作。

2. 会议期间及闭会后主要工作(略)

（七）议案组

1. 筹备阶段主要工作

（1）设计印制代表议案表，提议案代表签名登记表，代表建议、批评和意见表，质询案登记表等，准备好代表提议案及质询、询问用的专用纸；（2）起草关于议案截止日期的决定草案；（3）起草关于代表提出议案与建议、批评和意见的注意事项；（4）承办大会筹备办领导交办的其他工作。

2. 会议期间及闭会之后的主要工作（略）

（八）保卫组

1. 筹备阶段主要工作

（1）制定大会安全保卫工作方案和处理突发事件的应急方案；（2）做好代表驻地、大会会场、交通路线、视察或参观场所、文化娱乐场所的安全保卫方面的检查工作，对主会场和各驻地宾馆周边的社会治安情况进行摸底了解，督促消防部门落实对驻地宾馆及主会场的消防检查；（3）承办大会筹备办领导交办的其他工作。

2. 会议期间及闭会之后的主要工作（略）

（九）信访组

1. 筹备阶段主要工作

（1）起草关于做好上访群众工作、保证"两会"顺利进行的通知；（2）会前抓好排查工作，各有关单位（部门）事先做好工作，就地化解矛盾；（3）制定群众信访接待办法和应急预案；（4）承办大会筹备办领导交办的其他工作。

2. 会议期间及闭会之后的主要工作（略）

三、工作要求

各工作组要根据法律化、规范化、程序化的要求，按照职责分工，提高认识、集中精力，周密谋划、认真实施，配合协作、不出纰漏，保证做好各项筹备和服务工作，为把市二届人大六次会议开成一次民主团结、求真务实、开拓奋进的大会而努力。

（1）请各工作组制定具体工作方案，并提出精干的工作人员名单，做到组织、人员、任务三落实。工作人员名单要求写明岗位职责（负责的具体工作）、通信联络号码（办公室电话、手机号码）。方案和名单于3月8日前报市人大常委会办公室审定（联系电话：2098216，2098218，传真：2098200）。

（2）各工作组在制定具体工作方案时，凡涉及经费开支的，都要同时制定各项费用预算方案。制定预算方案要本着节约办会的精神，经过询价或招标后确定最优预算方案，并经审定后实施。制作会标、横幅标语、花木美化等，还应根据实地场景，印制效果图案，再经审定后实施。

（3）各工作组负责人要加强协调，认真组织本工作组具体工作方案的实施，各项筹备工作要求在3月23日前基本就绪，以便留一定时间用于查漏补缺。

（4）各工作组要及时汇报组织、人员、任务落实情况，筹备工作进度情况，以便筹备办公室及时了解、协调各项工作，使各工作组的工作互相衔接，齐头并进。筹备办在大会正式召开时将转为主席团领导下的大会秘书处，筹备办各工作组相应转为秘书处下

属工作机构，人员应保持相对稳定，努力为大会提供优质服务。

丽水市人大常委会办公室

二〇一〇年三月三日

（资料来源：http://rd.lishui.gov.cn/zlhb/jggw/2010/）

【解读】 本次会议的组织机构是人大办公室领导下的会议筹备处，筹备处不仅负责会前的准备，同时也要为会中的组织、会后的落实服务。根据会议需要，筹备处下设九个工作小组，各个工作小组根据筹备处划分的工作职责、明确的工作内容，分头开展工作，便于各项工作整体推进。在筹备处的领导下，九个工作小组不仅要完成本组内的工作，同时还要注意搞好各组之间的协调。要完成本组内的工作，注意做好组内分工，明确责任，及时上报，便于领导监督工作进度，以便在规定的时间内完成工作；要做好协调工作，各小组在筹备处的领导下同时开展工作，各自的工作内容有互相衔接、互相交叉的关系，如本方案中的秘书组印制的车辆通行证由保卫组负责发放，一部分代表证由组织组负责发放，这样的工作内容决定了各小组之间不是互不相干，各自为战，而是分工之中有合作，分工中体现协作的关系。对于会议服务工作来说，协作不是一个空洞的口号，而是由具体的工作内容决定的。

七、拓展实训

【情景问答】

（前略）为了做好各项筹备工作，关键在于加强组织领导。今天召集大家来开会，就意味着大会筹备处正式开始运行，意味着大会筹备工作全面启动。现在大会筹备处人员名单和工作职责已经印发给各位。今天会议以后，各组负责同志要召集本组工作人员开会，再进行具体分工，列出任务清单，排出时间表，明确责任。现在，我就几项具体工作提几点要求：

（1）要认真准备好相关文件材料。起草人代会各项文件材料，是一项严肃的政治任务，要认真对待，精益求精，以代表满意、领导满意作为最高标准，力求使各个报告有新的特色、新的提高。人大、“一府两院”和相关部门要组织精干班子，认真起草，反复研究、精心修改。一是要认真起草好。大会的文件材料要紧紧围绕全市经济社会发展的大局，紧紧围绕改善民生的时代要求，紧紧围绕推动社会主义民主法治建设的重大使命，要有鲜明的时代性，要有真切的感染力，努力拿出一套鼓舞人心、求真务实的好报告。二是要认真修改好。人代会的各项文件材料是集体智慧的结晶，是人民群众意愿的体现。因此，人代会的各项文件材料要认真征求意见，广泛汲取意见，使各项文件材料的起草过程成为一个问政于民、问计于民、问需于民的过程。三是要认真印制好。在送厂排印之前，必须由各单位和秘书组的主要负责同志把关签字，否则，不能正式排印。文稿印制要把握时间进度，规范格式要求，保证印刷质量。按照往年的惯例，工作报告印好后，各单位要明确专人到大会秘书处指定地点，逐份进行质检，确保每份文件材料无多页少页，无污点缺失，呈现在代表面前的是一份份高质量的文本。

（2）要制定好大会宣传报道方案。要真正让人民群众关注人代会，加强宣传策划，多出宣传精品，显得十分重要。会议期间一定要形成浓厚的宣传氛围，充分激发代表认真履行法律赋予职责的热情，激发全市人民对经济社会发展大局的关心。宣传组要精心制定大会宣传报道方案，新闻媒体要组织强有力的宣传报道队伍，通过多种形式对会议进行报道，做到贴近主题、贴近代表、贴近群众，把体现党的主张和反映人民心声统一起来，增强吸引力和感染力，努力形成全方位、多层面、高密度的宣传声势。宣传组的同志要组织引导广大记者认真研读人代会的各项文件材料，吃透精神，深入解读；要组织引导广大记者切实把握好人代会的进程，深入会议，深入代表，深度报道；要对各新闻单位的新闻稿件进行认真审核，保证大会的新闻宣传报道工作在坚持正确舆论导向的前提下，做到全面、活跃、开放、有序。

（3）要做好安全保卫和处置突发事件的预案。人代会规模大，影响大，领导和群众关注度高，要保证大会的顺利进行，安全保卫工作责任重大。一是要超前做好信访工作。为了减少会议期间的信访量，不让信访问题影响会议举行，有关部门从现在起就要开始工作，对全市信访问题进行认真排查，对排查出来的问题明确专人负责调处，使矛盾化解在基层，化解在会前，化解在萌芽状态。二是要加强会场、住地及代表参会外出路线等各方面的安全保卫工作，明确任务，责任到人。

（4）要做好食宿、会场、车辆安排、证件发放等其他工作。各代表团住宿的宾馆确定后，行政组要督促宾馆搞好清洁卫生，完善服务设施，提高服务水平。要认真编制好代表及工作人员食宿安排方案，并到宾馆一一查对落实。卫生、食品安全部门要组织专人对宾馆所购食品进行查验，保证食品卫生安全。这里需要说明的是，参照外地的经验，本着节俭原则，从本次会议开始，家住市区的代表，以及大会秘书处的同志在会议期间不再安排在宾馆就餐和住宿（大会将发放一定的伙食和交通补贴）。大会主会场和各小组会议会场要查对、编排好座位，花卉、音响、灯光、茶水等都要一一到位。大会主会场和各小组会议会场比较分散，要认真安排和调度好车辆，不能因车辆调度不及时而影响代表开会。会议证件在这次筹备会后要立即开始印制，以免被动。大会组织组、议案组、预算组也要做好各自的会前准备工作。

（略）

人代会的筹备工作十分繁杂，有些工作涉及面广、综合性强，大家要心往一处想、劲往一处使，步调一致、团结协作。

一是要顾全大局。各组的职责和分工虽然已经明确，但筹备工作是一个有机的整体，需要在座的各位充分发扬主人翁精神，充分发挥主观能动性，做到分工不分家，多做换位思考，形成工作合力。不管是当前的准备工作，还是会议期间的各项服务工作，都要积极主动、齐心协力，对安排到的工作要认真干好，对没安排到的也要相互提醒、拾遗补缺，不能推诿扯皮，拖整个工作的后腿。

二是要加强沟通。大会筹备处要通过多种方式，及时了解各组之间需要协调解决的问题。同时，要注意加强与有关单位的联系，主动沟通情况，取得相关单位对人代会筹备工作的帮助和支持；要加强与各市（区）人大常委会的联系，及时通报人代会召开的有关信息；要主动与市政协联系，协调两会的召开时间及两会期间的衔接；要及时与“一

府两院”、发改委、财政局等单位联系，保证会议文件及时送到代表手中。

三是要严谨细致。人代会筹备工作是一项系统工程，而这个系统工程又是由许许多多的细节组成的，如果细节处理得当，工作就能井井有条，否则就会前功尽弃，甚至造成重大政治影响。因此，我们要严字当头，坚持高标准严要求，大力发扬严谨细致的工作作风，狠抓工作质量，保证每一个细节不出差错。从现在起各工作小组就要行动起来，以高度负责的精神，严肃认真地对待各项筹备工作，把握好工作节奏，不断提高工作效率，做到雷厉风行、好中求快。

上面是江苏省某市领导在人大会议筹备处负责人会议上的一部分讲话，结合上述材料内容回答下列问题：

1．此次会议的筹备重点放在哪里？

2．从讲话中判断，此次筹备会议分成几个组？

3．请用表格式或叙述式来明确各组的工作职责和工作内容。

4．会议筹备各小组在协作上需要注意哪些问题？

【供料实训】

全国禁毒防艾协会宣传大会筹备方案

一、会议主题

为促进青少年的健康发展，并让全体市民对毒品及艾滋病有深刻的了解，特此召开此次讨论禁毒防艾知识宣传方案会议。会议的重点是讨论研究如何做才能让大众深入了解禁毒防艾方面的知识，提出相应的对策。

二、会议时间及地点

拟定于1月31日上午10:00至中午12:30，在北京体育馆会堂召开。

1月31日上午9:30报到。

三、参加会议人员

全国各地区禁毒防艾委员会成员各15名；全国禁毒防艾协会专家2名；北京市禁毒宣传大队局长、副局长；北京市艾滋病研究委员会会长及副会长；各地区宣传禁毒防艾青少年代表各1名；总计300人。

四、会议议程

（一）上午

1. 北京市禁毒防艾协会专家提出现存的问题。

2. 北京市禁毒宣传大队局长发言。

3. 北京市艾滋病研究委员会会长发言。

4. 宣传禁毒防艾青少年代表发言。

5. 各地区代表就宣传方案提出决策建议。

6. 讨论研究。

（二）中午

1. 各禁毒防艾大队总结所有建议及意见。

2. 北京市全国禁毒防艾协会专家总结报告。

五、会议议题

（一）禁毒工作力度最薄弱、毒品问题最严重的地区。

（二）怎样在各地区做好宣传工作？

（三）宣传工作的重要性。

（四）宣传过程中的安全问题。

（五）如何让群众体会禁毒防艾的重要性？

（六）怎样展开宣传？

六、会场设备和用品的准备

1月31日前预订北京市体育馆会堂，并于1月31日10:00前完成剧院式会场布置：主席台两边各摆一盆植物盆栽，席位不少于10个，红色绒布主席台，主席台前拉红色底白字宣传横幅——“禁毒防艾全国宣传大会”。无线麦克风10个，主席台及各座位放矿泉水一瓶，会场两侧各放饮水机一个，安排席位不得少于300个，各排间距不得小于60厘米，在会场主席台后面设置投影仪，在会场安排固定摄影点3个，音响各个角落放置一个。会场两侧放置关于禁毒防艾的宣传图片。

七、会议材料准备

（一）全国禁毒防艾协会专家的发言稿。

（二）北京市禁毒宣传大队局长的发言稿。

（三）北京市艾滋病研究会会长发言稿。

（四）青少年代表发言稿。

请根据上述筹备会议方案，完成下列实训：

根据筹备方案成立大会秘书处，并设立相应的工作小组，制定出详细的组内工作方案。

要求：

1. 各工作小组根据组内工作方案，实施、完成会议筹备工作。

2. 大会秘书处负责人要根据工作进度表，监督检查筹备工作进展情况。

八、学习反思

____

____

____

任务二　会议材料

一、任务目标

1. 明确会议材料的范围和类别。

2. 熟悉会议材料的内容。

3．能够根据会议的规模和形式准备会议材料，并安排布置发放到位。

二、任务情景

金宝集团公司将于1月20日在公司大礼堂（可容纳300人）举行公司总结暨表彰大会，会期半天。此次会议的与会人员为各单位中层正职以上干部以及被评为上一年度总公司先进集体、先进个人代表共近300人。参加会议的领导有党委书记、集团董事长李维年，总经理张志贤，副总经理田艺馨、魏新刚，大会由党委副书记翟理兴主持。奖项及数量设置为：先进集体10个单位，技术拔尖人才10人，科研进步人才10人，先进工作者30人。会议议程为：①总经理作上一年度工作报告；②董事长宣读《关于表彰先进集体和个人的通报》；③颁奖仪式；④先进集体代表发言（1人）；⑤先进个人代表发言（3人）。

请你为此次会议所需的各类材料拟制一份清单。

三、任务分析

此次会议的规模适中，会期短，所以会议材料的准备工作相对容易些。但对会务工作人员来讲，仍旧不能掉以轻心，要细致、周到、妥善地完成会议材料的准备工作。此次会议涉及的材料主要有：围绕会议主题的文字材料、围绕会议组织的事务性材料、宣传性的文字和展示材料三大类。

四、任务实施

步骤一：编制会议筹备方案和会务工作人员工作手册

在最初会议策划方案的基础上形成会议筹备方案，会议筹备方案需要对会议涉及的各项具体要素如何实现提出较为具体的实施办法。如果需要，可以对应会议筹备方案，再形成专门供会务工作人员使用的会议工作手册。会议工作手册明确并落实会议工作人员的具体职责分工情况，明确会议文字材料、会议场地、会议联络接待、会议生活服务、会议预算等各项工作的具体负责人、工作人员名单，并明确各项工作的具体内容、实施细则和完成的时限。工作手册的相关内容要根据会议的议程和日程来确定。

步骤二：印制并发送各种会议通知、邀请函

由于此次会议是组织内部的会议，且没有邀请其他单位领导、嘉宾的打算，出席会议的领导及与会人员都为本组织内的职工，因此只需要以组织的名义向下属各单位下发会议通知即可。会议通知需提前一周左右发出。

而对于规模较大、与会领导级别较高、与会人员来源分散的情况，则需对邀请的与会人员和与会嘉宾分别发送会议通知和会议邀请函，如有必要，通知、邀请函上可以附回执，以便于会前明确会议的具体人数。会议通知和邀请函的发送要提前进行，一般在召开会议前1～2个月；有些重要的大型会议则需要提前3个月，甚至提前半年就要发送会议通知和邀请函。

步骤三：准备会议所需的主题性材料

根据会议内容的不同，会议主题性文字材料会有所差别。大中型会议文字材料种类繁多，除了前期要准备好的会议筹备方案（包括会议议程和日程）、会议通知和邀请函外，一般还要有会议主持词、开幕词、闭幕词、会议报告、领导讲话稿、典型发言材料、会议参阅材料，以及会议现场所需播放展示的 ppt 等。如每年召开的政协会议，其文字材料包括开幕词、主持词、大会报告、讲话稿、会议学习材料、需审议通过的各种议案，需讨论的提案等。由于这一类文字材料数量较多，而且非常重要，因此，最好在实际操作过程中，先把所需的材料罗列清单，然后分配到具体的负责人，并指定好完成的时间。

此次会议涉及的主题性材料包括会议筹备方案（会议议程）、会议通知、主持词、工作报告、表彰通报、先进集体和个人的典型发言材料、会场展示 ppt、奖状（10 份）、证书（50 份）。其中的工作报告和表彰通报印制多份以下发各单位或下发至与会人员手中。

步骤四：准备会议所需的事务性材料

事务性的材料包括：会场座位安排名单、会议分组讨论名单、签到表、住宿安排表、会议证件、与会人员通信录、会议须知、大会手册、会场指示图等。对于这部分材料的编制，可以根据回执统计上报的会议人数和参会人员基本情况（性别、所在单位和地区、民族成分、宗教信仰），形成上述材料。实际操作过程中，这部分工作通过工作手册规定的方式去完成，相关负责人只要在规定的时间检查完成情况，汇总工作成果即可。

此次会议由于会期短，不涉及餐饮住宿问题，所以事务性材料相对少一些，但仍旧需要将下列材料准备好，具体包括签到表、会场座次安排表、会场示意图和会场席签。

步骤五：准备会议所需的宣传性材料

宣传性材料可以分为宣传性的文字材料、标志材料和以文字及标志为内容的对外展示材料。

宣传性的文字材料主要包括三类：一是对外进行新闻报道的文字稿件；二是此次会议的宣传口号，如主题性或礼仪性的标语；三是如需召开新闻发布会，则要有相应的新闻通稿和答记者问的预测问题清单等。

宣传性的标志材料主要是会议的会徽、吉祥物图识。

以文字和标志为内容的对外展示材料包括：条幅、拱门、气球、彩旗、海报、展板等多种类型。宣传材料如海报、展板可以采用图文并茂的方式，标明会议主题，介绍会议目的、意义、历史等内容；气球、拱门等材料与会议标语结合起来，可以扩大宣传的渠道，以便于公众和与会者了解本次会议。

此次会议主要涉及的是组织内部的宣传，不涉及对外的宣传，因此宣传性的材料可以主要侧重展示材料的准备，包括条幅、会场门前的拱门、气球、彩旗、海报及会议主题展板。

步骤六：材料的印制

会务工作中各类材料的印制要把握时间进度、规范格式要求、保证印刷质量。

对于文字类材料而言，所需材料印好后，相应的负责人要逐份进行检查，确保每份文件材料无多页少页、无污点缺失，呈现在与会人员面前的应当是一份份高质量的文本。

为了保证这一点，最好提前明确这样的要求，即在送厂排印之前，必须由各单位和秘书组的主要负责人员把关签字，否则，不能正式排印。

随着科技的进步，特别是电脑的普及，有的会议将会议文件提前制作成光盘、U盘分发给与会人员，还有的会议专门开通与会人员信息平台，便于与会人员从局域网上下载、研读会议文件。这些做法大大减少了纸质文件的使用，成为新兴的电子会议材料。电子材料的使用可以大大节约用纸，符合低碳环保的理念，也会降低会议成本。

除文字类材料外，还有一些非文字类材料，如事务性材料中的与会人员证件、席签、摆放于会场门口的会场指示图等，以及宣传性材料中的对外展示材料。在准备这类材料时，可以通过多种途径：有些组织内部小型的例行办公会议可以通过日常会务工作的积累；而大中型会议可以购买或者外包给公司制作，也可以由办会人员自己动手制作等。总之，在准备这部分材料时，要在充分了解本次会议需要的基础上，确保质量，并充分利用已有的资源，以降低成本，提高效益。

步骤七：资料袋准备就绪

此次会议，可以将会议议程、年度工作报告、表彰通报和纸笔材料作为下发资料的范围。

如果是大型会议则至少在与会人员报到的前一天，将发给与会人员资料袋所需材料装订、装纳好。资料袋内需要装纳的材料通常包括会议手册或会议须知、会议议程和日程表、会议内容材料（包括领导讲话、分组讨论名单及内容、会议学习、宣读材料等）。此外还需要装入会议宣传材料、代表证件、房间安排表、与会人员名单（通信录）、笔记本、中性笔、水杯等会议使用的材料和物品。

步骤八：发放会议文件袋

在签到地点，待与会人员签到后向其发放会议文件袋；也可将文件袋在会前提前摆放在每位与会人员的座位上。

五、知识链接

（一）会议材料的类型

1. 从作用上划分

（1）会议主题性材料。这类材料因为与会议筹备和会议议程相伴，习惯上称为会议文件。会议文件是贯穿会议始终、体现会议预想和进展状况的文字材料。从会议准备的角度来讲，会议文件准备的充分程度将直接影响着会议的质量和效果。常见的会议文件有会议筹备方案、会议通知、邀请函、会议报告、讲话稿、主持词、开幕词、闭幕词、迎送词、答谢词、祝贺词、祝酒词等。其中，邀请函、迎送词、答谢词、祝贺词、祝酒词等也可以作为礼仪文书出现。会议文件的拟定、撰写，一般要由经验丰富的秘书人员来完成。

（2）会议事务性材料。这类材料包括会议手册或会议须知、会议分组名单、会场座次表、签到表（卡）、房间安排表、与会人员证件、席签、会场指示图等。根据实际情况，这部分材料的具体形式可能会有所变化，比如有的会场可以提供记录工具，主办方就不必再提供记录本和笔。再比如有的会议会期比较短，不涉及住宿问题，那么房间安排表自然可以省略。会务工作人员在办会过程中可以根据会议的具体要求，灵活处理。会议事务类材料一般由会务工作机构中的会务组（有的叫行政组）工作人员来完成。

（3）会议宣传性材料。宣传性材料可以分为宣传性的文字材料、标志材料和以文字及标志为内容的对外展示材料。宣传性的文字材料有的是由宣传组中负责文字工作的人员来完成，有的是安排秘书组的人员一并完成；而标志材料和对外展示材料则由宣传组的专业人员设计完成。

2. 从形式上划分

（1）文字材料。文字材料主要是指主题性文书、事务性文书、礼仪性文书和宣传性的文字材料，一般都是以书面的形式出现。

（2）非文字材料。非文字材料包括事务性材料里的与会人员证件、席签、会场指示图等，以及宣传性材料中的标志材料和对外展示材料。它们出现的形式和载体多种多样，需要根据不同的会议具体需求来设计和制作。

（二）会议材料的制发程序

会议材料的制发程序与行政公文的制发程序有些相似，但要比其简略些，具体包括以下几个方面。

1. 交拟

根据会前准备的具体分工，由领导或相关组别的负责人交代材料拟写任务，使具体负责拟写工作的会务工作人员充分领会领导的意图。

2. 议拟

承担拟写任务的会务工作人员收集材料，调研酝酿，写出提纲。

3. 撰拟

根据提纲完成初稿。

4. 审核

将完成的初稿交部门负责人或会议领导小组进行审核。如需修改，必须在修改后再进行审核。

5. 签发

经审核后的材料，需交主管领导签字，方可印发。

6. 印制

将签发稿交付排印。

（三）宣传标识材料的常见形式

标识材料包括会徽、会标和标语，其中会徽和会标最为重要。

1. 会徽

会徽是体现或象征会议精神的图案性标志，一般悬挂在主席台中央，形成会场视觉中心。

2. 会标

会标是会场内面向观众，揭示会议名称的文字性标志。会标是最常见的标志材料，用来标示会议的标题和会议的名称。一般以横幅的方式悬挂在主席台上方；也可以电脑喷绘的方式制作成背景幕布，摆放在主席台正中。会标的构成有以下几种方式。

（1）完整的会标。完整的会标由主办单位＋时间（届别）＋会议内容＋会议类型构成。例如："全国防总 2009 年防汛抗旱电视电话会议"。

（2）省略的会标。特殊的情况下，主办单位、时间（届别）、会议内容、会议类型均可以省略。例如："房山区政协第一次全体会议"、"第五届留学归国人员创业技术博览会"、"第一届科学技术大会"等。

3. 会议标语

除了会徽和会标以外，会议标语也是常见的标志材料，常见的会议标语有主题性标语和礼节性标语。

（1）主题性标语，顾名思义，就是指为了宣传会议，烘托会议主题的标语。如现代奥林匹克的口号是"更快、更高、更强"；北京奥运会的主题口号是"同一个世界，同一个梦想"（One World One Dream），现在已经家喻户晓，深入人心；某区政协会议召开悬挂的标语（以气球垂幅的方式）是：齐心协力，共谋发展，为经济社会发展献策献力！

（2）礼节性标语，是表示欢迎与会者和祝贺会议的礼仪性标语，如"热烈欢迎参加会议的各位代表"、"预祝大会圆满成功"等。

标志材料可以给与会者积极的心理暗示，从而起到认同、鼓舞、激励的作用，有助于与会者提升状态，增强信心。

六、实例展示

【案例一】

乡镇团代会会议程序及所需文件材料清单

（会期不超过一天）

一、会议阶段的工作及其程序

主持：党群书记　参会人员：全体正式、列席代表

（一）举行团员代表大会开幕式

团员代表大会的开幕式，是代表出席的全体会议，会议议程是：

1. 宣布团员代表大会开幕;

2. 上届团的委员会负责同志作工作报告。

(二)召开大会主席团第二次会议

会议有关选举工作的议题是:

1. 作关于团员代表大会人事工作的说明(不涉及常委和书记、副书记);

2. 讨论通过大会选举办法(草案);

3. 讨论通过下届团的委员会候选人预选名单;

4. 讨论通过选举监票人和总监票人名单(草案);

5. 布置各代表团(组)讨论代表大会选举办法(草案),酝酿下届团的委员会候选人预选名单及选举监票人和总监票人名单(草案)。

(三)代表团(组)继续讨论

代表团(组)讨论与选举有关的内容是:

1. 讨论大会选举办法(草案),提出修改意见;

2. 酝酿下届团的委员会候选人预选名单;

3. 酝酿选举监票人和总监票人名单(草案)。

(四)各代表团(组)差额预选团的委员会委员(候补委员)候选人

(五)召开大会主席团第三次会议,讨论通过团的委员会候选人名单

(六)召开第二次全体代表大会

这次大会的主要议程是:

1. 通过团的委员会候选人名单;

2. 通过大会选举办法;

3. 通过监票人和总监票人名单;

4. 选举产生团的委员会。

5. 宣布大会闭幕。

二、乡镇团代会资料清单

(一)会前资料

1. 团代会筹备方案;

2. 经费预算报告;

3. 以党委名义发出关于召开乡镇团代会的通知。

(二)会务资料

1. 代表资格审查报告;

2. 工作报告;

3. 开幕词;

4. 闭幕词;

5. 乡团委书记讲话;

6. 议程表和日程表;

7. 选举办法说明;

8. 关于工作报告的决议;

9. 其他资料:

(1) 大会主席团名单;

(2) 代表资格审查委员会名单;

(3) 人事安排说明;

(4) 候选人简历;

(5) 监票人、计票人、唱票人名单。

【解读】 本次会议会期短，议程安排上采用了大会套小会的方式，根据本次会议的特点，本次会议材料按使用的时间划分为会前材料和会中材料。会前材料包括筹备方案、经费预算报告和会议通知；会中材料共分九项，因为涉及材料的总量不是很多，没必要区分会议文件和会议事务材料，而是统称为会务资料。这些会中材料涉及的会议文件有大会报告、开幕词、闭幕词、讲话稿、候选人名单、选举办法及说明、决议等；涉及会议的组织、程序性的材料有会议议程和日程安排表、主席团名单、与选举有关的相关材料，如候选人简历、代表资格审查委员会名单、人事安排说明和监票人计票人唱票人名单。所有的材料无论是会前使用还是会中使用都要提前准备好，以保证会议的顺利召开和顺利进行。

【案例二】 梅强所在的培训中心即将举办为期五天的保险公司中层领导第四期培训班，按照惯例，除了培训之外，培训班开班、结业都要有一个简短但正式的仪式。梅强接到准备会议材料的任务后立即着手准备。他计划准备如下材料:

1. 起草打印任务书，将会场的布置、主席台座位签、领导讲话稿、横幅的制作悬挂、充气拱门的准备、学员证、就餐券的制作以及笔记本、签字笔、水杯、文件袋的预订购买分别交给两位下属完成，并特别标明了完成的具体时限。

2. 根据回执制作《培训学员通信录》，起草《培训日程和课程安排》和《培训须知》，检查、复核无误后交给文印室，要求每份印制 50 份。

3. 购买与培训内容相关的书 50 本，准备与培训内容相关的其他材料，打印并装订好。

4. 将学员按地域分配房间，制作学员房间分配表，交给负责登记住宿的前台，学员报到入住时按此表执行。

5. 学员报到前一天，梅强带领自己的下属将《培训须知》《培训日程和课程》《培训学员通信录》装订成册，根据装袋清单将笔记本、签字笔、水杯、培训材料、学员证、就餐券和刚装订好的材料一一装入提前准备好的文件袋内。

装好后梅强产生了一个想法：何不把装袋清单也装入文件袋内让学员再亲自对照、核查一遍有无遗漏呢？梅强的想法获得经理的支持，于是，文件袋里又多了一份《装袋材料明细表》。

学员开始报到前，培训中心的大门口摆好了充气拱门，上面是“热烈欢迎”四个字；培训中心楼门上方悬挂着“预祝培训圆满成功”的横幅；大堂右侧设立临时签到处，文件袋整齐摆放，工作人员已经就位，准备随时为学员提供服务。

【解读】 会议材料的准备要根据会议性质、会议内容有所侧重。任务情景中梅强准备的材料有：①任务书。任务书的制作目的是明确工作责任，办理期限，以便于照此检查每个人的工作进度和工作效果。任务书既显示成功办会是集体劳动的结晶，又能成功避免推卸责任现象的发生。②购买参加培训学员的学习用品，如果量大可以从供货商那里获得较高的折扣，培训学习材料必须根据培训内容有针对性地提前准备。③《培训须知》让学员了解培训目的、培训纪律，并告知就餐、食宿安排以及服务电话，为学员提供周到的服务。④《培训日程和课程》就培训时间、地点、培训方式、主讲人、培训内容等要素以表格的形式告知学员，一目了然。⑤《培训学员通信录》主要包括学员姓名、性别、工作单位、联系方式等要素。梅强针对此次培训会议所完成的材料准备工作能够基本满足会议需要。

七、拓展实训

【情景问答】

材料一：

请看下面几则新闻：

1. “对不起，本次会议无材料。”江苏省公安厅在近日召开的一次会议上发出了这样的声音。主办者解释说，会议主题是科技强警，目前已经实现了网上发文、网上审批、网上签收、网上传阅的网络办公体系。所以本次会议取消所有纸质材料。

（资料来源：http://www.khnews.zjol.cn）

2.《会议材料进U盘 文件简报网上看》江苏省政协十届四次会议将于2011年2月9日在宁开幕，会期5天。昨天，省政协委员们陆续报到，记者在现场发现，由于首次使用网络办公平台，委员们往年拎着的文件袋大大变“轻”。

去年有数位政协委员呼吁省政协大会推进办公自动化，开一个绿色低碳大会。在山水大酒店报到现场，记者发现今年的大会的确很“低碳”，委员报到时每人领到一只录入会议材料和资料的U盘，大会和移动公司还为委员开通了手机信息网，委员可以随时在手机上查看省政协网站等。而省政协委员网络办公平台也已开通，上面有“通知公告、会议资料、委员信息、提案管理、委员论坛”等栏目，委员报到当天即可投入使用。会议期间，各种会议文件和会议简报将尽可能以电子文档的形式上网，委员们可通过网络办公平台及时浏览。

（资料来源：南京日报，2011年2月9日）

3. ……“是有点沉。怕有20斤啊。”委员李恒停顿了一下，掂了掂礼品袋。开两会送新书是市政协的“例牌菜”，但今年的“例牌菜”特别全面，包括会议材料、水杯、雨伞和五本书籍（纪念市政协成立60周年画册、东莞历史人文风情美术作品集、优秀提案及答复选编、市政协委员北戴河培训学习心得汇编、东莞文史群书画录、市政协2009年工作实践）。

（资料来源：南方报业网，2010年1月19日）

4. ……开会起草会议材料是必要的，而有没有必要给与会者印发详细的纸质会议材料，确实值得怀疑也值得探讨。其实，会议材料内容与会议发言者的表述是一样的，只

要与会者认真听、仔细领会，不印发纸质会议材料也是无关紧要的。有的会议内容很重要，即使要印发纸质材料，只要印发一些提纲、要点就可以了，而没有必要全文印发。有的会议报告长、内容多，组织者怕与会者听不清楚，那也不一定非要印发纸质会议材料，因为除了要求与会者认真做记录外，现在许多单位的电化影像器材很齐全，只要在主席台一侧设上投影大屏幕就可以了。

实际上不少有识之士早就指出，会议上的纸质材料越是印得详细、发得多，越会滋长与会者不认真听会、不做记录的不良习惯与思想，他们认为反正说的全印在纸上了，就不必认真听，也不要仔细做记录。难怪有人认为时下会议上有关人员缺席、打瞌睡、开“小会”、中途退场、请人代会等不正之风的发生，很大程度上是由于会议材料印得详细、发得多而造成的。所以，精简乃至取消印发纸质会议材料显得很有必要。

据悉，国家从去年初开始，在包括“两会”在内的一些会议上不印发纸质会议材料，会议发言内容全部通过内部网络传输，让每位与会者从会上发给的公用笔记本电脑上收看。这无疑是节约财物及人力、提高效能包括落实节能减排要求的好举措，很值得我们基层学习推广。当然，给每位与会者发公用笔记本电脑，目前在我们很多基层单位还不可能，但利用内部网络在会场大屏幕上投影会议发言内容，这对大部分基层单位来说是办得到的。另外，只印发会议内容的提纲要点或要求与会者认真记录等也是减少或取消印发纸质会议材料的好举措。总之，在当前大力提倡节能减排、过低碳生活以及强化效能建设的新形势下，各地各部门及单位应在开会时多一些节约举措，尽可能开“无纸化”会议，并使之在社会上尽快形成习惯、养成风气。

（资料来源：中国环境报，2010年2月3日）

结合上述材料内容回答下列问题：

1．看了上面几则新闻，你对会议材料有何认识？

2．作为会议工作人员，这几则新闻对你准备会前材料有何启发？

材料二：

某集团公司召开年终总结表彰大会，办公室王主任让助理小张准备会议材料。小张将自己要准备的材料列了个清单，请王主任过目。清单上列有如下项目：会议通知、表彰单位和个人准备发言材料的通知；大会总结表彰报告；获奖单位和人员名单；颁奖现场所需的音响、音乐、奖品、证书、奖状、奖杯。王主任看了看，说：“小张啊，咱们单位要开好这么个大会，准备工作做得不细可不行，好好想想，你的清单上有没有遗漏？”小张仔细想了想，参考了往年表彰大会的会议预案，又在清单上补充了一些内容，王主任审阅后才通过了。

结合上述材料内容回答下列问题：

1．小张在会前准备过程中还遗漏了哪些材料？

2．尽管典型发言材料不需要由会务工作人员撰写，但是否需要在会议召开前落实具体细节，包括发言人、发言内容、发言特点等？

材料三：

某石化股份有限公司董事会拟召开会议，讨论从国外引进化工生产设备的问题。秘书寻萌负责为与会董事准备会议所需文件资料。因有多家国外公司竞标，所以材料很多。

由于时间仓促，寻秘书就为每位董事准备了一个文件夹，将所有材料放入其中。有三位董事在会前回复说有事不能参加会议，于是寻萌就未准备他们的资料，不曾想开会时其中的二位又赶了回来。结果会上有的董事因没有资料可看而无法发表意见，有的董事面对一大摞资料不知如何找到想看的资料，从而影响了会议的效果。

结合上述材料回答下列问题：

1．寻萌在准备材料的过程中有哪些主要失误？

2．作为会议服务人员，要吸取教训避免哪些问题的发生？如何改进？

【供料实训】

实训一：

通过网络收集“博鳌亚洲论坛”、“中国共产党第十七次全国代表大会”、“全国人民代表大会”、“上海合作组织峰会”的会徽和会标并作出评价。

实训二：

某市于 2011 年 8 月 16 日举办第二届全市人才工作暨科技奖励大会，会议地点设在本市大会堂，会期半天，会议由市长主持，市委书记作重要讲话。会议的目的是总结近年来全市人才科技工作，安排部署下阶段各项工作，并对本市有突出贡献的人才和 2011 年市科学技术奖获奖者进行表彰奖励。

根据本次会议安排，会前需要准备哪些会议材料？请将全班同学分成若干小组，讨论并列出所需材料的清单，教师负责汇总同学们的工作成果并作出评价。.

八、学习反思

____

____

____

任务三　会 议 场 地

一、任务目标

1．能够根据会议的性质、不同要求选择合适的会议场地。

2．明确会议场地所需的物品、设备的范围并能够及时安排落实到位。

3．根据会议的不同主题、形式确定合适的会场布置方式。

二、任务情景

胜利集团要召开一次职工代表大会。

1．议题

（1）集团总经理、人事部、生产部、市场部和质检部需向大会做工作述职。

（2）就集团的下一步发展规划向职工代表征询意见。

（3）对集团中高层领导的就职履职情况进行民主测评，现场宣布民主测评结果。

2. 与会人员

出席会议的成员包括集团主要领导 10 人，中层以上领导岗位成员 20 人，职工代表 280 人。为节约非生产性开支，集团领导决定不租借会议场地，就在集团职工餐厅召开此次会议。

3. 场地要求

（1）在餐厅内布置一个简易的主席台，供集团主要领导 10 人就座，同时需设置演讲台。

（2）在观众席划分出嘉宾席，供述职的中层领导集中就座。

（3）观众席间要留出过道，便于职工代表入座和计票人员收集测评结果。

如果你负责会议场地的准备工作，你应该如何完成？

三、任务分析

会议场地是一个笼统的说法，在实际操作中，可以分成会议场地的确定和会议场地的布置两个层面的工作。在选择会场时要注意先对会场的规模和功能进行调查，以便确定最佳的会议场地，同时考虑会场的设计。

对于某些较大规模的会议而言，在确定具体会场之前，首先需要选定会场所在的国家、地区、城市，进而在选定的会址中再选择具体的会场。选择会场是一个综合工程，要综合考察会议地点的会场设施（包括会场电力供应、照明设备、视听设备、消防设备、会场座位设置情况、会议室休息室安排情况）、住宿房间安排、餐饮娱乐安排、会议地点的工作人员所能提供的服务水准等诸多因素。而对于类似任务情景中单位内部的工作会议，一般会址都很明确，我们只要根据需要来确定会场即可。

如果是组织内部会议，会期一般不会超过一天，本着节俭办会的精神，利用组织内部的场地稍加改造，也是不错的做法。

确定了会议地点，接下来就是布置会场的问题。会场布置工作的内容包括会场内外各种宣传展示材料、会场各区域标志材料、会议主席台和演讲台布置、会场座位布局等。对于情景中设置的任务，在会场布置时需结合会议的主题、形式、场地情况，其次要对会场进行简单的分区，并在各功能区摆放必要的物品，如果需要还可以进行美化。

四、任务实施

步骤一：确定会址及具体的会场

根据会议的主题、性质、规模，确定会议所在的国家、地区、城市以及具体的城区、村镇、海滨或山区。会址的确定不仅要实地考察交通状况、会址周边环境秩序，还要考虑当地的历史文化背景及政治经济等方面的特点。当会址确定后，再进行会场的选择。

会场选择除要结合会场内通风设备、电力供应、空调设备、照明设备、视听设备、消防设施、会场的大小、会议室休息室安排等因素以外，还要实地考察会场内的服务水准，主要看会场服务人员的服务态度和服务水平，如会场安保人员、入场票证检查人员、会场引导人员服务态度是否主动热情，工作人员是否能各就其位，各司其职。根据上述硬件软件的各项指标要求，确定合适的会议地址。

对于本情景中的任务，由于场地由集团领导确定，所以会务部门就可以跳过这一步骤直接进入会场布置的各环节了。

步骤二：确定会场的区域划分

大部分情况下，如果只有一个会议场地，不论大小，我们都需要进行会场内的分区，比如主席台的区域、观众席的区域，观众席区域可以细分为嘉宾席、记者席、设备操控人员的区域、会场签到的区域等。

有的大型会议不仅有主会场，还有很多的分会场。此时必须提前先设计好会场的分区，比如可以将会场划分出媒体接待席、记者采访区、与会人员休息区、签到区等各功能区，并设置相应的指示标志。然后，再对各个会场内做具体的分区。

本任务中的场地主要包括主席台、观众席、签到区和民主测评唱票区。

步骤三：布置会场主席台

会场主席台的布置一般要考虑以下几个方面。

1. 主席台背景

主席台背景可以是幕布，也可以是电脑喷绘的背景墙。

2. 主席台的桌椅、摆放的物品

主席台的桌椅要摆放整齐，台上的物品如席签、话筒、水杯、记录用笔、纸要摆放有序。

3. 主席台的座次

通常，我们会采用通过席签的摆放顺序来确定主席台领导的座次。按照我们国家的传统，通常遵循左为上、右为下的原则，主要领导居前、居中排列，如图 2-1 所示。当涉及国际惯例的时候则采用“以右为上”的原则。

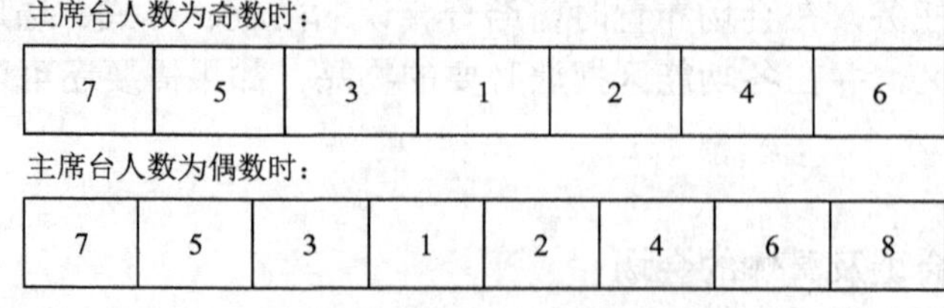

图 2-1　主席台座次的排列

4. 演讲台的位置

常见的演讲台设在主席台右前方，设置好话筒即可。

上述工作提前半天做好，并在会议开始前重点查看会场的席签是否按会议的要求摆放整齐，会场的主席台席签名字写法是否正确、摆放位置是否恰当。

任务情景中胜利集团的主席台布置如下：餐厅南面设置为主席台区域，背景板用电脑喷绘的方式制作完成；主席台桌椅用一排会议专用桌椅，铺红色台呢，工作人员依次在桌上摆放席签、水杯、记录用纸、笔；席签的摆放顺序按偶数排列；演讲台设在主席台内，领导座位的右前方，摆放好话筒。

步骤四：确定观众席的布局安排

根据会议的性质、规模确定会场布局安排。会场一般都会呈剧院式布局，这种会场适合召开大会、全会；研讨会适合布置成教室型；小型研讨会适于呈方形布局；大型研讨会适于呈弦月形布局。会议室一般布置成空心回字形或椭圆形，便于与会者畅所欲言，发扬民主。本情景中的观众席呈弦月形，第一排为通栏，供演讲嘉宾入座，其余座位排成三个弦月方阵，中间为两个通道。这种布局营造了一种团结、和谐的氛围，切合本次会议的主题。

此次会议，观众席采用剧院式布局，根据场地尺寸大小，决定共设300个席位。每100个席位一组，共三组。每组以横、纵各10个席位进行排列。每相邻两组间留出2米的通道。中间一组的前两排（共20个席位），供集团中层领导就座。主席台的右侧为设备操控区域，左侧设置为选举唱票区，需提前安置好白板和放置材料的桌椅。

步骤五：会场设备的选择、落实和检查

亲自查看并使用会场内的照明设备，亲临现场调试视听设备，安排好摄影、摄像；查看会议室休息室的安排布置。

任务情景中的会场比较特殊，工作人员要准备、调试好话筒、音响设备，安排专人进行摄影、摄像，并保证现场电力通畅，各种设备正常运转。

步骤六：落实会场布置

首先，查看会徽、会标等会议标志物是否布置妥当，会场的宣传展示物，如展板、宣传栏、彩旗是否到位；会场、会议室悬挂的横幅是否到位；会场需要的鲜花盆景是否落实到位。

其次，查看提供的饮用水、水具是否符合会议要求并有专人服务。查看主席台桌面记录本、笔是否齐全并摆放整齐。为烘托整个会场的氛围，必要时可用尺子精确地测量出物品的摆放位置，以达到整齐划一的效果。情景中的会场布置相对简单，只要查看主席台的物品是否妥当，保证音响、话筒正常使用即可。

步骤七：会场的检查

在会议召开之前，为确保万无一失，再次检查以上各项工作的落实到位情况。

五、知识链接

（一）选择会议地点需考虑的因素

会议地点的重要性是不容置疑的。会议地点的物质条件——设施、环境、工作人员等对会议的成败起着关键作用。当今社会，国家与国家之间、地区之间交往频繁，对于会议的举办者来说，在哪里开会，既有国际、区域之间平衡的问题，同时也存在巨大的经济利益的诱惑。对于一次具体的会议来说，理想的会址首先在地理位置上应满足以下条件。

1. 与会议的内容、规模、级别相称

如果把工业生产会议安排到农村去开，把国际金融会议安排在偏远的内陆小城市开，都是不合适的。

2. 气候条件适宜

在可能的情况下，会议组织者应选择在气温和湿度上，让多数与会者感到舒适的地方和季节开会。如果让远道而来的与会者整个会议期间与湿热或阴雨相伴，可能会大大影响他们参与会议的热情。对于一些露天举行的会议活动来说，这一点尤为重要。

3. 交通便利

便利的交通可以节省参会人员的费用，同时也减少了他们奔赴会场所花费的时间。

4. 相对的中心地带

这个地带可以是政治中心、经济中心、文化中心、交通中心，或者兼具几个中心的功能。除非是一些现场会使参会者不得不深入某个腹地，一般情况下都应该在中心地带开会。

选择会场通常还需要考虑的其他因素如表 2-1 所示。

表 2-1　选择会场通常需考虑的因素

项目	考虑的因素
会议地点（会议所在城乡地区）	环境优美、交通便利，有明显的地标便于寻找，气候适宜
会议室	数量与容纳量（符合本次会议需要）；质量（装潢、清洁、通道、视听设备）
住宿	客房数量（是否充裕、各种房型都有）、网络；质量（装潢、设施、卫生间大小、赏心悦目的外景、家具等）
餐饮	提供的食品（质量、种类、速度）；餐厅餐位是否满足所有与会者需要；特殊食品（清真食品、素食食品）的供应；提供的酒水数量和价格
服务设施	休闲娱乐设施（游泳池、球场、歌舞厅等）；公共区域（如停车位是否充足、电梯是否安全、传真、通信设备是否便于使用等）
工作人员	管理人员（负责、高效）；技术人员（调试、使用并维护视听设备、电力设备等）；服务人员（培训水平、提供的服务水平）

续表

项目	考虑的因素
费用	合乎预算：根据经济适用的原则，会场与会议的规模、主题、预算相符合；收费的标准和支付方式，有哪些项目需要额外收费，价格是否可以谈判，是否可以享受大客户优惠活动；房价及退房时间是否有优惠；财产损失的赔偿方式
安全	工作人员的安全意识；消防设施的完善与否；安全通道、出口是否畅通、明显；会议地点的医疗条件、安保措施
其他	是否为行为障碍者提供方便；是否有同声传译设备；是否有存储空间等

（二）会议场地选择的要求

在确定好会议地点后，要对会场再进行选择。在选择会场时，特别要注意以下几个方面。

1. 大小适中

会场空间一定要大小适中，一般选择能够与与会人数相匹配的会议场地。会场太大，不仅造成浪费，而且让人觉得会场空旷、缺少会议气氛，而会场太小则过于拥挤，给人压抑之感。如果没有特别合适的会场，把握的原则应是宁略小勿贪大。

2. 设施齐全

会议场地内的设备设施应该能够满足会议的技术需要，如桌椅、空调、茶具等，还要有音响、投影仪、银幕或LED屏幕、远程网络、录像等设备设施。

3. 安全性强

要求会场无安全隐患，电器电路有保障、消防设施齐全、消防通道畅通、周边环境无噪声干扰等。

（三）大型会议场地的布局

1. 整体布局

会场确定下来之后，会场的布局是会议组织者首先要考虑的问题。不同的会场布局各有自己的优势和不足，作为会务人员要了解并掌握，以便使会场布局更适于本次会议。以下是常见的几种布局。

（1）剧院式布局：一定数量的座位之间会有过道方便进出，可以容纳较多的观众，根据会议的性质可以将座位摆成方形、弦月形，由于座位前不设桌子，与会者没有地方放资料，不便于记录，此布局适于召开规模较大的全体会议或报告会。

（2）教室式布局：座位之前设有桌子，方便记录。可以将桌椅端正摆放或呈∩形、V形、弦月形，可以针对房间面积和与会者人数进行灵活调整。适合举办研讨会、新闻发布会、记者招待会等会议。

（3）方形中空式：桌子摆成方形中空，也可摆成椭圆中空，不留缺口，椅子摆在桌子外围。这种布局容纳的人数少，适合举办小型讨论会、座谈会，便于与会者充分发扬民主，达成共识，解决问题。

（4）马蹄形或U形：将桌子连接着摆成长方形，但空出一个短边，椅子摆放在桌子外围也可以内外都摆。会见、会谈的座位布局多呈马蹄形或U形，便于与会者的沟通；在培训会议里，这样的布局不仅便于与会者之间的交流，而且方便与会者与主席之间的沟通。如果培训人数较多，可以让每个小组聚在同一桌子周围，便于分组讨论和综合讨论。

2. 主席台的布局及所需物品

（1）主席台布局

主席台布局指主席台的位置、方向及座位摆放格局。主席台应面门设置，位于观众的正前方，主席台高度应该高于会场地面。一般情况下，主席台只布置一排座位，如果会议的规格高、规模大，可以摆放多排座位。安排多排座位时，前排必须是通栏，后排可以采用通栏或分栏式。无论是一排还是多排，座位的布局多采用横式。

有的会议为方便与会者发言，还设有演讲报告席或发言席。对一般的工作会议，发言席可设在主席台第一排，也可设在主席台第一排的右前方；对一些非常庄重、严肃的会议，报告席一般应当设立在主席台第一排的右前方，或者设在主席台正前方低于主席台但高于会场地面的平台上。

（2）主席台布置所需的物品

主席台是会场观众的视觉中心，也是会议氛围营造中心。布置主席台所需的物品主要包括：①主席台背景：以会徽或会标为中心形成的主席台背景墙或背景板，背景前边可以摆放绿色盆栽，以起到烘托气氛的作用。②主席台必要的设备设施：桌椅、话筒、茶杯或瓶装水、座位签、记录用纸和笔。此外，还可以包括多媒体设备、会议发言系统、同声传译系统等现代化设备。③其他所需的设施和物品：灯光、主席台鲜花、地毯及桌布等。

3. 观众席的布局及所需物品

（1）观众席布局的分类

①根据观众席的设备情况可以分为设置桌子的教室型和不设桌子的剧院式布局。②根据观众席的座位摆放方式可以分为剧院式、弦月形、扇形、半围形、鸡尾酒形、圆桌形等类型，最常见的方式是将观众座位端正摆放，前后左右呈一字形，中间留有通道的剧院式。③根据观众席位的层级关系可以分为单层、双层两种布局。④根据观众席的座位安排方法可以分为三种：横排法、竖排法和左右横排法。横排法是按照一定的顺序，如姓氏笔画从左至右依次排列；竖排法即是从前往后依次排列；左右横排法是以主席台为中心，向左右两边交错排列。

（2）观众席所需的物品

观众席的必备设施是足够数量的椅子。可以根据会议的需要设置桌子，摆放桌布，并在观众席上方悬挂宣传标语，还可以用彩带、气球、花球等来烘托气氛。在一些新闻发布会、媒体见面会上，主办者往往将事先准备好的文件袋提前摆放在观众座位上。

（四）小型会议的会场布局

小型会议要求布局适宜，会场布置简单实用。日常工作会议的会场布局多呈圆形、椭圆形、长方形、正方形、一字形等；座谈会、讨论会的会场多呈半圆形或圆形、回字形、U 形、口字形等；培训会议会场多为设置讲台或讲桌的教室型，培训人员座位的设置可以根据培训的方式和内容灵活安排。

小型会议的会场布置只要保证座位充足，环境整洁即可。

由于小型会议不设主席台，座次的安排上可以不必拘泥于常规。如果要安排座次，一般遵循中间高于两边、左边高于右边、前高于后、远离门的高于离门近的等规律。

（五）会议场地的装饰

1. 主席台的背景

背景墙或背景板的设计要能突出会议主题，烘托会议气氛，给与会者积极的心理暗示。背景的内容包括底色的选择、会徽、会标，以便营造与会议主题相符合的会场氛围。背景设置在主席台后方、正对着观众席的位置。一般的要求是会徽、会标摆放要端正、悬挂要牢固，不要出现错别字。例如党的十七大主席台背景设计：黄色的背景衬托十面鲜艳的红旗，中间是醒目的金色会徽——镰刀斧头标志，主席台上方悬挂红底白字的会标——中国共产党第十七次全国代表大会，显得隆重而热烈。也有的会议采用电脑喷绘的方式将会徽会标制作成背景板，也可以收到不错的效果。再如国际极地年中国行动总结大会：深蓝色的背景板上，会标是红字镶白边的黑体大字，会标上方是白底蓝字的会徽，同样能起到揭示会议主题的作用。

2. 条幅等宣传性物品的布置

除了主席台背景之外，也可以在会场布置其他物品来烘托气氛、扩大宣传。气球、拱门、彩旗等适宜布置在会场外，会场入口可以悬挂横幅张贴标语来宣传会议，会场内可以在主席台两侧悬挂条幅，在观众席上方悬挂横幅来提出口号、揭示会议主题。

3. 花卉的布置

花卉要根据会议的规模、性质来布置。根据花卉的形式，可以分为盆花和插花。盆花通常置于背景板前或主席台边缘，一般以中、高档花草和观叶植物为主。如果只用植物作为背景，可用 1.5～2 米高观叶植物，如散尾葵、南洋杉、金山棕等。如果植物用来装饰背景板或置于主席台前，则可摆放四季草花、观叶植物，一般采用高度不超过 20 厘米、色彩分明的品种，如一品红、红掌、仙客来、杜鹃等。同时还要考虑与四周和会场的总体色调呼应，以烘托会议的气氛。

插花通常摆放于主席台或演讲台。插花由鲜花和配叶组成。鲜花常采用蝴蝶兰、非洲菊、仙客来、百合、玫瑰等色彩艳丽、气味淡雅的花卉，以表示隆重、喜庆。除了鲜花之外，配叶也是相当重要的。市场上主要应用的配叶有铁叶、针葵、鱼尾葵、武竹、天门冬、大叶黄杨、肾蕨、文竹等。插花形状应根据主席台面和演讲桌面的形状进行设计，如圆形桌面，插花的俯视图应呈圆形，而长形桌面的插花俯视图应呈椭圆形。插花的最高点一般距桌面20厘米左右，不超过30厘米，否则会挡住演讲嘉宾的视线。

4. 设备的安置

会场常用的固定设备有话筒、音响、视听设备，有的会场还设有LED屏幕、同声传译系统，以及电子表决、投票系统等；可移动的设备包括摄影摄像设备。对于会议所需的固定设备，一定要提前安置、调试好，并保证技术人员提供会中服务；话筒等小型器材可以准备多个；摄影摄像指定专人负责提前做好摄制准备。

5. 桌上物品布置

主席台桌上物品包括桌布、席签、话筒、水杯、记录用纸笔等物品。桌布的颜色要注意与会议气氛协调一致，桌布的下缘垂到地面；桌面上的物品摆放要整齐，前后左右成一直线，位置要统一。一般来说，席签摆放在座位正中间，距外桌沿2厘米的位置；话筒底座位于座位签左侧垂直摆放，水杯水瓶放在座位右侧，杯把向右倾斜45度，茶杯右边与椅子右边成一条直线；记录用纸摆放在距桌边1～2厘米的座位正中间，笔放在纸上面。

6. 灯光

如果需要使用灯光，要注意主席台灯光比台下要亮，还要注意用不同色调的灯光来烘托会议气氛。暖色调像红、粉、黄、橙给人以热烈辉煌的感觉，适合庆祝、表彰类会议；冷色调如白、蓝、绿、紫给人以严肃端正的感觉，适合工作会议。

7. 人员通道的设置和地面布置

设置通道要考虑通道的数量、距离。常见的通道是第一排与主席台之间、观众席间的横向、纵向通道。座位通道的数量和宽窄应考虑到紧急情况（如火灾、地震等）发生时的快速疏散和撤离。400人以上出席者参加的会议，座位通道应有182厘米宽，小型会议座位通道也应该有121厘米或152厘米宽。大型会议常用双通道，并在观众席的前后之间再加一个通道，从视觉上来看，用双通道将观众席分成三个部分，会场显得紧凑，对参会者来说，便于尽快入座。

地面如果需要铺设地毯，要注意与主席台上的地毯色调一致，通常铺设地毯的位置有第一排观众席与主席台之间、观众席之间的纵向、横向通道。

六、实例展示

【案例一】 李晶所在的会务公司要竞标即将在本市举办的“亚洲人口生存及发展问题国际研讨会”，在撰写会议策划方案中的“会议场地”这一节时，李晶详细列举了本市三星级以上的酒店地址、交通状况、会场设备、实际服务水准、休息室、周边环境等情况，确定了会议地点——本市的金至尊酒店，并制定了详细的会议场地安排细则。根据研讨会的特点，李晶和同事们设计了椭圆形主席台和教室型会场的“混搭”模式，即不

再安排传统意义上的主席台，而是在会场正中放置椭圆形会议桌和椅子，以便亚洲各国代表在平等协商的氛围中展开研讨；其余座位按教室型摆放，方便其他代表旁听和媒体记者列席；使用可以调节高度的演讲台，并摆放由百合、跳舞兰、红掌、剑兰、黄金鸟、巴西叶组成的鲜花；酒店会场免费提供多媒体设备，提前调制好即可使用。在李晶和同事们的共同努力下，公司在竞标中胜出。

【解读】 本案例展示了会场选择的步骤及布置会场的方法。由于会议的地点已经确定在本市举行，只需要根据会议的要求，确定好会场具体位置，即会场设在哪家符合条件的酒店。因为要设计出符合本次会议要求的会场布局，在确定会场的具体位置时首先要考虑到：场地大小是否符合需要，即能否容纳所有的与会者同时举行会议；会场内的桌椅是固定的还是可以自由组合的；会场哪些设备可以免费使用并提供会中技术支持。满足了以上条件后，再考察会场的交通、服务水准、周边环境等条件，通过统筹选择，确定最佳会场。

【案例二】 请看下面三则新闻：

1. 6月29日，广东省纪念中国共产党成立89周年座谈会在粤北革命老区韶关市举行。中共中央政治局委员、省委书记汪洋出席会议并作重要讲话。

（资料来源：南方都市报，2010年6月30日）

2. 8月27日上午，距离蒙古国首都乌兰巴托600多公里的南戈壁省巴彦达赖县辖区的沙漠气温达到了30摄氏度，蒙古国总理巴特包勒德率全体政府成员正在这里召开一次具有特殊意义的政府会议，以“为了明天，今天行动起来”为主旨的会议重点讨论了全球气候变化以及蒙政府应对措施等问题。会议认为，气候变化将对蒙古国的环境、社会、经济等方面产生深远影响，蒙古国传统以畜牧业主导的游牧文化在本世纪中叶以后可能面临生存危机。

（资料来源：人民日报，2010年8月30日，第六版）

3. 据英国《每日电讯报》12月4日报道，正在墨西哥城市坎昆召开的2010年联合国气候大会的会期过半，尽管尚未取得任何实质性成果，却已接连不断地遭到当地环保人士的批评与指责。

这场耗资4300万英镑（约合人民币4.5亿元）、由墨西哥军队亲自保卫的会议将地点选在著名的旅游胜地坎昆，仅这一点就让很多人不满，因为这个加勒比海上的美丽旅游城市实际上是40年前建立在污染和乱砍滥伐基础上的。

（资料来源：http://www.chinanews.com）

【解读】 以上三则新闻体现了会议主题与会议选址的密切关系，提醒办会人员选址要慎重，讲究决策的科学性。第一和第二则新闻说明了正确的选址对会议主题的烘托作用；第三则新闻则提供了关于选址的反例。如果会议的地点不能与会议主题相协调相呼应，不仅影响会议的进展，会议的效果也会大打折扣。

七、拓展实训

【情景问答】

材料一：

赵小姐是某公司总经理助理，在即将召开的跨国公司技术交流大会前，由于时间紧迫，赵小姐来不及核实与会者人数，就按照自己的估计先把人数确定了下来。结果在会议签到的时候，发现与会者人数大大超过了原先的估算，于是不得不临时更换会议室，影响了会议的准时召开。

结合上述材料内容回答下列问题：

1．从这则案例中你得到什么启发？

2．赵小姐应该从这次事故中吸取什么教训？

材料二：

某集团公司定于某月某日在大礼堂召开部门工作总结会议，会议组织者给参会人员发了通知，通知上明确地写着时间、地点。可当销售部、行政部、生产部的经理提前来到礼堂一看，发现礼堂内张灯结彩，不像召开工作总结会议的样子。询问礼堂管理人员才知道，今天礼堂召开的是另一个表彰会，而原定的工作总结会的地点已经改换了。几位部门经理觉得莫名其妙——改换地点为什么不重发通知？事后，会议组织者解释道，由于会务人员工作粗心，在下发会议通知前没有与礼堂管理人员取得联系，一厢情愿地认为场地没有问题。直到会议前一天下午才去联系，没想到礼堂已经安排其他会议了，于是只好临时改换会议地点。但由于与会人员较多，来不及一一通知，结果造成了上述失误。会议组织者尽管做出道歉，但造成的不良影响还是无法消除的。

结合上述材料内容回答下列问题：

1．在实际工作中，应该如何避免出现类似的失误？

2．如果出现类似的情况，该如何做好补救工作？

材料三：

某广告公司安排会见一个潜在的客户，讨论一项宣传活动。这个客户的工作场所相当远，是一个小型的开放式办公室，所以广告公司建议利用一家邻近客户且有会议设备的饭店。会前一周，广告公司的工作人员来饭店检查会议室，看到一套多媒体系统和一张大会议桌，要求把桌子搬走，并要求安置一套标准的视听设备，因为他知道自己公司的展示是使用这种设备来准备的。距离开会还有半天，广告公司的执行人员来到会场测试音响、视频设备，将座位安排成半圆形，调整了窗帘和空调，并定好了点心。会议进行得很顺利，广告公司赢得了这个新的客户。

结合上述材料内容请根据会前准备的有关理论来说明这次会议成功的原因。

【供料实训】

实训一：

某大学要在学校礼堂召开学生代表大会，邀请教师代表主席台就座。作为本次会议的会务人员，该如何准备布置会场？请写出本次会议的会场布置方案并现场演示本次会议主席台的布置。

实训二：

2011年5月1日起，公共场所禁烟令开始在全国实施，会议场地“禁止吸烟”的警示标语还有保留的必要吗？该如何让警示标语起到提醒作用？请分组讨论，各组派一名代表带着本组的观点参加班级讨论。

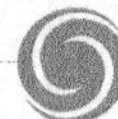

八、学习反思

____

____

____

任务四　联络接待

一、任务目标

1．明确联络接待的工作内容、工作步骤。

2．能够根据实际需要展开联络接待，完成接待任务。

二、任务情景

由中国科学院地理科学与资源研究所、环境保护部华南环境科学研究所、北京市可持续发展科技促进中心与污染场地修复科技创新联盟四单位共同组织举办的中国污染场地修复科技创新与产业发展论坛第二届会议于 2010 年 12 月 10 日～11 日在广州举行，为期两天。为了扩大论坛的影响力，会议主办方决定本届论坛开幕式由污染场地修复科技创新联盟理事长廖教授主持，拟通知、邀请以下人员出席开幕式，并作主题报告或发表演讲：环境保护部华南环境科学研究所李远书记（广州）、中科院地理资源所党委书记成升魁（北京）、环境保护部自然生态司副巡视员侯代军（北京），广东省环保厅环境监测与科技标准处副处长王大力（广州），环境保护部污防司副处长郭瑾珑（北京），环境保护部华南环境科学研究所副处长彭晓春（广州）。此次会议对与会人员的邀请采取下列方式：属于论坛组成单位成员的参会者，采取电话通知和书面通知相结合的联络方式；论坛发起单位之外的参会者，则用邀请函的联络方式。同时，确定邀请的媒体有搜狐网、新浪网、广州日报、中国科技报、中国环境报、大公报驻广东记者站六家，预计各家媒体记者 15 人出席会议。

此次会议的会前联络工作由张华负责，如果你是张华，你该如何实施？

三、任务分析

联络接待工作是保证会议如期顺利召开的前提。试想，如果发出了邀请函、会议通知却应者寥寥，会议也就无法按期进行。在会前准备的所有工作中，联络接待工作涉及的头绪多，任务烦琐，主要有：会议通知和邀请函的发送，回执的统计、分类、汇总，媒体的联络接待，接站接机的方式、交通工具、到达路线的安排等内容。联络接待工作需要会务人员搞好统筹，做好各环节的协调和人员的配备，需要会务人员付出细心、耐心、诚心，将工作做好。任务情景中张华的工作主要涉及以下几个方面：发送会议通知和会议邀请函并落实出席情况；外地参会嘉宾参会人员的接站安排；参会人员的食宿方案的确定；媒体的联络接待。

四、任务实施

步骤一：统计、确认回执

会议通知发出以后，做好回执统计工作并根据回执人的身份进行分类，同时需要对参会人员的到会方式和到会时间进行统计，以便接站工作的安排。另外，大型会议的回执统计好后，需将参加会议人员名单提供给会议材料组，以便编写大会手册中“出席会议人员名单”一项。任务情景中张华的做法是：根据出席人员名单，提前一个月逐一发送附有回执的会议通知和邀请函；会前半个月，汇总统计回执信息。经统计，参加此次会议的人员共 92 人，广州市本地与会者 15 人，外埠与会人员 77 人（其中有 12 人将自行抵达；其他 65 人分乘飞机、火车、长途汽车抵达广州，并需大会主办方接机接站）。

步骤二：会议嘉宾的邀请

对于会议来说，嘉宾的构成主要有：组织方的上级领导和政府官员；企业的重要客户和各种利益相关方；社会名流和影视明星；对实现会议目标有潜在贡献的人士。情景中张华的做法如下：会议嘉宾按内外有别的方式进行联络，分别寄送会议通知和邀请函；同时特别注意安排好外地领导嘉宾的接站工作：与驻会酒店协商好外地参会嘉宾、领导的接站安排，包括接站时间、地点和车辆安排；根据嘉宾的需求，提前预订好酒店房间以方便入住。

步骤三：通知、邀请各类媒体

根据会议的内容、规模、级别确定通知邀请媒体的范围、层次和类型。无论采用哪种方式，都要提前做好准备，如准备新闻通稿、提供相关的背景材料、提供相关设备、划分采访区域等，为媒体采访报道提供便利。张华根据会议要求，书面邀请、通知了各网络、平面媒体，并通过电话确认能否到场。在会场提前设置好媒体接待席，方便记者采访、摄像摄影。

步骤四：确定接机接站方案

根据会议主办者的要求和回执上的到达航班、车次，确定对领导、嘉宾的接站、接机方式，确定从车站、机场到食宿地点的乘车方式、乘车路线。安排迎接时要留出机动人员、车辆，以便在客人临时改变航班、车次的情况下有人接机接站。

张华为本次会议设计的接机、接站方案如表 2-2 和表 2-3 所示。

表 2-2 与会嘉宾接机、接站安排表

姓名	交通工具	到达时间地点	车辆安排	责任人	备注
李远	自备车	8 点，开幕式会场			
成升魁	飞机	19:20，白云机场	2 号车	张大伟	13512341234
侯代军	飞机	17:20，白云机场	1 号车	李小勇	13543214321
王大力	自备车	8 点，开幕式会场			
郭瑾珑	飞机	17:20，白云机场	1 号车	李小勇	13543214321
彭晓春	自备车	8 点，开幕式会场			

表 2-3 参会人员接机、接站安排表

接站地点	接站时间	负责人	到站人数	联系人电话	车辆安排
白云机场	8:30～22:00	李峰	15	15523452345	中巴 1 号车
		张闽		15034566543	
广州火车站	6:00～21:10	张小明	16	13945677654	中巴 2 号车
		王克		15912344321	
广州火车东站	6:20～20:45	常虹	15	13156788765	中巴 3 号车
		于长水		13065433456	
广州长途客运站	8:00～19:30	程方	21	15887655678	中巴 4 号车
		陈霞		13534566543	
汽车客运站	8:00～19:40	郑平	8	15512344321	商务车 5 号车
		黄立政		18878656578	

注：1．各组配备桌子一张，椅子四把，接站牌一个，矿泉水一箱。
2．各组负责人及时与参会人员联系，确保不漏接、不错接，保证参会人员安全及时地到达住宿地点。
3．接待组值班电话：18097655679。

步骤五：了解与会人员的各方需求

了解与会各方的需求可以用多种形式的回执——传真、信函、电子邮件或者电话均可。通过多种形式的回执，可以了解与会者的特殊要求，譬如家属或随行人员、保健要求、饮食习惯、交通要求、住宿要求等，如果费用自理，那么主办方可以尽量满足其要求。本次论坛采用缴费入会的方式，张华根据参会人员的要求一一做好了安排。

五、知识链接

（一）如何跟踪邀请函

邀请函一般至少提前 15 天发出，有些大型会议需要提前数月甚至半年发出。发出之后需要做好跟踪和确认工作。

（1）邀请函发出后立即确认是否收到。

（2）每天统计反馈人数主动汇报给总负责人，在发出邀请函后一周内没有收到回执，要电话确认并汇报领导，由领导决定是否增加人员或用其他方式与邀请人员联络。

（3）会议开始前 5～7 天最终确定参会方是否决定参加并明确来程安排。

（4）会议前三天确认航班（车次）。

（5）告知对方接机（接站）的方式、时间、人员安排。

（二）如何邀请会议嘉宾

1. 邀请嘉宾的工作程序

（1）经领导和会议主办方同意，确定嘉宾名单。

（2）拟写并发送邀请函（请柬）。

（3）逐一与嘉宾联络，确认对方到会的时间、地点和各项要求。

（4）安排落实嘉宾到会的方式，如上级领导一般要安排专门的接站人员、司机、车辆。

（5）提前落实安排好到会嘉宾的食宿。

（6）联络嘉宾，告知受邀人己方的接站、食宿安排。

2. 邀请会议嘉宾的注意事项

（1）发出正式邀请函后，进行电话沟通时要有礼貌，盛情邀请而又不强人所难。

（2）对于确认出席和正在邀请中的嘉宾，要了解嘉宾的背景，处理好嘉宾之间的关系。

（3）一次会议邀请嘉宾人数不宜过多。

（三）如何通知、邀请媒体

1. 确定邀请媒体的类型、级别、数量及具体单位

媒体根据使用的媒介可以分为平面媒体（主要指报纸杂志）、电视媒体、网络媒体；根据级别可以分为全国性媒体、地方性媒体、组织内部自有媒体。对于办会者来说，除了邀请全国性媒体来扩大宣传之外，还可以邀请除了本地媒体以外的其他地方媒体，如发言人和参会人的家乡媒体，可以扩大宣传的广度和力度。在确定通知邀请的媒体范围时，尽量兼顾媒体不同受众、覆盖面、实效等因素，尽量涵盖各个类型、各个级别与组织关系良好的媒体。

2. 通知、邀请媒体的方式

可以通过新闻发布会、媒体见面会、吹风会的方式来告知媒体；也可以通过报纸、电视、网络来宣传相关信息，吸引媒体的参与热情；还可以官方的书面通知、邀请函的方式来发出邀请；对于已经建立良好合作关系的媒体，可以电话通知某位具体的媒体记者，向其发出邀请。

3. 确定能出席会议的媒体

已经通过各种渠道得知会议相关信息的媒体，要通过电话来确定能否出席，如果重点邀请的媒体不能前来，要及时汇报领导更换邀请对象或由领导出面邀请。

4. 注意事项

（1）对于受到邀请的媒体，要通过电话来确保其出席。到达后要提供接站或接机服务，并安排食宿。

（2）为媒体采访提供硬件、软件服务，如提供大会记者证、会场证件、设置采访区、提供新闻通稿、互联网接口等基本服务。

（3）没有受到邀请的媒体前来采访，也要提供主动、周到的服务。

（4）如果到场的媒体比较多，可以设立单独的媒体签到处。在签到处提供必要的采

访证件、会议相关资料，以方便媒体工作。

（5）如果会议本身的影响力足够，不必邀请媒体，可以通知的形式指定媒体入住地点，在食宿地点完成注册、提供会议资料等一系列工作，食宿、交通费用需媒体自理。

（四）电话联络的礼仪

1. 注意通话时间

尽量不要在他人的休息时间打电话，如上午7点之前、晚上10点之后以及午休时间，在用餐之时打电话也不合适。给海外人士打电话，先要了解一下时差，打公务电话，尽量避免在他人的私人时间，尤其是节假日去麻烦对方。有意识地避开对方的通话高峰时间、工作繁忙时间，这样打电话的效果会更好。

2. 注意通话长度

基本要求：以短为佳，宁短勿长。遵循"三分钟原则"，即发话人要自觉地、有意识地将每次通话的长度限定在3分钟之内。

3. 注意体谅对方

开始通话时，先问一下对方，现在通话是否方便。倘若对方不方便，可约另外的时间。若通话时间较长，也要先征求一下对方意见，并在结束时略表歉意。在对方节假日、用餐、睡觉时，万不得已打电话影响了别人，不仅要讲清楚原因，还要说"对不起"。

4. 通话内容简练

（1）事先准备。不要现说现想、缺少条理、丢三落四。

（2）简明扼要。问候完毕，即应开宗明义，直言主题，不吞吞吐吐，不东拉西扯。

（3）适可而止。话说完了，要及时终止通话。

5. 谈吐礼貌

注意使用礼貌用语，音量、语速要适中。

六、实例展示

【案例一】 大学生古丽作为青年志愿者参加了"中国青海柴达木循环经济试验区项目推介会暨盐湖城旅游文化艺术节"的联络接待工作，她的主要工作是统计回执，按照回执人的身份分类，确定来客到达的时间、车次、航班并制作出"接站接机信息表"；在火车站参加来宾的接站工作。统计回执时她时时提醒自己要仔细，将做好的表格与回执原件一一核对无误后才上交。火车站的接站工作很累，从早上4:30到达格尔木的第一列火车到站，到23:40到达的最后一列火车，她的工作时间持续了将近20个小时。每当有客人出站，她就要在站口高举接站牌，确认客人的身份，面带微笑引导客人到停车场等待接站的商务车跟前。虽然累得腿发麻，但看到"接站接机信息表"上的一个个"√"

号，又感到自已挺有成就感的。这些虽然只是联络接待工作的一部分，但这次“实战”让古丽感到内心很充实，收获很大。

【解读】 本案例的联络接待工作包括了会前的联络和接站工作。统计回执只是联络工作的一小部分，但却是其他如确认、安排落实等各项工作的基础，要求统计人员要十分细心，涉及的相关信息不能有差错，因此，需要层层把关，还要有负责人的签字才能进入下一个环节。对于具体的接站工作来说，不仅要求工作人员体力充沛、精神饱满，还要有吃苦耐劳的精神，才能全心全意投入到工作当中；具体的实施中，要掌握一定的接待技巧，注意良好的接待礼仪，给与会者留下美好的第一印象。

【案例二】 广西某县工商局要举办全国老龄问题研讨会，拟邀请民政部、全国老龄委、自治区民政厅相关领导六人作为嘉宾出席会议。负责联络接待工作的工商局办公室张主任首先框定了拟邀请领导名单，报领导批准。领导批准以后离研讨会还有一个月的时间，张主任按照名单一一发送了制作精美的邀请函，同时寄送的还有邀请函回执、该县老龄工作简介、本次研讨会简介及该县地理、文化介绍。一个星期以后，张主任按名单逐一电话落实邀请函的收到情况，在每位收到者姓名后面做好标记，表示邀请函已经送达。根据陆续反馈的回执信息看，有一位领导因行程安排不能出席，推荐了同级别的其他人选，其余五人都明确表示参加会议。接着，张主任又亲自查看本县最好的宾馆的客房质量、餐厅的服务水平，并提出了改进的要求和建议，直到自已满意，才预订了房间。他又通过本县民政局李主任了解到，这六位领导中有三位是四川人，一位广东人，两位广西人，于是又特别查看了餐厅的粤菜、川菜食谱，心里有了底。这时，离研讨会正式开始只剩一周时间了，张主任通过手机短信、电子邮件等联络方式，请嘉宾对回执上的到达时间、到达方式给予确认，没有回复的即表示回执内容不变。根据领导到达的方式、时间安排，张主任确定了以下安排：开会前一日，在南宁机场安检口，由工商局王局长参加迎接 12:20 到达的北京嘉宾，安排两辆车，自已陪乘后一辆，这辆车上乘坐的是领导推荐的参会者，两辆车沿高速公路直达宾馆；同日 16: 00，李副局长则在高速公路入口处迎接自治区民政厅三位领导。迎接方案获得单位领导的批准，张主任又确定了各位领导的房间楼层、朝向、房间设施、每日服务细则，将上述内容整理成表格，再次查看房间安排和服务落实后，张主任稍稍松了口气。

【解读】 邀请领导出席会议，尤其要注意各项工作有序安排，不出纰漏。张主任的工作就体现了这一点：拟定嘉宾名单—报上级领导同意—发送邀请函—确认邀请函—统计回执—亲自过问嘉宾领导的食宿安排—确认回执—确定接站接机方案，逐一落实迎接人员安排、时间、地点、行程路线、乘车方式等细节。张主任在邀请领导嘉宾的每一个环节中，都注意提前做好安排，心中有数，使自己的工作不显得被动，值得办会人员好好学习。

七、拓展实训

【情景问答】

某投资公司要举办投资研讨会，负责接站工作的秘书方美是这样做的：根据回执的反馈信息，她准备了三条接站线路：火车站到会场、汽车站到会场、机场到会场。在火

车站、汽车站、机场，她根据与会人员的车次、航班、到达时间、与会者的姓名、性别设计了接站信息表，现场接待人员人手一份，根据信息表接站，不要漏接。每条线有三辆中巴运送代表到会场。因为与会人数很多，接站人员不可能对每位代表逐个接站，方美在火车站、汽车站、机场分别设立会议接待处，在出站口挂上“投资研讨会接待处”的横幅，让参会人员一出站就能看到。每个接待处配备两名接待员，方便轮换去卫生间和吃饭。当与会者到达时，一名接待员引导与会者上车，另一名接待员留在接待处等候其他与会者，这样不会造成接待处没人的情况。

结合上述材料内容回答下列问题：

1．方美的接站工作方案做得如何？

2．从她的做法中，你可以找到哪些可供借鉴的接站做法？

【供料实训】

为配合国家西部大开发的战略，青海省格尔木市获得了“中国青海柴达木循环经济试验区项目推介会暨盐湖城旅游文化艺术节”的举办权。为成功举办这次商贸会，格尔木市邀请了文化部、环保总局、中宣部及青海省相关部门的领导16人，邀请了包括青海籍作家、诗人、当红的歌星影星在内的名流12人，邀请了经济日报、民族日报、北京青年报、光线传媒、青海日报、青海电视台在内的各路媒体13家，预计有25位媒体人到会。格尔木市成立了专门工作小组负责联络接待任务，小组制定了详细的接待计划，从统计回执、分类到安排、落实接待场所、来宾接站接机等诸多工作有专人负责，保证了各项工作顺利展开，接待工作进行得有条不紊。

请为本小组制定一份详细的接待工作方案。

八、学习反思

____

____

____

任务五　生活服务

一、任务目标

1．明确生活服务的工作内容。

2．为参会人员的生活服务工作做好充分的准备。

二、任务情景

甘肃某大学举办全国地球物理学术研讨会，会期三天。第一天、第二天举办专场学术研讨会，第三天下午安排参观中华母亲河活动。会议地点、食宿地点都设在本校的学术交流中心。会议邀请了中科院地球物理研究所的3位院士和本校的副校长作为特邀嘉宾。本次会议开通了缴费平台，对教师、在校学生分别收取 2000 元、980 元的会务费，研讨会报名缴费的参会教师 23 人，学生 12 人。物理学院的小李负责生活服务工作。请问，他该如何展开工作？

三、任务分析

生活服务与联络接待是互相衔接、你中有我的关系。表面上看当参会人员到达食宿地点以后，生活服务工作才开始，其实联络接待时必须考虑生活服务的内容，确定接待地点时已经包含了部分生活服务的内容，两者难以截然分开。现代会议都会选择在酒店食宿，不要以为有了酒店的服务，办会人员就可以在生活服务工作上放手不管，要充分考察酒店的服务水准，对酒店提出明确的服务质量要求；还要充分考虑到与会者的各种情况，增加服务内容。生活服务的内容就是尽量照顾好与会者在异地的食、住、行等生活细节，体现以人为本的服务理念和服务宗旨。对小李来说，他的生活服务工作是安排好三位院士嘉宾的食、宿、行，为参会的教师和学生定点食宿、会中游览做好准备。

四、任务实施

步骤一：确定住宿方案

结合会议的预算，根据出席会议人员名单，落实、确定参会人员的食宿的标准和地点。与食宿地点协商确定领导、嘉宾的房间服务细则。食宿地点的选择要综合考虑交通、会场距离、餐饮服务质量、房间数量、房型、质量等诸多要素。

根据出席会议人员身份，拟定住宿房间分配方案，形成房间分配表。确定方案时要根据参会人员的性别、年龄、所在单位和地区、民族成分、宗教信仰来确定分配方案，尽量不要把不同民族、宗教信仰的人员安排在一个房间；对领导、嘉宾、年老者要适当照顾。预留出一定数量的房间以备应急之用。房间分配表形成后要及时提供给材料组，以便签到时提供给参会者。具体说来，在安排住宿房间时，要考虑到以下几个方面。

（1）与会者房间尽可能集中，这样有助于办会人员和参会者的联系和沟通，也便于与会者在休会期间进行交流与沟通。

（2）身份、职务相同的与会者，住房标准大体一致，如果自费出席会议有特殊要求，则尽量满足。

（3）一般情况下，应首先将年老者、职务较高者、女性安排在向阳、通风、条件设施较好的房间。

（4）与会者如果带随行人员，将他们安排在一起或相邻的房间，以便于他们之间开展工作。

（5）召开学术会议，安排双人间、多人间，可以选择专业相同、相近的与会者同住一间，利于相互之间的交流。

小李服务的本次学术会议除主办方邀请的院士嘉宾以外，其他人员需要缴费入住，事先拟定房间分配表的做法不太合适。小李根据参会人数，计划在本校的学术交流中心预订 18 个房间，其中 11 个双人间，4 个三人间，3 个单人间，双人间、三人间供教师、

学生缴费入住，3个单人间提供给三位院士入住。小李特别注意了这三个单人间的楼层、房型、房间设施一致，而且都在四楼，视野开阔，离步梯不远。

步骤二：确定餐饮方案

餐饮方案包括用餐方式、菜单安排、酒水和茶歇。根据客随主便、适当照顾的原则，确定用餐方式、餐饮服务标准、用餐时间。如早餐一般安排自助形式，午餐晚餐可以采用聚餐形式，少数民族、宗教人士的饮食习惯和风俗应该予以尊重。预留出一定的就餐席位，以备应急之用。为防止有人“吃会”，可以用餐券和佩戴证件的方式提出要求，以便于服务人员“辨伪”。餐饮服务时间、用餐要求要编入大会手册，餐券要提前印制好，以便及时提供给参会人员。具体说来，餐饮方案的确定要考虑以下几个方面。

1. 就餐时间和地点

就餐时间应根据会议活动的作息时间综合考虑；确定每餐的具体地点，人多时可以多安排几个就餐地点。

2. 就餐形式

就餐形式即自助式还是聚餐式。

3. 就餐人员的组合方式

如果采用聚餐式，就要事先确定好每桌就餐人数和组合方式，即与会者是自由组合还是按会议活动编组的方式组合就餐。

4. 餐饮类型

餐饮类型即早餐、午餐、晚餐的安排原则。

（1）早餐：早餐过后就参加会议，所以最好减少早餐食品的选择性，并且烹饪时间不需要太长。大多数会议早餐提供高热量低脂肪的食品，如牛奶、鸡蛋、主食面点等。

（2）午餐：为了使午餐后的会议更有效，避免与会者在会间打瞌睡，最好让午餐保持清淡，现在清淡饮食也是人们饮食口味变化的趋势。午餐可以多提供果蔬、清淡海鲜等，一般采用自助的方式就餐。

（3）晚餐一般比较正式，通常采用较为正规的宴会方式，还可以把娱乐作为宴会的一部分，将宴会与娱乐相结合，与欣赏当地文化风情和品尝当地风味食品相结合。

5. 酒水

会议餐饮的酒水是另外收费的，会中也不鼓励饮酒，主办者可以与会议酒店协商好，提供清淡饮品给参会者。

6. 茶歇

中小型会议经常使用，茶歇安排在会议间隙、会议休息时间进行，是为会间休息兼气氛调节而设置的小型简易茶话会。茶歇的品种可分为西式与中式两种——西式基本上以咖啡、红茶、西式点心、水果等为主，中式则以开水、绿茶或花茶、果茶、水果、各式小点心为主。

根据本次研讨会的预算，小李确定了如下的餐饮方案：签到后由总台发给就餐券，第一天晚餐为中式欢迎晚宴，其余早中晚餐都安排自助的方式，六位回族、维吾尔族参会人员在清真餐厅就餐，其余都安排在一楼餐厅用餐；菜单的选择上，特别注明早餐要提供粤式早茶，因为三位院士中有两位是汕头人；主食的安排上推出西北特色如羊肉泡馍、牛肉拉面等；研讨会上提供茶水，会议间隙不安排茶歇。

步骤三：做好食宿地点的提示工作

确定食宿地点停车场、门厅的接待方式、接待要求，如在食宿地点周围设置彩旗、气球以烘托气氛，在门厅上方悬挂欢迎横幅或利用电子屏幕表达热烈欢迎之意，在楼梯拐角处、电梯口、餐厅门口等位置设置箭头或其他醒目标志，以起到指示作用。要求服务人员接待要主动热情，为客人提供周到、细致的服务。

小李要求学术交流中心在门厅用电子屏幕打出“热烈欢迎参加全国地球物理学术研讨会的师生”的标语，并在楼梯口、电梯口、会场入口设置箭头、标语等标志，迎接与会者的到来。

步骤四：确定会中车辆安排方式

如果食宿地点与会场不在同一地点，需要根据与会人数，提前确定从食宿地点到会场的乘车方式、乘车路线、司机、车号、各台车辆召集人姓名。如果需要安排参观、游览，同样需要提前落实好车辆安排，明确车型、车号、发车时间、司机、返回时间。任务情景中小李负责的研讨会食宿、会场都设在同一地点，只要提前联系旅行社，落实好参观活动的车型、车号、发车时间、返回时间、熟悉路线的司机诸多事项即可。

步骤五：筹划好安保工作

安保工作涉及的范围主要有会议现场和会议食宿地点，因此对于大型、会期较长的会议，需要与食宿地点签订合同来确定消防、安保细则，确保与会人员人身财产安全。安保人员可以是本单位的保安人员，如果需要增加人手，可以聘请保安公司专业人员，重要的党务、政府会议需联系公安、武警人员协助。小李负责的学术研讨会参会人员身份相对统一，只要对食宿地点提出安保要求即可。

步骤六：筹备医疗工作

成立由专业人员组成的临时医疗室，确定医疗室地点、负责人、服务起止时间、医疗人员联系方式，为与会者提供临时医疗服务。大型会议要明确医疗安排，之后要及时提供给大会手册编写人员。对于任务情景中的小型研讨会来说，参会人员少，会期短，小李既可以根据嘉宾的健康状况有针对性地准备，也可以在会议通知、邀请函中做出提醒，由参会人员自己负责自身的健康。

步骤七：确定休闲娱乐及参观游览时间、地点和线路

根据会议的性质和安排，还可以准备为与会者提供其他服务，例如介绍会议举办地的气候特征、旅游名胜、购物地点、食宿地点的娱乐和健身活动，以小册子的形式提供给与会者。如果要安排文娱晚会，要提前做好组织工作，包括演出内容、时间、地点的确定，观看者的入场、离场、返回等诸多事项。

小李服务的本次研讨会安排了游览母亲河活动，计划让全体与会者乘坐观光大巴游览中华母亲河——黄河的兰州段，并在母亲河雕塑前合影留念，往返车程预计两小时。

步骤八：确定票务工作方案

成立票务组负责为与会者提供返程车（机）票的预订，也可以委托第三方（如入住的宾馆或旅行社）代办此项工作，现在很多会议组织方也有取消票务工作的情况。如果确定为参会人员提供票务服务，都要在大会手册中注明订票时间、地点等事项。

小李和学术中心商定，由交流中心负责代办参会人员返程票的预订工作。

五、知识链接

生活服务虽是会议的细节，却是十分重要的一部分。有句话叫“细节决定成败”，很好地说明了生活服务的重要性。生活服务所关注的细枝末节，往往决定了会议的成功与否。

（一）会议餐饮的原则

1. 规格适中

要根据与会者的情况和会议主办者的经费预算综合确定就餐规格，尽可能节约成本。

2. 卫生安全

这是餐饮服务的最基本的要求，从食物的采购选用、清洗到烹饪加工、饮食用具等一系列操作过程，必须保证干净卫生。

3. 营养美味

在确保卫生安全的前提下，讲究食物的营养，还要做到美味可口。

4. 照顾特殊

在会议规定的就餐标准之内，尽可能满足不同口味的与会者，尽量照顾到不同民族与会者的饮食习惯、风俗、禁忌。

（二）确定餐饮菜单应考虑的因素

（1）菜品应干净、卫生、可口，讲究口味和外观的吸引人。

（2）菜肴组合要注重口味的协调，五味搭配，软硬、冷热平衡。

（3）在考虑民族习俗和地域差别的基础上，适当提供当地特色食品。

（4）菜品在烹饪方式上要灵活，尽量避免同一菜品连续两天出现，或者同道菜在午餐和晚餐中重复出现。

（5）注意膳食平衡，提供低脂高营养的菜品。

（6）如果参会人员较多，确定菜单时应考虑烹饪的时间及食品保温和服务的准备时间。

（三）休闲娱乐活动的安排

会期较长的大中型会议，为了提高会议效率，一般在会中安排休闲娱乐活动，也有的活动被安排在全体大会之前，作为烘托气氛的一种手段。安排活动一方面使会议显得张弛有度，让与会者劳逸结合，促进会议成功；另一方面，可以为与会者增加交流的机会，增进彼此的了解。

1. 休闲娱乐活动形式

（1）短途游览观光活动。会中活动一般安排短线旅行，旅程很少离开会议举办地500公里以上。这种活动一般由会议组织者与旅行社联合行动，由旅行社提供导游服务。

（2）文娱、体育活动。会中的文娱活动一般安排在晚上，可以充分发挥会议住宿地的娱乐设施的作用，利用宾馆现有场地条件进行；也可以外聘专业人员到住宿地演出，或组织与会者到其他场所观赏文娱活动。体育活动可以充分利用住宿地现有条件，提供活动场地供与会者选择使用。

常见的文娱活动包括：

（1）观看电影、文艺表演。这类活动既可以是娱乐休闲式的，也可以配合会议的主题来安排。不管是何种形式的活动都要提前审查影片和节目内容，避免因为政治问题或触犯与会者的宗教信仰、风俗习惯而引起与会者的不快。

（2）交谊舞会。举办此类活动目标要明确，举办舞会之前，要根据与会者的喜好选择好合适的音乐，并根据与会者数量来设计、布置场地；举办过程中要注意使用灯光来烘托气氛，可以加入一些小游戏，使舞会不显得单调。

2. 组织会中休闲娱乐活动的注意事项

要使会中的活动使参会者满意，就要认真做好组织工作，使其有序进行，消除参加者的后顾之忧。要保证活动的卓有成效，一般从以下几个方面入手。

（1）了解与会者的需求与兴趣。会议活动本身是对参会者的慰劳，所以一定要找到活动内容和与会者需求与兴趣之间的契合点，才能真正发挥活动的作用。

（2）充分利用现有条件和当地资源。利用住宿地的现有设施安排文娱活动、健身活动，欣赏富有地方特色的风光是通行的做法。

（3）确定活动的具体时间。一般在会议预案中就安排了会议活动的时间，但会议开始后可以根据实际情况做出适当调整。活动安排时间的首要原则是不应影响会议的正常进行，宜在休会期内或晚上，也可以在会议正式召开之前。

（4）充分准备。准备工作要抓好票务、车辆、场地、现场服务等方面的工作。提前订票，安排好车辆、规划好场地，选派有经验的办会人员具体负责事务工作和安全工作。

六、实例展示

【案例一】 生活服务虽是会议的细节，却是十分重要的一部分。有句话叫“细节决定成败”，很好地说明了生活服务的重要性。生活服务所关注的细枝末节，往往决定了会

议的成功与否。请看下面三节新闻片段:

1. 2007 年湖南宾馆为欢迎出席省第九次党代会的代表，特意在房间里增添了这样的细节：一束玫瑰花，一张心形服务提示小卡片，两粒巧克力糖。这些温馨的小举措赢得了领导和与会代表们的赞赏。

（资料来源：http://news.sina.com.cn）

2. 2008 年衢州市两会召开在即，衢州市公交公司对会议用车进行了全面检查，还挑选政治强、业务精、素质好、服务佳、遵守纪律的驾驶员为政协会议服务。公交公司负责人表示，“两会”期间，欢迎各位委员、列席人员、会议工作人员凭本次会议的出席证、列席证、工作证免费乘坐各路公交车辆。

（资料来源：http://news.q2828.com）

3. 2010 年 1 月，湖南人大会议即将召开，记者在各家宾馆看到，住房、会场、餐厅等设施已被精心布置一新，各项服务工作已经准备就绪，一些宾馆已打出欢迎条幅，信息查询台也已布置妥当，到处洋溢着盛会的气氛。在即将迎来 3 个代表团下榻的大华宾馆，员工们早早地就安全常识和突发事件应对进行了学习培训。为预防甲型 H1N1 流感，大会总务组还将为代表们发放相关注意事项表，并在驻地餐厅准备预防甲流的茶水，代表们可根据需要饮用。

（资料来源：http://hnrb.hnol.net）

【解读】 看了以上三则新闻，你对会议生活服务有了感性认识，要认清一点：生活服务要根据会议时间、地点、与会人员要求随时调整，“年年岁岁花相似”，千篇一律的机械的生活服务方式不可取。

【案例二】 某公司承办了一个研讨会，预计共有 70 余人到会，冯晓负责与会代表的生活服务工作。接到任务后，冯晓先去会务组，找到会议通知的回执，认真查看了与会代表的性别、年龄、民族成分等个人信息，并将信息整理到记录本上。经过统计分类，冯晓发现与会者有 53 名男同志，16 名女同志，还有 3 名特邀嘉宾近期不能确定是否能出席会议，必须等到开会前三天。以两人一间计算，需要 35 个标准间，还要留出两间到三间，以备急需，年长者需住楼层比较低、阳面的房间，冯晓匡算出房间的数量、需要的房型后，将预订的房间数量、房型提供给酒店的客房经理，待经理给他回复后，逐一查看每个房间是否符合要求。

对于餐饮安排，冯晓在详细的统计与会者信息的基础上，发现有两名参会人员是回族人，三名是朝鲜族人，还有两人的生日正在会议期间，他在信息表上做了特殊的标记，提醒自己不要忘记。根据会议日程和与会者的实际情况，他确定的餐饮方案是早餐、午餐采用自助的形式，晚餐采用聚餐的方式。在菜单的选择上，他特别提出在自助餐中提供泡菜，在聚餐时为朝鲜族客人所在的餐桌提供酱汤、牛骨头汤等料理。对于两名回族与会者，要求单独为他们提供饭菜，并提供当地富有特色的清真食品。另外，在两位寿星生日的当天，特意为他们安排了长寿面。

【解读】 生活服务工作的重头戏是餐饮和住宿。安排住宿时，首先要根据与会者的性别、民族成分、宗教信仰等信息，大致确定需要房间的数量、房型，以便在预订房间时心中有数，留有余地以备急需。确定房间之后，要查看房间的具体位置及设施设备情况，确定住宿安排表时才能做到满足与会者需要。

餐饮服务既要遵循惯例，也可以在条件许可的范围内形成亮点。案例中的用餐方式的确定，以及尊重和照顾少数民族的饮食习惯和饮食禁忌的做法就是惯例，而生日当天的长寿面则是亮点，长寿面的成本不高，但却体现了关心、细心和人性化的服务理念，让参会人员印象深刻。

七、拓展实训

【情景问答】

材料一：

集成电器公司要在海南三亚举办铁路电器东亚地区年度工作会议，为期 2 天。鉴于中国市场的优异表现，日本总部决定董事长本人携夫人出席会议。本次会议共有公司中层、高层领导等 150 人参加会议。会议地点设在喜来登酒店，餐饮、住宿都可以享受到五星级的服务待遇。负责此次会议的行政主管还提出了以下意见与酒店经理进行协商：因为是异地开会，用车需要重点考虑，董事长及夫人从机场到酒店的用车，用日本丰田公司的黑色皇冠，酒店要派出技术好、熟悉道路的司机提供服务；因为总监和总经理共有 10 人，由主管提供公司总监、总经理到达机场的时间，根据时间安排由酒店提供随到随接的服务；其余到会人员可以乘坐计程车到达目的地。对于会议期间的餐饮服务，主管决定早餐安排中式自助，午餐提供日式菜品的自助餐，晚餐采用围桌餐。第一天晚宴是日式的，第二天的晚宴安排中式，以潮汕菜为主。因为所有与会人员的日程比较统一，可以保证就餐人数和就餐时间，所以，很快就餐饮时间与酒店达成了一致。在第二天的晚宴结束后，主管安排了当地演员表演的黎族歌舞。这台歌舞是提前一周预订的，节目参加过省级的大型汇演，在海南岛非常有名。

本次会议生活服务的重点是什么？请以该主管的身份起草一份酒店的服务实施细则，便于对照细则检查酒店的服务并支付相应的费用。

材料二：

周亮所在的跨国公司要在杭州举办中国大区工作会议，会址选在了风景如画的西子湖畔某家四星级酒店。作为行政主管的周亮，率领自己手下的三名得力干将提前三天入住该酒店，一行四人不顾舟车劳顿，立即投入工作。根据酒店房况表，确定前来开会的美国总部代表住五楼中式套房，房间阳台位置好，视野开阔，体验中国风情还能饱览西湖风光；自己的顶头上司——行政总监大卫、销售总监王伟、技术总监兰迪分别住四楼的单人间，总经理、经理助理按级别分别住三楼的单人间、双人间，在安排双人间时，周亮特别注意了将四位助理安排在四个不同的双人间，自己和部下们与各位助理分享一个房间；根据个人的不同喜好，总部代表的房间里放咖啡、红茶、苹果；总监们的房间里放咖啡、鲜榨果汁、西湖龙井茶；总经理及其助理们可以放心享用酒店房间提供的免费物品。周亮安排好房间，将个人的楼层、房间号、房内设施打印出来，交给部下林达一一落实、查看。

根据酒店安排和会期安排，周亮和酒店商定早餐、午餐是自助餐，考虑到公司的美国文化背景，菜单要求以西式为主，晚餐则在酒店的“西子湖厅”举办晚宴，第一天的晚宴采用中式，安排厨师现场演示中式面条的制作，第二天的晚宴采用西式，周亮和部下们确定了宴会的菜单，交给酒店一份，自己留一份。

早就知道美国总部的这位代表为人低调，对中国式的“高接远迎”有点吃不消，喜欢搭计程车，静悄悄地来。周亮一想到这点，就高兴起来：“搭计程车最方便了，总部代表都搭计程车，其他人就别考虑有人会派车接你。领导要静悄悄地来，欢迎仪式啊、横幅啊那套就可以统统免了。”周亮不禁春风满面起来，领导一低调，部下遭罪少，“各位同仁，让我们齐心协力，为会议做好服务。”

结合上述材料内容回答下列问题：

1．周亮在确定房间安排和菜单时注意了哪些问题？

2．从中你可以得到哪些有益的启示和启发？

【供料实训】

实训一：

周伟红所在的会务公司承接了青岛某单位去上海商务考察洽谈活动，她提前预订了酒店，并要求该酒店设置了醒目的箭头指示标志；精心安排了出行路线，让客户能饱览江南都市风光；按照合同约定的旅行方式，提前预订了前往目的地的机票和返程的火车票。她细致、周到的服务受到了客户的赞扬。

请代替周伟红完成酒店选择、订票、规划出行线路工作（提示：可以通过网络充分了解信息）。

实训二：

结合本班近期活动主题、可支配班费资金以及学校所在地区的地方特色，选择距离学校较近的红色旅游景点或参观地（如某战役纪念馆、博物馆、档案馆、科技馆等），模拟组织一次参观活动。活动组织人员由本班同学选举产生，参观活动结束后，召开总结会，由非活动组织同学对此次活动的安排、服务工作进行点评。

八、学习反思

____

____

____

任务六　财务管理

一、任务目标

按照主办者的要求，拟定会议预算并上报。

二、任务情景

2010年1月，某区政府要召开一个有450人参加的扩大会议，会期四天，会议地点设在区政府礼堂，与会者食宿在区政府宾馆。会议规定，本市的180名与会者不安排住宿，其余参会者中，3名领导需要三个单人房间，41名女性要至少20个标准房间，宾馆的标准间每间160元；宾馆的自助餐是早餐20元/人，午餐38元/人；围桌餐50元/人，每桌10人，参会人员中有12名回族，需要单独准备饭菜，并在第四天由庆典公司安排6名礼仪小姐参加颁奖仪式，礼仪小姐的劳务费是300元/人。请问，这个会议预算的金额是多少？

三、任务分析

会前财务管理的含义就是加强对会议的管理，增强办会人员的成本意识。在现代社会，开会必不可少，但如果太多太滥，往往会给主办者和与会者双方造成负担，不但浪费了大量的人力、物力，而且开会的效果往往大打折扣。对于必须召开的会议来说，会议的开支包括以下几项：房租费（包括住宿费和会议室租金）、伙食补助费、交通费、文件印刷费、办公用品费、加餐费、备用药品费等费用。根据本次会议的安排，如何做出合理的预算，具体操作步骤可以参照任务实施部分。

四、任务实施

步骤一：提出办会申请

根据本组织工作安排，向上级机关提出开会申请，上报开会请示。

任务情景中的会议经费来源属于行政事业支出，要靠上级拨付，必须在上级主管部门同意的前提下才能召开。

步骤二：明确编制预算的主要依据

编制预算的主要依据包括以下几个方面。

（1）会议主办者预期的利润目标。

（2）上年或上届同类会议的预算情况及会议评估报告。

（3）最近的会议市场情况及预期情况。

（4）主办者在会议方面的政策和策略。

任务情景中的会议预算的主要依据是区政府的政策——本市的参会者不安排住宿，以及区政府宾馆的食宿价格。

步骤三：确定预算费用（支出）数额

根据中央、地方、本组织的相关规定，明确会议费用定额标准，会议预算要严格控制在定额标准之内。要确定会议开支数额的大小，具体可分为以下几个层次。

（1）各部门根据预算期间的总目标和具体目标，以零为基础，详细讨论预算期内需要发生哪些费用，并明确各项费用的数额。

（2）将各部门提出的项目费用分为必须全额保证的费用和可适当增减的费用。对可

适当增减的项目按轻重缓急，排出先后顺序。

（3）拟定资金分配预算表。根据上面所定的费用开支层次和顺序，拟定资金分配预算表。

任务情景中属于政府工作会议，会务工作不很繁杂，只要有相关负责人根据会议议程安排，匡算出资金总额，报领导批准即可。

步骤四：明确支出明细项目

根据会议的内容、规模，确定会议支出项目，如实填写、上报。

常见的会议支出包括以下几个方面。

1. 会议场地费

会议场地费包括会场租金和会议室租金。通常而言，场地的租赁已经包含某些常用设施，如激光指示笔、音响系统、桌椅、主席台、白板或者黑板、油性笔、粉笔等，但一些非常规设施并不涵盖在内，比如投影设备、临时性的装饰物（如鲜花）等。

2. 住宿费

正常的住宿费除与酒店星级标准、房型等因素有关外，还与客房内开放的服务项目有关，譬如客房内的长途通信、互联网、免费自助早餐提供等。弄清住宿地的退宿时间，通常优质客户可以获得退宿时间的延迟。

3. 餐饮费

餐饮费包括早餐、午餐、晚餐，特殊情况下还包括夜宵、咖啡、茶歇。

4. 交通费

交通费通常包括以下几个方面：①出发地至会务地的交通费用；②会议期间交通费用，主要是会务地交通费用，包括住宿地至会议场所的交通、会议场所到餐饮地点的交通费；③欢迎交通及返程交通，包括住宿地至机场、车站、港口往返程交通费用。

5. 文娱、游览、参观费用

文娱、游览、参观费用，包括门票、乘车、保险等相关费用。

6. 办公用品费

办公用品费包括纸张、笔记本、签字笔、装订机、打印机耗材、摄像机、照相机等用品的消耗、损耗费。

7. 资料费

资料费包括文件袋制作或购买费用、会议材料印刷、制作费。

8. 劳务费

劳务费包括工作人员津贴、庆典礼仪公司租赁费、特邀专家出场费、演员演出费等。

9. 设备租赁费

设备租赁费包括投影仪或放映机等设备的租赁费，一般以天为单位计算。

10. 宣传费

宣传费包括平面广告、电视广告、网页的制作、传播费用。

以上内容可以用表格的形式填写。

填写会议支出表时，要进行充分的市场调查，货比三家，选择性价比高的服务。

任务情景中的支出明细主要包括房租费，房租费主要是宾馆住宿费，不包含会议场地费，因为会议场地是免费的，宾馆住宿费是21 600元；餐饮费，主要是参会者的一日三餐，包括清真食品的费用，共计49 200元；资料袋制作及文印费18 000元；横幅制作费200元；礼仪小姐劳务费1800元。

步骤五：了解临时性支出的内容

提前了解会议活动会产生哪些临时性支出，以便做预算时稍微留有余地。会议常会在如下间接会议费项目中产生预算外支出：餐饮费、劳务费、交通费、资料费、办公用品费。

对于任务情景中政府工作会议来说，可以产生临时性支出的项目有餐饮费、资料费两项。

步骤六：形成会议预算，报领导批准

明确了预算的原则、方法、开支明细之后，列出会议预算，报领导批准。

情景中会议的预算金额为95 000元。

五、知识链接

（一）预算的含义及其类型

1. 预算的含义

会议预算就是在会议筹备过程中，用货币形式表示会议各项活动的数字性工具计划。会议预算通常由会议主办者的财务部门负责，常用于为收入、支出编制计划，并用来改进对时间、空间和人力物力的利用，也是会议活动常见的管理手段。

预算一般在会议举办之前制定出来，如果会议的因素（如地点、日程等）发生变化，预算也会随之变化，所以，预算应该保持一定的灵活性。

2. 预算的类型

按照国际惯例，会议的预算大体分为收入预算和费用预算，其中费用预算又可以分为固定费用预算和可变费用预算。

（1）收入预算

收入预算是规划会议未来收入数量的预算。会议的收入主要来自与会者的缴费、广

告收入和企业赞助等，还可能包括会议完毕后形成的出版物在市场上公开发售所获得的后续收入。例如 2008 年北京奥运会收入预算为 197 亿元（实际收入 205 亿元），收入构成主要包括以下几项：①国际奥委会开发的市场收入和电视转播权收入中按协议分配给主办城市的部分，此部分收入约占北京奥组委收入总额的 40%；②北京奥组委根据主办城市合同，在国际奥委会授权下实施的市场开发收入 98.7 亿元，主要包括合作伙伴、赞助商、供应商等不同级别的赞助收入以及特许经营收入；③门票、住宿、收费卡、利息、资产处置等其他收入 19.6 亿元，其中，门票收入 12.8 亿元，资产处置收入 2.4 亿元。

（2）费用预算

费用预算是指列出会议举办方为实现目标而开展的主要活动（目标），并且将费用额度分配给各种活动（项目）的行为。①固定费用预算，是指不随与会人数变动而变动的那部分费用预算。固定费用一般都是召开会议时必须支付的费用，如场地租赁、宣传营销等费用。即使实际收入少于预期，固定费用也通常不变。②可变费用预算，是指根据预算期可预见的不同的业务量水平，分别确定相应的预算额度，以反映不同业务量水平下所应开支的费用水平。

对于费用（支出）预算，仍以北京奥运会为例，预算费用是 16.1 亿美元（实际支出是 22 亿美元），增加的部分主要在安保投入、通货膨胀物价上涨因素带来的原材料价格上涨、科技产品如高清晰电视的投入。

（二）确定会议预算的原则

确定会议预算时，一般要遵循以下四条原则。

1. 树立全局观念，搞好综合平衡

办会，尤其是大中型会议往往需要综合多部门之力，由多部门协调完成，因此预算也必须考虑到多个部门的具体情况，在科学充分的预测决策的基础上，制定出切实可行的预算总体方针，并且将总体方针细分，将预算下达各部门，兼顾部门内部预算目标。

2. 先进、经济、合理

预算的方式方法要先进合理。采用科学的财务模型是未来会议预算的趋势，通过模型建立起健全、严格的预算体系，通过多级控制体系确定会议成本最低、收益最大。

3. 量入为出

在总收入既定的情况下，根据举办方的利润目标来调整费用支出，通过缩减可变成本等方式压缩会议开支。

4. 分清轻重缓急，精打细算

会议场地费、宣传材料费、交通费等是开会时必不可少的开销，应当优先支出，而会议纪念品、奖品、观光旅游等支出，可以根据收入情况及利润目标进行弹性收缩乃至取消。即便是必要的支出，也要精打细算，厉行节约。

（三）会议成本的计算方式

开会要节约，是老生常谈，但以开会之名行浪费之实的现象还时有发生。为了提高会议效率，杜绝浪费，日本公司推出了一种计算会议成本的公式，旨在告知主办者和与会者，明确隐性成本概念，增强节约意识。

所谓隐性成本，即与会者因参加会议而损失的劳动价值，一般不大为人们所注意的成本。这部分劳动价值以每小时工资的3倍再乘以2计算。它的含义是这样的：一个生产者的劳动价值至少是他工资的3倍，参加会议前必然要做些准备，会后又有用于思考、回忆的时间，所以还要乘以2。

会议成本的计算公式是

$$\text{会议成本}=X+2J\times N\times T$$

其中，X表示显性成本的总和；J代表与会人员每小时平均工资的3倍；N表示人数；T代表时间（小时）。

所以，召开一个百人左右、跨地区的、会期3～5天的中型会议，其会议成本总数将达到几万元甚至几十万元。有些国家、有些大企业每次开会总把会议成本预算表贴在会议室的门口，让每个与会者一进门就知道这次会议要花费多少代价，从而共同努力提高会议的效率。因此，一些目标、效果不十分明显的会议应当少开或不开。顶尖秘书虽无决定权，但应有清醒的头脑、正确的态度，并可以提出自己的意见。

（四）中央国家机关会议费管理办法

关于调整中央国家机关会议费开支标准的通知

国务院各部委、各直属机构：

为进一步贯彻落实中共中央办公厅、国务院办公厅《党政机关国内公务接待管理规定》（中办发［2006］33号），规范和加强中央国家机关会议费管理，杜绝中央单位向下属单位或地方有关单位转嫁会议费负担的行为，根据近两年中央单位会议费开支实际情况，综合考虑市场物价变动等因素，经研究决定，自2009年1月1日起调整《中央国家机关会议费管理办法》（国管财［2006］426号）规定的会议费综合定额标准。现就有关事项通知如下：

一、会议费综合定额标准调整为：一类会议每人每天600元，二类会议每人每天500元，三类会议每人每天400元。上述会议费综合定额标准为会议费开支上限控制标准。

二、各单位要贯彻落实《关于国务院办公厅精简会议文件改进会风文风的意见》（内部情况通报第631期）的有关精神，按照切实精简会议，改进会风，勤俭办会的要求，严格控制会议规格、规模、数量和会议时间，降低会议成本，减少会议费支出。要充分利用现代科技手段，尽量召开电视电话会议或网络视频会议。

三、由于标准调整而增加的会议费支出，由各单位根据国务院有关精简会议的要求，

通过减少会议、压缩会议规模等方式解决，不再增加部门预算。各单位不得向下属单位或地方有关单位转嫁会议费负担。

国务院机关事务管理局
财政部
二〇〇八年十一月三日

附件一：中央国家机关会议费管理办法

附件二：专项会议费使用情况表

中央国家机关会议费管理办法

第一条　为贯彻中共中央、国务院关于厉行节约制止奢侈浪费行为和精简会议的有关精神，加强中央国家机关会议费管理，进一步控制和精简会议，节约会议费开支，制定本办法。

第二条　各单位应建立健全会议审批制度，严格控制会议数量、会期、规模，注重会议质量，提高会议效率。应当充分采用电视电话、网络视频方式召开会议。

第三条　中央国家机关召开的会议实行分类管理、分级审批的办法。

第四条　会议分类。

一类会议是国务院批准的、以国务院名义召开的，要求省、自治区、直辖市、计划单列市负责同志参加的会议；

二类会议是国务院各部委、各直属机构召开的，要求省、自治区、直辖市、计划单列市有关厅（局）或本系统在各地机构的负责同志参加的会议；

三类会议是国务院各部委、各直属机构及其所属内设机构召开的，要求省、自治区、直辖市、计划单列市有关厅（局）或本系统在各地机构有关人员参加的会议。

第五条　会议审批程序。

一类会议。经批准后，会议接待、总务、经费预算及费用结算工作由国务院机关事务管理局负责。

二类会议。各单位应于每年的11月底前将下一年度计划召开的二类会议的报批文件（会议的名称、主要内容、时间、地点、代表及工作人员数、所需经费等）送财政部审核会签后，按程序报批。各单位原则上每年只能召开一个二类会议，需要召开多个的，应阐述理由。

三类会议。国务院各部委、各直属机构应根据工作需要和会议费预算指标，从严审批。

第六条　会议天数。

二类会议会期一般不得超过3天，三类会议会期一般不得超过2天。

第七条　会议人数。

二类会议与会人员一般不得超过200人，工作人员控制在代表人数的20%以内。

三类会议与会人员不得超过150人，工作人员控制在代表人数的15%以内。

第八条　会议地点。

各单位召开会议应尽量使用单位内部的宾馆、招待所、会议室和车辆，内部宾馆、招待所不具备承接条件的，应到定点饭店召开，不得租用高级宾馆、饭店召开会议，也不得到党中央、国务院严禁召开会议的风景名胜区等地方召开会议。定点饭店名单及收费标准另行公布。

第九条　会议费开支渠道。

会议费用由组织召开会议单位承担，各单位不得以任何方式转嫁或摊派会议费用。任何单位和个人有权拒绝参加要求与会人员食宿费用自理的各种会议。

第十条　会议费开支范围。

会议费开支包括会议房租费（含会议室租金）、伙食补助费、交通费、办公用品费、文件印刷费、医药费等。

会议主办单位不得组织会议代表游览及与会议无关的参观，也不得宴请与会人员、发放纪念品及与会议无关的物品。

第十一条　会议费开支标准。

会议费开支实行综合定额控制，各项费用之间可以调剂使用，在综合定额控制内据实报销。会议费综合定额标准如下：

单位：元/（人·天）

会议类别	房租费	伙食补助	其他费用	合计	备注
一类会议	250	80	70	400	含会议室租金
二类会议	170	80	50	300	含会议室租金
三类会议	150	80	30	260	含会议室租金

在定点饭店召开会议的，房租费、伙食补助费按定点饭店的收费标准执行。

会议召开地代表原则上不安排住宿；工作人员除必须住会的以外，不安排住宿。

其他费用包括交通、文件印刷、夜餐、办公用品、备用药品等。

第十二条　会议费报销。

会议主办单位应在会议结束后及时到本单位财务部门报账，财务部门要认真把关，严格按规定审核会议费开支，超标准或扩大范围开支的不予报销。

第十三条　本办法自2007年1月1日起施行。《财政部、国务院机关事务管理局关于印发〈中央国家机关会议费管理办法〉的通知》（［1993］国管财字第049号）同时废止。

专项会议费使用情况表

单位（公章）　　　　填报日期：

审批情况	
会议名称：	类别：
会议天数：	地点：
代表人数：	工作人员人数：
会议时间：	会议时间：
使用情况	
会议地点：	
会议起讫日期：	实际结算天数：

续表

会议人数：　　人（其中：代表　　人，工作人员　　人，驻会人数　　人。）	
会议费支出合计：　　元	
1．客房租金：　　元　　总床位数：	
2．会议室租金：　　元　　使用次数：	
3．伙食标准：　　元/（人·天）（其中：伙食补助费　　元，个人交费　　元）	
4．其他费用：　　元（其中：交通费　　元，印刷费　　元，夜餐费　　元，办公用品　　元，其他　　元）	
单位财务盖章：	国管局意见：

电话：　　　　　　　　　　　　　　　　　　　　制表人：

（资料来源：国务院机关事务管理局，2006年11月13日发布）

六、实例展示

【案例一】

广西某大学英语协会十周年文艺晚会预算

一、晚会灯光音响

灯光500元＋音响1000元＝1500元

二、十周年晚会现场拍摄及宣传片的录制

200元

三、服装类

1. 主持人服装及化妆：400元，一套燕尾服、一套西装、两套晚礼服。

2. 演员晚会服装：1000元。

《英语大家说》：老人服装两套、空姐服四套、新娘新郎结婚礼服一套、伴舞演员短裙八套；话剧《灰姑娘》：小礼服四套，大红花长裙、燕尾服、公主裙各一套；舞蹈《秀色》：民族服装十二套；歌舞剧《The High School Musical》：紫色晚礼服、连衣裙

四、演出道具

150元（蛋糕一个、魔术表演、话剧表演）；

租用会堂费用：200元×2＝400元

五、布置会场

1. 幕布制作：400元

2. 气球：4包×5元/包＝20元

六、前期宣传

1. 十周年纪念书签：800枚×0.2元/枚＝160元；节目单：200份×0.6元/份＝120元

2. 海报纸8张×1.5元/张＝12元（用于两校区海报和展板，会堂签到处）；颜料：7盒×2元/盒＝14元；水：50瓶×1.0元/瓶＝50元（娃哈哈矿泉水）

3. 工作安排表、节目演员安排表、朗诵等纸张：200张×0.1元/张＝20元

七、其他

1. 请柬：50份×0.5元/份＝25元（校内社团35份、校内院系15份）

邀请函：30份×0.8元/份＝24元（校外社团20份、嘉宾10份）

2. 表演嘉宾礼品费用：

西大魔术表演一人：礼品杯子一个10元

南宁三中同学10人：礼品笔记本6元/本×10本＝60元

共计：4565元。

【解读】 本案例是晚会的节目预算，根据晚会的组织程序和现场演出节目单，晚会包括前期宣传、邀请嘉宾演员、布置舞台、现场演出、后期制作等几个环节，每个环节的花费条目清楚，便于核对账目；现场演出的环节中，详细列举了每个需要支出费用的节目，并对每个节目需要花费的数量、内容一一做出说明。最后列出了需要花费的总数。这份预算案采用条目式，事实清楚，真实可信。

【案例二】

举办学术会议经费预决算表

<table>
<tr><td colspan="3">学院：</td><td colspan="2">学科：</td></tr>
<tr><td colspan="5">会议名称：</td></tr>
<tr><td colspan="5">会议举办地点：</td></tr>
<tr><td colspan="5">会议举办时间：</td></tr>
<tr><td colspan="5">参加会议人数及来源：</td></tr>
<tr><td colspan="5">境外学者姓名、国家或地区、单位、职务、学术专长：</td></tr>
<tr><td colspan="5">会议目的、背景、议题：</td></tr>
<tr><td colspan="5">主持人：</td></tr>
<tr><td colspan="5">大会主要报告人：</td></tr>
<tr><td rowspan="3">会议收入（元）</td><td colspan="2">会务费收取标准：</td><td colspan="2">合计：</td></tr>
<tr><td colspan="2">其他收入：</td><td colspan="2">合计：</td></tr>
<tr><td colspan="2">小 计</td><td colspan="2"></td></tr>
<tr><td rowspan="10">会议支出（元）</td><td rowspan="5">邀请主要报告人费用</td><td rowspan="2">旅费</td><td>预算数</td><td>决算数</td></tr>
<tr><td></td><td></td></tr>
<tr><td>住宿费</td><td></td><td></td></tr>
<tr><td>餐费</td><td></td><td></td></tr>
<tr><td>讲座费</td><td></td><td></td></tr>
<tr><td rowspan="2">会议场所费用</td><td>租金</td><td></td><td></td></tr>
<tr><td>茶水费</td><td></td><td></td></tr>
<tr><td rowspan="2">其他费用</td><td>论文、资料、文献印刷费</td><td></td><td></td></tr>
<tr><td></td><td></td><td></td></tr>
<tr><td colspan="2">小 计</td><td></td><td></td></tr>
<tr><td colspan="5">项目负责人审批意见：

负责人签名： 年 月 日</td></tr>
</table>

（资料来源：http://www3.dhu.edu.cn）

【解读】 本案例是某大学举办学术会议的预决算表，是典型的表格式预算。学术会议与政府机关会议不同的是，学术会议会有会议收入，包括参会人员的会务费、赞助商的赞助费等，在会议召开之前，这部分收入已经确定。大多数的会议组织者会根据会议收入，合理分配会议支出，将表格填好后报上级主管部门，审批后根据预算表来组织会议。

七、拓展实训

【情景问答】

公司定于 2009 年 1 月 15 日在金都大厦一楼会议室召开新产品发布会。与会人员预计 200 人，现就会议所需各项经费提出预算。

（1）场地租用费：贵都大厦一楼会议厅租金一天 5000 元，两天共计 10 000 元。

（2）摄像设备租用费：拟租摄像机 2 台，每台每天租金 2000 元，共计 4000 元。

（3）聘请专家咨询费：拟请专家 2 人，每人每天支付 5000 元，共计 10 000 元。

（4）宴请费用：10 人一桌，每桌标准 2000 元，共计 40 000 元。

（5）交通费用：租用旅行车 2 辆，每辆每天 500 元，两天共计 2000 元。

（6）会议用品费：每份宣传资料成本为 5 元，需印制 2000 份，共计 10 000 元。

（7）纪念品：到会记者预计 50 人，每人一份纪念品价值 500 元，共计 25 000 元。

此次会议经费总计 10 万元。

此预算提交总经理办公室审查批准。

（资料来源：http://www.51test.net）

结合上述材料内容回答下列问题：

1．这则预算的优点是什么？

2．你认为有需要改进或修正的地方吗？如果有，请详细说明。

【供料实训】

实训一：

根据国务院规定，会议规模要严格控制：①召开会议天数。一类会议不超过五天；二类会议不超过四天；三类会议不超过三天。②参加会议人数。一、二类会议的代表人数，应控制在 180 人以内，工作人员控制在代表人数的 20%以内；三类会议的代表人数，应控制在 100 人以内，工作人员控制在代表人数的 15%以内。在旅游旺季，不得到旅游城市开会。

马力在金融行业工作，他对此规定烂熟于胸，每次会议都精打细算。最近，他刚刚接手了一个有 300 名客户参加的高端产品推介会。为了在开好推介会的同时控制成本，他是这样打算的：根据客户的定位，会议地点安排在北京一家五星级酒店，餐费（包括茶歇的费用）近 5 万元；部分客户还是外地飞过来的，机票和酒店的住宿费用将近 20 万元；为了调动现场的气氛，请了一位有名的主持人过来，需要开支劳务费；为了接待好 300 位客户，上海、广州、深圳等地的市场销售人员将有近 20 人到北京。公司给的 30 万元预算怎么算都不够，马力最后决定让同事们辛苦一下住经济型酒店、坐经济型航空公司的班机往返，同事们都非常支持他的决定。

要求：请以马力的身份拟定一则详细的会议预算。

实训二：

深圳某公司要召开2010年工作总结大会，要有文艺节目演出和现场抽奖互动环节，预算在6万～8万元，请以礼仪公司的身份写出会议程序和会议预算方案。

八、学习反思

___

___

___

第三章　会中组织工作

当会前各项准备工作就绪之后，会议将如期举行。但此时的办会人员绝不能放松工作，因为在会议的进行过程中，会务工作人员仍要为保障会议的正常进行而做大量的工作。事实上，会中涉及的工作强度和繁杂程度不亚于会前准备工作，此时不仅要关注会场秩序和会议进程，还要围绕会议形成的各种成果第一时间形成各种文字材料并及时分发与会人员，同时还要照顾与会人员的吃、住、行、人身财产安全等联络、服务工作，有时还需应对、处理一些突发事件。如果说会前筹备工作是对如何开会的一种想象性预演，那么会中工作则要把这种预想变为具体的现实。

会中工作在会前准备工作的基础上展开，有些工作具有连续性，会中有相当数量的工作是对会前筹备工作的落实和延伸。为了体现这种工作的连续性，我们对有些会中工作内容的介绍会与会前的工作有呼应，也希望大家在学习的过程中把握这一特点。

任务一　会 议 材 料

一、任务目标

1．明确会中会议材料的范围、使用方法。

2．掌握会中会议材料工作的流程。

二、任务情景

T省A市企事业法制法律顾问协会成立大会暨第一届理事会于2011年10月29日召开。会议由A市国资委主任辛强军致开幕词；A市市委副秘书长李洪易代表市委副书记张强发表了讲话；A市民政局局长司力群、司法局副局长史培军分别致辞；T省法律顾问协会副会长向协会赠送了贺礼；出席此次会议的还有市民政局民间组织管理处处长屈广斌。

大会通过了《A市企事业法制法律顾问协会章程》、理事会人员组成名单，选举产生了市第一届理事会领导班子成员。程忠胜当选为协会会长，岳华当选为协会常务副会长，钱晓军、王飞、徐新宇、张成、鲁忠国当选为副会长。

本次会议的一大亮点是实现了网上同步直播。

请根据本次会议的议程安排，确定本次会议期间所涉及的会议材料工作流程。

三、任务分析

会中所需的会议材料有一部分在会前已经准备好，如报告、讲话、开幕词、主持词、选举材料、会议议程、与会人员名录等。其中，讲话类的材料可以在正式使用前，根据大会的实际情形略加修改，使之更能切合会议主题，烘托现场气氛，同时还要确保在会议正式召开之前送到发言人手中。而像选举材料和要求会中分发与会者的文件，则要按照会议进程准时、准确地发到与会人员手中。

还有一部分会议材料则是随着会议的进行而产生，如会议记录、会议简报、会议决议或章程等文件、会议相关的文字新闻、会议图片等。对于会中产生的材料，要注意落实责任，指定专人负责记录、采集、整理、编排，以保证会议材料的及时印制、发放或收取，为会议顺利进行把好服务关。

任务情景中的开幕词、领导讲话、代表发言、协会章程、会员名单等诸多会中材料，都需要在会前提前准备好，有的需要办会人员准备，有的需要发言人自己准备，但无论哪种准备方式，办会人员都要在会前落实好发言人，并对发言材料的内容进行适当掌控，协助发言人写好发言材料，以便完成会议的议程。而在会议选举过程中，会务工作人员则要准确有序地下发并收回选举材料。另外，在整个会议过程中要安排专人做好会议记录。由于本次会议实现了网上直播，对会议记录人员的速录水平提出了较高的要求。

四、任务实施

步骤一：为主席台摆放会议材料

根据主席台安排情况，在会议正式开始之前，提前在相应的位置摆放主持词、开幕词、报告，并为在主席台就座的参会者提供会议文件袋，摆放相关的会议材料，如会议文件或记录本、签字笔等用品。

步骤二：准备进会

进入会场，了解与会人员对会议主题、内容和会议组织服务等方面的反应，掌握会议情况，为会议按议程、日程进行提供第一手材料。

步骤三：会中分发材料

有些材料不适合会前提前发送到与会人员手中，而是需要根据会议主持人的要求，在会场分发。有些会议材料（如供与会者审议的决议、决定、章程、草案等）需要讨论之后收回，办会人员要在材料上注明“阅后收回”字样；如果属于保密材料，则须在材料上注明“内部材料，注意保密”字样。

此次会议由于涉及选举工作环节，因此必须提前确定好选举材料的发放和收回的方式，在会议进行到该议题的时候，会务工作人员必须做到准确、有序地完成好材料的收发工作，以保证选举工作的顺利开展。

步骤四：做好会议记录

会议正式开始以后，秘书人员要全神贯注，做好会议记录。中小型会议可配备一名专职会议记录人员；大型会议，则可以指派2～3名记录人员，有条件的可以采用速记或速录的方式。

任务情景中由于有网络直播的要求，需要实现会议全程同步记录，因此需要配备专门的速录师进行会议记录及会议文字实录网上直播。

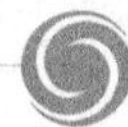

步骤五：及时报道会议情况

随着会议的进行，及时编发会议简报，报道会议进展情况；与媒体记者联动，编发新闻报道。

步骤六：为后续会议提供材料

根据议定的内容或表决的结果，及时拟定、修改会议决议、决定；指定专人负责闭幕词的写作；指定专人负责起草领导在闭幕式上的总结发言。

五、知识链接

（一）关于会中材料

会中材料工作的多少和难易，与会议的规模、内容有着密切的关系。一般会议的规模越大，涉及议题越广泛，会中使用、形成的材料就越多，组织实施起来就越难。通常，组织内部的小型会议，会议材料比较单一，办会人员注意会前做好准备、会中做好会议记录、会后落实并整理归档即可；对于规模大、主题严肃的会议，会议材料会比较多，办会人员要注意做好协调分工，会议记录、分发回收材料、编发简报和新闻稿件等工作齐头并进，各项工作有专人负责，才能保证会议的顺利进行。在“任务实施”中，为了讲述方便，我们将这些工作分成六个步骤，而实际工作中，这几个环节既可以分头进行，也可以根据不同的会议内容而有所增删。

（二）关于会议记录

1. 会议记录的必要性

会议记录是一项非常重要而且必要的会中工作。会议记录材料可以全面、真实地反映会议的整体情况，它不仅可以作为编写会议纪要和会议简报的基础材料、研究和总结会议的重要依据，同时还可以帮助会务工作人员在会后更好地传达会议精神，使会议的各项决议能在今后的工作中得到充分贯彻和执行，而且还能为以后检查执行情况提供依据。从历史的角度看，会议记录是当次会议的历史的、原始的档案。所以，做好会议记录是一项非常重要和必要的会中工作。

2. 记录人员应具备的素质

（1）具有较强的听、知能力。记录人员在会议中必须始终集中精力，脑、耳、手都要紧跟发言人的讲话，记录时需要掌握好节奏，既不能滞后，也不要超前。因此，记录者在记录会议发言时，要反应灵活、判断准确、理解深刻、记忆牢固。如果没有这些听、知能力，就难以将需要记录的东西记录下来。

（2）具备较强的写、记能力。记录人员的任务就是将会议发言、讲话和讨论变成纸面会议材料，必须有迅速将口语化的讲话和讨论转化为书面文字的能力。记录人员要有丰富的知识、良好的心理素质，掌握熟练的记录技巧和良好的语言文字能力。

（3）有一定的速记（速录）经验。会议记录人员的记录一定要能跟得上会议进行的速度，尤其当会议讨论比较热烈，插话很多的时候，经验就显得相当重要了。除了要掌握手写速记的技巧以外，记录人员可以尝试使用速录来记录会议，不仅可以实现快速的会议记录，也可以满足很多单位同步显示和网络直播的需求。此外，根据需要，可以在记录的同时辅之现代的录音、录像手段以保存原始的声音和影像资料，便于会后对会议记录中不完整的地方加以补充。

3. 记录员在做会议记录前需做的准备

会议记录不仅要求记录人员业务好、能力强，还要求记录人员工作踏实、严谨、细致。这种工作作风不仅体现在记录过程中，还体现在记录人员充分的前期准备工作上。准备时可以重点从以下两个方面着手。

（1）熟悉参会人员及其参会信息。特别要注意熟悉发言人的姓名、身份、工作背景、目前的工作领域以及其语音特点等；还要熟悉他们的座次安排，这样可以避免发生张冠李戴的错误。

（2）熟悉会议材料。需要会议记录人员熟悉的会议材料包括会前提供的会议材料、会中分发给与会者的材料以及要求与会者提供给会议的材料等。结合这些材料，我们可以对会议的主题、议程及会议目的有清楚的掌握。对这些信息了然于胸，才会在倾听发言的时候有所准备。作为从事会议记录的工作人员，要坚持做到对相关文件内容熟悉，因为一旦会议开始，即便身边有所有会议文件的原件，也可能根本没有时间去翻阅它们。

六、实例展示

【案例一】 某区政协会议如期开幕，大会筹备处的成员们却没有丝毫松懈。其中，负责会议材料的相关会务人员，都要跟进会议进程，为会议按既定议程进行服务。经验丰富的秘书组组长根据大会报到后获取的与会人员情况，及时修改了开幕词，使其更具有现场感，并在会议开幕前半小时送到领导手中；因为临时增加了主席台座位，秘书组和会务组的成员协同工作，拿出了备用文件袋，在摆放到主席台之前逐一核对有无漏装、错装、倒装现象；根据分组讨论的名单，列出领导参加讨论的发言提纲，每个会场逐一落实记录人员，认真做好会议记录；根据会议的进程及时编发会议简报供代表参阅；主动与媒体联系，为媒体提供相关的报道材料，做好宣传报道工作。

【解读】 本案例展示的是大型会议会中材料的准备，大型会议需要的会议材料多，需要多人从事文字材料的工作。其中涉及的工作有：会议材料的现场修改与写作，文件资料袋的临时发放；分会场的会议记录和领导发言；会议简报和新闻报道材料的编排和写作。这些工作需要会前指定专人负责，才不会出现会中纰漏。

【案例二】 山水公司要召开2008年度总结大会，作为大会工作人员，王琴主要负责会议文件材料工作。会前王琴进行会议筹备有关信息的搜集，为会议议题的确定及大会会议材料的形成做好准备。年度大会的工作报告非常重要，包括一定时期的工作总结、体会或者经验，对目前情况的分析和下一步工作的思路、要求及具体措施等内容。为此，

王琴有针对性地、广泛搜集一段时间以来各方面工作的进展情况。会议期间王琴认真做好会议记录，力求会议记录准确、完整，忠实于发言人的原意，并进行会议发言录音和录像。为了使会议信息尽快传递给与会者，她及时编写会议简报、使会议达到良好的效果。会后王琴认真编写会议纪要，作为与会代表贯彻执行的依据，推动会议精神的贯彻落实，她还搜集齐会议期间所有文件材料，及时整理有关会议文件，为会议文件的归档打下基础。王琴在大会期间的表现赢得了大家的一致好评。

【解读】 本案例展示的是组织内部会议材料工作的流程。组织内部的总结大会一般涉及的会议材料不是很多，可以只安排一人负责材料工作。其工作内容包括会前材料的准备、会中进行会议记录，编发会议简报和会后落实会议精神，做好会议材料的归档工作。案例中王琴在会中的工作是做好会议记录，及时编写会议简报，保证了会议期间的信息通畅，从而保证了会议的效果。

七、拓展实训

【情景问答】

中国矿联地勘分会第二次会员代表大会
于2008年12月11～12日在北京隆重召开

中国矿联地勘分会第二次会员代表大会于2008年12月11～12日在北京隆重召开，本次会议的主题是：深入贯彻落实科学发展观，按照国务院办公厅《关于加快推进行业协会商会改革和发展的若干意见》（国办发［2007］36号）文件精神，在中国矿联领导下、在国土资源部地勘司具体指导下，完成地勘分会换届工作的各项任务，实现新老理事会的顺利交接，继续发挥地勘分会为广大会员服务、为政府决策服务、为行业发展服务的重要作用。

大会得到了国土资源部和中国矿联等各级领导的高度重视和亲切关怀。国土资源部副部长汪民和全国政协原秘书长、中国矿业联合会原会长朱训分别致电，对大会召开表示祝贺，对地勘分会第一届理事会的工作给予了充分肯定，并向会议代表致以亲切问候。国土资源部原副部长蒋承菘，原冶金工业部副部长、中国钢铁协会原副会长兼党组书记吴建常，国土资源部总工程师、中国地质调查局副局长张洪涛，国土资源部地勘司副司长陈先达，中国矿业联合会特邀顾问郭振西，常务副会长曾绍金，国土资源部储量司副司局级巡视员黄干洲，工业和信息化部产业结构司产业结构处处长苗长兴，国土资源部咨询中心咨询委员仲伟志等领导出席会议。

按照大会日程和议程安排，在中国矿联换届工作观察员的指导监督下，大会顺利完成了各项议程：12月11日晚，召开了中国矿联地勘分会第一届理事会第七次全体会议暨会员代表大会换届工作预备会议，简要通报了换届筹备工作情况，审议通过了大会议程和围绕会议议程的有关工作事项。12月12日上午大会举行了开幕式暨会员代表大会第一次全体会议，听取和审议第一届理事会工作报告、第一届理事会会费收支情况报告和关于《章程》（修改草案）、《会员管理办法》（草案）的说明。12月12日下午首先进行大会选举暨会员代表大会第二次全体会议，选举产生了第二届理事会；接着第二届理事会举行第一次全体会议，选举产生了会长、副会长和秘书长，通过了关于授予中国矿联地勘分会名誉会长的议案，通过了关于加强会费收缴管理的决定，通过了关于新增四名副会长建议名单的议案；之后举行了大会闭幕式暨会员代表大会第三次全体会议，宣布了第二届理事会第一次全体会议选举结果，宣布了第二届理事会第一次全体会议关于授予名誉会长的决议，关于加强会费收缴管理的决定；通过了关于《工作报告》《章程》（修改草案）和《会员管理办法》（草案）三项决议。会议结束前，闫学义会长发表了讲话。

本次大会的召开正值年末大忙季节，但是大会仍得到了广大会员单位以及理事、副会长单位的积极响应和大力支持，有近60名局级领导亲临会议。出席各相关会议的会员代表（理事）均超过应到会会员代表（理事）的三分之二，符合规定人数，会议程序符合有关规定。

（资料来源：http://www.doc.163.com）

结合上述情景内容回答下列问题：

1．本次会议需要准备哪些会前材料，哪些在会中产生？

2．如果由你来组织本次会议，从会议材料的角度你应该做哪些工作？

【供料实训】

实训一：

某组织的一次党内民主生活会上，主持人纪委书记崔久文要求在座的与会者本着知无不言、言无不尽的原则，敞开心扉，畅所欲言，对本组织的领导作风、领导方式踊跃发言，既要肯定成绩，又要指出不足。前面的两位发言人都以肯定成绩为主，其中一位挠挠头发，想了半天说："我来咱们单位不到一年，现在还没发现什么缺点。"他的表情和语调让坐在后排的几位忍不住笑出了声。负责记录的秘书老魏也不禁咧了咧嘴，露出了笑意。这时，有位列席会议的退休职工代表站起来说："我说两句。我退休了，只代表个人观点，用不着记录。"说完，走到老魏跟前，关掉录音机，合上记录本，要求将自己的发言不做记录。

结合以上材料，回答下列问题并完成相应实训：

1．作为秘书应该如何处理这种情况？

2．重要会议的会议记录，如何保证记录的真实有效并得到发言人的认可？

3．结合上述材料，模拟正确的处理方式。

实训二：

某区政协会议临时增加了增选委员的环节，因为工作需要，原定于在闭幕式上的选举工作改在委员会上举行。虽然是临时增加的议程，但选举的程序丝毫不能松懈。根据政协会议选举办法，全体与会人员首先重温了选举条例，接着以举手表决的方式通过了总监票人、计票人名单，并由会议主持人现场宣读被选举人简历，要求从这六位候选人中，以无记名投票的方式选出三位委员。

结合以上材料，回答下列问题并完成相应实训：

1．作为办会人员，围绕民主投票要准备哪些材料？请一一列举出来。

2．设计投票材料的具体式样。

八、学习反思

____

____

____

任务二　会 议 场 地

一、任务目标

1．明确会议场地的检查方式。

2．掌握会场签到、与会人员引导、维持会场秩序、会场服务工作基本方法、技巧。

3．能够根据会议内容、形式的不同，在会议现场协助领导组织好会议的进程，使会议朝着既定目标迈进。

二、任务情景

某区于本周五上午 9:00～11:00 召开组织工作例会，传达市组织部长会议精神，总结去年的组织工作，布置今年的组织工作任务。

会议的主要议程包括：

（1）区委组织部副部长×××同志传达市组织部长会议精神。

（2）区委常委、组织部部长××同志做今年组织工作主题报告。

（3）区委副书记、政法委书记××同志讲话。

参会人员包括：

（1）各街道党工委分管党务工作的副书记、党（政）办主任、组工干部及社区党建指导员。

（2）设党委（直属总支）单位的分管党务工作的书记或副书记及组工干部。

（3）不设党委的区属各部、委、办、局一名党员领导。

（4）非公有制企业党委负责同志和组工干部。

与会者共约 200 人，届时区电视台、区宣传部将会到场采访报道。会议地点设在机关小剧场。

负责此次会议场地的组织部行政处的工作人员在会前完成了下列工作：落实小剧场的使用时间；在会场内外悬挂会标；设置签到处，准备好签到表、签字笔；安排好会议需要的设备；在会场内设置采访区，便于媒体摄影摄像；布置主席台，准备好记录用纸、笔、茶水、席签；将准备好的会议材料文件袋摆放到主席台座位上；会场观众席按单位性质做了分区并在每一排的第一位上放置了席签以示区别。

负责筹备会议的行政办公室要求，负责会议场地的工作人员需在开会前 1 小时到达，做好会议期间场地内的各项工作，如果你是会议场地工作的负责人，请介绍你在会议期间的工作打算。

三、任务分析

举办会议时，大多数会议场地在会前已经布置、准备妥当，办会人员在会中的工作主要是对会前准备工作的检查、确认，为会议顺利举行创造条件。会议开始以后，办会人员的工作中心是协助领导掌控会议的进程，使会议围绕确定好的议题、按照既定议程进行下去。要做到这一点，办会者必须抓好会议开始之前的会场检查、签到工作；会议进行中的会场秩序和氛围的掌控、候会进会，以及会中服务等主要环节。

任务情景中给定的场景是工作会议，会期不长，也不需要设立分会场，但仍要把会场检查、会议材料的分发、会议的签到、值班等各项会中基本工作完成好。

四、任务实施

步骤一：检查会场布置

会议正式开始之前，再次检查主席台座位上发放的材料是否齐备，核对主席台各位领导和嘉宾的席签名称、摆放位置是否正确，如有错误立即更正。

任务情景中的工作，要求行政处全体人员提前 1 小时到达会场，一一查看会标悬挂、席签和文件袋的摆放是否得当，内容有无缺漏之处。

步骤二：开启所需设备

提前 30 分钟，打开灯光、麦克风，调试好摄影、音响设备，如需开空调先要让空气流通一会儿以后开启。如果会议使用演讲台，要检查演讲台的激光笔、白板、话筒等设备是否可以正常使用。

步骤三：准备签到

在会场门厅入口处，准备好签到处的桌椅和相关物品，如签到表或签到簿，调试好电子签到设备，迎候参会人员入场。无论采用何种签到方式，都要将签到情况及时汇总，形成会议出席情况报告表——此表包括会议名称和届次、日期、应到人数、实到人数、缺席人数等内容——向大会主持人报告。

本任务中，由于与会人员比较多，并且其单位的类型有不同，所以会议工作人员可以将签到处和签到表分成三部分，分别形成：部、委、办签到处和签到表；局、公司、群团签到处和签到表；街道、非公企业签到处和签到表，三个部分的签到处按序依次排列，这样可以便于与会者签到。同时，将会前准备好的文件袋运至签到处，做好发放的准备。

步骤四：引导入座

大中型会议为了便于管理，通常会事先安排好与会者座位顺序，形成会场座次表。

该表可以在会场门口张贴，也可以在会场设置标牌，或者在出席证、列席证上印制座位号码，方便参会人员入座。会务人员和礼仪人员做好引导入座的工作，引导过程中要大方、得体，符合礼仪要求。

步骤五：维护会场秩序

会场秩序的维护可以采用以下方式：在会议开始前提醒与会者关闭手机或将手机调成静音；也可以由会议主持人在宣布会议开始前宣布会场纪律，提示与会人员在会议进行中减少走动、说话和精力不集中等现象。但在提示时要注意方式方法和语言表达的技巧，以免导致与会人员的反感。

步骤六：会场服务

会议开始以后，办会人员要做好会场服务工作，包括图片的拍摄、会议过程的录制、音响的调控、茶水服务等。如有颁奖仪式，还要注意礼仪人员有秩序地对颁奖人和获奖者的引导。另外，如果会场有专门的服务人员，要提醒服务人员每隔半小时为来宾倒水。

步骤七：会场值班

根据会议的规模和性质，会场值班工作可以采用办会人员会场门口候会和设立值班室两种不同形式。形式不同，人员配备的多寡不同，但值班工作的内容并无大的差异。主要内容有：除紧急情况外，禁止与会议无关的人员进入会场；为与会者传递信息，如传递信件或电报，有关部门的紧急情况转达，转送领导批办的文件等；处理会场突发事件；为临时改变的议程、议题做准备等。

步骤八：检查、落实分会场或会议室布置安排情况

大中型会议往往采用大会套小会的开会形式，也就是全体报告会结束，即举行分组讨论、分组审议。办会人员要在报告会间隙，抓紧时间再次检查会议室、分会场的安排、布置情况，如是否已经悬挂条幅、茶水是否备好、座位是否充足等，以保证讨论的顺利进行。

步骤九：准备会议收尾

在距离结束会议的时间还有 15 分钟左右时，会议通过对会议议题进行总结和对会后工作做出安排、布置进入收尾阶段。此时，会场办会人员要协助主持人做好局面的掌控，以利于会议形成结果。

步骤十：准备合影留念

办会人员要在会议结束之前规划好场地，准备好拍摄用具，请摄影师调好机器，排好座次，参加合影的人员按次序排列好，领导人员按座位签入座，拍摄即可完成。如果是会期较长的大型会议，一般会选择在开幕式或者是第一场全体会议结束后进行合影，这样可以有较为充裕的时间进行冲印，保证与会人员在离会时可以拿到参会的合影照片。

五、知识链接

（一）会场检查的内容和方法

首先，会议负责人听取大会筹备处各组负责人汇报。

其次，进行现场检查。大型会议的现场检查一般按照以下程序进行。

（1）先制定现场检查的路线和确定现场检查的重点，并通知有关筹备部门。

（2）将现场检查的项目制成检查单，以便记录和汇总。

（3）按照既定的检查路线和项目逐一现场核对，对达到和未达到预期要求的项目都要有明确的记录。

（4）对未达到检查要求的项目提出整改和修订意见，并以电话、文件或会议等形式及时通报给相关筹备部门予以纠正。

就会议现场来说，可以检查以下几方面内容。

（1）会场座位是否按原定计划编排。

（2）视听器材是否准备妥当，如果用幻灯机或投影机，则其焦距是否已事先调整妥当：如用放映机，则其焦距、音量等是否已调妥；如用麦克风，其声音效果是否事先已调好；幻灯机、投影机及放映机是否已备妥额外的灯泡；现场工作人员是否懂得对视听器材做简单的维修工作等。

（3）会议有关的资料是否齐全，包括主席台的座签的位置、写法是否正确，纸、笔、水杯是否摆好；准备会中分发的资料是否备好等。

（4）会场安保工作是否落到实处，各项保卫工作是否有人员到岗并有专人负责。

（二）会议签到的方法

参加会议人员在进入会场时一般要签到，会议签到是为了及时、准确地统计到会人数，便于安排会议工作。比如，有些会议只有达到一定人数才能召开，否则会议通过的决议无效。因此，会议签到对参会人员来说是一项重要的工作，对办会人员来说，它是会中任务的重要内容之一。不同的签到方式适合不同规模、不同形式的会议，办会人员要掌握好这一点，为即将到来的会议选择合适的签到方式。会议签到的方法一般包括以下几种。

1. 簿式签到

办会人员预先制作好与会者的签名信息簿，在签到现场由参会者本人在姓名栏中签署姓名表示到会。簿式签到名单容易保存，便于查找，适合单位内部的小型会议。

2. 卡片式签到

卡片式签到方式适用于大型会议，又可以分为两种：一种是将预先印制好的卡片（相当于入场券）提前发给与会者，入场时，交出一张即可；另一种是磁卡签到，又称电子签到。即与会者进入会场时，手持事先领取的磁卡，送进电子签到机里，签到机便即时将其姓名、座位号码等内容输入计算机，与会者入场完毕后，签到情况便立即在计算机屏幕上显示出来。这种签到方式，目前在大型的政府会议中应用比较广泛。它的优点是速度快，统计出席人数精确，但不足之处是会增加会议成本。

（三）会中进程的控制

1. 确保会议始终围绕议题进行

确保会议按议题进行是主持人的职责之一。会务工作人员要协助会议主持人履行好这一职责，就要防止会场上有人将会议拖离预定轨道，对会议顺利进行设置干扰和障碍。会务工作人员有必要在会前收集与会者对会议目标的反馈，摸清他们的态度和意见，及时汇报给主持人。以利于主持人对会场状况有充分的准备，确保会议按预期进行并取得成果。

2. 确保每位与会者都感到受到重视

如何让与会者没有“陪会”的感受？如何让内向的人当众发言？主持人应掌握一些主持的技巧，如通过点名让习惯沉默的与会者发言、提醒爱讲话的人注意时间、控制爱插话的人的发言机会、让下级先发言、避免领导“一言堂”、对完整的发言做出肯定性评价等。而会务工作人员要做的则是在会前提示主持人个别与会者的特点，以及他们之间的工作关系。

3. 维护主持人的权威

主持人的权威就在于它有责任和权力维护会场的正常秩序，使会议得出结论。当某个人正准备把会议讨论拖入闲聊；某些人窃窃私语开小会；发言超过规定时间或涉嫌对他人进行人身攻击时，主持人都必须立即制止。会场内的会务工作人员要密切关注参会人员的行动指向，尽其所能地协助主持人维护会场秩序，做好预防和补救工作。

（四）突发事件处理

会议过程中，有可能会出现一些紧急的突发事件，此时，会务工作人员要做出及时、准确的处理以保证会议的顺利进行。会议中突发事件的类型不同，其处理方式也有不同。

1. 会议突发事件的常见类型

（1）人员问题。会中常见的人员问题是发言人、参加者或关键代表的缺席或无法按时到会，致使登记参会的代表数量不足，从而影响会议的规模、公共关系或财务收支。

（2）健康和安全问题。会议中有时会出现不可控的突发情况，如火灾、地震等灾害的发生；某位代表患上了严重或高度传染性疾病；与会人员出现突发疾病；因某种原因导致与会人员出现食物中毒等。

（3）行为问题。会中偶尔会出现发言人行为不当或某些与会者行为不当的问题。

（4）设备设施问题。会中最常见的设备问题是会场的话筒、灯光、投影、录音录像设备缺少或发生故障；或者会场的制冷、取暖和通风设备出现故障。

（5）资料问题。由于临时增加与会者或者印制质量导致的资料短缺；由于种种原因会议资料无法及时送达会场。

2. 处理的办法

（1）处理人员问题。如果一位演讲人不能按时到会，可以考虑替代者；如果一位发言人实在无可替代，可以修改议程。主持人可以临时额外给每一位发言人10分钟提问时间，以弥补发言人的缺席。

（2）处理健康和安全问题。可以提醒负责会议筹备的领导或会议组织者成立专门的安全小组来负责相关事务，加强会前的安全检查，必要时要组织应对突发事件的演习，要派专门人员负责把守安全通道，充分利用好会场所在地的摄像监控系统，随时掌握会场方方面面的情况。同时，大中型会议会场还要安排好医疗和安保服务，加强会议的值班工作等。

（3）处理行为问题。要防止出现发言人行为不当，一方面要加强对发言人以往情况的审核，并加强发言前的沟通工作；另一方面，提前做好准备避免这种情况出现，如请行为不当者暂时离开会场等。

（4）处理设备设施问题。会场的话筒、灯光、投影、空调、通风等设备，要加强会前检查与调试，并提前备好紧急修理师的姓名、电话、地址，或者让修理师参与会场值班工作，万一出现故障及时与之联系，争取在第一时间解决问题。

（5）处理资料问题。如果会议出现资料印刷效果欠佳或数量不够的问题，会务工作人员要随身携带会议使用资料原稿，以便在会场能复印，如果会议材料无法送达会场，会务工作人员要及时联系并催促相关工作人员。

3. 处理突发事件的工作要求

对于突发事件不能存在侥幸心理，有备无患，未雨绸缪才不至于陷于被动。因此，通常要做到以下几点。

（1）制定会议应急方案。方案包括会议过程中可能出现的问题、解决问题的方法、负责解决问题的工作人员等；也可以将应急方案与会议筹备方案合二为一。制定应急方案的目的在于增强办会人员责任意识，明确岗位责任，为与会人员提供热情周到的服务。

（2）明确突发事件第一事件报告制度，对会议中出现的突发事件及时向领导报告，及时采取措施进行补救和处理。

（3）加强岗位责任制，建立会议期间的严格的值班制度，将值班工作责任落实到人。

（五）会场服务的礼仪

1. 会务人员的形象要求

（1）着装：会议服务人员着装要正式，以深色西装套装为宜，如果有条件，所有工作人员尽量统一着装的类型。女士着裙装时，西裙长度于膝盖上3厘米，配肉色长袜和黑色工装皮鞋；着裤装时，西裤应烫直，折痕清晰，长及鞋面。男士着西装时，西裤应烫直，折痕清晰，长及鞋面，衬衫领口扣好，不应敞开，衬衣下摆扎进裤内，腰带为黑色，不在外腰带上戴钥匙链；着长袖时，袖口应扣好，不挽袖。

（2）面容：面容清爽自然。女士可化淡妆，涂抹透明指甲油，不佩戴夸张的首饰，香水味不宜过浓。男士保持清洁，不蓄胡子。

（3）发式：发式简洁。女士短发前不及眉，旁不遮耳，后不及衣领，长发一律盘起；男士不留长发，干净整洁。

2. 会务人员的仪态要求

（1）坐：女士背对座椅轻坐，坐于椅子距前沿的1/3处，两手放在腿上，右手在上，左手在下，右手握左手，两腿并拢，两膝合紧，脚尖并拢微收，以保持坐姿的优美；男士坐姿要求是上体挺直，下颌微收，双目平视，两腿分开，不超肩宽，两脚平行，两手分别放在双膝上。

（2）立：女士站姿的要求是上身正直，头正目平，挺胸收腹，腰直肩平；双手搭握，稍向上提，放于小腹前；双脚可前后略分开，前脚的脚跟稍稍向后脚的脚背处靠拢。男士要求双眼平视前方，颈部挺直，双肩自然放松端平且收腹挺胸，双臂自然下垂于身体两侧；或者右手轻握左手的腕部，左手握拳，放在小腹前，脚跟并拢，脚呈“V”字形分开；或双脚平行分开，与肩同宽。

（3）行：行走时，头朝正前方，眼睛平视，上身正直不动，两肩相平不摇，两臂摆动自然，步幅适中，步伐轻而稳，尽量减轻地面与鞋跟的摩擦声。

（4）表情：面部表情亲切自然，面带微笑，目光平视，不左顾右盼，不抠鼻挠头、抓耳挠腮。

（5）引导：为宾客导引时，应走在宾客左前方，距离保持2～3步；遇拐弯或台阶处，应回头向宾客示意说“请当心”；引领客人时，宜用“这边请”、“里边请”等礼貌用语。为宾客送行时，应在宾客的后方，距离约半步。

（6）握手：手要洁净、干燥和温暖，先问候再握手。伸出右手，四指并齐，拇指张开，手掌呈垂直状态握手3秒左右，用力要适度，握手同时注视对方，不旁顾他人他物。与多人握手时，遵循先尊后卑、先长后幼、先女后男的原则，要按顺序握手，不可越过其他人去同另一个人握手。为表示格外尊重和亲密，可用双手与对方握手；与异性握手时用力要轻、时间要短。

（7）介绍：介绍时要遵循一定的顺序，根据尊者先了解情况的原则，把男士介绍给女士，把职位低者介绍给职位高者，把主人介绍给客人，把年轻人介绍给年长者。

（8）递接物品：应当双手递物和双手接物（五指并拢），两臂夹紧，自然地将两手伸出。物品要轻拿轻放，接物时应当点头致意或道谢，递送剪刀等尖锐物品应注意将柄递给对方，便于安全拿取。

（9）示意方位：需要用手指引某物品或指引方向时，食指以下靠拢，拇指向内侧轻轻弯曲，手掌平伸，掌心向上，指示方向。

3. 会务人员的常用语

（1）称谓：一般情况下，同时与多人打招呼，应遵循先长后幼、先上后下、先近后远、先女后男、先疏后亲的原则。多使用第二人称的“您”，显得更敬重。当清楚对方身份时，既可以采用职务称谓，如“李局长”、“张科长”、“刘经理”；也可以职业称谓，如“李老师”、“赵大夫”；还可以采用年龄称谓如“张老”、“王老”。当不清楚对方身份时，可采用性别称呼，如“朱先生”、“陈女士”。

（2）礼貌用语：适时使用规范用语“您好、请、谢谢、对不起、再见”。注意敬语的使用。如对方的姓（名）要称“贵姓”或“尊姓大名”；请对方的阐述观点可称“发表高见”；对方的批评可敬称为“指教”；对方的解答可敬称为“赐教”；对方的原谅可敬称为“海涵”等。

（3）语言表达的注意事项：语言要简洁通俗，语调温和亲切，音量适中，普通话规范。交谈时目光应专注，或注视对方，或凝神思考；如果是多人交谈，不时地用目光与众人交流，表示大家彼此是平等的；还可适当运用表情来表达自己的态度。谈话的过程中要注意除点头微笑外，其他肢体语言要尽量避免。他人发言要注意认真倾听，用表情举止予以配合；谨慎插话，如有必要须征得对方同意。

（六）会议主持人

很多情况下，尤其是在组织内部的小型会议中，会务人员除了要处理一些会务工作，同时也有可能会兼任会议的主持人。所以，对于办会人员，我们也有必要了解和掌握会议主持人在会议召开过程中需要做的一些基本工作。

1. 会议主持人如何控制会议

会议主持人的职责就是根据会议的性质、目的和要求，按会议议程规定的内容，承担起组织与会人员、完成会议规定的任务、实现会议目标的责任。在这个过程中，会议主持人需要重点把握下列要点以保证对会议的合理掌控：

（1）会前准备要充分。开会前要明确召开会议的时间、地点、议程、与会人员、会议材料等内容，对本次会议的要素准备的越充分，掌控会议的能力就越强。

（2）会议开始后，主持人要掌控会议，必须注意以下几点：①宣布开会，宣布会议议程和日程安排，提醒与会者注意。②保证会议按议程进行，减少与会议议题无关的争辩和讨论。凡有窃窃私语开小会、发言与会议无关的现象，主持人要予以制止。③鼓励讨论。尊重少数人的意见，避免会中意见一面倒的情况；当少数人意见被压制时，尽可能让他们多发言。④控制人员发言。主持人既要鼓励参与，也要注意掌控好会议时间，提醒发言人注意时间和发言的内容，保证会议按既定时间结束。⑤做好会议总结发言，适时做出决定，宣布闭会。

2. 会议主持人应具备的素质或需注意的问题

（1）作为会议主持人应具有良好的心理素质，沉着、有耐心、自制力强；善于观察，思维敏捷清晰，分析概括能力强。

（2）良好的语言表达能力。言谈应口齿清楚，简明扼要；还要富于幽默感，善于营造合适的会议气氛，或庄重、或幽默、或沉稳、或活泼。

（3）良好的协调沟通能力。善于协调好与会者的关系，避免冲突，具备良好的解决问题的技巧。

（4）保持中立立场。主持人的职责是尽力协助参会人员以客观态度议事，而不是暗示参会人员何者为其满意的意见，因此，主持人要坚持客观中立的态度，不要掺杂个人意见。

（5）注意会场礼仪。主持人应衣着整洁，大方庄重，精神饱满；对会场上的熟人不打招呼，不寒暄闲谈，会议开始前或会议休息时间可点头、微笑致意。

六、实例展示

【案例一】 兰亭广告公司召开的部门经理会议陷入了僵持状态，设计总监坚持认为一周内是无法设计出一个优秀的汽车三维动画广告的，而客户部的经理则认为他不应以人手不够而丢掉目前的大客户。两人争论得不可开交。这时，总经理助理高峰提出建议：为这个项目能否临时招聘几个兼职设计师或外包部分设计。他的建议立即得到了设计总监的响应。讨论很快进入到外包的预算上来了。客户部经理的脸色也开始阴转晴。

【解读】 优秀的办会人员如何掌控会议？本案例给了我们一些思路。高峰没有轻易地表示赞同某人的观点，而是在会议无法进行下去的情况下及时给出了建议，这种建议提醒与会者注意讨论的方式和方法，并提供了解决问题的另一种思路和办法。特别是当与会者大多都是领导的情形下，适时给出建议不失为一个可行的促使会议顺利进行的方法。

【案例二】 某电器有限公司有成熟的培训体系，每个季度都会推出针对不同岗位员工的培训计划，在每个地区的中心城市举办培训会议。在六月份销售淡季的销售人员培训会议上，人力专员黄杰发现有的员工在培训期内请假时间过长，五天的培训期请假达到了四天；还有的每天签到之后就不见踪影。为了改变现状，黄杰和同事们在下一轮培训会议中采用了如下做法：严格请假制度，培训期内请假不能超过一天，请病假必须持有三甲医院出具的假条，如果违反，此次培训定为不合格；由每天早签到改为早晚签到，即到达会场、离开会场都要本人签字，黄杰和行政专员一起每天不定时巡视会场，检查到会情况；对于培训期间表现优秀的员工，给予所在班组口头表扬，对于特别优秀的员工，给予所在班组流动红旗的奖励。经过实践，这个办法效果很好，培训的到场率、参与培训的积极性有了很大提高，杜绝了签到之后借故离开的现象。

【解读】 本案例展示的是培训会议的会场组织。组织内部的培训会议不需要布置会场，只要保持会场内外干净、整齐，必要的设备、设施齐全可用即可。黄杰针对会场出勤率低的现状，提出了改进的办法，改进了签到的方法，加强了培训组织者的值班工作，增加了奖励的措施。许多组织内部会议的实践也证明了这一点：抓好会场的组织工作，就能够有效保证会议的效果。

【案例三】 刚刚进入某市机关工作的小李参加了全市文教宣传系统工作会议的会务工作，此次会议参会人员 230 人。为了组织好会场，领导提前将印制好的签到表分成了三份，由小李负责乡镇宣传干事、教育助理、市演出团队领导的签到。小李责任心很强，她算了算，一张签到表有五个项目，序号一栏已经打印好，参会者只需登记单位、姓名、职务、联系电话四项内容，每张签到表可以容纳12人，自己所在的签到组有62人，只需要6张表即可。保险起见，小李领了7张表格。在会议开始前天晚上，她把6张表格中表头部分会议时间、地点、会议内容这几项工整地填好，剩下一张备用。会议这天早晨，小李提前半小时来到会场，拿出表格、签字笔，面带微笑等待参会人员到来。她的勤奋和准备工作得到了科长的表扬，但对她的打扮提出了批评。原来，小李最近脸上长了不少疙瘩，为了掩饰，她特意剪了齐眉刘海，并在脸上涂了厚厚的粉底，还故意把一小绺长头发留在两鬓。她对自己的黑色工装不太满意，穿了双红色皮鞋来改变一下单调的颜色。对于工作装的规定，小李不是不知道，而是觉得反正自己站在签到台后面，其他人看不到自己的脚，所以就穿上了。

【解读】 不是每次会议都使用电子签到，在实际工作中，最常见的签到方式还是人工签到，由参会人员在预先设计好的表格中填写相关信息。小李首先明确自己负责签到的范围、人员数量，据此来确定签到表的数量；事先填好表头部分，最大限度地节约了与会者签到的时间；提前来到会场等候参会人员到来；小李的准备工作细致、充分，值得肯定。但小李的会场服务礼仪不够规范，主要表现在着装不够庄重，面部妆容过于浓艳，当然，小李认为自己的做法有充分的理由，但要注意在工作场合，规范是第一位的，个人的理由不应该成为违反标准规范的借口。

七、拓展实训

【情景问答】

材料一：

某次会议请来庆典公司的两名礼仪小姐参加颁奖环节，主席台领导六人，为十七名获奖人员颁奖，事先会务组请领导参加颁奖彩排，结果有两位领导因为临时有事取消了彩排活动。没进行彩排恐怕要出错，会务组成员心里直打鼓，颁奖现场他们格外紧张，果然，还是有三名获奖人员发现了自己获奖证书的名字是错的，其中一位急急走上前台去调换，打乱了原有的程序，主席台上一时显得乱糟糟。还是会务组队老同志王强上前，请下了那位获奖者，并在颁奖结束后把获奖证书各归其主。事后会务组的成员主动检讨，承认自己的工作没有做细。

结合上述情景内容回答下列问题：

1．进行颁奖仪式的过程需要注意哪些细节？

2．王强的处理是否妥当，如果是你，你会如何应对这次突发的混乱场面？

材料二：

在海南举办的国内旅游休闲产业论坛开幕式上，主办方根据会议的内容，精心安排、周密组织，制订、实施了以下工作方案：精心选择会议时间，确保在风和日丽的条件下进行；由于会场设在草坪上，音响效果要保证万无一失，租用了全套的线阵音响；主席台上设置六个话筒，两个立式，四个台式，并准备好了备用麦克风；准备好了供电车，一旦出现供电中断及时启用；会同公安、交通、消防部门做好会场内外的安全保卫工作，

并安排好会议驻地、会议现场的安保工作；主持人在会场认真核对主席台名单，在核对过程中果然发现了问题，原定一位发表讲话的领导嘉宾，刚刚确认取消了此次出席活动，但名单上仍然有“有请××领导发表讲话”的项目。主持人拿出笔，将此项内容划掉，临时增加了备用节目——民族歌舞《幸福的日子歌声里过》现场表演。

本次会议准备实施的重点在于防止突发事件上。请问：

此次大会为防止突发事件做了哪几方面的准备工作？

如果你是会议的主持人，在不知情的状况下照本宣科地宣布“有请××领导发表讲话”，会出现什么场面？出现这种场面该如何救场？该如何避免这种尴尬的发生？

【供料实训】

某市商业糖酒批发公司成立于20世纪80年代，经过多年打拼，成为目前本市实力雄厚的商业集团。公司营销方式以批发为主，辅以零售、代购、代销，薄利多销为该公司的一大特色。

该公司目前已与国内150多家厂商建立了直接的业务关系，以互惠互利为合作之本。各厂商通过商业糖酒批发公司反馈的信息，在管理和经营上都获益匪浅，也使商业糖酒批发公司得到了更多的信赖，双方合作更加密切。适逢商业糖酒批发公司投资兴建的商业大厦竣工暨商场开业，为进一步加强合作，该公司决定召开商品供货商业务恳谈会，邀请年供货1000万元以上的30家企业老总莅临本市共谋发展，同时为市商业大厦商场开业剪彩。剪彩后，30家厂商的老总还将举行购物签名活动。在公司办公室主任夏雨的精心准备下，业务恳谈会在友好、热情的气氛中开始，由于老总们相互间比较熟悉，又有一段时间没有见面，因此会议开始很长一段时间大家都在相互问好，谈论对近期国家大事的看法；期间还有很多转接电话。作为会议召集人的夏雨，很想控制会议的进程，但她不知道怎样说。

事后，公司老总批评了夏雨，认为本次会议没有达到预期的效果。

结合以上材料，完成下列综合实训任务：

1．模拟演示做好会议开始前的签到工作。

2．模拟会场内引导演讲者就座、走上演讲台。

3．模拟演示会间奉送茶水。

4．模拟演示会议记录。

5．模拟演示正确处理会间找公司老总和会议代表的来电。

6．针对会议出现下列情况，模拟演示协助会议召集人控制会议进程：①与会者偏离议程；②会议决定片面；③与会者沉默，没有气氛；④会议决定与现行政策或规定相抵触。

八、学习反思

____

____

____

任务三 联络接待

一、任务目标

1．明确会中联络接待的工作内容、工作职责。

2．能够在会前准备的基础上，做好会中联络接待工作。

二、任务情景

雅净集团要召开家用净水新产品新闻发布会，面向市场推出三款不同价位的家用净水设备，邀请国内著名高分子材料专家谷教授、城市管道专家王工程师以及经济日报、北京青年报、南方报业集团、新浪、腾讯、凤凰传媒各大平面、网络媒体及本市的报纸、电视台媒体参与报道；邀请本市政府相关部门领导作为领导嘉宾出席发布会。

如果你负责本次会议的联络接待工作，你如何开展工作，保证受邀嘉宾、媒体顺利进会？

三、任务分析

会中的联络接待工作主要涉及与会人员和重要嘉宾、领导的接站工作，媒体的接待联络，会议期间对与会嘉宾和代表的信息提示工作，确认与会人员信息并制作通信录，以及了解与会人员返程信息并形成送站方案等几项工作。

任务情景中负责联络接待工作的办公室张主任是这样做的：根据会前形成的接站方案，对两位专家实行专车接站服务；对采访媒体实行集体接站，分别在机场、火车站、客运中心设立接站处，安排好商务车以三人一组进行接站；与会人员自行到达后在酒店大堂登记来宾信息，完成报到工作，由酒店服务员送到房间休息；会议期间通过小区短信的形式对会议期间每天的议程安排、当地天气及注意事项向与会人员进行信息提示；进一步确定与会人员返程信息，形成送站方案。经过精心安排，发布会期间接待顺利、信息通畅。

四、任务实施

步骤一：与会人员接站

对于大中型会议，尤其是跨地区的会议（全省性、全国性、国际性会议），接站工作是会议接待的重要环节，也是会议服务的第一个环节。一方面这是与会人员与会务人员第一次面对面的交流，接站工作的好坏可以直接体现办会的水平；另一方面，只有会务工作人员通过接站工作让与会人员安全、顺利、及时地送达会场参加会议，才能保证会议的正常进行。

对于一般的与会人员，我们应统一他们的接站标准。通常采取这样的做法：在车站、机场、码头设立接待站，每个接待站安排两名以上的接站人员，接站人员要提前拿到该

接待站需要接站的与会人员名单（其中需要包含总人数、人员姓名及其单位，航班车船的班次及抵达时间）。接站点最好设置简易桌椅，并制作一块醒目的牌子或横幅，写明“×××会议接待处”字样以便与会人员辨识。待与会人员到来，接待人员要主动自我介绍，握手表示欢迎，并尽快安排车辆将与会人员送往会场或会议驻地。在接待过程中，接待人员要注意掌握与会人员的抵达情况，并及时与会议总部及相关负责人进行沟通。

对于无法在接站期间报到的参会人员，要及时通过电话和短信的方式提供从航站、车站到达住宿地点的交通路线、乘车方式、价格等信息。

步骤二：重要嘉宾的迎接

出席会议的领导、嘉宾，要预先制订接待方案。方案内容包括：来宾单位、姓名、性别、民族、职务、电话、联系人、随行人、往返航班、行李办理、登机手续前置办理、接待车辆、住房、就餐、考察、对口及配合接待单位、陪同领导及工作人员等。

对于贵宾的接站工作，一般都要安排专门的工作人员进行一对一的接待。接待时需安排献花，然后乘车送达会场。接待人员要提前对路线进行踩点，行程中要及时与会场总部进行信息沟通，保证各个环节之间的衔接。

步骤三：与媒体间的联络

确定好邀请媒体名单后，加强与媒体之间的联络，可以通过新闻造势的方式吸引媒体，加大宣传力度。如会前通过网络、主流媒体或召开新闻发布会发布信息，引起全社会重视及关注；设计、制作好宣传手册（含媒体采访须知、背景资料等）及时提供给媒体，方便媒体对会议跟踪报道，刊发新闻稿或评论性消息；与媒体加强会中的互动，制定相应的宣传方案，扩大宣传效果，如对有关领导进行专访，刊登访谈录；对相关问题专题报道，发表理论文章。对会议进行总结，发表会议综述。

步骤四：登记来宾信息（注册）

充分了解参会者是做好服务的前提。住宿地点的信息采集包括姓名、单位及职务、性别、民族、宾馆名称、房间号、返程时间、返程方式、联系电话、备注等内容，如表 3-1 所示。

表 3-1　与会人员信息登记

（以姓氏笔画为序）

序号	姓名	性别	民族	单位	职务	手机	宾馆名称	房间号	返程时间	返程方式及班次	备注
1											
2											
3											
……											

步骤五：会议期间的信息提示工作

根据日程安排，引导本次会议的演讲者或发言人到演讲席就座，提醒来宾演讲的时间限制并引导他们走上演讲台；如果演讲者需要多媒体演示，要在前一天做好预演；会议中场休息的时间内，提示参会者提供茶水、小吃的地点、种类，大多数会场茶歇都采用自助式，并有人服务。

步骤六：会议通信录的及时制作发放

参加会议不仅可以开阔眼界，增长见识，也是难得的积累人脉的机会。有的会议将大会名录作为会议材料在大会报到时发放；如果会中发放通信录（如表 3-2 所示），更要注意核对参会人员信息，以防出错。

表 3-2　会议通信录

（以姓氏笔画为序）

序号	姓名	性别	单位	职务	手机	E-mail	备注
1							
2							
3							
……							

步骤七：提前了解与会人员离会需求

要通过会议总体安排和回执、报到信息等多种渠道，事先了解以下情况：一是会期长短、与会人员数量、本外埠与会人员分布情况、重要客人有哪些等；二是本埠与会人员是否要派车接送，外埠与会人员对返程时间安排、交通工具的要求。

可以使用送站信息统计表来了解与会人员离会需求，如表 3-3 所示。

表 3-3　会议代表送站信息统计表

序号	姓名	手机	单位	是否送站	返程日期	航班	时间	备注
1								
2								
3								
……								

步骤八：确定送与会人员离埠方案及暂留人员食宿安排

要根据掌握的离会需求，完善确定送与会人员离埠方案。特别要注意安排好送客车辆。为了给与会者的离会提供或安排最便捷的交通工具，会议组织者必须要对当地的交通状况有充分的了解。安排离会时，要充分考虑与会人员离会方向及目的地，然后安排交通工具和行车路线，确保每个与会人员顺利离会。另外，对于会后暂留人员，要提前确定好其食宿安排。

五、知识链接

（一）会议接站的方式及礼仪

1. 接站的方式

（1）统一接站。办会人员一般在会议报到 1～2 日内安排统一接站，在车站、机场、

码头出口处设置固定接待点，提前安排好车辆、乘车路线，待参会人员到齐后送往会议驻地。这种接站方式一般适合参会人员到会比较集中的会议。

（2）专人接站。除了对领导、重要嘉宾安排专人专车接站外，还有一种专人接站，参会者提前告知到达时间、方式、地点，办会人员安排好车辆，对参会者随到随接。这种接站方法适合参会人员比较少的会议。

2. 接站中的礼仪

（1）迎接规格

迎接规格即确定迎接时哪位领导出面接待陪同以及用餐、用车、用房等一系列活动时的规格。它通常是依据来宾的职位与主要陪同人员的职位之间的比对关系来确定的。常见的有以下几种规格：①高规格接待，陪同人员比来宾地位、职务要高，表示对来宾的重视与礼遇，如副部级以上领导、知名专家、外宾接站时要安排贵宾通道，全程一对一服务。②对等接待，陪同人员与来宾的职务相当，房间、车辆安排比高规格稍低，这是最常见的接待规格。③低规格接待，是主要陪同人员比主要来宾的职位要低的接待。低规格接待很多时候是因为单位的级别造成的，如领导到下属单位参加会议，其单位的最高领导的职位也不会高于前来参会的领导，在这种情况下就只能被迫采用低规格接待了。但我们必须小心使用低规格接待，如果我们在可以采用对等接待的情况下使用了低规格接待，会让与会领导有不被重视的感觉，进而有可能影响办会方与重要领导嘉宾之间的关系。

（2）接待标志

统一接站往往用醒目的横幅标语或看板标明“××会议接待处”字样；专人接站使用标志牌，标志牌上往往用醒目的字体正确书写来宾姓氏、性别、出发地等资料，由工作人员举牌迎接。

（3）陪同乘车

陪乘礼仪是伴随宾客乘车的礼仪。迎送领导和与会人员时，有时需要陪同乘车，这时需要注意应首先为客人或领导打开右侧后门，并以手挡住车门上框，同时提醒领导或客人小心，等其坐好后再关门。如果你和你的领导同坐一辆车，座位由领导决定，待其坐定后，你再任意选个空位坐下，但注意不要去坐后排右席。抵达目的地后，你应首先下车，下车后，绕过去为上司或客人打开车门，并以手挡住车门上框，协助上司或客人下车。

不同车型其座次礼仪也不同，具体体现在以下几个方面。

①小轿车的座位，如有司机驾驶时，以后排右侧为首位，左侧次之，中间座位再次之，前坐右侧殿后。如果由主人亲自驾驶，以驾驶座右侧为首位，后排右侧次之，左侧再次之，而后排中间座为末席。主人夫妇驾车时，则主人夫妇坐前座，客人夫妇坐后座，男士要服务于自己的夫人，宜开车门让夫人先上车，然后自己再上车。如果主人夫妇搭载友人夫妇的车，则应邀友人坐前座，友人之妇坐后座，或让友人夫妇都坐前座。主人亲自驾车，坐客只有一人，应坐在主人旁边。若同坐多人，中途坐前座的客人下车后，

在后面坐的客人应改坐前座，此项礼节最易疏忽。②吉普车无论是主人驾驶还是司机驾驶，都应以前排右坐为尊，后排右侧次之，后排左侧为末席。上车时，后排位低者先上车，前排尊者后上。下车时前排客人先下，后排客人再下车。③旅行车。我们在迎送团体与会人员时，多采用旅行车接送客人。旅行车以司机座后第一排即前排为尊，后排依次为小。其座位的尊卑，依每排右侧往左侧递减。

需要注意的是，根据常识，轿车的前排，特别是副驾驶座，是车上最不安全的座位。因此，按惯例，在社交场合，该座位不宜请妇女或儿童就座。而在公务活动中，副驾驶座，特别是双排五座轿车上的副驾驶座，则被称为“随员座”，专供秘书、翻译、警卫、陪同等随从人员就座。

上车时姿态优雅，姿态应该为“背入式”，即将身体背向车厢入座，坐定后即将双脚同时缩进车内。下车时，应将身体尽量移近车门，踏出一只脚立定，再将整个身体移离车外，最后踏出另一只脚；如穿短裙的女士则应将两只脚同时踏出车外，再将身体移出，双脚不可一先一后。对于女士来说，登车不要一只脚先踏入车内，也不要爬进车里。首先拉开车门，站在座位边上，先将背部侧向座位，把身体降低，让臀部坐到位子上，再将双腿并拢一起收进车里，双膝一定保持合并的姿势，坐好后稍加整理衣服，坐定，关上车门。

（二）如何在会中联络媒体

不是所有的会议都能吸引媒体主动参与报道，如果办会者想通过媒体宣传扩大会议的影响，不妨做好以下几项工作。

1. 为媒体发稿提供便利

将新闻通稿通过传真或电子邮件传给媒体，再以电话确认，媒体便可轻松得到新闻稿件来源，办会人员也省去接待媒体的费用。

2. 注意新闻稿的截稿时间

新闻是有时效性的。提供新闻稿件要讲究效率，赶在第一时间提供稿件，才能掌握宣传的主动权。不同的媒体需求的角度不同，对办会人来说，要善于准备不同角度的多种照片以供媒体采用。

3. 建立媒体联络名单

通过媒体做宣传最好不要临时抱佛脚，要在平时有意识地建立媒体联络名单，和媒体从业者有一定的联络，遇到新闻事件才能顺利发布新闻稿。

（三）会中信息提示的具体方式

信息提示的具体方式主要有电话叫早、小区短信、信息卡片等方式。

1. 电话叫早

电话叫早是酒店常用的提示方式。客人拨通酒店总机电话，说出叫醒时间，值班员记录下来，到时间后拨通客人电话叫醒客人或由交换机电脑来拨号叫醒；或者会议主办方定好叫早时间，由酒店统一安排提供电话叫醒服务。

2. 小区短信

小区短信系统，是一种个性化服务短信发布系统。它利用移动通信网络及短消息发布平台，在会议地点让短信发布者为参加会议人员提供他们最需要的个性化短消息。会议组织方可以向手机运营商订制特定信息，由运营商来向参会人员发送短信，使参会人员享受特定的服务。

3. 信息卡片

在会议期间每天更换信息卡片的内容，由酒店服务人员摆放在参会人员房间的特定位置。卡片内容常包括第二天的天气情况、会议安排等。

（四）会议通信录的制作方式

会议通信录的制作方式有两种：主办方提供参会人员信息由专业的制作公司来完成和办会人员亲自完成。

如果办会人员熟练使用 Excel、Access 等办公软件，完全可以轻松制作通信录。

无论何种制作方式，通信录通常包括以下内容：姓名、性别、工作单位、联系电话、邮箱地址。

六、实例展示

【案例一】 2010 年 3 月，山东天彬集团迎来了一次全国性的重要会议。为了给与会代表做好服务，筹备处成立了 8 人组成的会务组，负责会议保障工作。会务组内建立了工作制度：一是协调分工，将 8 人分成 4 组，每组两人，全程为会议代表服务。二是加强组内联络，会务组每晚开一次碰头会，总结当天的工作情况，布置第二天的工作内容，并提出改进措施。三是首问责任制。对参会人员提出的问题，第一次接手的工作人员必须负责到底，不能推诿塞责。

在会议期间，让与会人员感受最深的是会务工作人员在联络接待和服务工作上的细致入微：会议代表还没动身，就收到了会务组成员发来的手机短信，提示会议所在地当天的天气情况。集中报到的两天里，由于代表航班比较分散，接机人员将几个航班时间接近的代表进行了合并，及时安排暂时等待的代表们在休息厅休息，并奉上一本杂志、一杯水，暂时等待的代表也对合并接机的做法表示了理解和肯定。有的代表飞机航班提前或延误，但出站时都看到了在站口等待的欢迎牌和接待人员。300 多名代表顺利到达住宿宾馆，无一纰漏。

宾馆房间里，摆放好了统一制作的写有联络员联系方式和房间号的“服务联系卡”，便于代表随时联系。代表报到之后，会务人员每晚制作一张文字优美的“温馨提示卡”送到每个代表房间，内容包括明日会议内容、时间、地点、天气预报等，使与会者对次日的活动安排一目了然。会议后期，考虑到代表们携带物品参观考察不方便，及时联系邮局在宾馆设立行李托运点，方便代表们将不便携带的物品先行寄出。会议结束当晚，登记订票的代表都拿到了自己需要的返程票，无一出错。

许多代表说，会务服务周到细致热情，山东不愧为孔孟之乡，礼仪之邦。

【解读】 本案例展示的是接站工作以及会中联系工作。接站工作周密安排、合理组织，既要不贻误会议，又不搞铺张浪费，还要让代表们满意；会中的联系工作采用信息卡片的方式做好提醒，体现了服务的细致入微；还有一点，工作人员想在参会人员之前，提前托运好行李，体现了服务的主动性。

【案例二】 方涛担任一次学术会议的联络接待工作，在完成了一系列会前准备的工作之后，方涛针对已经注册完毕的到会者做了以下工作：根据《住宿房间分配表》发房卡，让领到房卡的来宾签字确认；登记来宾信息，协同酒店工作人员，根据提前制作好的表格登记来宾姓名、单位、性别、民族、宾馆房间号、返程方式、返程时间、联系电话等内容；和酒店协议好，对每一位入住酒店的参会者都有服务人员引领到房间，方涛则亲自送来宾到电梯口；在会议期间，提醒参会人员6:35起床，7:20用早餐，并安排服务人员提供叫醒服务；8:40方涛在会场门口微笑迎候每位参会者，对于会中的演讲者，方涛引导来宾在指定区域就座，并提醒他们演讲的时间和结束的时间；每位向大会提交论文的来宾，方涛都注意亲自核对本人信息：姓名、单位详细地址和名称、研究方向、论文题目、具体的联系方式，并请本人签字确认无误。开会间隙组织者安排了参观当地的名胜古迹，方涛提前联系了旅行社，请导游全程讲解，参观的行程安排如下：7:30结束早餐，7:40在酒店门口集合坐大巴到达游览地点，参观结束后12:30回驻地酒店用餐、休息。会议结束前一天，方涛把塑封的《大会名录》送到每个房间。方涛细致周到的工作让来宾很满意，有来宾特意留言说：“小方的笑容让我们感到真诚和温暖！”

【解读】 本案例展示的是会中联系工作。接站结束后，联络接待工作如何做？本案例给我们做了形象的说明。到达会议住宿地点后，安排来宾入住房间、登记好来宾信息、做好会中信息提示，安排叫醒服务；会场上演讲嘉宾的联系；会议期间参观活动的安排；会议通信录的制作、发放。从案例中可以看出，会中联络接待工作根据环境的不同可以分为住宿地的联络接待工作、会场内外的联络和参观活动的联络接待工作，方涛的工作正是围绕着这三个环节展开的。

七、拓展实训

【情景问答】

源动公司的新产品发布会即将开始。总经理秘书安林正站在会议大厅的入口处，她一边做着最后的检查，一边在算着嘉宾的到来。她发现主席台上放置的座位签有问题，一位董事因故不能前来，名签却没有撤掉；而另一位嘉宾刚刚来电话说要来，名签还未

准备好；这时安林的手机又响了，原来是接电视台记者的汽车在路上抛锚了，会议即将开始，换车已经来不及了；这时会议秘书组的人员来汇报，宣传材料不太够；此时嘉宾已陆续到来。

结合上述情景内容回答下列问题：

1．安林的联络接待工作出了哪些问题？如果由你负责这项工作，你该如何避免此类问题的发生？

2．联络接待工作该如何与其他会务工作搞好协调？

【供料实训】

在刚刚结束的世界合唱比赛第一阶段的接站服务中，浦东机场接站组共接待了 43 支外国合唱团。

接站志愿者柴珊瑕是大一女生，她在浦东机场的 4 天接机相当于参加了一场“魔鬼训练”。浦东机场分为第一候机厅和第二候机厅，每个厅的面积都很大，候机厅没有一把椅子，吃快餐也只能站着，而停车场又离候机大厅很远，往往接待一个合唱团要费时 2 个小时。连续 4 天接机下来，柴珊瑕的腿抽筋了，但是她咬牙坚持到 16 日深夜第一阶段的接站任务完成为止。

绍兴市教师陈龙是浦东机场接站组的小组长，他帮助刚下飞机的外国合唱团办理手续，清点行李，用流利的英语介绍绍兴的风土人情和旅途须知，他高水准的服务受到了外国合唱团的称赞，被称为绍兴的形象使者。

（资料来源：http://www.shaoxing.com.cn）

结合以上材料，完成下列综合实训任务：

1．请为浦东机场接站组设计一份接站表，便于接站人员根据此信息表接站。

2．按照接站人员的礼仪要求，模拟接站时的自我介绍、引导来宾上车、陪同乘车时主动拉近彼此之间的距离。

3．如果发现你的接待对象航班延误或临时改在别处出站，你该如何处理？

八、学习反思

____

____

____

任务四　生 活 服 务

一、任务目标

1．明确生活服务的工作内容。

2．在会前精心准备的基础上，随时增加、调整服务内容，为到会人员提供高质量的生活服务。

二、任务情景

截至 2011 年 3 月 14 日，北京饭店接待人大代表已经有 22 个年头，我们以 2011 年北京饭店接待港澳代表为例，说明会中的生活服务工作的做法。

住：欢迎仪式凸显中国特色。大门外悬挂起了大红灯笼，大厅内花团锦簇，铺上了红色迎宾毯。代表团进店时，饭店领导及各岗位员工列队欢迎，乐队演奏迎宾曲。客房服务安排精心布置，努力满足客人的不同需求：为年迈代表房间增加浴凳、浴室防滑垫；为有特殊需要的代表更换荞麦皮枕头。房间内增设白板，每天更新天气预报信息；为每个代表房间赠送龙井茶、乌龙茶、水果、干果和北京的特色小吃。

食：饭店领导、餐饮部经理、行政总厨每日都来餐厅检查工作，了解代表的用餐情况，根据代表们就餐时的需求，想方设法调剂菜点，不断地翻新菜品，增加花色品种，合理搭配膳食，保证让代表们吃得可口、吃得满意。为调剂代表们的伙食，餐厅每天准备了十几种小吃，并为代表们现场制作炸酱面、水饺、馄饨、醪糟汤圆等，受到代表的欢迎。为了适应港、澳代表的口味，饭店在早餐中提供了生滚粥，在正餐中准备了各种广式滋补煲汤。餐厅服务人员每天细心观察和揣摩代表的用餐习惯与喜好，每位代表习惯坐在哪里、喜欢什么调味品、有什么特殊要求，服务人员都了如指掌。针对代表的实际情况，增设了素食席和清真席。

安全：包括酒店驻地人身和财产安全，食品卫生安全，围绕这些工作做好防火、防盗、防恐、防暴、防食物中毒工作。

小型节庆活动：3 月 8 日中午，饭店为女代表和女工作人员特意准备了奶油大蛋糕。另外，饭店还向每位女代表和女工作人员赠送了一份节日贺礼；3 月 8 日晚，举办了庆祝“三八”国际劳动妇女节卡拉 OK 歌舞晚会。

其他：为代表提供的其他服务包括代为购物、分送报刊信件、接机送机、以优惠价格为代表理发洗衣、为代表接受媒体采访提供服务。

三、任务分析

是否入住星级酒店不是衡量生活服务水平高低的唯一判断标准，通过北京饭店的服务案例，我们可以体会到生活服务是一个动态的管理过程，需要办会人员口、眼、手、腿俱勤才能做好：口勤——勤问，主动询问对方的要求，对服务的意见，把服务做在前头，才能达到服务的境界；眼勤——勤观察，多看看客人就餐的反应，看看服务人员的工作质量和工作效率；腿勤——办会人员入住会议酒店，不是待在自己的办公室里等汇报，听电话，而要经常检查各个环节的工作情况，跑得多了，自然听到的多，看到的多，也容易掌握第一手的资料，确保每个环节不出纰漏；手勤——勤动笔，勤记录。办会人员要笔不离身，发现的问题要一一记录下来，抓紧落实整改。

会议代表已经入住酒店了，生活服务自然是酒店的工作内容了，办会人员还需要在服务现场吗？也许有的办会人员会发出这样的疑问，我们的答案当然是“需要”。在酒店

从事服务的同时，办会人员的工作一是抓好会前服务方案的制定；二是会中抓好方案的落实，并协同酒店根据实际情况适当作出调整；三是保证信息的畅通，及时将参会人员的住地情况作出反馈、汇总；四是处理好各种突发事件，保证生活服务的质量不受影响，为大会顺利进行服好务。

四、任务实施

步骤一：住宿服务

1. 安排入住

参会来宾到达住宿酒店后，根据《房间分配表》发放房卡，提示领卡人签字确认才引领来宾到房间休息。《房间分配表》是会前确定好的，有的时候不能反映来宾的所有信息，在现场可以根据实际情况做出调整。如有行为障碍的来宾不宜安排在楼上房间，并对卫生间有特殊的要求，办会人员要及时调整房间安排，做好服务。

2. 会议期间的住宿地点提醒

在入住的酒店注意观察指示牌、指引标志是否能起到作用，如果有遗漏，要安排服务人员在楼道、电梯间提供服务；提醒参会者就餐的时间、地点，并在早餐之前安排叫醒服务。

参会人员入住以后，按照会前要求每天整理、打扫房间，定期更换房间内的水果、茶叶、干果。

步骤二：餐饮服务

按照预定方案提供餐饮服务，并及时了解与会者的要求，增设素食席和清真席，为不能在规定时间就餐的与会人员预留饭菜；在节庆活动中提供特色饮食。

为保证食品卫生和安全，实行食品卫生检验制度：食品 48 小时留样；冷荤食品抽样化验；餐茶酒具取样化验，确保食品卫生和安全。

步骤三：参观、游览、文娱活动的安排

在会议过程中，可以根据参会者的需求，为来宾安排小型的文娱活动，如观影、观剧活动，观看文艺演出，欣赏艺术展览，卡拉 OK 演唱会等，活动情趣高雅，能起到放松心情、愉悦身心的作用。无论安排何种形式的文化娱乐活动，要提前安排好票务、往返车辆，座位安排等细节，以保证活动的顺利举行。利用酒店自身或附近的健身设施和场馆，说明使用方式和活动时间，供参会者健身之用。

步骤四：车辆服务

如果会场与住地距离较远，就要安排专门的服务车辆。告知来宾发车时间、地点、车辆编号、车辆召集人。召集人负责在发车前清点人数，提醒本车编号、位置、返回的时间；下车后引导参会者顺利进入会场，会议结束后返回驻地酒店。

步骤五：票务服务

根据参会人员需要，及时预订车票、船票、机票。可以采取网上订票、外包给旅行社的做法来订票。无论采用何种方式，都要保证把票及时准确地送到参会人员手中。

步骤六：医疗服务

根据环境、季节、气候及参会人员年龄段分布情况，在临时医疗室配备经验丰富的医生、常规药品和医疗器械，并提示临时医疗点的位置、医生的联系方式。

步骤七：安保工作

根据会前协议，检查安保人员的到岗尽职情况，为参会者提供安全的工作、生活环境。

五、知识链接

（一）会中餐饮服务

餐饮服务在会议中不仅解决了与会人员用餐的问题，同时也可以创造社交机会，让与会者能够彼此增进了解。正如伦纳德·纳德勒、泽西·纳德勒的《成功的会议管理——从策划到评估》中所说的，“餐饮服务在物质方面最重要的作用就是给与会者一个休息的机会，即使在吃饭的时候有人发言，但是与会者能够体会到一种积极的节奏改变。”

在会中的餐饮服务中，我们需要重点注意以下几个问题。

（1）提前告知供餐机构此次用餐的人数。由于会议内容的不同，每天的参会人数会有所变化，特别是在人数增加的情况下，更需要提前通知餐厅方面，一般需要提前 1 小时通知，确定用餐量，做好预备量。

（2）辨认进餐者的身份。一般来说，进餐者身份不同，餐饮标准、内容也会有差异，如贵宾会有专门的餐位、席位，素食者、穆斯林对食物有特殊的要求，办会人员要注意提供便于服务人员辨认的凭证，比如提供特殊的餐券，才不会出纰漏。

（3）做好就餐的引导工作。到达就餐地点的路线要提前告知参会人员，客人到达后，如果是桌餐，还要安排专门人员引导客人就坐。

（4）考虑到不能按时用餐的与会人员。如果因会议时间的调整导致与会者不能按时用餐，及时通知餐厅预留饭菜，桌餐方式可以采用哪桌来齐开哪桌的办法，保证用餐者的合法权益。

（5）注意与供餐机构的沟通与协调。办会人员与餐厅要加强沟通与协调，最好提前设计、规划好餐饮核对清单，办会人员与餐厅各持一份，每天核对需要增加、撤销、实施的项目，才能将吃饭工作做好。

（二）会中安保工作

安保工作一般包括以下几个方面。

1. 与会领导的安全保卫工作

确保到会领导同志的安全，是整个会议安全保卫工作的重点。做好这一工作的基本

原则是内紧外松，即不声张、不公开搞大声势的安全保卫，以免给外界造成人为的紧张局势，形成思想压力。但会议安全保卫部门与保卫人员又不能因此而松懈，以免因工作麻痹大意，造成不应有的损失。

在会议期间，领导的工作特点是时间集中、活动频繁、接触人员多。根据这一特点，会议安全保卫部门就要集中力量，灵活机动地安排好对领导的安全保卫工作。首先，应对整个会议期间领导的活动场所、时间、行车路线、接触人员等有一个大致的了解，做好安全保卫的准备工作；当领导开始活动前，再根据每一次活动的具体情况，做出具体的保卫工作安排。

在领导活动期间，会议保卫人员必须坚守岗位，集中精力，密切注意周围环境和人员的举动，不得有丝毫松懈。但会议安全保卫工作又应以不干扰、不妨碍领导的工作和活动为佳。

在执行领导同志的安全保卫工作任务期间，会议保卫人员如遇到异常情况，要及时地向有关分管领导报告，以便采取措施，妥善处置。如遇到紧急情况，会议保卫工作人员要当机立断，果断处置，事后再向有关分管领导报告。

2. 会议场所的安全保卫工作

在会议召开前，会议保卫部门要对会场内外、周围环境做详细的勘察、调查，排除爆炸、火灾等安全隐患。要主动与会场辖地公安部门取得联系，了解情况，协同作战，共同执行会议安全保卫工作任务。会议保卫部门的侧重点，应放在会场外围环境的社会治安方面，维护好会场外围的社会治安秩序。

会议召开期间，会议保卫部门的保卫人员要严格检查与会人员的出入证件，防止与会议无关人员的混入。会议期间如有参观、游览或其他活动，会议保卫部门的保卫人员要提前勘察行车路线和观察游览地点，并和交通部门取得联系，做好沿途和所到之处的安全保卫工作。

3. 会议住所的安全保卫工作

会议住所的安全保卫工作与会场的安全保卫工作大体相同。保卫部门的保卫人员要加强住所的出入证件的检查，与会议无关人员未经批准，不得擅自进入。与会人员会客要有详细的登记，特殊情况下，要经过有关领导的批准。同时，要对与会人员提出明确具体的要求，并严格执行。

会议住所的安全保卫工作，还包括生活方面的内容，可以和生活管理工作结合起来进行。主要包括饮食安全、财物安全、文体娱乐安全和各种用具、设备使用的安全等。饮食安全方面注意的重点，是防止恶意投毒事件的发生；娱乐安全方面注意的重点，是防止意外事故的发生，如拥挤伤人、到险地游玩发生险情等；财物安全方面注意的重点，是与会人员携带的贵重物品、机密文件和大宗款项的妥善保管。会议保卫工作部门应提供代管代存服务，防止发生丢失现象；用具和设备使用安全方面注意的重点，是防止因使用不当伤人，如使用电器设备不当发生火灾或发生其他伤人甚至伤亡事故。

对会议生活安全保卫工作，会议保卫工作部门与保卫人员要经常进行检查，并提醒与会人员随时注意安全，提高警惕，避免不应有的安全事故发生。

六、实例展示

【案例】 北京举办2010文化创意产业博览会，邀请全国30个省区市（每个省区市5人）和5个计划单列市（每个城市3人）政府代表团参加本届“文博会”。另外，根据四川省德阳市的要求，经本届“文博会”组委会办公室同意，拟接待该市派出的5人代表团，预计接待总人数175人。北京市成立了文博会接待处，下设如下组织小组：

（一）值班联络组

负责做好“文博会”内宾接待服务的各项组织、协调、联络及日常值班工作；负责市领导出席“文博会”活动的协调服务工作；负责做好驻地安保及内部各项服务保障工作；负责完成组长、副组长临时交办的各项工作。

（二）活动组织组

负责做好代表团参加“文博会”各项活动的组织工作和各类票证发放管理工作。

（三）代表团迎送组

负责做好代表团抵离京迎送及返程机车票的订购工作。

（四）医疗卫生组

负责做好代表及工作人员医疗救治和驻地卫生防疫防病监督工作。

（五）交通服务组

负责做好代表团市内交通服务保障工作。

▲接待组织工作安排

（一）接待时间

11月25日上午8时至11月30日中午12时。

（二）重要活动场所

开幕式暨文艺演出设在国家会议中心；主论坛设在北京国际饭店；招待晚宴设在北京饭店；主展场设在中国国际展览中心；代表团驻地设在西苑饭店。

（三）接待方式

内宾接待工作统一由内宾接待组协调组织，市属对口接待单位各承担1个代表团的接待任务，各单位指定1名副职领导负责接待工作，选派1名联络员全程陪同代表团的各项活动，并指定1名联络员在本单位预备。

（四）主要活动安排

将邀请各代表团全体成员参加组委会组织的以下4场活动：

1.“第四届文博会”开幕式暨文艺演出。时间：11月25日19:30；地点：国家会议

中心。

2. 中国文化创意产业发展国际论坛。时间：11月26日9:00；地点：北京国际饭店。

3. 中外贵宾招待晚宴（各代表团团长、副省级以上领导参加）。时间：11月26日18:00；地点：北京饭店。

4. 领导参观专场。时间：11月26日19:30；地点：北京国际展览中心。

▲具体工作实施

（一）迎送安排

根据各代表团抵离京时间，由内宾接待组协调各对口接待单位领导负责代表北京市在机场、火车站、高速公路口迎送（拟在机场设接待站），其中有正部级领导率团参加“文博会”的，由市政府一位副秘书长到机场、火车站迎送。代表团抵离饭店时，饭店相关人员在大堂迎送。

（二）住宿安排及驻地布置

安排代表团于11月25日8时至11月30日12时集中下榻西苑饭店。

代表团团长房间：团长为正部级领导的安排三间套，为副部级领导的安排两间套，为局级领导的安排单人标间。房间内摆放果篮、插有本届“文博会”组委会主席、北京市市长郭金龙同志名片的花篮和《人民日报》、《参考消息》（大字）、《北京日报》、《北京晚报》及本届“文博会”宣传材料。

代表团成员房间：局级成员安排标准间（1人/间），其他人员安排标准间（2人/间）。房间内摆放花插、果盘和《人民日报》、《北京日报》、《北京晚报》及本届“文博会”宣传材料。

饭店大厅：悬挂“热烈欢迎参加第四届中国北京国际文化创意产业博览会代表”的横幅。

（三）用餐安排

参会人员在驻地用餐集中安排自助餐，由市属对口接待单位主要领导在“文博会”期间代表北京市宴请一次负责接待的代表团全体成员。

（四）医疗、交通和其他相关服务保障工作安排

1. 请市卫生局负责做好有关医疗救治和卫生防疫防病保障工作。安排两名医护人员、一名食品卫生监督员入住西苑饭店，以及一辆救护车进入西苑饭店24小时备勤。

2. 请“文博会”组委会安保组具体负责安全保卫工作，承担代表团驻地和参加大型活动的安保和交通疏导工作，并安排市公安局警卫局、市公安局交管局同志入住西苑饭店。

3. 请首汽集团负责协调市内交通服务保障工作，为每个代表团提供2部红旗世纪星轿车（正部级领导拟安排奥迪轿车），配有“文博会”贵宾车证。

（五）“甲流”防控工作安排

按照市领导的指示精神，内宾接待组全力做好“文博会”内宾接待中的“甲流”防控工作。请市卫生局牵头制定“文博会”内宾接待“甲流”防控工作方案和应急预案，

并指导相关服务保障单位落实各项“甲流”防控措施；参加内宾接待的全体工作人员一旦出现“发热”病情，应主动报告并立即离岗，相关单位要提前做好备选工作人员安排；西苑饭店在做好酒店内部通风、消毒和发热病人监控等工作的同时，对代表及工作人员入住楼层和就餐安排要相对集中，减少与酒店其他客人的交叉；首汽集团对代表乘坐的车辆严格按照要求进行通风、消毒，并配备口罩、消毒纸巾等防护品。

（资料来源：http://bbs.htexam.com）

【解读】 本案例展示的是从会前的组织到会中落实的工作内容和工作过程。对来宾的接送站、活动安排、餐饮、住宿、安保、医疗、交通等都有详细的布置，涉及接待规格、接待礼仪、接待活动的实施细则等内容。大型活动的生活服务工作往往需要会务人员分头负责，做好组织协调工作，保证各工作环节相互衔接，不出现失误。

七、拓展实训

【情景问答】

一个美国会议小组的真实经历

一个美国会议小组从西安到上海再奔波到北京，收到通知将观看中国芭蕾舞表演。由于他们很少有机会在本国观看中国芭蕾，所以在疲劳的状态下乘车来到剧院。而节目一开始就是《天鹅湖》！中场休息的时候，与会者请求离开，返回酒店，承办者只好十分不情愿地同意了。

第二天早上，会议小组成员才知道他们看到的是休斯敦芭蕾舞团在中国的首场《天鹅湖》演出，而且中场休息之后的所有节目都是中国芭蕾舞。小组成员不明白前半部分的节目安排，也错过了后半场的演出。

结合上述情景内容回答下列问题：

1．会议承办者应该从中吸取什么教训？

2．该如何安排这场观看活动才能让参会者满意接受？

【供料实训】

实训一：

东运集团4月16日在杭州西湖酒店召开大区会议，会议参加者是组织内部中层主管以及生产、销售一线的先进生产者，共45人。会议安排了如下活动，第一天上午天竺寺听禅，下午副总经理在酒店会议室主持开会；第二天上午环西湖骑车，饱览西湖风光，下午会上总经理做总结发言，晚上举办晚会表演。会议吃住在西湖酒店，公司规定所有参会者住标准间，宴会餐每桌标准不超过一千元，西湖酒店是三星级酒店。

结合以上材料，完成下列综合实训任务：

1．设计一份卡片信息，便于参会人员了解第二天的会议安排。（可任选一天）

2．设计出餐饮、住宿安排表，请总经理批准。

3．设计一份与酒店的餐饮协议，便于根据协议察看服务情况和付款。

4．根据本次会议的活动安排，要提前做好哪些准备工作，在活动过程中应该注意哪些问题？提示：去天竺寺可以联系旅行社，与旅行社应该确定哪些内容？环西湖骑车活动注意车况、速度、车距。

实训二：

1．了解当地离埠的方式和当地铁路、公路、航运部门的订票信息，作为办会人员的信息库。体验网上订票的过程并了解网上订票有哪些应该注意的问题。

2．上海国际旅行社接待了一个400人的奖励会议团队，到达浦东机场前，外方已经签字确认了我方的安排计划。到达第二天，外方提出要到上海著名的服装和小商品市场襄阳路市场购物。襄阳路市场人多地方小，停车、集合队伍都有困难。请问，上海国旅应该如何解决这个问题？该如何在满足客人需要的基础上保证其人身和财产安全？

3．某培训会议间隙组织了滨河公园游览，活动提前两个小时结束，主办方提议去附近的农家果园采摘，体验丰收乐趣，参加者欣然同意，结果路程走了一半，发现前方正在抢修因暴雨损毁的公路，无法通行，一行人只得原路返回。从这则案例中，办会人员应该吸取什么教训？

实训三：

模拟演示酒店内引导参会者进入房间；召集上车、引导下车并步入会场。

八、学习反思

____

____

____

任务五　财务管理

一、任务目标

在会议预算的基础上，明确会议会产生哪些额外支出，控制会议成本。

二、任务情景

张慧经常做国际会议的财务管理人员，从会议经费预算到会中财务管理流程都非常熟悉。了解会议内容、流程安排之后，她编写了会议预算，做出了会议收入、支出预算表，会议预算中列出了会议场地费、参会人员食宿费、会议交通费、媒体宣传费、会议邀请的专家出场费以及工作人员劳务费用、资料费、网页制作费、设备租赁费、纪念品购买制作费、印刷制作费等主要费用，并以此为依据编制会计科目；根据预算表确定建账思路和方案，撰写建账工作计划书，采用电脑建账，完成建日记账、总账、明细账等全部建账工作；明确财务管理人员工作内容，从发生支付关系开始，实行记账、核算、日报管理模式：出纳、会计、主管各负其责，各尽其职。这样，财务账本明晰了，会议预算内、预算外开销都明确了，就可以有效地控制会议成本，做到收支平衡乃至略有盈余。

三、任务分析

我国的会议经费来源多为行政事业性经费，会议本身的创收能力有待加强，加强财务管理，控制会议成本显得尤为重要。会中财务管理是在会议预算的基础上进行的，预算是对会议收入和支出的计划，会议举办者应该明确一点，办会要在预算范围内行事，但预算应该有一定的灵活性，为了控制成本，预算中比较灵活的项目（或者叫容易产生预算外费用的项目）应该有书面说明，并明确要求任何付款行为都要有票据、收据，以便入账管理。

四、任务实施

步骤一：建立会计账目

按照会议主办方规定或熟悉的日常财务体系，建立会计账目。

步骤二：进行财务记账、核算会议成本

按照国家财务管理制度规定，由出纳、会计、主管共同完成收到现金、收到银行汇票、收到汇兑收账通知、收到支票、提取现金、转账支票支付、预借现金、费用报销等财务工作，并登记总分类账。

步骤三：编制报表

会议进程中，每日出具收支日报表，并送达相关负责人；每天会议结束时编制收支汇总表。

步骤四：形成财务分析报告

会议结束，做好会议预算执行情况分析，查明会议收支实际执行与预算不符合的原因，完成财务分析报告。

五、知识链接

（一）会议经费使用的监督控制方法

确定会议预算之后，会议组织者要会同财务部门监督和控制经费的使用，主要有以下几种方法。

1. 报告和会议

负责会议经费操作的部门向管理部门提交预算执行情况报告，会议策划组织者在会议期间定期召开预算控制例会，对预算执行情况进行分析。

2. 授权和自我控制

会议的具体操作部门按照预算进行自我控制、自我监督，并由上级行使监督权。

3. 质量控制

如果成本在预算范围内，检查会议住宿、餐饮、会场的设施及服务、工作人员的接待、会中活动的安排、交通服务等诸多细节是否按原计划进行。

4. 使用损益平衡表

比较各项会议成本的预算和实际值，在损益预算结算表中算出二者之间的差额，并对该差额进行说明。

5. 采用比率分析

计算用于控制财务预算的各项指标，如赢利性指标，以分析成本对利润的贡献率。

6. 审核时要逐项细审

费用清单要附上细目表，如设备租赁费，都租用了哪些设备？租用的行情如何？不同型号、功能的设备租赁费用差距多大？相关问题负责审核的人员都要了然于胸。

（二）会议成本控制

所谓会议成本控制，就是在对会议的各项费用进行核算的基础上，对会议各项费用总的支出和会议预期收益之间的比值进行控制，借以压低会议支出，提高会议效率。对政府部门、事业单位和其他非营利性的机关，可以采用类比的方式评估其收益；对某些企业会议，则可以直接估算其收益。

1. 会议成本的构成

（1）人工成本。
（2）会场及其设备租金（折旧）费用。
（3）会议招待费用。
（4）会议交通费用。
（5）材料印刷、通信、宣传及其他小额费用。

2. 会议成本计算

会议支出成本应该从申请召开会议并进入筹备阶段所花费的费用算起，到会议结束与会者返回工作单位、会后的会务工作全部完成结束。此外，一个会议，少不了要有材料、印刷、通信等费用，还有一些不可预见的其他费用，也应该一并计入成本之中。因此，会议总的成本应由人工成本、会场及其设备租金（折旧）费用、会议交通费用、会议招待费用、会议材料印刷、通信、宣传及其他小额费用构成。

六、实例展示

【案例一】 托普集团拟在张家界举行商务会议，包括总经理在内的28名主管参加，公司将会议计划提供给会议公司，开展会务招标。某会议公司为之提供的财务预算表如下：

会址：张家界国际大酒店

设施：小会议室，容量30人，面积40平方米，可提供的会议设施：空调、屏幕、麦克风、投影仪、电脑、写字板、讲台、幻灯机、VCD、电视机等。租金1800元/天，2天3600元。

1. 标准间房价：优惠价320元/间·天
2. 自助早餐标准：20元/人
3. 中式午餐标准：40元/人
4. （每围10人）中式晚餐标准：50元/人
   （每围10人）西式晚餐标准：80元/人
5. 租车费用：800元
6. 游览费用：森林公园、黄石寨、天子山门票索道294元/人，保险费10元/人

行程总费用：8000元

享受服务：会务公司负责中型商务车接送站、游览过程有导游全程讲解，每位赠送纪念水杯、真皮拉杆旅行箱包各一个。

【解读】本案例的会议预算包括了会议室租金、住宿费、餐费、交通费、游览费。因为是会议公司的预算方案，所以没有列出总开支，而只是列出了餐饮的标准供对方选择，由对方决定费用标准，显示了顾客至上的服务理念。

【案例二】

如何控制会议成本

控制会议成本，关键是领导重视，会议开得精简高效了，会议费用自然就得到了控制。在大力创建节约型社会的今天，节约开会就是节约经费、节省资源。请看国务院审计署是如何控制会议经费的：

根据中央关于精简会议的有关规定，专门制定了《署机关精简会议的若干规定》，署机关必须召开的会议也本着精简、廉洁、高效的原则，能够合并的会议合并，能与培训教育一道结合进行的会议，不要单独安排。本年度原准备召开3个全国性的会议，经过署党组研究决定，将3个会议合并为全国审计工作会议。为了节约经费开支，我们还专门组织了调查组对数个会议场所进行了考察，最后确定在国谊宾馆召开，仅此一项就比原来在京西宾馆召开减少会议费30%。此外，还就各司局的小型专业会议作了明确规定，所有会议一律在署内部培训基地、招待所召开，并对参会人员、会议时间、收费标准作了明确限制，超过规定一律不予报销。通过加强会议费的管理，本年度的会议比去年减少8个，会议费也得到了有效的控制。

【解读】　有些机关会议之所以饱受诟病，究其原因就是高额的会议开支。高额的会议开支也是导致我国的行政管理成本过高的原因之一，现在，我国的行政管理开支在财政收入中的比重远远高于美国、日本等发达国家。如何下大力气解决这个问题？如果我们的部门机关都像审计署这样控制会议开支，节约使用会议经费，会议成本过高的局面肯定会得到改观。

七、拓展实训

【情景问答】

会议预算：（按80人安排）

一、会务开支细则

（1）就餐	80×（90×3）＝21 600（元）
（2）会议室租用	2000元
（3）照相、会标和资料费	80×50＝4000（元）
（4）招待费	1500元
（5）交通费（参观用车）	1800×2＋600＝4200（元）
（6）会务组住房及劳务费	3000元
（7）杂费与不可预见费	2000元
（8）免交会务费	500×5＝2500（元）
（9）参观大坝	105×80＝8400（元）
	总计：49200元

二、收入

（1）会务费	500×80＝40 000（元）
（2）由床位转入	40×3×80＝9600（元）
	小计：49600元
	节余：400元

结合上述情景内容回答下列问题：

1．这份会议预算的优点是什么？你能根据预算判断会议的内容方向吗？

2．如果由你来组织会议，你如何才能保证会议按预算执行而不超支？请详细说明你的做法。

【供料实训】

某大学国家重点试验室在本校内的学术交流中心召开新型材料应用学术研讨会，会期三天，预计参会人员在30～40人之间，会议开通了宣传网页，方便参会人员注册。注册费用学生每人900元，在职人员每人2000元，餐饮、住宿、交通费用需各参会者自理。会期安排如下：第一天，开幕式、学术报告会；第二天，学术报告会，实验室经验介绍；第三天，座谈、研讨会，现场参观新型材料生产、应用。

结合以上材料，完成下列综合实训任务：

1. 请为本次学术会议编制《收支预算表》。
2. 根据某一天的会期安排，编制当日《收支日报表》、《收支汇总表》。

八、学习反思

____

____

____

第四章　会议善后工作

会议已经结束，但并不意味着会议工作就结束了。当一个会议尤其是大型会议结束后，还有诸多后续工作需要处理。我们可以将这些需要处理的后续工作统称为会议善后工作。会议善后工作是会务工作的一个重要组成部分，必须认真、仔细、善始善终地做好，绝不能前紧后松、虎头蛇尾。

任务一　会 议 材 料

一、任务目标

1．明确会议材料清退收集的范围和方法。

2．掌握会后会议材料工作的流程。

3．能够独立完成会后会议材料的立卷归档工作。

二、任务情景

全市新兴产业工作会议圆满落下帷幕。但围绕会议材料的工作丝毫没有减轻。负责秘书组的李主任正紧张地谋划后续任务分工：小张、小陈负责整理会议记录、会议纪要；小王、小宋负责简报、新闻稿撰写；小赵负责收集在会前、会中使用过的有关会议材料；小郑负责文件归档。安排好之后，李主任对几个秘书说："行百里者半九十。会议结束了，但我们的工作远没有结束，还有大量的工作等着我们。希望大家不要松懈、继续努力，把会后有关的文字工作圆满完成。"你觉得李主任对会后的会议材料工作安排得怎样？如果你是李主任，你会怎样做？

三、任务分析

会议材料收集、整理是会后的一项重要工作。首先，要做好会议文件的清退工作；其次，要弄清会议材料收集的范围，了解哪些材料是需要收集和整理的；再次，要掌握方法，落实会议材料收集、整理的各个流程；此外，还要掌握会议纪要、简报、新闻稿、会议决议等文件的撰写方法；最后，要对不同的会议材料进行立卷归档。

四、任务实施

步骤一：清退会议文件

会议期间，根据会议需要可能会下发给与会人员部分重要文件或者机密文件，这些文件材料仅供与会人员在会议期间参阅，是不允许会后带出会场的。对于这些会议材料，会务工作人员需要在会后做好清理收回的工作，即会议文件的清退工作。会议文件的清退工作一般需要在会前做好铺垫，即在发放会议文件时，要附上“文件清退单”或“文件清退目录”，提示并要求与会人员在会议文件使用完毕后及时清退。会议结束后，相关工作人员要按照文件领取表中所体现的文件领取情况，点清文件剩余份数，做到文件数量与记录相一致。对于内部机要文件及要求回收的其他文件要及时清退收回，逐号核对，经过清点、装袋、封装等手续，最后汇总至相关责任部门。

步骤二：明确材料范围，收集会议材料

一次会议，尤其是大型、重要的会议必然会产生大量的文件材料，这些资料对日后工作有着很重要的查考价值。要确保会议材料完整齐全地保存下来，首要工作就是做好材料的收集工作。在收集过程中要做到以下几点。

（1）要确定会议文件材料的收集范围。在确定会议材料收集范围时，要注意区分会议的规模和类型。一般来说，大型、重要的会议除会议的主要文件必须收集完整外，与会议有关的文件、资料也应尽可能收集齐全，至少要包括会议筹备方案、会议通知、邀请函、会议主持词、讲话稿、大会手册、与会人员名录、会议记录、会议简报、会议宣传稿、新闻稿，以及会议形成的决定、决议等文件的印制稿及历次修改稿；而规模较小的一般会议，只要能确保会议的重要文件收集完整就可以了。

（2）收集会议材料要做到及时、迅速，且确保收集齐全。

（3）严格履行登记手续，并注意收集整理过程中的保密工作。

步骤三：整理、撰拟会后会议材料

会议材料收集齐全之后，要对有关资料进行加工、整理、拓展，主要是做好以下几项工作。

（1）修正补充会议记录。会后，要及时对会议记录进行补充修正，改正错字、别字，补写漏字、字迹不清和其他有遗漏的地方，把速记符号转换为规范表达，把简化的语句加以完善，把发言人的口头语改为书面语言，在不改变原意的条件下，使语言文字尽可能规范化。

（2）撰写会议纪要。在做好会议记录修正补充的基础上，整理提炼会议纪要。形成纪要后，应交有关领导审定，然后印发或存档。

（3）撰写宣传稿件。要根据会务组织工作的要求，撰写相应的宣传稿件，如新闻稿、简报、快报等。

（4）起草会议决定事项的有关文件。如决议、宣言、公文等。

（5）撰写会议总结。

步骤四：对会议材料进行立卷归档

会议结束后，应将整理完毕并具有保存价值的零散文件，根据其内在联系，分门别类地组成案卷，并按规定移交给档案部门存档。会议材料立卷归档的范围主要包括：会议的正式文件（如决议、决定、通知、纪要、报告等）；会议的参考文件；会议的各种发言稿；会议重要文件的历次修改稿；会议上的各种速记稿、记录稿；选举材料；会议的

事务性材料（如会议须知、大会手册、与会人员通信录、会场安排表、住宿分配表及各种证件等）；宣传性材料（如会徽的设计图样、提供给媒体的新闻通稿、媒体已经发表的各类报道等）。除此之外，会议的照片、录音录像等其他形式的重要文件也要收集齐全。对会议材料进行立卷归档，不仅能够保持会议材料之间的历史联系，维护会议文件的完整与安全，便于保存、查找和利用；还能够保持历史的真实面貌，反映工作的客观进程；同时，也能够保证会议文件立卷工作的连续性，为档案工作奠定基础。

五、知识链接

（一）会议文件清退的方法

1. 拟定“文件清退单”或“文件清退目录”，并随文件一并下发至与会人员手中

需会后清退的文件需注明“会后收回”的字样，同时对文件进行编号，下发时做好登记。“文件清退单”或“文件清退目录”中除体现需清退的文件范围外，还要告知并提醒与会人员在文件使用完毕后，自行清理后交至大会指定会务工作人员。

2. 会后指定人员、指定地点完成文件清退工作

可以由指定会务工作人员（一般为秘书组或材料组工作人员）在会场出口处进行收回，也可以由会议主持人在会议结束时提出要求，请与会人员将需要退还的文件留在桌面上，随后由会务人员集中收回。

（二）做好会后宣传工作

一般会议都需要进行宣传报道，以扩大影响。常见的宣传稿件有新闻稿和会议简报。

1. 新闻稿

如果会议需要对外发布新闻报道，可以采取以下几种方法：一是邀请新闻记者到会；二是召开记者招待会；三是自行撰写新闻稿件提供给记者。负责会议宣传材料的会务工作者应及时整理各种资料和数据。会议新闻报道的内容，既可以是关于会议的综合消息，也可以是关于会议的专题新闻和典型报道。综合报道一般要写明会议召开的时间和地点、会议的性质、中心议题、通过的重要决定、解决的问题、会议的意义、出席会议的人员、到会的领导人等。专题新闻和典型报道需选择最能反映会议精神的内容进行报道。会议的报道程度取决于会议的重要性及开放程度。有时为进一步阐发会议精神，强调会议的意义，在发布会议新闻报道时，还可以配上“评论”、“社论”等。

撰写新闻稿件应注意以下几点：①要迅速及时，强调报道的时效性；②要准确地反映会议精神，有利于推动会议精神的贯彻落实；③无论由谁撰写，发布前都应送领导人审核，以免出现偏差和错误。

2. 会议简报

会议简报主要是及时报道某种会议的概况，会上交流的情况、经验、探讨、研究等，

反映会议形成的决议和基本精神。一般会议简报以报道会议内容为主，既可以综合报道会议各阶段的情况，也可以摘登大会发言或小组讨论发言。在编发发言摘要时，要力求准确、全面、如实地反映出发言者的基本观点和思想倾向，并且尽可能送交发言人或大会秘书处有关负责人审阅后再编发。中小型会议一般在会议结束后发一期简报即可，而大中型会议则需要根据会议的进展，在会期内每天制发简报以准确、及时地将会议情况通报所有与会人员。

（三）会议材料立卷与归档的注意事项

会议文件的立卷归档原则为“一会一案”，即以会议为单位进行立卷，一次会议里具有保存价值的材料装入一个档案盒中。如果会议材料较多，也可分盒装，但档案盒的案卷号必须相连。归档的文件应齐全完整，有文件发文稿纸、文件处理单的，应与文件正本、定稿一并归档；对已破损的文件应予修整，字迹模糊或易退变的文件应予复制。具体立卷归档程序如下。

1. 整理装订

“件”是归档文件的整理单位，一般以每份文件为一件，归档文件按件装订。装订时应注意以下几点。

（1）文件正本与定稿为一件（正本在前，定稿在后）。

（2）正文与附件为一件（正文在前，附件在后）。

（3）原件与复制件为一件（原件在前，复制件在后）。

（4）转发文与被转发文为一件（转发文在前，被转发文在后）。

（5）外单位的来文与本单位的复文为一件（复文在前，来文在后）。

（6）本单位向同级或上级机关的去文，与这些机关的复文可以各为一件，但须排列在一起。

（7）会议文件每份文件为一件，会议记录原则上一次会议记录为一件，也可一本（册）为一件。

（8）报表、名册、图册等一册（本）为一件。

在装订方式上，以件为单位装订，案卷装订前应去除文件上的金属物，并进行必要的修补，然后采用“三点一线”的装订方法进行装订。装订时要保持整洁和美观，便于装盒和档案数字化加工处理。

2. 组卷排列

前文提到，会议文件的立卷归档原则为“一会一案”。通常，一般会议的文件材料归为一个案卷即可；如果会议规模较大，会议资料较多，组卷时最好将永久、长期、短期3个保管期限的文件分别组卷。卷内文件可以按照重要程度或时间顺序进行排列。

3. 加盖归档章及编号

归档文件在排列好之后，需在文件首页上端空白处居中加盖归档章，然后将归档章

中相关内容填写好，其中需结合档案排序对其进行编号。

归档章样式如表 4-1 所示。

表 4-1 归档章样式

（全宗号）	（年度）	（室编件号）
（机构或问题）	（保管期限）	（馆编件号）

4. 编目

可为每个案卷编制《卷内文件目录》，如表 4-2 所示。《卷内文件目录》需放置在每一个案卷的首页。

表 4-2 卷内文件目录

编号	文件作者	文号	文件标题	日期	页数	所在页码	备注

5. 装盒、填写案卷封面

将归档文件按照“室编件号”顺序装入档案盒，并填写档案盒封面、盒脊及备考表（如表 4-3 所示）。案卷封面要用黑色或蓝黑色钢笔正楷书写，字迹要清楚，卷皮所列项目应填写齐全。

表 4-3 卷内备考表

立卷情况说明： （标明卷内文件件数、页数及本卷中所缺的材料和其他需要说明的问题） 立 卷 人： 检 查 人： 立卷时间：　　年　月　日
归档后卷内修改说明： 经手人： 时　间：　　年　月　日

6. 案卷排列并编制案卷目录

会议材料立卷归档后，案卷数量多于 1 的需进行案卷排列，排列时可以按保管期限、重要程度或时间先后的标准。案卷目录是登记案卷和提供利用档案的基本工具，是由立卷部门按照向档案部门移交案卷顺序排列并逐卷逐项进行填写的，如表 4-4 所示。案卷目录一般一式三份，两份随案卷移交档案部门，一份留存备查。

表 4-4　案卷目录

案卷号		案卷题名	年度	页数	保管期限	备注
档案室编号	档案馆编号					

7. 归档

归档指按归档要求移交档案管理部门。一般在第二年上半年将上一年度的案卷移交档案部门归档。双方将案卷实体和案卷目录一并清点核对无误后，签字移交。

（四）会议决定事项的催办

会后，应准确、及时地做好会议决定事项的传达催办。催办是对会议决定事项办理情况的检查和催促。催办的目的是使会议精神落到实处，防止有关单位不重视会议交办事项，长期推诿、拖延，工作效率低下，或从自身局部利益出发，对会议交办事项采取消极抵抗态度故意不办；另外，催办也是一条信息反馈渠道，可使领导同志及时掌握会议决定事项的办理情况，了解办理过程中出现的新问题、新情况，并有针对性地采取措施加以解决，保证会议决定事项办理工作的顺利进行。因此，检查催办是会后工作中不可缺少的重要内容。

做好检查催办工作，要明确催办人员、健全登记制度、建立汇报制度。催办的常用形式大致有以下三种。

1. 发文催办

发文催办即向执行单位发送催办函或催办单。催办文件上需要写明要求贯彻执行的决定、决议内容、条文，写明办理要求、办理时限，并要求将办理结果及时书面回告。

2. 电话催办

电话催办比发文催办更为快速、方便，适用于本地区、本系统、本单位的一般工作部署。

3. 派员催办

重要的、紧急的决定和决议下达之后，领导部门往往委派专人（通常是秘书）去催办。派员催办比电话催办更为直接，是一种面对面的催办形式，比文件更受执行单位的重视，有着明显的督促作用。派员催办还可以观察现场，了解基层实况，发现问题或困难可以及时帮助研究、解决，或向上级领导及时汇报、请示处理。缺点是花费时间、精

力或费用较大。

三种催办方式也可以交替、结合使用。

六、实例展示

【案例一】 1. 当秘书没有不怕写会议纪要的，尤其是在毫无心理准备和材料准备的情况下。常言说“越怕越见鬼”，我就有过这样又惊又险的经历。那次会议事前本来不打算搞会议纪要，所以也没通知我去开会，但会议快要结束时领导又觉得还是搞个纪要好，于是匆匆把我叫去。我边接受任务心中边连连叫苦：会议大半部分我没参加，快结束时才叫我写纪要，说来容易下笔难啊!我当机立断，向领导要求散会时相关的几位领导先不要走，我要直接跟他们了解会议概况。之后我根据他们所提供的片言只语整理纪要，结果还算凑合过关。

2. 李季有一次参加区政府下属的有关厅局长会议。会前主持人并没有明确交代要写会议纪要。但是快开始时，却临时布置了这项任务。在这次会议上，李季既是记录员又是服务员，二三十人的会议，斟茶添水转一圈起码也得几分钟，而且隔不久又得来一次。这无数个几分钟的发言内容全都无法记录，只能用脑子记，倒完水回头坐下再补。俗话说“好记性不如烂笔头”，而李季却要边帮别人加开水边默记，一心二用，遗漏差错可想而知。更要命的是，会议结束后领导又交代说要搞个会议纪要，并且吃完午饭马上写，写好后拿去打印装订好，下午三点开会时每人发一份。这个任务非常困难。可是李季还是在下午三点开会入场时将打印装订好的纪要发到了每位与会者的手中，并且会后也没有听到任何有关纪要写得如何不好的议论。李季终于松了一口气。

（资料来源：梁春燕，李琳．2010．会议组织与服务．北京：北京大学出版社）

【解读】 会议纪要是正式公文的一种，是对会议的进行情况、会议的一致性意见和会议决定事项择要整理而形成，要求与会单位共同遵守、执行的行文。它是根据会议的宗旨，用准确而精练的语言综合记叙议事要点和决定事项，在记录的基础上进一步分析、综合、提炼而成的文件，并且对于特定的工作或在特定的范围之内具有规范性作用。要写好会议纪要，首先要做好会议记录。上述两个案例中的主人公在实际工作中的做法欠妥。即使会议事前本不打算搞会议纪要，也要把会议记录做好；即便会上做一些斟茶添水的服务工作，还是可以利用录音笔等设备记录会议内容。

【案例二】 会议使用的资料，有的是司会者（即组织者，引者注）方面预先准备的，有的是与会者自己准备并分发的，所以，对会议资料的检查，不能只要求司会者一方面。

从为什么要准备资料角度来看，大体上是：原件复制；帮助理解；节约时间；日后参考。总之，在这些资料中，除符合目的要求的资料外，目的不明确的资料，不能随便准备。近来，由于复制技术的发展，复制简单，于是出现了过多准备资料的倾向，因此，为准备资料花费很多时间，使与会者拿着像山一样沉重的无用资料回去，而造成会议公害。

所以在准备资料时，应好好考虑这些资料到底是做什么用途之后，才能准备。

……

分发的资料，不要忘记规定以后的处理方法。如果这些资料只限于会议上使用，日后没太大用处的话，会后应该回收。不要将没用的文件带回单位。假如把这些文件带回单位，恐怕只能把这些文件装到“会议资料集”的文件夹里，不会再有人第二次看它，而永远占据一部分书架了。

对社外密、部外密、绝密等特殊资料的处理，应该特别严格规定。许多事件都是通过会议资料泄漏的。

对会议与会者，只能带走将来有参考价值的资料。由于各自情况不同，如有人不需要，也可以回收。

也有些必须带回的资料。对这些资料特别要提出要求，并敦促其注意不得忘在会场里。

资料过多并不好。数字统计表等只要有必要的要点也就可以了，塞满无关数字，只能说明制表人的头脑不清，别无其他。本来用口头说明来得快的内容不肯用，却要写成难懂的文字资料等，就是浪费物资和劳动力。

（资料来源：[日]野田孝. 1989. 怎样使会议效率化. 王国文，等译. 上海：科学普及出版社）

【解读】 对于一名负责文字材料的会议工作者来说，需要时刻保持一个清醒的头脑。他应当能够对会议产生或涉及的材料进行甄别，哪些是会议代表可以带走的，哪些需要收回，哪些需要销毁，哪些需要存档，等等。要对会后会议材料的范围和处理方式了然于胸，切不可麻痹大意，以致给会议后续工作带来不必要的麻烦。

七、拓展实训

【情景问答】

会议≠工作落实

一些地方把开完会作为做完事，会议布置结束，工作落实到位。有的地方上面开什么会，自己也开什么会；上面要什么人参加，自己也要什么人参加。会议内容一般都是先传达后布置，布置的内容也是传达的内容。有的刚开完会议，就写好了情况汇报，有会议情况，有落实措施，有加强领导，有存在问题。看似落实了，其实都是秘书“作秀”。有许多措施都是秀才文章，看似管用，其实不管用。有的只是上级要求的“翻版”，要求怎么样，变成了人们已经怎么样。其实，行动上也没有怎么样。至于存在的问题，更是无稽之谈，是秘书“望屋梁”凭空想出的。然而，上级领导们对于下级这样的“落实”，也是津津乐道，一级一级往上报，有的还全文转发，有的还加上有关领导的批示或按语，作为经验，要求效仿。正是上级机关的这种不实作风，也一级影响着一级，层层以会议贯彻会议，以会议落实会议，华而不实。许多工作也是虎头蛇尾，“扎扎实实搞形式，认认真真走过场”。所以有的群众说“上面的政策是好的，是下面的和尚念歪了经”。其实，并不是念歪了经，而是没有把工作落实到位造成的。大轰大嗡的作风，只能是这样的结果。因此，领导者们必须要真正走出会议落实的误区，切实转变作风，把工作抓细抓实。

（资料来源：罗玉亮. 走出会议落实的误区. 秘书工作. 2003年11期）

结合上述资料回答下列问题：

1．你如何看待文中所提的“秀才文章”？

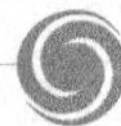

2．如果你是领导，你会采取什么措施加强会后会议决定事项的传达催办工作？

【供料实训】

森盛公司总经理助理栾锡办公室，电脑和打印机摆放有序。栾锡着便装坐在办公桌前办公。电话铃响过两声，栾锡左手拿起电话，右手准备记录："喂，你好，这是森盛公司。啊，王总，我是小栾……嗯……好，行，可以！没问题，您放心好了。再见！"挂下电话。

栾锡看了一下手表，拿起电话拨打："喂，谭秘书吗？我是栾助理，现在是9：30，请通知销售部吴经理、公关部马经理，还有保卫处的方主任，10：00到1号会议室开个碰头会。好，就这样。再见！"栾锡挂上电话。

会议室的时钟指着9：50，栾锡身穿职业装和同事谭秘书在会议室调试投影仪。

栾锡："怎么还不亮啊？谭秘书，这个投影仪有问题啊！你通知一下行政部的技术人员，马上过来检查一下，别耽误了开会。"谭秘书出去后，进来一位技术人员。检查后说没问题了。

谭秘书进来问："好了吗？"

栾锡："应该没问题。把开会的相关资料准备好，马上要开会了。"

会议室里会议桌椅摆放整齐、美观。栾锡主持会议，两边依次坐着谭秘书、马经理、吴经理、方主任四人。

栾锡："今天会议的内容是这样的，我们集团公司和威世公司正在谈判的合作项目已经进入关键阶段，这是我公司和威世公司已有的一些合作项目和合作情况，请大家看一下相关录像。"这时会议室的多媒体屏幕上出现图像，继而图像消失。

栾锡继续发言："下周一，威世公司亚太地区总裁要来我公司考察，王总委托我跟大家一起在此前筹备一个小型的展示会。这个展示会一定要给外商留下深刻的印象，而且要花费少。我们大家讨论一下。"

马经理："我有一个建议。作为公司内部的展示会，我们没有必要在外面租场地，可以把那个荣誉室布置成展示厅，这样既可以节约开支，又能让外商体验到我公司的工作气氛，效果一定好，事后恢复原样就行了。怎么样？"

栾锡边记录边接着说："大家看马经理的建议如何……吴经理您觉得呢？"

吴经理："马上要开人大会议了，荣誉室是人大代表常参观的地方，这样换来换去不太方便。公关部出去租个地方并不费事呀。"

马经理听后，气冲冲地扫了吴经理一眼，从座位上站起来反驳道："出去租地方就会离公司太远，既不合适又花钱。"说完要走，栾锡连忙摆手示意他坐下。

栾锡："马经理是为了节约开支，吴经理是为了不影响荣誉室的正常工作，各有各的道理。从王总既要给外商留下深刻印象，又要花费少的要求来看，他也有把荣誉室暂时布置成展示会的意思，只是担心实施起来有困难。这就需要我们多想办法。我想，只要大家分工协作，展示会后能尽快恢复荣誉室，是完全能够做到产品展示和人大代表参观两不误的。吴经理、马经理、方主任，你们觉得怎么样？"

方主任："没问题。"

栾锡对着马、吴两位经理：“那你们二位呢？”

吴经理有些勉强：“行。”

马经理点头说：“可以。”

栾锡：“那好。展览会的场地布置和宣传工作由马经理负责，吴经理负责提供相关的技术资料和产品样品，方主任负责接待外宾和保卫工作。大家有什么意见吗？”

大家说：“没意见。”

栾锡边整理材料边说：“好，事情就这么定了。散会。”众人离席。

结合以上材料，完成下列实训任务：

1．请代栾锡确定此次会议应当收集整理的文件材料，并模拟存档过程。

2．你认为栾锡会后是否需要协调与会人员之间矛盾？如何协调？请进行模拟。

3．确定会后需落实的工作事项，请模拟会后催办工作。

八、学习反思

____

____

____

任务二　会议场地

一、任务目标

1．掌握会后会议场地工作的任务和流程。

2．能够在清理会场的过程中把握各项基本原则。

二、任务情景

凌云集团2011年产品推介会4月25日在夏日大酒店举行。会务组在接到会场布置的任务后，克服人员少、任务多、时间紧等困难，为推介会做了大量的工作。与酒店联系并紧密配合，做好了主席台布置工作、会议用餐准备工作。酒店为此次推介会提供了场地、桌椅、台布、花卉、茶具、多媒体音响设备，以及会间的服务工作。会议组织方在会场中需自备的物品和设备包括：自用笔记本电脑、摄像机、席签、矿泉水、主席台背景、条幅、室内场地指示牌及室外彩虹拱门和相匹配的条幅。会务组积极努力的工作保证了集团推介会的顺利举行。

推介会即将结束时，负责会议的领导把会务组组长张海拉到一边，对其工作进行了充分的肯定，并指示会务组要再接再厉，尽快组织人员对会场进行清理，在最短的时间内把会后工作做好。张海表示保证完成任务。他心里盘算，如何又好又快地完成会场清理工作呢？

三、任务分析

会议场地清理是会议善后工作的一项重要任务。会议召开的规模不同、会场地点（主办方自有场地、借用场地、租用场地）不同，将致使会后会场清理工作内容具有较大差异性。但是会议场地清理最终目的就是要使会场恢复原状，保证如会前般整齐、干净、安全。

四、任务实施

步骤一：清理会场贵重物品和设备

这一工作中涉及两个方面：一是留意参会人员遗留物品。若发现遗留物品迅速与会务组或其他有关工作人员联系，尽快物归原主，如客人已离开，要做好记录妥善保管；二是及时回收各种电子设备，如电脑、打印机、投影仪、电子幕布、音响设备等，要对照使用清单，逐一清点，防止遗漏。

任务情景中涉及的贵重物品和设备主要是笔记本电脑和摄像机，需要负责人员及时带回组织方会务组。

步骤二：清理会议材料

会议用的有关文件材料，有些是具有保密性、需要及时回收的。要在会议结束的第一时间将这些文件资料进行收集。另外，要对会场全面检查，将桌面上其他有关文字资料全部予以回收，运回办公室，分门别类，该归档的要及时归档，该销毁的用碎纸机销毁。这项工作需要负责会场清理的工作人员和负责文件材料清退的工作人员相互配合。

步骤三：清理会议桌面物品和会议宣传装饰用品

此项工作涉及以下几方面内容：收回会议桌面上的物品，包括茶具、烟缸、矿泉水、鲜花、记录用笔、席签、台布等；对会场内外的指示牌、横幅、标语、口号、气球、彩带、彩虹门等宣传装饰用品予以撤除。

该任务中，由于部分物品是由酒店提供，会议组织方主要负责自筹、自备物品的清理和撤回即可，主要包括席签、矿泉水、主席台背景、条幅、室内场地指示牌及室外彩虹拱门、条幅。其中，席签、指示牌的基座以及彩虹拱门需收存好，可以再次使用；主席台背景及条幅如不能再利用，可进行销毁或进行废品回收；没有饮用过的矿泉水集中到一起，运回本部，用于下次活动。

步骤四：会场物品清洁与归位

会场的桌椅、地面、门窗应清扫并擦洗干净，把搬动过的桌椅放回原处。待所有人员离开后，把灯光、空调关掉，关好门窗，关闭电源，并交保管方。

由于此次会议场地为酒店提供租用的，会场内的后续整理工作可由酒店服务人员完成，大会组织方工作人员可以在确认本方物品全部撤回、酒店方物品没有损坏的情况下，与酒店负责人进行交接即可。但是，如果会议场地为自有场地或借用场地，则必须按上述要求，将会场清洁整理并将物品设备归位后，方可交接。

步骤五：交接会场

如果会议场地是租用（或借用）的，要与场地的出租方（或出借方）进行交接，并做好有关记录。

五、知识链接

会后会议场地清理的基本原则包括以下几方面。

1. 及时性

要在会议结束的第一时间对会场进行清理，避免拖沓，以保证下一步工作的顺利进行。特别是涉及政务、商业机密事宜的会议，会后要及时清理会场，确保重要文件或录音设备等不外泄。及时清理会场，有助于会后会议总结工作的进行。

2. 有序性

安排好人员，把握好会场清理工作的秩序，分清主次，将各项工作穿插进行，做到有条不紊，提高工作效率。

3. 全面性

会场清理工作要做到全面彻底，专人专职，清点各项会议用品，并安排人员做好监督及最后检查工作，保证不留死角。

4. 整洁性

要将会场整理干净，将物品摆放整齐，各归其位，恢复原貌，保证下次会议正常使用。

5. 节约性

对为会议准备的未曾开封使用的物品，或进行简单加工可再次利用的物品，要进行归纳整理，妥善保管，避免浪费。

6. 安全性

在整个会场及会议用品的清理过程中，不仅要做到认真仔细，而且要特别注意个人的安全问题，最后要检查门窗是否关好，电源是否关闭，做好防火防盗工作，防患于未然。

六、实例展示

【案例一】 新星公司的新产品开发研讨会已近尾声，出席这次研讨会的有公司各部门的经理和研发部的全体成员，公司还请了几个专家来参加。为了避免打扰，这次会议租借了友好宾馆的会议室召开，开会用设备也是租借友好宾馆的。

会议正式结束时，负责清理会场的邵秘书赶紧走到会议室门口等候与会人员走出会议室。等参加会议的人员走光后，邵秘书开始清理会场。她先把会场悬挂的横幅取下来折叠好，把桌子上剩余的文件整理好装进文件袋，然后把横幅和文件袋放进一个大塑料袋内准备带走。又把桌子上的茶具和烟灰缸收到了一个整理箱里，拿到茶水间去清洗，洗干净后整齐地排放在会议室的茶几上。然后把会议室凌乱的桌椅摆放整齐。在摆放桌

椅时她发现椅子下面有一个公文包，不知道是谁的包忘记拿了，邵秘书就先把包收起来，心想：过一会儿也许会有人来拿。

接下来是清点和交接会场的设备，邵秘书和宾馆会议室的负责人在一起，根据租借清单，一一进行核对，发现设备一个也不少，就是其中一个麦克风打开后不出声音了，就马上给负责这次会议的总经理秘书李靖打电话询问情况。李秘书说："这个情况我知道，是一个专家在发言时，不小心给摔了一下，当时就不出声音了，不好意思，没有及时告诉你。该怎么处理就怎么处理吧。"邵秘书说："我知道了。"接完电话后，邵秘书把麦克风的事如实地跟宾馆会议室的负责人讲清楚，然后双方在交接单上签了字。之后，办理了付费事宜。

一切办理完毕，邵秘书见还是没有人来取公文包，就把包带回了公司，交到总经理办公室，请他们帮助寻找失主。

（资料来源：孟庆荣．2010．秘书工作案例及分析．2版．北京：清华大学出版社）

【解读】 会议室使用完毕后，秘书要及时清点物品，及时清扫和整理，并归还所借物品。还要履行相应的交接手续，以避免出现问题说不清楚，造成双方的不愉快，影响以后的合作。

【案例二】 吉轻集团办公室秘书刘敏身兼多职，平时除了处理纷繁复杂的办公室事务外，还要负责文印室和会议室的管理。周一上午10点10分，集团刚刚开完中层干部例会，办公室主任匆匆走进来，叫刘敏马上去收拾一下二楼会议室，说10点半还有一位重要客户来洽谈业务。刘敏赶忙放下手中的工作，去整理会议室。可由于时间紧迫，一时疏忽，在清理会议桌时，刘敏将集团例会上遗漏的一份近期工作计划书（其中包含涉及集团商业秘密的内容）顺手放在了旁边的椅子上，离开会议室时却忘记了带走。11点30分，业务洽谈会结束后，她又去清理会议室时才想起那份计划书，可此时计划书已然不知去向。问参加业务洽谈的人员小张，小张说没有见到那份计划书，不过今天来的客户非常厉害，似乎对我们的情况非常熟悉，这单业务吉轻集团可没赚到便宜。这时，刘敏才意识到计划书落入了外人之手，而且给集团带来了较大损失。

【解读】 无论何种类型的会议结束之后，作为秘书来说，首先要检查可能在会场或房间里遗漏的文件资料，包括公用计算机上文件资料的电子版，尤其是涉密文件。作为一名身兼多职的办公室秘书，将集团重要的文件遗漏，造成了不可弥补的损失，刘敏是有着重要责任的。在办会期间，虽然有时间紧、任务多等客观原因，但根本上还是由于刘敏对涉密文件重视程度不够，警惕性不高所致，当引以为戒。

七、拓展实训

【情景问答】

几乎所有的会议都在会议室内外做了装饰与布置，这些装饰与布置至少包括会议横幅及主席台在内的桌椅排列，很有可能还有会徽、旗帜之类的标志。会议结束后，会议室服务人员应该及时地清理会场。

清场时桌椅往往需要堆叠存放。在堆叠桌椅时，由于会议室的服务员往往不太当心而只注意速度，这就使得会议室桌椅损坏的概率比会场内其他任何设施损坏的概率都大。

如果会议室没有安排立即再使用的话，服务人员有可能需要把桌椅储藏保管起来。对于会场来说，储藏保管这些桌椅在会议服务工作中也是件头痛的事。因为会场经常没有给会议室的设施和其他设备留出充足而又便于搬运的储藏所，而搬运的不方便又会缩短这些桌椅和设备的寿命。

有些会场对会议室设施的使用场所及保管部门都有严格的规定，一些大型会议中心还为会议室设施和会议用品建立了申领制度，并且定期对他们进行盘点。

（资料来源：郑建瑜．2008．会议策划与管理．天津：南开大学出版社）

结合上述内容回答下列问题：

1．若你负责会后场地整理，你认为如何做好这项工作？

2．若请会务服务公司协助办会，你认为需要在会后场地整理中协调哪些问题？

【供料实训】

百信集团定于2011年10月20日举办集团成立10周年庆典暨表彰大会。经集团领导研究，会议地点定在海天大酒店。会议成立了筹备工作班子，下设秘书组、宣传组、会务组等。其中，领导要求会务组在海天大酒店外墙悬挂各庆贺单位条幅，在门前布置彩虹门及彩旗，酒店内部要做好引导指示牌，会场要布置得热烈鲜艳并悬挂集团标志，届时还要为各位来宾播放集团宣传片。会务组组长交给李飞一项任务，就是协调酒店负责人员做好会后会场清理工作。

结合以上材料，完成下列综合实训任务：

1．请帮李飞拟写一份会场清理工作计划书或安排表。

2．模拟会后会场清理工作。

八、学习反思

____

____

____

任务三　联络接待

一、任务目标

1．掌握会后联络接待工作的内容。

2．熟悉会后联络接待工作的方法。

3．能够在完成该工作过程中体现出良好的礼仪素养。

二、任务情景

2011年5月25日至27日，某组织在A市丽晶大酒店召开了一个有200人参加的关于中国现代农业发展趋势的学术论坛。参会者有来自北京、上海、广州、合肥、重庆、西安、南京、宁波、武汉等城市的政府官员、企业家和专家学者。按照计划，27日中午

11:30 论坛结束，自助午宴 14:00 结束。结束后，与会人员将陆续离会。根据提前收集的信息，与会人员的离会情况大致如下。

（1）8 位重要领导和专家离会。其中 4 位为本市人（3 位自备车、1 位需车送），2 位同乘 16:15 的航班飞北京，2 位分乘 15:08、17:35 的火车至北京、上海。

（2）156 位普通与会人员于 27 日下午至晚间离会。

其中 49 人乘飞机，61 人乘火车，30 人乘汽车，16 人自带车辆返还。

酒店距离机场、火车站、汽车站分别为 50 分钟、20 分钟、30 分钟的车程。

酒店门口有机场大巴，早 6:00 至晚 19:00 每小时整点发车，一站直达机场，全程运行 40～50 分钟，票价 20 元。打车 100 元左右，时间据交通时段不同而不同。

酒店与火车站和汽车站距离较近，都有直达的公交车，票价 1～2 元不等。乘出租车需 20～30 元不等。

具体返程形式及返程时间的相应人数如表 4-5 所示。

表 4-5 156 位普通与会人员返程情况

地点 时间	机场（人）	火车站（人）	汽车站（人）	自备车（人）
15:00～16:00	1	6	7	16
16:00～17:00	2	21	12	0
17:00～18:00	13	19	10	0
18:00～19:00	11	4	0	0
19:00～20:00	12	1	0	0
20:00～21:00	10	6	0	0
21:00～22:00	0	3	0	0
合计人数	49	61	30	16

（3）39 位普通与会人员将暂留数日处理个人事宜。

张秘书负责参会人员会后有关联络接待工作。领导要求其制定好工作计划，保证会议后续工作圆满顺利完成。按照计划，张秘书负责参会人员会后有关联络接待工作。

张秘书按照与会人员离会信息做了如下工作。

（1）为普通与会人员发放温馨提示卡，如图 4-1 所示。

温馨提示卡

各位与会代表：

会议结束后，请根据您需乘返程交通工具，自行离会。如有疑问，可与张秘书联系（电话 133××××××××）。祝您一路平安！

1. 酒店门口有机场大巴，早 6:00 至晚 19:00 每小时整点发车，一站直达机场，全程运行 40～50 分钟，票价 20 元。打车 100 元左右。

2. 可乘 301、K50 路公交车至火车站。乘出租车需 21 元左右。

3. 可乘 49、K59 路公交车至汽车站。乘出租车需 26 元左右。

4. 酒店距离机场、火车站、汽车站分别为 50 分钟、20 分钟、30 分钟的车程。请提前安排好离会时间。

图 4-1 温馨提示卡

（2）提前安排好 8 位重要领导和专家离会计划（如表 4-6 所示），并通知有关送站领导和工作人员。

表 4-6　8 位重要领导和专家离会计划

姓名	交通工具	驶离时间	酒店送离时间	送站车辆	责任人	备注
秦书记	自备车	14:05	14:05	—	李译	
张市长	自备车	14:05	14:05	—	李译	
吴主席	本组织派车	14:05	14:05	1 号车	王强新	
李局长	自备车	14:05	14:05	—	李译	
魏部长	飞机	16:15	14:30	2 号车	管家乐	
孙教授	飞机	16:15	14:30	2 号车	管家乐	
胡教授	列车	15:08	14:35	3 号车	田院	
刘教授	列车	17:35	16:45	3 号车	田院	交通高峰期

会议马上就要结束了，你认为在会议结束后，张秘书还需要做哪些工作呢？

三、任务分析

联络接待工作不仅是会前和会中的重要工作，也是会议善后的一项重要工作，体现着会议主办者的能力与水平。会后联络接待工作这一环节如果处理得不好，会使整个会议的总体效果在与会人员的印象中大打折扣，留下不好的印象，甚至会影响到之后的业务联系。

四、任务实施

步骤一：核对并检查送与会人员离埠方案

对于会中确定的会议送站方案要进行检查核对，以免出现错误。同时，再次向与会人员提示离会注意事项。

步骤二：引导与会人员退场

在会议（尤其是大型会议）结束前，应提前安排好专门会议工作人员做引导与会人员退场的工作。可以先由主持人或广播员通过广播告知退场次序、注意事项等，礼仪人员或保安具体负责引导工作，确保与会人员有组织、有秩序地退场。

步骤三：发放纪念品和合影照片

馈赠纪念品是一个不可忽视的环节，因为纪念品能表达送礼者的各种感情，如纪念、祝贺、慰问、友好、感谢等。大型会议纪念品的发放，可以放在会前签到时，也可以放在会后离会时，亦可送至与会者房间。会见、会谈等，则在主客同时在场时馈赠为宜。会议如要求制作通信录、合影留念，应把握好印制、冲洗时间，在与会者离会前发放。如遇特殊情况未能及时印制、冲洗，则应在日后寄送或以其他方式转交。

任务情景的会议活动中，会议组织方拟安排发放本次会议纪念品为天蔬牌盆栽蔬菜种子。为便于与会人员的携带和存放，所以将馈赠纪念品的环节设置在会议离会时。

步骤四：离会前服务工作

按照计划做好有关离会服务工作。要注意提醒与会者及时归还向主办方或会议住地单位借用的各种物品；提醒与会者及时与会务组结清各种账目，开好发票收据；帮助与会者检查、清退房间，避免遗忘各种物品；准备一些装资料的塑料袋和捆东西的绳子等物品，以备急需；帮助部分与会者托运大件物品。

步骤五：送离与会人员

在停车场要有专职指挥人员，确保与会者乘坐车辆安全、顺利、及时驶离。在此基础上，要尽量保证与会者中级别较高的领导先行驶离。如果需要送站，要安排好送站人员，帮助客人拿行李、开车门等。具体送站的落实可以按照之前确定的离会送站方案，送站过程中注意送客礼仪。

步骤六：会后回访

根据工作需要，对与会人员进行必要的问候和工作联系。可以采用打电话、发感谢信（或电子邮件）等形式，特殊情况亦可登门拜谢（访）。

五、知识链接

（一）送客礼仪

中国人是非常注重送客礼节的。常言道："迎人迎三步，送人送七步。"不管前面的接待工作做得多么周到，如果最后的送别安排不好，就会让与会者感觉受到冷落，功亏一篑。在送别的环节上，要突出"准时、细心、热情"六字原则。

1. 确定送别规格

一般情况下，送别宾客要遵循规格对等原则。会议结束时，对前来参会的来宾，要安排相应身份的人员在会场门口或前往机场（车站、码头）送别。主办方出面迎送的主要人士的职务、地位、身份，应当大体与来宾的职务、地位、身份相当，甚或高一规格。当事人不能出面时，无论做何种处理，应从礼貌出发，向对方做出解释，其他迎送人员不宜过多。

2. 提前抵达送别地点

由于天气变化、交通状况等原因，必须准确掌握来宾乘坐飞机（火车、船舶）抵离时间，及早通知领导和相关送别人员。送别时如要举行欢送仪式的，送行人员应在来宾登机（上火车、轮船）之前抵达。

3. 送别时要有良好的服务意识

送别人员要主动帮来宾提拿行李和办理离去的相关手续，尤其要提醒不要遗留物品，还要采取相应措施防止来宾的钱物被盗，要问候来宾的身体状况，必要时提供一定的医疗服务或药品。

4. 注意道别方式

送别人员一定要与来宾一一握手道别，预祝其旅途愉快平安，欢迎再来访问。当来宾所乘交通工具启动离去时，送别人员要挥手致意。待来宾离去后，送别人员方可离开。

（二）纪念品的选择

1. 纪念品的选择

宜选的纪念品应恰如其分，具有纪念性、地方性、便携性和针对性。要体现出“礼轻情谊重”。要了解受赠对象的爱好和需求，根据受赠对象的爱好和实际需求来选择礼品，往往可以增加礼品的实效性，增强对送礼者的好感和信任。因为在受赠对象看来，只有了解和关心他的人，才会明白他的需求。正如鲜花赠予美人，宝刀赋予烈士，可以使礼品获得增值效应。

（1）纪念性。在选择礼品时，要着眼于礼品所代表的情感和心意。向对方赠送的礼品，不论获赠对象是集体还是个人，均应注重其纪念性。具体来说，就是选择的礼品价格不宜太昂贵，不应过分突出其身价，而是应当注重强调纪念意义。一般来说，可以送给对方一本画册、一套明信片、一张照片、一枚纪念章或者有当地特色的纪念物；如果是会议或展览而特定设计的，会更受对方欢迎，比如说能够记录会议主要议程或来宾参会过程的纪念册、相册或光盘。这样的礼品比较有纪念意义，可以使人睹物思情，产生美好回忆，其纪念价值无可替代。

（2）地方性。“物以稀为贵”，体现地方特色的礼品具有较高的价值，不仅能给与会者带来参加会议的美好回忆，还能为当地做宣传。一般来说，从这个角度出发，以选用当地土特产为宜；各地的土特产都很丰富，以轻便为原则选购。在国际会议中，向外方人士赠送的礼品就要具有民族性，如唐装、丝巾、剪纸、图章、玉佩、筷子、中国结等，都深受外方人士的喜爱。具有地方特色的礼品，如果能加上会议或展览的标志，就兼具地方特色和纪念性了，效果会更好。

（3）便携性。一般情况下，参会的来宾都有来自于外地的朋友，特别是国际性会议，来宾大多为远道而来，因此，赠送的礼品要便于携带。一些民间工艺精制的陶瓷、玻璃制品或巨型图画、雕塑、屏风、摆件，虽然很具有地方特色，也具有很高的纪念意义，但因其易破、易碎、不耐碰撞挤压，或者体积庞大、笨重，不宜向来宾贸然相赠。

（4）针对性。考虑彼此的关系现状。在选择礼品时，必须考虑到自己与受赠对象之间的关系现状，不同的关系应当选择不同的礼品。应根据与馈赠对象的亲缘关系、边缘关系、业缘关系、性别关系、友谊关系、文化习惯关系、偶发性关系等在选择礼品时都要有所不同，区别对待。

2. 赠送纪念品的禁忌

在选择、准备礼品时，还要自觉、主动地避开对方受礼的禁忌。

（1）不能送大额现金和有价证券，否则就有收买对方之嫌。与此同时还要注意，金

银珠宝也不适合送给别人。在许多国家，因公交往中收受高价值的物品有受贿的嫌疑，被视为一项常规的职业禁忌。因此，政府部门或公司、企业往往都有明文规定，禁止其工作人员在对外交往中接受现金、有价证券，或是实际价值超过一定金额的物品。

（2）不能送给对方药品、补品、保健品。根据国际通则，个人的健康状况属于“绝对隐私”，因此，将与个人健康状况直接挂钩的药品、补品、保健品送给会议来宾，往往都不会为对方所欢迎。

（3）不能送有悖现行社会规范的礼品。挑选赠送的礼品时，要遵守法律、道德等现行的社会规范（包括赠送者与受礼者双方现行的社会规范）。

（4）不能送粗制滥造的物品和过季的商品，否则有愚弄对方、滥竽充数之嫌。

（5）不能送有违交往对象民族习俗、宗教信仰和生活习惯的物品，否则有不尊重对方之嫌。

（6）不能送带有明显广告标志和宣传用语的物品，否则有利用廉价劳动力替你免费宣传的之嫌。

六、实例展示

【案例一】 创才培训学校承办了一次速录培训研讨会，会务组的张磊负责与会人员的返程工作。在之前的会议回执中，曾要求与会人员填写了他们的返程时间和返程方式，张磊已经对上述信息进行了整理汇总，并形成了初步的送站方案。但是，由于当时部分与会人员的离会时间及离会方式并没有确定，所以在会议期间，张磊又重新落实了所有与会人员的返程日期、方式、车次及航班号。结合最终确定下来的信息，张磊又对原有的送站方案进行了调整。把需要送站的与会人员分成几个集中的时间段，并确定好送站的车辆和负责人。

与会代表离会的时候，张磊提醒与会人员及时归还向主办方或会议驻地单位借用的各种物品；及时与会务组结清各种账目，开好发票收据。同时，安排工作人员帮助与会者检查、清退房间，避免遗忘各种物品，还准备一些装资料的塑料袋和捆东西的绳子等物品，以备急需，帮助部分与会者托运大件物品。对于那些需要暂留的与会人员，张磊也都给予了帮助，妥善地安排了他们的食宿问题。

当与会人员安全有序地离会后，张磊终于松了一口气。后来，在会议的回访过程中，与会人员对张磊的工作给予了一致的好评。

【解读】 临近会议结束时，会务工作人员要及时掌握与会人员离会信息，做好并核对好与会人员离会工作方案。结束后，会务工作人员一定要耐心细致地帮助与会人员办理相关离会手续，再次提醒与会人员离会过程中的注意事项，然后按照既定的方案做好送站工作。

【案例二】

社交馈赠礼仪妙事

赠礼是社交中的一种礼仪活动，礼赠得好，能促进相互关系健康发展。

1. 周总理在世时，知道柬埔寨西哈努克亲王和他的母亲喜欢吃北京郊区特产大盖柿，因此每到收获大盖柿的季节，周总理就嘱人送一些去金边，以示关心、支持和友谊。

2. 布什在中国任北京联络处主任时，喜欢骑自行车逛北京，人称“自行车大使”。后来布什任总统访华时，李鹏总理赠送给他及夫人各一辆飞鸽牌自行车，布什十分高兴。

3. 江泽民主席访问俄罗斯时赠送给其领导人第二次世界大战中苏联人民反法西斯斗争的资料片和著名歌曲录像带，表达了丰富的思想和情感内涵。

4. 1995 年，时任中共上海市委常委、副市长的赵启正在处理礼品馈赠事宜上总胜人一筹。

开放的浦东敞开门户迎接客人。对于进驻浦东的客户，当时的上海市副市长赵启正亲自去表示祝贺，送的礼物都是“动物”。1995 年 4 月，中国人民银行分行迁至浦东，赵启正送去一只洒了香水的可爱的绒毛小羊羔，说它代表着浦东金融中心发展的“领头羊”；第一家进入浦东的外资银行日本高士银行进入浦东时，赵启正送的是一尊红木雕马，祝贺他们“一马当先进浦东”，对方高兴地接过这尊表示真诚祝福的马；国内最大的证券交易大厦在浦东落成，赵启正送的是玻璃钢雕刻的一熊一牛，熊趴着，牛站立着，表示“劲牛旺市”，吉利之意使主人频频点头感谢；台资在浦东办第一个五星级大酒店新亚汤臣大酒店，赵启正送的是一幅画，上面有飞翔的大雁，既象征作为“第一家”的“领头雁”之意，还有“回头客”的寓意，主人见了眼笑眉开。赵启正的小礼物起到了良好的公关效果，赢得了各方面的信任。

5. 2005 年 4 月 29 日，连战访问北京大学，获得一份特殊的礼物：母亲赵兰坤女士在燕京大学上学时的学籍档案和相片，其中包括在宗教系就读的档案、高中推荐信、入学登记表、成绩单等，大多是她亲笔写的字。在这份特殊的礼物面前，一贯严谨的连战先生也难掩内心的激动。他高举起母亲年轻时的照片，然后放在面前细细端详，眼里泛着晶莹的泪光。这一刻，他满脸都是幸福的微笑。

【解读】 中国有句古话说得好：“礼轻情义重”。赠送客人礼物，并非越贵越好，要根据对象、背景、时机、场合等来综合考虑，充分体现纪念性、地方性、便携性和针对性原则。“只要角度选得好，大盖柿子可当宝。”

七、拓展实训

【情景问答】

材料一：

周恩来总理对待送别可以说是细致周到。有一次，周总理和外交部的工作人员送一位外国友人到机场，飞机刚一起飞，我方人员就说笑着准备离去，周总理制止了工作人员。送客时，要站立向外宾挥手致意，等到飞机消失在视野里才能离去，这代表着我国人员对宾客的尊重友善。

材料二：

某年，在西安市召开的一个全国性学术会议上，有几位与会人员都没买到返程的预约票，而且是在散会的晚上方才知道的。事前与会人员曾询问过几次，并说有困难他们

自己另想办法，但工作人员说会尽量办。结果他们只好自己赶到车站排队买硬座票，上车后再补软卧票。会议本来开得很好，参观安排得也不错，但由于返程中发生的一些问题，这些好的印象在与会人员的脑海中都被冲淡了，有的只是满腹牢骚。

材料三：

凌云集团邀请全国的客户到青岛参加新产品的洽谈订货会。刘敏负责安排与会人员的返程工作。刘敏想先解决容易预订的近处与会者的车票，再慢慢解决海南等远地难以解决的与会者的车票，而且她想当然地认为，只要为大家尽可能预定火车硬卧票就行了。结果，部分与会人员因不能及时拿到返程的车票、机票而对主办方十分不满。有的客户拿到票后，要求更换车票或退票，结果闹得大家不欢而散，使洽谈订货会的工作成果大打折扣。

结合上述材料回答下列问题：

1．联系材料一，回顾你在送别他人时是怎么做的，你觉得应该怎样做好对与会者的会后送别工作？

2．材料二、材料三中的工作人员安排返程工作出现了什么问题，为何出现这些问题？如果是你，你该怎么做？

【供料实训】

结合本任务中“任务情景”材料，完成下列综合实训任务：

1．怎样做好送站工作，以达到“确保所有来宾满意而归”的要求。

2．假如离会人员中“156位普通与会人员”全部需要统一送站，请你设计这一部分人员送站方案。

八、学习反思

____

____

____

任务四　财务管理

一、任务目标

1．掌握会后财务管理的方法。

2．能够处理好会后的财务决算工作。

二、任务情景

飞扬房屋是一家房地产中介公司，为连锁经营企业，公司资产雄厚，员工近 1000 人。公司在全国各大中城市设有众多分公司和代理商，最近几年，公司推出了一系列服务新产品，占领了国内10%以上的市场。2010年底公司召开年度表彰大会，以表彰先进、规划2011年工作。会议结束后，总经理还为与会人员安排了一天参观访问活动并要求秘书王伟做好这次会议活动经费的决算工作。他应该怎么做？

三、任务分析

会后财务管理，也称为会议财务决算。前文讲过，开会应计算成本，做好预算。之前有预算，后面当然也就有决算。会议结束后，会议财务人员应按照经领导人员审定的预算进行决算，并将预算偏差写成书面报告，及时向领导汇报，最后到财务部门报销。

四、任务实施

步骤一：结清款项

一是提醒与会人员结清食宿、会务等相关费用。二是在会议结束后，尽快将所有款项尽快结清，如会务组房间费、租赁费、餐费等。

步骤二：整理核对单据

结清款项后，应及时清点整个会议费用的实际支出，对照会前经费预算，逐笔账目进行核点，并将预算偏差写成书面报告。填写报销单，按报销要求将发票粘贴在报销单背面。

步骤三：汇报、报销

将经费使用情况向主管领导汇报，并请领导签字。之后，即可去财务处报销。

五、知识链接

（一）会议经费结算的方法

1. 会议的收费与付费方法

（1）收款的方法与时机

有些会议是要由与会人员向主办方支付一些必要的费用（如资料费、培训费、住宿费、餐饮费等），所以应注意如下事项：①应在会议通知或预订表格中，详细注明收费的标准和方法。②应注明与会人员可采用的支付方式（如现金、支票、信用卡等）。③如用信用卡收费，应问清姓名、卡号、有效期等。④开具发票的工作人员先要与财务部门确定正确的收费开票程序，不能出任何差错。另外，如果有些项目无法开具正式发票时，应与会议代表协商，开具收据或证明。

（2）付款的方法和时间表

付款的方法和时间表如表4-7所示。

表 4-7　付款的方法和时间

项　目	费用确定	付款的方法和时间
讲演者	事先确定	在活动之后支付
会议地点	事先商定	预订时交订金。活动之后按实际消费开具发票，支票结账
饮品、茶歇等	事先商定	预订时交订金。活动之后按实际消费开具发票，支票结账
文具、打印等	活动之前申请和安排	零用现金偿付。文具订购事先开具发票和付款
音像及辅助设备	活动之前确定	活动之后为租用费用开具发票，结账
其他费用的偿付	事先确定的，活动之后开具账单	收到账单经批准后用支票付款

2. 会议付费的要求

（1）会议经费的名称要规范。

（2）遵守公司零用现金、消费价格及用品报销的各种财务制度和规定。

（二）费用报销的一般性规定

（1）报销人必须取得相应的合法票据，并按本单位相关要求在发票相关位置有经办人签名。

（2）填写报销单应注意：根据费用性质填写对应单据；严格按单据要求项目认真写，注明附件张数；金额大小写须完全一致（不得涂改）；简述费用内容或事由。

（3）按本单位规定的审批程序报批。

（4）报销数额较大时，需提前一天通知财务部门，以便备款。

六、实例展示

【案例】　公司员工小王去某城市参加全国纺织产品交流会，会期一周。按照会议通知，他交了 1300 元的会务费，组织方开具了发票。小王回来报销时，财务处说发票无效不予报销，原因是发票上缺少财务章。小王马上与会务组织方联系，几经周折才联系上，对方称他们的发票是正式的，不可能没有财务章。让小王把发票寄给他们，如果确实有问题愿意承担责任。

【解读】　发票是报销的凭证。发票开具应按照规定的时限和顺序，逐栏、全部联次一次性如实开具，并加盖单位财务印章和发票专用章。不符合规定的发票，不得作为财务报销凭证，任何单位和个人有权拒收。任何单位和个人不得转借、转让、代开发票；没有经过税务机关批准，不得拆本使用发票；不得自行扩大专业发票的使用范围。禁止倒买倒卖发票、发票监制章和发票防伪专用品。因此，发票开具工作切不可麻痹大意。

七、拓展实训

【情景问答】

飞扬房屋公司 2010 年度表彰大会结束了。秘书王伟按照总经理要求，开始了紧张的会议活动经费的决算工作。他将各单位的财务支出情况汇总之后发现，各单位的实际支出与预算均有偏差，但会议总的经费并没有超出预算。他想，最近工作任务太多了，反正总费用未超预算，直接将各单位汇总的单据粘贴到一起去财务报销，这样可以节省时间，提高工作效率。

结合上述情景，你认为王伟的想法可行吗？并给出理由。

【供料实训】

参照第二章任务六中【案例二】的预决算表，完成下列综合实训任务：

1. 模拟集团外联部一名职工赴北京参加会议后，回集团报销经费的过程。
2. 模拟集团工会组织的一次学术会议会后的决算工作。

八、学习反思

____

____

____

任务五　会议评估与总结

一、任务目标

1. 能够认识到会议评估与总结的重要意义。
2. 掌握会议评估与总结的基本工作流程。
3. 熟悉会议评估的方法。

二、任务情景

泉泰公司是一家中外合资企业，主要生产家电产品，公司资产雄厚，员工近 3000 人，著名科技人员和高层管理人员云集。公司在全国各大中城市设有众多分公司和销售代理商，最近几年，公司推出了一系列新产品，占领了国内 15%以上的家电市场，在国外的影响也很大。2010 年，公司加大管理和研发力度，在电脑、手机、电视等多个项目上研制生产出新型、新款产品，国内市场份额达 20%。2010 年底公司召开年度全国销售商表彰大会，以表彰先进、规划 2011 年工作。会后，总经理要求郑伟对会议进行评估分析并写出会议总结。郑伟想先召开一次座谈会，然后在此基础上完成评估和总结工作。但座谈会却迟迟没开，郑伟只得根据自己的理解和记忆完成了对会议的评估总结。看到郑伟交来的会议总结中对会议的评价后，总经理很不满意。如果这项任务交由你来完成，你会如何去做？

三、任务分析

会议结束后，尤其是一些较重要的会议，组织者和上级领导若想清楚会议的效果如何，需要对会议进行评估。总的来说，会议评估的主要目的是为了掌握会议目标是否得到了实现、会议的成本效益如何（是否超支，是否赢利）、与会者是否感到满意、在以后

的会议中需要进行哪些改进等情况。

会议总结有广义和狭义之分。从广义上讲，会议总结属于总结的一种，在开完一次会议之后，一般要对会议内容进行一次回顾、分析和评价。与回顾、分析和评价相关的活动都属会议总结的范畴。从狭义上讲，会议总结是机关团体、企事业单位对会议进行回顾、分析和评价，找出内在规律以指导未来实践的公文。本任务中所指即为广义上的会议总结。

会议评估是会议总结的基础和前提；会议总结是会议评估的凝练和升华。

会后有关会务工作人员必须遵循及时性原则，应立即着手实施会议评估并撰写会议总结。必要的情况下若要召开座谈会，也一定要安排在会议刚刚结束，大家对本次会议内容记忆犹新时进行。会议评估总结的形式因会议种类的不同而有所不同；撰写会议总结时，要总结出成绩，发现问题，找出规律。

四、任务实施

步骤一：分析影响会议效果的因素

评价会议是否成功，首先要分析确定影响会议效果的因素有哪些。每次会议的情况不同，影响的因素也会千差万别，这就需要区分影响本次会议的主要因素有哪些。

步骤二：确定会议评估的方法和途径

会议的评估方法有很多，如调查问卷法、面谈法、电话调查法、现场观察法及述职报告法等。上述方法可以结合使用，从而使得会议评估更加全面、科学。

在上述评估方法中，相比较而言，调查问卷法是采用较多的，也是较为正式的一种评估方式。同时，由于这种评估方式需要涉及调查问卷的设计、实施、数据统计等一系列工作步骤，所以，调查问卷法也是一种更为科学、严谨的评估方式。如果选择调查问卷法进行会议评估的话，则需尽早设计出会议效果评估表。

步骤三：确定评估的参与者和评估时机

会议评估的参与者最好能够涉及所有参加会议的人员，包括会议嘉宾、会议代表、陪同人员、会务工作人员等。因为他们作为会议的亲历者，对会议中各个环节的优劣都可以从不同的角度提出自己的评价和建议，所以他们都有必要参加会议的评估活动。但在实际操作过程中，有些会议可能无法将评估参与者覆盖到上述所有人员，此时可重点放在与会人员的部分，即会议嘉宾和会议代表。

对于会议评估时间的确定，我们需要根据会议的规模来进行选择。一般小型的会议，可以在会议工作即将全部结束时进行。而对于大中型会议，由于可能会出现大会套小会的形式，也可能出现分组会议、参观、访问、游览等活动，所以不是所有的与会人员都在统一时间离会，而是有部分与会人员可能会先行离会。在这种情况下，如果同样把评估放在会议结束时来完成，可能会有很多与会人员无法参与。因此，大型会议的评估最好分阶段、分活动进行，而且也是选择在某一阶段的活动即将结束时进行评估为佳。

步骤四：组织实施评估

如果采用问卷调查的方法，那么在会议快结束时，请与会人员填写会议评估表。如情景中的单位内部会议中，我们可以采取这样的办法：告知与会人员有义务一同提高会议质量，并非常希望大家一起协作完成，并规定各部门无论大小会议，都必须以书面方式在会议结束前两分钟完成此项调查。在会议质量得到保证的情况下，与会人员对会议事务的参与会更积极，有助于促成良性的议事循环。会议评估力主科学高效，最好在确定了会议目的的早期策划阶段就设计好问卷，以避免与会人员的反感。

步骤五：汇总数据、形成报告

将结果用图表形式进行汇总，并综合各类数据进行分析形成评估报告。

步骤六：撰写会议总结

通过收集对会议效果的反映效率评估意见，及时做出总结，以利于下一次会议的成功召开。会议总结的内容包括会议名称、时间、地点、规模、与会代表人数、主要议题、参加会议的上级领导人、会议的主持者、领导报告或讲话的要点、对会议的基本评价和贯彻要求、会议的决议情况及今后的工作任务布置等。撰写会议总结，首先要对会议征询意见，并拟就工作总结稿，向领导报告会议结论。待领导审阅定稿后，按要求印发到相关部门或相关人员，连同会议记录、会议简报、会议文件等，一并作为完整的卷宗归入档案。

步骤七：召开总结会议

会议总结的形式除了书面总结之外，还有座谈会、会议总结的形式。对于一般的、规模较小的会议，通常只需要写出书面的工作总结；但重要且规模较大的会议，在会议结束后，不仅要有书面的总结，同时还有必要由大会秘书处组织召开总结会议。

总结工作要以科学的绩效考评标准为指导。绩效考评标准是指对会议人员绩效的数量和质量进行监测的准则，它应具有完整性、协调性和比例性。会后，要根据岗位责任制和工作任务书的内容，逐条对照检查；切实回顾和检查会议工作中好的方面和存在的问题，认真总结经验教训，不断探索办会的规律；应有理有据，实事求是，要突出重点，有所侧重；会议的总结应一分为二，以激励为主。一般会议结束后，还应慰问参与会务工作的工作人员，有的重要会议还要表彰会务工作中的有功人员。

五、知识链接

（一）会议评估工作的概念

会议评估是会议组织方为了解会议效果，改进办会水平所采取的针对会务管理过程中各环节的工作效率和效果进行评价、评估的一系列活动。通过会议评估，会议组织方不仅可以检查会议目标的实现情况，了解与会者的满意程度；还可以把握会议成功与不足之处，以帮助改进会务工作的水平；此外也为会议总结工作打好基础做好铺垫。

（二）会议评估工作的内容

会议评估工作的内容如表 4-8 所示。

表 4-8　会议评估工作内容

会　前	会　中	会　后
1．目标是否明确； 2．议题数量是否得当； 3．议程是否合理； 4．与会人员是否得当； 5．会议时间、地点是否合理； 6．会议通知的内容和发送时间是否恰当； 7．会议场地布置是否得当； 8．会议设备是否运行良好； 9．与会者会前情绪，会场氛围如何； 10．会议规格、经费是否合理； 11．会议住宿、餐饮是否安排妥当； 12．是否联系媒体，做好宣传报道的准备	1．会议接待如何； 2．与会人员是否准时到会； 3．会议是否准时开始； 4．会议是否按预定时间推进； 5．会场是否存在干扰； 6．主持人是否离题； 7．与会者是否集中精力、是否有争论、是否表明真实态度； 8．会场秩序是否良好、气氛是否热烈； 9．会场设备是否运转正常； 10．会议决策是否符合实际； 11．是否做好会议记录； 12．会议食宿安排是否得当； 13．参观、访问、游览活动安排的意义、安全性如何； 14．宣传报道是否到位	1．会议记录是否整理好； 2．是否印发会议纪要和会议简报； 3．会议文件清退、立卷工作是否完成； 4．会场是否清理、交接妥善； 5．送站工作如何； 6．费用结算工作是否完成； 7．会议决定、决议是否落实； 8．是否对与会者满意度进行调查； 9．是否做好会议的评估和总结

（三）会议效果评估表格的设计方法

1．对会议管理工作的总体评估

会议管理工作评估表格（如表 4-9 所示）应该覆盖会议工作的方方面面，包括会议方案、会议地点、时间、与会人员范围、食宿安排、会议经费和各项活动内容。

表 4-9　会议管理评估表

会议管理评估表

一、整体安排：
1．会议计划　□非常满意　□满意　□一般　□不满意
2．住宿设施　□非常满意　□满意　□一般　□不满意
3．会议费用　□非常合理　□合理　□一般　□不合理
4．预订安排　□非常满意　□满意　□一般　□不满意
二、会议的地点：
1．会议室布置　□非常满意　□满意　□一般　□不满意
2．住宿条件　□非常满意　□满意　□一般　□不满意
3．提供的点心饮料　□非常满意　□满意　□一般　□不满意
4．休闲设施　□非常满意　□满意　□一般　□不满意
5．商务中心可用的设施　□非常满意　□满意　□一般　□不满意
三、会议的内容：
1．会议的内容符合会议通知目标吗？　□是　□否
如果否，给出原因
2．演讲中包括了计划中列出的主题吗？　□是　□否
如果否，给出原因
3．研讨会对探讨报告中提出的问题有用吗？　□是　□否
如果否，给出原因
四、改进建议：

<table>
<tr><th colspan="3">会议管理评估表</th></tr>
<tr><td colspan="3">您的职务：□高管　□科长　□科员</td></tr>
<tr><td colspan="3">您的与会身份：□会议参加者　□主持人　□促进者</td></tr>
<tr><th>序号</th><th>评估内容</th><th>选项</th></tr>
<tr><td>1</td><td>您对本次会议在贯彻“减少纸张”原则方面是否满意？</td><td>□非常满意　□满意
□一般　□不满意</td></tr>
<tr><td>2</td><td>您对本次会议在贯彻“减少出差”原则方面是否满意？</td><td>□非常满意　□满意
□一般　□不满意</td></tr>
<tr><td>3</td><td>您对本次会议在贯彻“1 个议题 1 小时”原则方面是否满意？（说明：会议开始时，您曾指望 1 小时后会有会议结论）</td><td>□非常满意　□满意
□一般　□不满意</td></tr>
<tr><td>4</td><td>您对本次会议在贯彻“会议开始即应确认会议目标”原则方面是否满意？</td><td>□非常满意　□满意
□一般　□不满意</td></tr>
<tr><td>5</td><td>您对本次会议在贯彻“会议当场形成会议纪要”原则方面是否满意？（说明：确认在会议结束前，每个参加人员都听到会议结论）</td><td>□非常满意　□满意
□一般　□不满意</td></tr>
<tr><td>6</td><td>您对本次会议使用“议程”的方式来进行是否满意？</td><td>□非常满意　□满意
□一般　□不满意</td></tr>
<tr><td>7</td><td>您对本次会议在贯彻“借助促进者来促进会议进程”原则方面是否满意？</td><td>□非常满意　□满意
□一般　□不满意</td></tr>
<tr><td>8</td><td>您对本次会议“iMeeting”的功能是否满意？</td><td>□非常满意　□满意
□一般　□不满意</td></tr>
<tr><td>9</td><td>您对本次会议“音频/视频会议系统”的功能是否满意？</td><td>□非常满意　□满意
□一般　□不满意</td></tr>
<tr><td>10</td><td>您对本次会议所产生的会议成本和所取得的会议成果是否满意？</td><td>□非常满意　□满意
□一般　□不满意</td></tr>
<tr><td colspan="3">自由评论：</td></tr>
</table>

2. 对主持人的评估

对主持人的评估主要侧重于对主持能力、业务水平、实现会议目标的能力、工作作风和对会议进程的控制能力的评估（如表 4-10 所示）。可请会议成员和观察员记录填写。

表 4-10　主持人的行为表现评估表

行　为	次　数	引言或例句
组织、安排会议		
确定、检查目标		
遵守时间		
鼓励发表见解、提出建议和问题		
澄清事实		
检查理解程度和意见是否一致		
引人正题还是离题太远		
使人们对决策制定具有责任感		
过早结束，结果未明		
加快会议进展速度还是放慢速度		

续表

行　　为	次　　数	引言或例句
控制过严还是过松		
处理冲突、解决争端		
检查进程或作出总结		
结束会议		

3. 对会务工作人员的评估

对会务工作人员的评估主要侧重于工作人员的行为表现、工作态度、业务水平和工作效果的评估，如表4-11所示。

表4-11　会议工作人员的表现评估表

序号	评估内容	评估选项
1	会议工作中，精通业务，胜任工作	□很好　□好　□一般　□不好
2	具有公关意识，能自觉维护组织的形象	□很好　□好　□一般　□不好
3	具有良好的礼仪修养，行为得体，语言规范	□很好　□好　□一般　□不好
4	会议工作中显现出厌倦懈怠的神态与行为	□很好　□好　□一般　□不好
5	会议工作可靠，总能按时完成所布置的任务	□很好　□好　□一般　□不好
6	与同事合作协调，相处融洽	□很好　□好　□一般　□不好
7	掌握会议工作中一定方面的技能有困难	□很好　□好　□一般　□不好
8	要求多少就干多少，但从不做额外奉献	□很好　□好　□一般　□不好
9	脾气很好，从不与人争吵	□很好　□好　□一般　□不好
10	有时控制不了自己，较易发火	□很好　□好　□一般　□不好
11	会议工作中只需极少领导的监督指导	□很好　□好　□一般　□不好
12	对领导的批评指导能虚心接受	□很好　□好　□一般　□不好

六、实例展示

【案例】 顺达公司承办的一个大型研讨会即将落幕。在会议接近尾声时，负责这次会务工作的总经理秘书高祥就组织工作人员将早已设计好的一份会议评估表发给了与会代表，请他们逐项填写各项内容。统计后发现，绝大多数与会代表对会议的各项组织工作给予了高度评价，打的分数挺高，高秘书感到很欣慰。但也有代表在评估表中提出对某些工作的不满和批评，高秘书很重视，觉得会后有必要好好总结，以利改进。

会议圆满结束后，高秘书组织全体会务人员趁大家还印象深刻的时候进行总结，他要求全体会务人员先进行一下自我总结，写出一份书面总结交给他，两天后召开一个座谈会。

座谈会上大家畅所欲言，对这次会务工作中做得好的方面和欠缺的方面都进行了讨论和剖析，每个工作人员也根据自己的分工和实际工作进行了自我对照，找出了不足的地方。在大家进行了充分讨论后，高秘书根据与会代表填写的会议评估表和会议中每个人的实际表现，结合大家的发言和会议的实际效果，进行了总结性的发言。他认为，这次会议中，全体会务人员的表现都还不错，大家都很努力，会议基本达到了预期效果。然后点名表扬了参与会议工作的几个秘书，称赞他们负责的工作做得很出色，得到了与

会代表的一致好评。同时，也指出了个别工作中存在的问题，把与会代表提出的意见反馈给相关人员，希望他们好好总结，在以后的会务工作中有所改进。最后他说："这次会议，大家辛苦了，回去好好休息，我会向领导汇报，为大家请功。"

座谈会后，高秘书根据各方面的意见，写出书面的会务工作总结，交给了总经理。总经理审阅后，高秘书把定稿发给相关的人员，并把会议总结做了归档。之后请总经理对全体会务人员进行了慰问，对表现突出的工作人员进行了表彰。

【解读】 会议结束后，会务工作部门应及时进行会务工作的评估和总结。要采取适当的会务评估和总结形式，结合会议结束前与会代表填写的会议评估表中反馈的信息，检查会议目标的实现情况，以及各小组的分工执行情况。将会务工作人员的自我总结和集体的总结相结合，以积累经验，找出不足，从而不断改进会议的组织服务工作。在进行会议评估和总结的工作过程中，一定要趁热打铁，趁工作人员印象深刻的时候进行。会议总结应一分为二，即表扬与批评相结合，既总结出经验，又要找出教训。最后，还要注意对定稿后的会议总结文字材料与其他会议文件一起归档。

七、拓展实训

【情景问答】

2008 年人文与旅游系产学研结合会议总结

2008 年来，我院各系召开了产学结合会议以增强各专业的学术研讨。为了让各位专家对我系专业有进一步的了解，我院在4月27日召开了"人文与旅游系产学研结合会议"。现将有关内容总结如下:

一、基本情况

此次会议基本上是由秘书事务所的成员负责。她们在教师的带领下，积极主动地完成了本次会议的准备、接待、服务及善后工作，取得了一定的成绩。在会议过程中，她们充分利用在课堂上学的理论知识来指导实践，例如：接待中的礼仪、摄影中的技巧、服务中的周到，在各方面都体现着作为文秘专业学生的素养与气质。

会议开始时，由张民院长介绍了我院新老校区的建设问题。讲述了学院的办学历程，同时介绍了我院各专业的发展情况及特色。进一步说到我院在2008年下半年即将迎接的高等教育学院的评估。我院将继续保持与各企业的友好联系，向企业学习，培养适应市场需求的优秀人才。相关产业成为我们专业的培训基地，产学结合是一种实施途径，希望我们紧密、友好的合作，共同完成任务，更好地为企业吸收有用人才，达到共赢目的。同样，诚恳地希望各位专家不吝赐教，你们诸位的经验对我们的教育工作有很大的促进。

接下来，由明华主任介绍了有关人文与旅游系的具体情况，进一步说了人文与旅游系抢先的一种"双证制"教学，此外学生还可以参加本系与湖南师范大学、湖南农业大学、湖南学院联合开办的全日制稳步自考助学班，获取本科学历和学位。可参加本系与驾校联合开办的驾驶培训，获取 C1 驾驶证。

二、经验与不足

总体来说，此次会议在教师和同学们的共同努力下，取得了圆满成功。让同学们在实践中运用所学的专业知识，得到了锻炼，也使同学们更进一步地了解自己以后将从哪些方面更加努力学习以提高自身素质修养与理论知识的掌握。但是在实践过程中，也存在一些问题：

1. 会前检查工作没有到位。

2. 会议服务中材料准备不齐全。

3. 摄影过程中对新设备操作不熟。

4. 接待中突发事件处理不及时。

总之，本次会议让每一位同学都受益匪浅，在以后的工作中，同学们将会努力做得更好。

商务秘书事务所

二〇〇八年四月三十日

结合上述材料内容回答下列问题：

1. 这是一位秘书专业的学生拟写的会议总结，谈谈你对这篇总结的看法。

2. 你认为如何才能写好会议总结、开好总结会议。

【供料实训】

实训一：

第四次项目工作会议评估

2007年2月3日，“跨界合作：湖南妇女/社会性别学讲师团建设”项目第四次工作会议在湖南省女子监狱召开，会议由女子监狱副监狱长赵兰主持，10所单位和学校计44位项目新老成员参加了此次会议。会上，我们对此次会议的基本情况进行了问卷调查，现将评估结果汇总如下：

此次问卷调查的对象为参加本项目工作会议的各单位代表，各校老师及学生，共发放问卷33份，收回33份。

对于第1道题目“您对本次工作会议的总体印象”，12人选择了A（非常好），占总人数的36.4%；20人了选择B（好），占总人数的60.6%；剩下的1人选择了C（一般），占总人数的3.0%。此数据说明了此次会议给与会人员留下了好的印象，基本达到了会议的预期目的。

对于第2道题目“您如何评价该会议的收获”，4人选择了A（非常大），占总数的12.1%；26人选择了B（大），占总数的78.8%；剩下的3人选择了C（一般），占总数的9.1%。该数据说明通过此次会议，大家收获较大。

对于第3道题目“您如何评价跟同仁的交流与合作情况”，3人选择了A（非常好），占总人数的9.1%；19人选择了B（好），占总人数的57.6%；剩余的11人选择了C（一般），占总人数的33.3%。通过该数据，我们可以看出大部分与会人员都能很好地与同仁保持长期的交流与合作，但对于进一步加强交流合作，仍有上升空间。

对于第4道题目“您如何评价会场总体环境”，16人选择了A（非常好），占总人数的48.5%；剩余的17人都选择了B（好），占总人数的51.5%。数据充分说明了省女子监狱为大家营造了很好的会议环境，得到了大家的一致好评。

对于第5道题目“您如何评价多媒体设备条件”，17人选择了A（非常好），占总人数的51.5%；14人选择了B（好），占总人数的42.4%；剩余的2人选择了C（一般），占总人数的6.1%。此组数据也说明在会议的多媒体等硬件设施方面，省女子监狱给大家提供了先进而便利的交流条件。

对于第6道题目“您如何评价本次会议的议程安排”，8人选择了A（非常好），占总人数的24.2%；23人选择了B（好），占总人数的69.7%；其余的2人选择了C（一般），占总人数的6.1%。通过该数据可以看出，会议的议程安排得到了大部分与会者的认可，这也是对会议承办方工作准备充分、议程安排合理的一种肯定。

对于第7道题目“通过该会议，您对项目运作管理了解如何”，5人选择了A（非常了解），占总人数的15.2%；22人选择了B（了解），占总人数的66.6%；其余的6人选择了C（不是很了解），占总人数的18.2%。数据显示出项目参与人员对项目的运作管理的了解较以前有了进一步的加深，但部分新加入的成员也有诸多不够了解的地方。

对于第8道题目“您觉得有必要继续开办该类会议吗”，17人选择了A（非常必要），占总人数的51.5%；其余的16人全都选择了B（必要），占总人数的48.5%。该数据说明与会人员都肯定了项目工作会议的价值和重要性。

对于第9道题目“请您谈谈本次会议最大的收获是什么，有哪些看法和建议”，通过统计结果，除了部分没有填写的之外，填写了的内容概括起来主要有三点：一是对项目有了一定程度的了解，并增强了兴趣；二是认识了很多专家、老师和新朋友；三是希望大家在往后的会议中能遵守会议议程安排，准时到会。

通过以上的数据分析，我们不难看出此次会议得到了大家的一致好评，取得了应有的预期效果，是一次成功的项目工作交流会。

（资料来源：http://www.38hn.com/article.asp?id＝892）

结合上述情景内容回答下列问题并完成相应实训：

1．结合上述材料形成“会议效果评估表”。

2．材料中对会议评估之后的数据分析采用了文字表述的方式，你觉得这样好吗？此外还有其他数据分析结果的表述形式吗？

3．请试用图表形式分析文中数据，并与材料中的文字表述做比较，分析其优劣。

实训二：

结合第三单元“常见会议综合实训”中的实训案例，选择一个案例进行模拟，在会议组织完成后，重点组织一次会后的评估与总结。

八、学习反思

第二单元

会议文书写作

会议文书是在会议组织召开的过程中，围绕会议的进程和内容形成的一系列文书。

会议文书的种类很多，根据其在会议各个环节中的不同作用，大体可分为三类：会议事务文书、会议主题文书和会议礼仪文书。会议事务文书是进行会议组织和服务工作所需要的文书，包括会议筹备方案、会议议程和日程、会议通知、会议简介与会议须知等。会议主题文书是反映会议主题内容的文书，包括主持词、开幕词、闭幕词、讲话稿等。会议礼仪文书是各种会议场合使用到的用于礼仪目的的文书，包括邀请函、迎送词、答谢词等。

会议文书的写作，既要符合各类会议的特点、程序和惯例，又要综合考虑不同会议的性质、内容、类型、要求以及规模等各方面因素，针对性很强。同时，会议文书的写作要遵循其惯有格式，具有程式化的特点。

第五章　会议事务文书

会议事务文书是国家机关、企事业单位、社会团体在处理会议事务时，用来沟通信息、安排工作、总结得失的文书，是会议文书的重要组成部分。会议事务文书贯穿于会议协调和服务工作的每一个环节，其种类很多。本章主要介绍会议筹备方案、会议议程和日程、会议通知、会议简介与会议须知、会议记录和会议纪要、会议简报、会议报道、会务总结等文书。

任务一　会议筹备方案

一、任务目标

1．了解会议筹备方案的含义及特点。

2．熟练掌握会议筹备方案的写作模式及要求。

3．能根据不同会议的实际情况制定不同的会议筹备方案。

二、任务情景

为了总结2010年党建工作，××县党委定于2010年11月10日至11日举行党建工作现场会。县委组织部部长、副部长及农村科、县直科全体人员；各乡镇、社区党（工）委副书记；县直七大系统党工委党务副书记、联络员；县直工委书记、副书记参加会议。会议主要内容有参观各乡镇党员活动场所，检查会议活动记录，观看党建工作成果展，听取各乡镇2010年党建工作汇报，表彰农村远程教育先进单位及先进个人。党委组织部经过研究讨论，确定了会议组织筹备方案，刘雨负责拟写方案文稿。

三、任务分析

会议筹备方案是在大型会议召开之前，由会议组织者对会议相关事务进行的安排。会议筹备方案的拟定需要筹备者认真讨论，详细策划。制定会议方案时，会议的任何细节都不应忽视。只有会议筹备方案完善周密，会议的成功举行才能得以保障。另外，会议召开时，可能会发生很多紧急情况，诸如设备损坏、领导缺席、环节疏漏等问题，这就需要会议筹备者做好充分准备，尽量制定出应急预案，防患于未然，及时处理会议可能出现的各种突发情况。

四、任务实施

××县2010年度党建工作现场会方案

为了总结我县2010年党建工作，根据党委工作要点和工作安排，定于2010年11月10日至11日举行××县党建工作现场会。为保证会议顺利进行，现制定工作方案如下：

一、总体要求

以深入开展学习实践科学发展观活动为主题，结合阵地建设和远程教育，以参观、汇报为主要方式，充分展示今年基层党组织和党员队伍建设的工作成果和精神风貌，进一步促进和提高全县基层党建工作水平。

二、时间

2010年11月10日至11日。

三、参会人员

1. 县委组织部部长、副部长，以及农村科、县直科全体人员。

2. 各乡镇、社区党（工）委副书记。

3. 县直七大系统党工委党务副书记、联络员。

4. 县直工委书记、副书记。

四、会议内容及日程安排

（一）11月10日，参观各乡镇党员活动场所，检查会议活动记录，观看党建工作成果展。

1. 参观党员活动场所。组织参会人员对各乡镇党员活动场所进行参观。

2. 检查会议活动记录。

一是检查各乡镇党委的会议活动记录和深入学习科学发展观活动资料。

二是各乡镇自选1个村的会议活动记录备查，包括远程教育的“四簿两册”，科学发展观活动记录等。

3. 观看工作成果展。组织参会人员参观各乡镇党建工作成果展板。

（二）11月11日上午，听取各乡镇2010年党建工作汇报。

（三）11月11日下午，表彰农村远程教育先进单位及先进个人。

五、组织筹备工作及要求

（一）为配合参观检查，各乡镇需上报1个村级活动场所，尽量不要选择2009年全县新建的20个高标准活动场所，并于11月2日前将所选活动场所报县农村科刘德志科长。

（二）现场会召开时，请组织者将备查会议活动记录放在所参观的活动场所的会议室里。

（三）各乡镇需将2010年的基层党建工作进行概括提炼，采取图文并茂的形式制作成一块版面进行现场展示。县直工委需制作两块。版面题目统一为“××乡（镇、社区）二〇一〇年基层党建工作掠影”。版面尺寸大小为：240cm×120cm。现场会召开时将版面置于所参观的党员活动场所，现场会结束后统一集中到组织部，参加为期一周的集中

观展。

（四）各乡镇党建工作汇报材料要主题突出、特色鲜明，重点汇报自身做法、措施以及经验成果。汇报时间在5分钟以内。

（五）由于会议要对2010年农村远程教育先进乡镇、村及个人进行表彰，各乡镇需推荐1名农村远程教育先进个人，并于11月2日前报县直科张志庆科长。

中共××县委组织部

二〇一〇年十月二十日

（资料来源：http://www.pyonline.net）

五、知识链接

（一）会议筹备方案的含义

会议筹备方案是在大中型或重要会议召开之前，为确保会议的顺利进行，对会议如何召开所作的预想性方案，是对会议各环节进行策划筹备的具体方案，也称为会议计划。会议方案有时需要送达上级机关核准，带有请示性质。

（二）会议筹备方案的种类

1. 代表会议方案

代表会议指选取代表进行议事的会议，一般参加人数较多，会期较长，会议程序严格。代表会议方案内容复杂，规范性强，如各级人民代表大会筹备方案。

2. 工作会议方案

工作会议筹备方案是对商讨工作内容的会议进行的策划。根据工作内容或性质不同，工作会议方案会各有侧重，但无论如何都要保证最大限度解决工作中出现的问题。

3. 表彰奖励性会议方案

表彰奖励性会议筹备方案是对表彰先进、颁发奖品的会议进行策划，其核心在于颁奖、领奖环节的设计安排。

4. 研讨性会议方案

研讨性会议指专门针对某一行业领域或某一具体主题，集中场地进行研究、讨论交流的会议。研讨性会议方案一般在议题和会场的选择安排上要特别精心。

5. 商务性会议方案

商务会议主要指产品的发布会议、推介会议、展示会议等。商务会议筹备方案更注重会议内容的新颖、互动，以及会议议程的设计。

（三）会议筹备方案的特点

1. 预设性

会议筹备方案是在会议召开之前制定的，对会议基本情况的设想和安排，是以本单位的实际条件为基础而作出的科学预测，因此具有预设性。

2. 程序性

大多数会议的程序具有模式性，因此在制定会议筹备方案时，要根据某类会议的特点和要求，确定其基本程序，以保证会议井然有序地召开。

3. 请示性

会议筹备方案中，关于会议规模、会议程序、会议经费等方面的内容，还需要经过领导审查批准，因此带有请示性。

4. 约束性

会议筹备方案一经通过、批准或认定，在其所指向的范围内就具有约束作用，无论是集体还是个人都必须按会议方案开展工作，不得违背和拖延。

5. 可变性

会议筹备方案在实施过程中，会受到各种主客观因素的影响，需要根据实际情况有所变通。

（四）会议筹备方案的写作模式

1. 标题

（1）简要式标题。简要式标题由会议名称、文种名称（“筹备方案”或“方案”）组成。如《××市第十五届人民代表大会第四次会议筹备工作方案》。

（2）公文式标题。公文式标题由召开单位、会议名称、文种名称（“筹备方案”或“方案”）组成。如《××市关于召开首届青年人才论坛总结表彰大会的方案》。

2. 正文

（1）前言。前言是说明召开会议的缘由、目的、依据以及会议名称，然后用“特制定会议方案如下”作为承启语，引出下文。

（2）主体。正文主体主要包括以下几个方面：①会议主要内容、宗旨、指导思想、目的、任务等。②会议规模及与会人员（包括出席人员、列席人员、特邀人员）。③会议时间及地点。④会议议程和日程。⑤会议的准备工作。包括会议文件资料的准备，会场的选择与布置，会议设备和用品的准备，会议后勤、宣传、服务、接待、食宿、医疗、交

通、保卫、文娱等工作的安排。⑥会议筹备机构的组建。会议筹备机构适用于大型会议，一般包括会务组、秘书组、接待组、宣传组、财务组、保卫组等。⑦会议经费预算。⑧突发情况应急预案。

（3）结语。需要请示上级批准的方案，要用“以上方案当否，请批示”，或“以上方案，如有不妥，请指示”等习惯用语来作为结语。如不需要请示则可以省略结语。

3. 落款

落款通常包括会议筹备方案拟定单位和拟定时间。

（五）会议筹备方案和会议策划方案的区别

在会议策划过程中，还会使用到会议策划方案。会议策划方案是策划者根据领导意图和指示，制定出来的对会议整体情况进行策划的文字材料。会议策划方案的使用只是在最初阶段，对于会议是否召开或者是否按照此方案组织尚不确定。会议策划方案与会议筹备方案所涉及的项目基本类似，如会议名称、会议时间、会议地点、会议议题、会议议程和日程、会议预算、会议相关事务等，制定时可相互参考。

六、实例看台

××大学第一届研究生代表大会筹备方案

一、大会主题

高举邓小平理论伟大旗帜，深入贯彻“三个代表”重要思想，育人为本，德育为先，认真贯彻落实《中共中央国务院关于进一步加强和改进大学生思想政治教育的意见》精神，团结带领全校研究生振奋精神、坚定信念、与时俱进、开拓进取，开创我校研究生工作的新篇章。

二、大会主要议程

1. 审议通过××大学研究生会工作报告。

2. 审议通过《××大学研究生会章程》。

3. 选举产生××大学研究生代表大会第一届常设委员会。

4. 选举产生××大学第二届研究生代表大会执行委员会委员、主席及副主席。

5. 收集关于学校建设发展以及研究生教育的提案。

三、代表产生办法

1. 各选举单位组织基层班集体酝酿讨论，按照班级成员总数的 10%选举产生出席××大学第一次研究生代表大会（以下简称研代会）代表，经本单位党委审批后向研代会筹备工作领导小组（以下简称领导小组）呈报代表人选名单和选举情况的报告。情况报告主要说明选举的方法步骤、代表人选的结构情况及其他需要报告的问题。

2. 领导小组对上述文件进行认真审查并及时批复。审查内容包括代表人选的酝酿提名，选举程序和方法，比例是否符合规定，构成是否合理，代表人选是否符合代表条件。对不符合规定程序和不符合条件的要提出调整意见。

四、主席及执行委员产生办法

1. 预备候选人报名及推荐条件

（1）我校全日制在校正式注册硕士、博士研究生。

（2）愿意从事研究生学生工作，有高度的责任感和奉献精神，具有一定的创新能力和组织协调管理能力。

（3）诚实可信，学习成绩达到合格培养要求，身体健康、精力充沛、学有余力，具有一定的学生工作经验。

（4）研究生党员应积极参与此项工作，在工作实践中为广大研究生同学服务。

2. 预备候选人产生办法

报名方式：自愿报名、各学院推荐和研究生会推荐（经研究生本人同意）。

资格审查：学习成绩审查（研究生教务秘书和导师负责）。

思想政治情况审查（分党委和研究生工作组负责）。

参选方式：筹备委员会负责把候选人员的相关材料及演讲录像（可由本人自己制作也可由筹备委员会协助制作）放到研究生代表大会专题网页上公示。

3. 正式候选人产生办法

预备候选人经竞选产生正式候选人，按照选举人制度产生9名正式候选人名单。

4. 执行委员会及主席产生办法

正式候选人在代表大会上按照差额选举办法产生7名本届研究生代表大会委员会执行委员；代表投票前，正式候选人需当面进行5分钟演讲，并回答3名以内代表提出的问题，经代表充分酝酿讨论后进行投票，得票第一名当选为主席，如第一名得票相同，则对得票相同人选进行再次投票；第一名之后3名当选为副主席，如出现得票相同无法选出3名副主席时，则对得票相同人选进行再次投票。新一届研究生会由新当选主席进行组阁。

五、常务代表委员会产生办法

1. 常代会委员候选人产生办法

17名常代会委员候选人按照各院研究生比例分配到各学院，各学院院研究生会主席应优先作为常代会委员候选人推荐，常代会委员候选人原则上不能参加执行委员会委员竞选。

2. 常代会委员选举办法

常代会委员候选人在代表大会上采取举手表决方式进行信任表决，超过半数的候选人当选为常代会委员。

3. 常代会主任产生办法

常代会委员开会选举产生1名常代会主任和2名常代会副主任。

××大学第一次研究生代表大会筹委会

二〇一〇年六月二日

【分析】 这篇例文属于代表大会方案。本方案内容缺失，只拟定了会议主题、会议议程部分，而会议召开依据、会议时间和地点、会议准备过程、会议的组织领导和工作

机构这些基本要素都存在缺失。另外，“主席及执行委员产生办法”、“常务代表委员会产生办法”，不属于会议方案的内容。

七、拓展实训

【文章诊改】

全院2008年度总结表彰大会筹备方案

一、会议主要任务

以党的十七大和十七届三中全会精神为指导，以科学发展观为统领，进一步传达贯彻三级检察长会议和××会议内容，动员广大干警，团结奋进，开拓创新，再接再厉，为推动全院各项工作再上新台阶而努力奋斗。

二、会议时间、地点

拟于×月×日（星期五）上午8:30在院六楼会议室召开。

三、会议主持

建议会议由××主持。

四、会务分工

1. 材料组：负责起草会议材料、报送有关领导审阅。

2. 后勤组：负责会场筹备。

3. 组织组：负责会议组织安排。

【情景模拟写作】

天河公司准备在2011年8月2日召开全省2011年度上半年销售工作总结会议，地点在华天大酒店，公司总经理、副总经理、各分公司销售部经理，以及其他各部负责人参加。请以小组为单位，模拟讨论筹备过程，并拟定会议筹备方案。

八、学习反思

____

____

____

任务二　会议议程和会议日程

一、任务目标

1．了解会议议程和会议日程的含义及两者的区别。

2．明确会议议程和会议日程的写作方法。

3．能根据会议情况撰写会议议程和会议日程。

二、任务情景

（1）××学院将举行2009～2010学年表彰大会。大会将为鸿源励志奖学金获得者及三好学生、优秀学生干部、优秀团干部、优秀团员代表颁奖。大会邀请了学院范文博院长、黄非副院长、林海涛副院长和院团委杨嘉祥老师以及鸿源励志奖学金颁奖嘉宾冯广田先生。会上，将由鸿源励志奖学金特等奖获得者行政管理系2009级2班陈雷、全国科技发明大赛获奖者机械系2008级学生黄斌作为学生代表发言。范文博院长做总结讲话。学院办公室王明需要设计一份会议议程。

（2）第二届人才发展论坛将于2011年8月17日至21日在内蒙古呼和浩特市举行。会议要求与会人员8月16日在呼和浩特市希尔顿酒店报到。会议将进行洽谈、对接、招聘会展和东西部人才交流等内容，并将组织与会者进行草原访问。大会秘书组需要设计一份会议日程。

三、任务分析

会议议程和会议日程都是关于会议活动先后顺序的安排。会议议程主要是会议召开时对基本议题的安排；而会议日程专门指对会议召开期间每一天的所有活动的安排，包括议题之外的参观、访问等。会议议程和会议日程是参会者在会议期间的活动指南，因此制定者必须充分考虑会议实际，根据情况制定。会议议程的制定必须符合各类会议组织召开的惯例；会议日程的制定应尽可能详细，时间、地点应具体，相关活动安排应周密可行。

四、任务实施

（一）会议议程

××学院2009～2010学年表彰大会会议议程

一、主持人介绍到会领导、嘉宾。

二、请黄非副院长讲话，介绍大会目的、意义。

三、请鸿源励志奖学金颁奖嘉宾冯广田先生讲话。

四、请林海涛副院长宣布鸿源励志奖学金特等奖获得者名单。

五、请杨嘉祥老师宣读鸿源励志奖学金一、二、三等奖学金获得者名单。

六、请冯广田先生为鸿源励志奖学金特等奖获得者颁发荣誉证书，并一起合影。

七、请冯广田先生、范文博院长、黄非副院长、林海涛副院长为鸿源励志奖学金一、二、三等奖获得者颁发荣誉证书，并一起合影。

八、请陈俏蒙老师宣布本年度三好学生、优秀学生干部、优秀团干部、优秀团员名单。

九、由院领导和嘉宾为三好学生、优秀学生干部、优秀团干部、优秀团员代表颁发荣誉证书并一起合影。

十、鸿源励志奖学金特等奖获得者发言（行政管理系2009级2班陈雷）。

十一、全国科技发明大赛获奖者发言（机械系2008级1班学生黄斌）

十二、范文博院长进行总结讲话。

十三、颁奖典礼结束，全体起立，欢送领导。

（资料来源：http://mz.zjff.net/news_show.php?id=101）

（二）会议日程

第二届人才发展论坛会议日程安排如表5-1所示。

表5-1　第二届人才发展论坛会议日程安排

会议时间	内容	地点	召集人
8月16日	全天会议代表报到	酒店大堂	会务组、接待组
8月16日中午12:00～15:00 晚18:00～22:00	自助餐	30楼餐厅	会务组
8月17日早7:00～8:00	早餐	30楼餐厅	会务组
上午9:00～10:00	大会启动仪式	创业中心六楼会议室	周杰
上午10:20～12:00	洽谈、对接、招聘会展1	西部人才市场	陈明
中午12:00～13:00	自助午餐	30楼餐厅	会务组
下午14:00～18:00	洽谈、对接、招聘会展2	西部人才市场	陈明
晚18:30～21:00	欢迎酒会	三楼宴会厅	王宝国
8月18日早7:00～8:30	早餐	30楼餐厅	会务组
上午9:00～11:00	开幕式	二楼报告厅	王宝国
上午11:00～11:30	全体参会人员合影	酒店门前广场	刘晓君
上午11:30～12:00	洽谈、对接、招聘会正式开幕	西部人才市场	陈明
12:00～13:20	自助午餐	30楼餐厅	会务组
下午14:30～17:30	第二届人才发展论坛	三楼宴会厅	张海峰 陈明
晚18:00～20:00	晚餐	三楼宴会厅	会务组
8月19日上午9:00～11:00	闭幕式	三楼宴会厅	周杰
中午12:00～13:00	自助午餐	30楼	会务组
下午13:30～20日中午	考察（晚餐及20日早餐在草原）	希拉穆仁草原	陈明
8月20日中午12:00～14:00	午餐	呼和浩特	王桂田
下午14:00～17:00	考察结束，返回酒店		接待组
晚18:00～21:00	欢送晚宴	三楼宴会厅	会务组
8月21日	代表返程	酒店大厅	会务组接待组

（资料来源：http://www.incubt.org.cn/news）

五、知识链接

（一）会议议程

1. 会议议程的含义

会议议程是为使会议顺利召开所做的程序性工作，即会议需要遵循的程序。会议议程可包括需要通过的文件、需要解决的问题、需要进行的讲话、发言等。

2. 会议议程的特点

(1)程序性

会议议程即会议组织的前后顺序，这个程序是使会议有序进行的保障。会议各项内容的进行都必须遵循会议议程所规定的程序。

(2)依据性

任何会议的进行都必须依据事先拟定的会议议程。只有会议议程清晰完备，会议才能按照设想有序进行。

(3)规律性

会议议程的制定虽然需要根据会议内容进行调整，但各种类型的会议议程都有其特定的规律性。

3. 会议议程的写作模式

(1)标题

①简要式标题：由会议名称＋“议程”组成，如“第十一届全国人民代表大会第三次会议议程”。②省略式标题：直接写“会议议程”。

(2)题注

有的会议议程须经过一定会议审议讨论通过才能生效，所以需写明题注。题注一般是审议通过的会议的召开时间并在会议名称后加“通过”字样，前后加括号。如《第十一届全国人民代表大会第三次会议议程》题注为“2010年3月4日第十一届全国人民代表大会第三次会议预备会议通过”。

(3)正文

按照先后顺序写明会议所需进行的项目：①需要审议、讨论、通过的各项文件、报告、计划、议案、议题等；②需要进行的讲话、演讲、发言等；③需要总结的工作、制定的计划、讨论的问题、达成的协议等。

(二)会议日程

1. 会议日程的含义

会议日程是以时间为单位，对会议召开期间每天的各项议题和其他相关活动等进行的策划与安排。

2. 会议日程的特点

(1)依据性

与会议议程的依据性相同。会议日程是会议组织召开必须遵循的程序要求，也是会议顺利开展的重要保障。

(2)详尽性

会议日程是对与会者在会期间各项活动的安排，内容详细具体。

(3)人性化

会议日程的制定除了要考虑会议内容、议题外，还要考虑到与会者的各方面因素，

时间安排要保证合理，便于执行。

3. 会议日程的写作模式

（1）标题

①简要式标题：由会议名称＋“日程”组成，如“中国人民政治协商会议第十一届全国委员会第三次会议日程”；②省略式标题：直接写“会议日程”。

（2）正文

会议日程一般按照一天之中的不同时间，将所要进行的活动依次进行安排。

通常使用表格式，可以将一天之内分为上午、下午，每个时间段写明开始的具体时间或是从开始到结束的时间，然后写明所需进行的项目（既包括会议议程中涉及的内容，也包括除此之外的参观、会餐、访问等活动）、活动地点、召集人等。

六、实例看台

【例文一】

第十一届全国人民代表大会第三次会议议程

（2010年3月4日第十一届全国人民代表大会第三次会议预备会议通过）

一、听取和审议国务院总理温家宝关于政府工作的报告。

二、审查和批准2009年国民经济和社会发展计划执行情况与2010年国民经济和社会发展计划草案的报告。

批准2010年国民经济和社会发展计划。

三、审查和批准2009年中央和地方预算执行情况与2010年中央和地方预算草案的报告，批准2010年中央预算。

四、审议全国人民代表大会常务委员会关于提请审议《中华人民共和国全国人民代表大会和地方各级人民代表大会选举法修正案（草案）》的议案。

五、听取和审议全国人民代表大会常务委员会委员长吴邦国关于全国人民代表大会常务委员会工作的报告。

六、听取和审议最高人民法院院长王胜俊关于最高人民法院工作的报告。

七、听取和审议最高人民检察院检察长曹建明关于最高人民检察院工作的报告。

八、其他。

（资料来源：http://www.xinhua.org）

【分析】 这是第十一届全国人民代表大会第三次会议的会议议程，按照项目式将会议程序依次排列，结构清晰，内容简洁。

【例文二】

中国人民政治协商会议第十一届全国委员会第三次会议日程

3月3日（星期三）

下午3时　政协十一届三次会议开幕会

1. 审议通过政协第十一届全国委员会第三次会议议程。

2．听取贾庆林主席作政协全国委员会常务委员会工作报告。

3．听取罗富和副主席作政协全国委员会常务委员会关于政协十一届二次会议以来提案工作情况的报告。

3 月 4 日（星期四）

上午 9 时　小组讨论（常委会工作报告和提案工作情况报告）

下午 3 时　小组讨论（常委会工作报告和提案工作情况报告）

……

3 月 13 日（星期六）

上午 9 时　政协十一届三次会议闭幕会

1．通过人事事项。

2．通过政协第十一届全国委员会第三次会议关于常务委员会工作报告的决议。

3．通过政协第十一届全国委员会提案委员会关于政协十一届三次会议提案审查情况的报告。

4．通过政协第十一届全国委员会第三次会议政治决议。

注：日程如有变动，由大会秘书处另行通知。

（资料来源：http://www.people.com.cn）

【分析】 这是全国政协会议的日程安排，以时间为单位，每天按上午下午分开，将会议的程序依次排列，条理清晰，言简意赅。

七、拓展实训

【情景模拟写作】

××省学生联合会将于2011年8月7日至8日在省会城市组织召开第十次代表大会。会议将由第九届学联主席做工作报告，选举第十届学联委员会成员，邀请省委、省政府领导与学生代表进行座谈，并组织与会者参观当地知名企业。请你作为会议的组织筹备者，设计会议议程和会议日程。

八、学习反思

____

____

____

任务三　会 议 通 知

一、任务目标

1．熟练掌握会议通知的写作模式。

2．熟记会议通知的写作模式及要求。

3．能制发各类会议的会议通知。

二、任务情景

为了贯彻全国人才工作会议的精神，进一步开创我院人才工作的新局面，不断加快我院师资队伍建设步伐，学院定于2010年11月12日在行政楼302会议室举行人才工作研讨会。要求院领导、具有副高及以上职称教职工、各系（部）教研室副主任以上干部、相关职能部门负责人参加。会议将围绕“如何看待高层次人才在我院评估、教学及学科专业建设中的重要作用”等问题进行分组讨论，要求参会人员认真思考本次研讨会的讨论内容，积极发言，归纳提炼形成发言稿。院长办公室秘书小刘需要向各系（部）、各处（室）下发会议通知。

三、任务分析

会议通知是会议筹备阶段的重要一步。准确、及时地下发会议通知，对保证会议的顺利进行具有重要作用。会议筹备者必须全面考虑问题，从参会者的角度出发，紧紧围绕会议主题内容，做好会议基本情况的信息沟通。会议通知的作用在于，告知与会者参加会议的基本要求。由于不同会议的议题不同，与会者需注意的问题也复杂多样，因此会议通知的写作要严格按照格式规范要求，做到项目齐备，条理清楚，使与会者能顺利参加会议。

四、任务实施

××学院关于召开人才工作研讨会的通知

各系（部）、各处（室）:

为了贯彻全国人才工作会议的精神，进一步开创我院人才工作的新局面，不断加快我院师资队伍建设步伐，经研究，决定召开人才工作研讨会，现将有关事项通知如下:

一、会议时间

2010年11月12日。

二、会议地点

行政楼302会议室。

三、参会人员

院领导、具有副高及以上职称教职工、各系（部）教研室副主任以上干部和各处（室）负责人。

四、会议议程

（一）主题报告（11月12日上午9:00～10:30）

1. 沈家铭院长：我院“五年过渡期”人才队伍建设要求及趋势。

2. 郭明奇常务副院长：我院“五年过渡期”师资队伍建设规划报告。

（二）分组讨论（11月12日上午10:50～11:40，11月12日下午2:30～3:30）

讨论内容:

1. 如何看待高层次人才在我院评估、教学及学科专业建设中的重要作用。

2. 目前我院师资队伍建设过程中存在的问题及解决办法。

3. 如何拓宽招聘渠道、优化引进流程，加快引进高层次人才。

4. 如何加快内部人才培养步伐及增进教师归属感。

5. 如何做好高层次人才的使用及考核管理工作。

（三）会议总结（11 月 12 日下午 4:00～5:00）

1. 各小组代表发言。

2. 罗裕瑞书记总结讲话，下达高层次人才引进任务。

五、分组讨论安排

本次分组讨论共分为三个小组，具体安排为:

第一小组: 新闻系、管理系参会人员。

第二小组: 计算机系、艺术设计系、表演系参会人员。

第三小组: 传媒工程系、英语系、思政课部、体育课部参会人员。

院领导及机关处室参会人员不单独组织讨论小组，分散参加各讨论小组（各小组人员名单附后）。

六、会议要求

（一）参会人员应认真思考本次研讨会的讨论内容，并在会上积极发言。

（二）各小组在开展讨论前应安排总结发言人及讨论记录人。

（三）各小组应深入讨论会议五大议题，归纳提炼形成发言稿。

附件: 各小组人员名单

××学院

二○一○年十一月二十日

（资料来源：http://www.whmc.edu.cn/bencandy.php?id＝41416）

五、知识链接

（一）会议通知的含义

会议通知是向与会者告知会议召开的有关事项或会议要求的文字材料。会议通知属于行政公文的下行文，即有隶属关系的上级部门向下级部门下发的文件。

（二）会议通知的特点

1. 广泛性

会议通知的使用范围很广，大到全国性会议，小到日常例会，都可以使用会议通知告知与会者会议召开情况以及需要注意的问题。

2. 灵活性

会议通知的写作非常灵活，可以根据会议内容的不同确定长短、繁简，使用起来也

相当方便。

（三）会议通知的写作模式

1. 标题

（1）公文式标题：发文机关＋“关于”＋事由＋文种。发文机关一般情况下不要省略。如《××学院关于召开人才工作研讨会的通知》。

（2）省略式标题：如是小型会议，可直接写为“会议通知”。

2. 主送机关

会议通知作为行政公文，发文时需注明主送机关，主送机关即接受通知的机关。主送机关为多个机关时，应用逗号将各机关名称间隔开。普发性通知可省略主送机关。

3. 正文

（1）缘由

主要写明召开会议的目的、作用或意义，然后使用承启语“现将会议有关事项通知如下：”引起下文。

（2）主体

会议通知的主体部分主要是对会议内容及要求的介绍。小型会议一般只需写明会议召开的时间、地点、出席人员、会议内容等。大型会议要考虑会议召开需注意的各方面事项，主要包括以下几个方面：①会议名称；②会议时间、地点及报到的时间、地点；③会议议题及预期结果；④参加会议人员；⑤需与会者提前准备的事项，包括有关文件、材料、论文、证件、生活用品，以及会前需报送的人员名单、论文、材料等；⑥其他需注意的事项，包括行程路线、交通工具、食宿安排等。

（3）结尾

有的会议以“特此通知”作为结尾用语，有的则省略，自然收尾。

4. 落款

注明会议通知下发单位及时间。

六、实例看台

关于召开××市教育系统纪念中国共产党成立90周年暨先进集体和优秀个人表彰大会的通知

为隆重纪念中国共产党成立九十周年，市委教育工委决定召开市教育系统庆祝中国共产党建党90周年暨表彰大会，隆重表彰我市教育系统先进基层党组织、优秀共产党员、优秀党务工作者。市委、市政府领导将出席会议。

一、会议时间

2011年6月24日下午3:00。

二、会议地点

××市第二中学报告厅。

三、参加人员

（一）各高校党委书记或分管副书记，党群工作部门负责人；受表彰先进个人及党员代表。

（二）各区教育局（社会事业局、社会发展局）党工委书记和局长；受表彰单位、个人及党员代表。

（三）市直属学校（幼儿园）校级党员领导干部、党员中层领导干部，受表彰先进个人及党员代表。

（四）局机关及下属事业单位全体党员。

四、有关事项

如有疑问，请及时联系会议筹备组。

中共××市委教育工作委员会办公室

【分析】 这篇会议通知在格式、内容上存在问题。首先，缺少主送机关。其次，“有关事项”部分对会议的相关事宜或需要与会者提前准备的事项等没有说明；会议组织筹备工作联系人、联系方式也缺失。最后，文章还缺少成文时间。会议通知是行政公文“通知”的一种类型，在写作模式上要求非常严格，写作时应特别注意。

七、拓展实训

【文章诊改】

关于××天然气总公司召开
开展增产节约、劳动竞赛会议的通知

各分公司、分厂、各车间党支部、总公司各直属部门：

为贯彻上级精神，提高总公司的工作效率和经济效益，培养广大职工的主人翁精神，经总公司董事会研究决定，在全公司范围内广泛开展增产节约、劳动竞赛活动。现将会议有关问题通知如下：

一、会议时间：10月4日至8日。

二、会议地点：总公司招待所。

三、与会人员：各分公司、分厂、总公司各直属部门主管生产的负责同志、工会主席等。

四、请各单位准备好本单位开展劳动竞赛活动的经验材料，限5000字，报到时交给会务组。并请与会人员于10月4日前来报到。

××天然气总公司

2010年6月8日

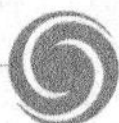

【情景模拟写作】

情景一：

胜达汽车销售公司准备在2011年2月20日至22日组织召开2010年度销售工作分析会，要求各分公司销售部经理及该分公司当年销售业绩第一的业务员参加。会议地点在清源市东方大厦贵宾会议室。会议议题为汇报2010年销售情况，下发2011年工作计划，销售状元进行经验交流，并在会议结束后安排参会人员到该市的著名汽车企业参观访问。

情景二：

×省商业厅10月21日的厅长办公会决定在12月18日至21日召开全省商业局长会议，研究启动市场问题；17日报到；由厅办公室负责派车到火车东站、南站、长途汽车站迎接；报到地点和会议地点设在东郊宾馆（解放路××号），各商业局局长和一名秘书参加，到会人员不要自带车辆；各局今年的工作情况和所属单位的经验材料打印100份，并在会前半个月交厅办公室，厅办公室全面负责会务工作。

根据情景要求，分别撰写会议通知。

八、学习反思

____

____

____

任务四　会议简介与会议须知

一、任务目标

1. 了解会议简介和会议须知的含义。
2. 明确会议简介和会议须知的写作方法和要求。
3. 能撰写会议简介和会议须知。

二、任务情景

环保事业是关系我国可持续发展战略顺利实施的重要砝码。近年来，我国环保事业发展迅速，成绩喜人。由环境保护部主管、中国环境报社主办的“全国环保局长论坛”自2007年开始举办，既为基层环保局长创造发表意见的机会，也进一步加强了基层环保部门的沟通联系。2010年4月20日，第三届“全国环保局长论坛”将在北京举行。大会秘书组小刘，需要在大会手册中编入“全国环保局长论坛”会议简介和第三届全国环保局长论坛会议须知的内容。

三、任务分析

会议简介主要是对会议情况的介绍，主要目的是向与会者介绍会议的重要意义和作用，同时起到宣传会议的作用。会议组织者应在实事求是的基础上，对会议的意义、影响、作用进行介绍、宣传，不夸大其词，符合会议的客观实际。

会议须知告知与会者需要注意的问题，为大会的顺利进行提供保障。会议组织者必须细致考虑问题，将会议的注意事项毫无遗漏地告知给与会人员，以保证会议顺利召开。同时需要讲究方式方法，语气不能过于强硬，要礼貌待人，多用“请”字，这样才能体现出会议组织机构谦和周到的态度。

四、任务实施

“全国环保局长论坛”简介

改革开放30年，我国的环保事业发展迅速，从小到大，从弱到强。温家宝总理在第六次全国环保大会上提出了环保工作要加快实现“三个转变”的总要求，标志着我国的环境保护执政方略发生了重大改变，是我国环境保护发展史上一个新的里程碑。

新的历史时期，赋予各级环保部门新的历史使命，也承担了更多责任，对地方环保工作提出了更高的要求。

“全国环保局长论坛”由环境保护部主管、中国环境报社主办，其目的是把环境保护各项中心工作，真正落到基层，落到实处，推进基层环保工作扎实有效进行，积极推进环保工作历史性转变，加快污染减排步伐；同时，也为基层环保局长创造发表意见的机会，进一步加强中国环境报与基层环保部门的沟通联系。

“全国环保局长论坛”以“交流、沟通、合作、友谊”为主题，团结战斗在环保一线上的辛勤耕耘的领导者，共同为推动全国环保事业的创新与发展而努力。

（资料来源：http://www.cenews.com.cn/hbjzlt）

第三届“全国环保局长论坛”会议须知

一、报到

1. 参会代表凭会议通知到会务组签到，领取相关会议资料，预订返程票。

2. 会议正式代表参会费及食、宿（一个标准床位）费用均由组委会承担，如要求安排单间，每人每天需交纳200元单间房差。

3. 交款后由酒店开具正式发票。

4. 参会代表房间由会务组统一安排，请勿自行调换。

5. 会议期间代表在宾馆内长话费、洗衣费、上网费及其他自费项目请自理。

6. 会议期间请爱护宾馆内设施，并妥善保管好自身财物，注意防火防盗；如有特殊情况，请及时报告会务组。

二、就餐

1. 根据会议日程，凭餐票在既定时间、地点就餐。

2. 就餐时间、地点如有临时变动，请注意听取会务组的临时通知。

三、参会

1. 代表凭代表证乘车、参会。

2. 根据会议议程，听取会务组人员安排，准时到既定地点乘车。

3. 请在会议期间关闭手机或设置为振动模式，保持会场安静。

4. 为保证会议顺利进行，参会代表请自觉遵守各项作息时间安排。

四、乘车安排（161人）

第一车（42人）：部领导、社领导（4人），江苏省（14人），河南省（12人），河北省（11人），工作人员（1人）。

第二车：（略）

第三车：（略）

五、考察

1. 参观考察期间，自觉遵从参观路线，以免脱离参观队伍。

2. 注意保管好自己的行李及随身物品，如有特殊情况，请随时告知会务组人员。

3. 请根据会务组人员安排乘车。

4. 提前准备好适合户外行动的旅游鞋、衣物及防雨、防晒等物品。

六、会务组人员及联系方式

全国环保局长论坛组委会

秘书长：王 斌 135××××4448

成 员：方若明 131××××0385　鹿成彬 138××××8955

国航大厦：总机 0987-66085968

（资料来源：http://www.cenews.com.cn/hbjzlt）

五、知识链接

（一）会议简介

1. 会议简介的含义

会议简介是会议组织单位对会议进行宣传、向与会人员介绍会议基本情况的文字材料。会议简介一般在会前由会务工作人员发给与会人员。

2. 会议简介的特点

（1）客观性

会议简介是与会人员对会议深入了解的重要途径。会议简介要对会议的意义、影响、作用进行实事求是的、客观的介绍、宣传。

（2）条理性

会议简介通常采取段落式结构，依靠内部层次的条理性向与会者介绍会议情况。

3. 会议简介的写作模式

（1）标题

①简要式标题：会议名称＋“会议简介”或“简介”，如《“全国环保局长论坛”简介》；②省略式标题：直接写“会议简介”。

（2）正文

①开头：写明会议名称，会议召开的时间、地点，会议的主办、承办单位，参加会议的人员。②主体：会议简介的主体是对会议情况的介绍，主要包括以下几个方面：会议的宗旨、目的、意义、作用、影响等。会议召开的历史背景。如果是连续性会议，可回顾会议召开的悠久历史。会议基本安排、需解决的问题等。

（二）会议须知

1. 会议须知的含义

会议须知是会议组织机构告知与会人员应当了解和遵守的相关活动事项的文字材料。有时也称为“会议注意事项”、“会议指南”。

2. 会议须知的特点

（1）约束性

会议须知是会议组织机构对与会人员的引导和要求，与会人员需要按照会议须知的要求处理相关事宜，否则会影响会议的顺利进行。

（2）礼貌性

会议须知虽然是会议组织者对参加会议人员进行的告知，但告知需有礼节。只有语气中肯，多使用礼貌用语，才能使被告知者欣然接受，进而达到保证会议顺利进行的目的。

3. 会议须知的写作模式

（1）标题

①简要式标题：会议名称＋“会议须知”，如《第三届“全国环保局长论坛”会议须知》；②省略式标题：直接写“会议须知”。

（2）正文

会议须知的内容，一般采用条款式按照逻辑顺序将需告知与会人员的项目按次序排列，通常包括以下几个方面：①会议组织机构和各个工作机构负责人的姓名、房间号、电话号码；②会议作息时间，包括会议召开时间和用餐时间、参观考察时间等；③注意事项，如佩戴会议证件、保管物品；④保密纪律，如会议文件的保存、携带以及防止外泄等；⑤安全保卫，如防火、防盗等；⑥会议服务，即会议期间的各项服务，如预订车船票等；⑦会议经费，如会议经费的交纳或个人承担比例等。

六、实例看台

会议简介

各有关单位:

根据国家宏观经济发展规划,“十五”期间固定资产投资比“九五”期间又有较大幅度增长,其中国家基础设施和西部大开发是建设的重点,除国内计划投资外,初步达成意向性的外商投资已达3000多亿美元,其中三分之一用于西部开发建设,工程机械正面临一个良好的发展机遇。

为落实“十五”规划,引导企业制定自身发展战略,进行企业产品结构调整,开拓市场,中国工程机械工业协会定于7月10至12日在北京召开“工程机械行业‘十五’发展规划及市场信息发布会”。会议主要内容有:

1. 正式发布经国家经贸委规划发展司审定的工程机械行业“十五”发展规划。

2. 对国家西部大开发规划及建设工程项目的进一步跟踪调查情况的汇报。

3. 重点市场信息:邀请国家水利部、农业部、建设部、电力总公司、铁道总公司、路桥总公司、西气东输、青藏铁路建设等部门的专家,介绍有关规划及近期对工程机械的需求情况。

4. 中国拟建和在建建设项目信息。

请各单位主要负责人及市场负责人1～2人参加。

* 会议时间:2001年7月11日至12日,7月10日全天报到。13日上午撤会。

* 会议地点:北京香山饭店。地址:北京市海淀区香山公园内。

* 会议费用:会议代表每人交会务费1500元(含住宿、资料费等)。

* 报到交通路线及乘车指南:

▲报到日(10日)下午3:00从中国工程机械工业协会(月坛南街262036房)发专车前往香山饭店。

▲北京站→香山饭店:

① 乘地铁→“西直门”站下车,换乘904路汽车到香山。

② 乘地铁→“复兴门”站换乘一号线地铁→“苹果园”站换公共汽车到香山。

③ 回乘103路电车→“动物园”下车,换乘714路或360专线车到香山。

▲西客站→香山饭店:乘374支线在“北洼路”下车,原地换360专线车或714路到香山。

▲ 首都机场→香山饭店:乘机场班车换乘地铁,按上述路线抵香山。

* 会务联系人:×× ××× 电话:×××××××××

香 山 饭 店:×× ××× 电话:×××××××××

* 为便于会务安排及订返程车票,请与会代表于7月5日前将回执传真给协会秘书处。

中国机械工业联合会

二〇〇一年六月十五日

【分析】 会议简介和会议须知主要是向与会者介绍会议的基本情况，并告知与会者参加会议的要求。这篇文章虽然题为会议简介，但实际包括了对会议的介绍和参加会议的要求。在写作模式上也错误地套用了会议通知的写法，内容杂乱，结构不清，数字序号的使用也存在问题。在使用会议简介和会议须知这两个文种的时候，要注意将内容区分清楚，像任务实施中的例文一样，注意根据不同需要正确选择文种。

七、拓展实训

【供料写作】

1. 2010年10月25日至27日国际图书馆东亚文献合作暨华文报刊数字化研讨会将在中国湖南长沙召开。

2. 会议宗旨：重整中华报刊文化遗产，共建共用中华文化资源库。

3. 主办机构：长沙市人民政府、中国国际图书贸易总公司、中国研究图书馆员学会（北美）、欧洲汉学图书馆员协会；承办机构：青苹果数据中心、斯坦福大学东亚图书馆、德国柏林国家图书馆东亚部、韩国NHN株式会社。

4. 会议主题：东亚文化历史报刊文献数字化发展规划及《申报》研究。

5. 会议议题：

（1）自鸦片战争以来华文历史报刊的馆藏资源概况。

（2）将部分华文历史报刊收集、整理并数字化的合作方式。

（3）华文报刊数字化首选的报刊种类。

（4）对已数字化的华文历史报刊如何进行资源分享。

（5）多文种报刊期刊数字化技术报告会。

请根据上述材料撰写一篇会议简介。

【情景模拟写作】

假设广东省高校学生联合会，将于2011年10月25日在广州召开全省大学生联合会第一届学生代表大会，请你拟订一份会议简介和会议须知。

八、学习反思

____

____

____

任务五　会议记录与会议纪要

一、任务目标

1. 掌握会议记录和会议纪要的写作模式。

2. 明确会议记录和会议纪要的区别及写作要求。

3．能够熟练记录会议情况，并撰写会议纪要。

二、任务情景

××专案组将于2011年10月6日下午2时30分，组织第四次工作会议。专案组组长陈××主持会议，专案组成员林××、黄××、刘××参加了会议，张××因外出调查未归缺席。会议主要由专案组成员汇报侦查工作进展，进而确定下一步工作重点。刘××负责这次会议的记录，并根据专案组组长的要求写出会议纪要向邱局长汇报。

三、任务分析

（1）会议记录是对会议原始内容的真实记录。会议记录人必须具有扎实的文秘基本功，具有快速记录的能力，能对会场上的情况做到有言必录或有要言必录。会议记录要求记录员认真听会，如实记录会议细节，包括真实的内容、真实的会场气氛等，不能随意整合甚至篡改发言者的发言内容。由于会议内容复杂多样，记录者要重点关注以下重要信息，如：会议中心议题以及围绕中心议题展开的有关活动；会议讨论、争论的焦点及其各方的主要见解；权威人士或代表人物的言论；会议开始时的定调性言论和结束前的总结性言论；会议已议决的或议而未决的事项；对会议产生较大影响的其他言论或活动。

（2）会议纪要是在会议记录的基础上对会议内容的总结概括，不能将会议记录原封不动地作为会议纪要内容，要有重点、有详略地加以概括。写作会议纪要首先要弄清楚会议的目的、任务、内容和形式，掌握会议的所有文件材料，参加会议的全过程，并认真做好会议记录，特别是会议的主体文件和材料、领导同志的发言，这是写好会议纪要的重要保证。与会议记录一样，对于会议讨论的情况或议定的事项，会议纪要要如实反映，不能添枝加叶、无中生有，也不能回避问题。要正确使用“纪要用语”，应使用第三人称，不宜写成“我们……”。常见的“纪要用语”有：会议听取了（收到了、取得了、讨论了）；会议认为（决定、指出、号召）；与会同志建议（认为、表示、倡导）等。

四、任务实施

××专案组第四次工作会议记录

会议名称	××专案组第四次工作会议	会议时间	2011年10月6日星期一 下午2时30分
会议地点	××公安局刑侦办公室	会议主持人	陈××（专案组组长）
出席人	陈××、林××、黄××、刘××	列席人	钟××（××科××员）
缺席人	张××（外出调查未归）	记录人	刘××

发言记录：

会议主要内容：汇报侦查工作进展，确定下一步工作重点。

陈××：关于××案件，已分头调查三天，今天请大家汇总一下情况。局领导已正式派钟××随时配合我们的行动，望大家合作愉快。

续表

黄××：我去××宾馆调阅了客人登记本。×月×日，进住304房间的人叫何××，据服务员尤××、方××和费××辨认，均确认何××就是照片上的人。嫌疑人李×使用了假名、假身份证，看来确有作案嫌疑。 林××：我去过××轮船公司，了解到从××开往××的客船，每天三班（8点10分、11点30分、17点20分）。×月×日，李×有机会乘当天11时30分的轮班到××。这是不是可以说明，李×有可能在案发时间到达现场呢？ 钟××：昨天我去B工厂检查防火工作时，顺便侧面了解了一下李×的情况。李×35岁，××省×县人，1993年高中毕业后，经劳动局安排，在B厂当工人，遵守劳动纪律，表现一般。去年，他去香港探亲，历时半个月。近一月以来，他经常请假，案发后第二天，当地派出所梁所长找李×的叔叔李××谈话，已从旁证实案发当天李×没有回老家。 陈××：根据大家汇报的情况，说明我们选择的调查点是正确的，还要进一步查明李×这一两个月请假的具体日期和理由，并一一核实行踪，从中寻找新的线索和证据。局领导指示，这可能是一宗涉外、涉毒案件，要求大家继续工作。随时汇报，抓紧破案。接下来我和小林、小黄立即去李×所在工厂，找知情人作进一步了解，核实情况。小刘负责整理大家汇报的情况，向邱局长汇报，先口头后形成文字，上报局专案领导小组。张××回来后，立即通知我。 大家还有什么意见？ 众人：没有。 陈××：散会。
记录人签字：刘××（签字）　　　　审阅签字：陈××（签字）

（资料来源：宋影萍．2011．办公室文书写作与范例．北京：蓝天出版社）

××专案组第四次工作会议纪要

2011年10月6日（星期一）下午2时30分，××专案组第四次工作会议在××公安局刑侦办公室召开。专案组组长陈××主持会议，林××、黄××、刘××参加了会议，张××因外出调查未归缺席，××科××员钟××列席会议。会议的主要内容是由专案组成员汇报侦查工作进展，进而确定下一步工作重点。现将会议情况纪要如下:

一、专案组组长陈××主持会议，要求大家汇总××案件的调查情况，并介绍钟×同志经局领导安排正式参与案情调查，希望大家能合作愉快。

二、黄××汇报说，经过在××宾馆的调查，并通过服务员尤××等指认，认定嫌疑人李×以何××的假身份在×月×日进住304房间，初步认定其具有作案嫌疑。

三、林××汇报说，根据在××轮船公司的调查了解到，从××开往××的客船，每天有三班，分别是8点10分、11点30分、17点20分。根据案情，初步认为李×有机会在×月×日乘坐11时30分的轮班到××，因此说明其有可能在案发时间到达现场。

四、钟××汇报说，去B工厂检查防火工作时，侧面了解到李×的情况，根据其叔叔李××谈话，从旁证实案发当天李×没有回老家。

五、陈××总结说，这是一宗涉外、涉毒案件，要引起足够重视。大家要通力合作，抓紧破案。根据专案组成员汇报的情况，说明目前的调查点是正确的，下一步的工作重点是进一步查明李×近一两个月请假的具体日期和理由，并一一核实行踪，从中寻找新的线索和证据。

最后，安排陈××、林××、黄××去李×所在工厂，找知情人作进一步了解，核实情况。

五、知识链接

（一）会议记录

1. 会议记录的含义

会议记录是在会议进行过程中，指派专人对会议的组织和进程、会议研究或讨论的议题，与会人员的发言以及会议议定事项进行如实记录而产生的会议文书。

2. 会议记录的特点

（1）如实性

会议记录是对会议内容的如实记录，包括会议内容、领导讲话、与会者发言，凡是会议进行过程中的内容，都是会议记录所包含的内容。

（2）即时性

会议记录是伴随着会议召开而即时产生的文书，而不是会议结束后经人加工修改的，这是会议记录与会议纪要的显著区别。

（3）原始性

会议记录的内容是对会议召开原始情景的真实再现，包括会议内容、领导讲话、与会者发言等都必须原原本本按照其原始形态进行记录，不允许篡改臆造。

3. 会议记录的写作模式

（1）标题

①简要式标题：由会议名称＋“会议记录”或“记录”组成。如《××专案组第四次工作会议记录》。②省略式标题：直接写“会议记录”。

（2）会议组织信息

①会议名称。通常由会议名称＋“会议记录”组成。②会议时间。包括会议召开时间的年、月、日及会议开始的具体时间。③会议地点。即召开会议的具体场所，必要时要记明所在的详细地点。④会议主席（主持人）。写明主持人的姓名和职务。⑤会议出席人情况。指与会的法定人员。小型会议应记明出席人的姓名、职务；大中型会议，可以只记明参加人数，必要时记明参加会议的部门或在会议记录后附上与会人员名单。⑥会议缺席人情况。指应到会但因故未能到会的人员。小型会议应记清缺席人姓名及原因；大中型会议，可只写缺席人数，以便于统计。⑦会议列席人情况。写明列席会议人员的情况。包括列席人的身份、姓名。⑧记录人。写清记录人姓名、职务。重要的大中型会议应由多名记录人员，逐一记录清楚。

（3）会议内容

会议内容一般包括以下几个方面：①会议的宗旨、目的。②会议议题。如果有多个议题，需逐一列出，可以在议题前分别加上序号。③会议报告和领导讲话。相关领导人作的大会报告或讲话。④发言人及发言内容。一般在记录每个人的发言时都要另起一行，写明发言人的姓名，加冒号，之后记录发言人的发言内容。⑤会议表决情况。如赞成人数、反对人数、弃权人数等。⑥会议决议。决议事项应分条列出。有表决程序的要记录表决的方式和结果。⑦会议结论。主要是会议达成的共识以及领导、主持人的总结发言等。

（4）结尾

另起一行，写明“散会”，并注明散会时间。

（5）审阅签名

会议审阅签名，一般由会议主席（主持人）和记录人共同完成。签名时如果发现有疑问或者有与会者对某记录内容提出疑问，应该在记录稿整理完毕之后送讲话人审阅。因故未能请讲话人审阅的，应注明“根据记录整理，未经讲话人审阅”字样。

一般来说，会议记录者记录发言内容时可采取两种记录方式：摘要记录和全文记录。大多数会议一般只需要把发言者讲了哪些问题，每一个问题的基本观点、主要事实和结论，对别人发言的态度等，选取重点进行摘要记录，不必有闻必录。而对于某些特别重要的会议，尤其是特别重要的人物的发言，则要全部记录。

（二）会议纪要

1. 会议纪要的含义

会议纪要是《国家行政机关公文处理办法》公布的法定文种之一，适用于记载、传达会议情况和议定事项。会议纪要是在会议记录、会议有关文件和其他会议资料的基础上，综合概括写成的关于会议情况、会议议定事项的文字材料。

2. 会议纪要的特点

（1）纪实性

会议纪要是对会议内容和议定事项如实的反映，虚构的、臆想的、没有经过会议讨论的问题是不能写进会议纪要的，正因为这个特点，会议纪要也具有凭证作用和资料文献价值。

（2）概括性

会议纪要是记录会议的要点，是对复杂的会议情况和内容进行综合、概括整理后，归纳出的主要事项，是会议记录的浓缩。

（3）指导性

会议纪要一经下发，便要求与会单位和有关人员遵守、执行，以此为依据展开工作，落实会议的议定事项。

3. 会议纪要的写作模式

（1）标题

①简要式标题：由会议名称＋“会议纪要”或“纪要”组成。如《××专案组第四次工作会议纪要》。②省略式标题：直接写“会议纪要”。

（2）正文

①导言。导言一般概括会议的基本情况，包括会议的名称、目的、内容、时间、地点、规模、参加人员、主要议题和会议成果等。②主体。根据会议的中心议题，总结归纳出会议的情况和成果，包括对工作的评价、对问题的分析、会议议定的事项、提出的要求等。写作时可用一些惯用语，如“会议认为”、“会议强调”、“会议指出”、“会议要求”、“会议决定”等。主体的写法一般有以下三种：分项排列纪要法。把会议的主要内容或议定事项，按照主次分条列项列出来，每一条加上序号或小标题。适用于办公会议及专门性会议。综合概括纪要法。把会议的基本情况、讨论研究的主要问题、与会人员的认识、议定的有关事项，用概括叙述的方法进行整体的阐述和说明。发言记录纪要法。把与会人员具有典型性、代表性的发言要点摘录出来，按发言顺序或内容性质先后写出，每人一段，并注明发言人的职务和姓名。③结尾。结尾一般写对与会者的希望和要求，也有的会议纪要不写专门的结尾用语。

（3）落款

除办公会议纪要外，一般会议纪要不需要署名，不加盖公章。会议纪要的成文时间可写在标题之下。

（三）会议记录与会议纪要的区别

1. 性质不同

会议记录是会议讨论发言的原始记录，属于事务文书的范畴；会议纪要是经过概括总结后形成的正式文书，属于法定的行政公文。

2. 功能不同

会议记录一般不公开，无须传达或传阅，只作为单位内部资料存档；会议纪要通常要在一定范围内传达或传阅，甚至要求贯彻执行。

3. 写作方式不同

会议记录只是会议信息的原始记录，无须更改或编辑；会议纪要必须在会议记录的基础上进行概括总结，进一步提炼。

六、实例看台

××省人大新闻宣传工作会议会议纪要

全省人大新闻宣传工作会议于2010年5月18日至20日在××召开。各省辖市人大常委会分管宣传工作的常委会领导、负责宣传工作的副秘书长或研究室主任及宣传科长、各省辖市主要媒体从事人大报道的优秀通讯员、××省第十九届宣传人民代表大会制度好新闻一等奖获得者、省直主要新闻单位的新闻工作者等160余人参加了会议。省人大常委会党组书记、常务副主任×××出席会议并作重要讲话，省人大常委会秘书长×××主持开幕会议。××市委书记××出席会议并向大会致辞。现将会议内容纪要如下：

会议学习传达了中宣部《关于进一步做好人民代表大会制度和人大工作宣传报道的意见》、全国人大常委会办公厅《关于加强改进人大新闻宣传工作的意见》和省委书记、省人大常委会主任×××同志关于人大新闻宣传工作的重要指示精神，部分与会单位交流了工作经验，全国人大外事委员会副主任委员×××、全国人大常委会办公厅新闻局副局长×××分别作了辅导报告，省人大常委会副秘书长××作了会议总结。在与会人员的共同努力下，本次全省人大新闻宣传工作会议取得了圆满成功。

会议认为，近年来我省各级人大常委会高度重视人大新闻宣传工作，坚持正确的舆论导向，围绕坚持和完善人民代表大会制度、加强民主法制建设这个主题，围绕全省工作大局和人大常委会的重点工作，大力宣传科学发展观在人大工作中的生动实践，宣传我省地方立法、人大监督、代表工作和重大活动的特色亮点，为全省人大工作的健康发展营造了良好的舆论氛围，为推动科学发展、加速我省政治经济和社会发展起到了积极的促进作用。

会议指出，人大新闻宣传工作既是人大工作的重要内容，又为做好人大工作创造了良好的舆论氛围。要把做好人大宣传工作与贯彻落实中央的精神和卢书记的要求结合起来，进一步增强做好工作的责任感和使命感，努力拓展人大新闻宣传工作的力度、广度和深度，切实增强人大新闻宣传工作的针对性和实效性，通过人大新闻宣传把人民代表大会制度的优越性充分展示出来，把人大及其常委会围绕中心、服务大局，凝聚社会各方力量，推动科学发展的优势充分展示出来，为各级人大及其常委会依法履行职责，为加快实现中原崛起营造良好的社会舆论环境。

会议强调，要进一步提高对人大宣传工作重要性的认识，坚持正确的政治方向，坚持正面宣传为主的方针，突出宣传重点，积极探索创新，进一步拓宽人大宣传新领域，不断扩大人大宣传工作的覆盖面和影响力。

会议商定，下次全省人大新闻宣传工作会议由××市人大常委会承办。会议的议题和召开的具体时间，由省人大常委会办公厅决定。

（资料来源：http://www.npc.gov.cn）

【分析】 这是一篇专题工作会议纪要，主要采用综合概括法进行纪要，将会议的主要内容、议程、议题、结论、要求等分别进行概括总结。而任务实施中的例文则是座谈会纪要，采用座谈会纪要方法，即按与会人员的发言情况进行记录。会议纪要的写作方式，可根据会议内容进行选择。

七、拓展实训

【供料写作】 下面是一份座谈会的座谈记录，假定你是座谈会主办方的工作人员，请对这次座谈涉及的主要问题逐一进行概括，整理出一份不超过300字的会议纪要。

要求：全面、准确，有条理。

2009年，在人们对水价调整议论纷纷的背景下，某部门邀请某市自来水公司H总经理、B书记、某报W记者、公用事业专家X、Y、T、G、某外资投资公司S副总裁、M经理、市民代表D、C等，开了一次座谈会。下面是座谈记录。

W 记者：我觉得，水不单纯是一种商品，它有公共资源的属性，不能单纯地以商品来计价。因为政府从税收里头就已经提取了一些资金，居民对这块资源理应低价共享。

H 总经理：十年前我来到这个企业的时候，遇到的第一个问题就是有些人认为水是自来水、福利水，不是商品。自来水公司长期不参与市场竞争，亏损靠补贴，投资靠拨款，企业人员臃肿，效率低下。持续低迷的水费征收率，居高不下的管网漏失率。加上积累下来的几亿元社会拖欠水费，成了我面前的大难题。一栋 297 户的居民楼，12 年不交水费，周围的居民楼也在关注着他们，这个事态如果扩大，全市可能都要不交。在这种情况下，我下决心采取行动。先召开了新闻发布会。第二天对这栋楼停了水，一直停了 36 天。停水后第二天，铺天盖地的报纸，整版整版地报道、评论这件事。停水之后，陆陆续续有居民开始交水费了，可是管网就这一根，对已经交水费的居民怎么办？我们说下决心，对交水费的居民提供矿泉水。我们职工就把矿泉水一桶一桶地扛到他的家里。后来我们听说了，这栋楼的居民走在街上，不敢说是这栋楼的，谁要说是这栋楼的居民，大家都谴责他，形成了一个社会舆论。但这还不够，供水企业要不要盈利，是不是亏得越多越光荣。光停水还解决不了。

X 专家：供水企业在市场机制下追求盈利，讲究成本，我觉得这是很客观的一件事情。

G 专家：作为企业，好像盈利是一种天然的冲动，所以我们说有涨价的冲动。但是这并不是一个放之四海而皆准的真理，也不是各国通用的。我最近到墨尔本去了一趟，澳大利亚墨尔本的供水企业，盈利率很低，看去年的年报，它的净资产回报率大概只有 1%到 2%的样子。如果我们说自来水公司是公用性质的企业，那么它就不应当有盈利冲动。

Y 专家：供水行业的特点是自然垄断性，它在市场上是不可竞争的。对我们公用事业，消费并没有选择权。这样一个自然垄断的企业，要有盈利，就很可能获取超额利润，消费者质疑它涨价是不奇怪的。

S 副总裁：我觉得法国做得比较好，它的水价构成是供水的全部成本，除一些生产成本之外，还有税金，再加上投资成本，还有其他新设施的投资，比如说管网的投资，这些成本必须是客户认可的，运营商也认可的，予以公开。法国近几年跟随欧盟的标准供水，每年的水价都有一点增长，不是十年不涨，一下子涨很多。

H 总经理：如果公用企业的利润仅靠调价来实现，这是不全面的，应当加强管理，减员增效，降低成本，而不是把实现利润的目标和手段放到调价这一个措施上。水，它也是一种商品，是一种特殊意义上的商品。随着城市不断地扩大、发展，城市用水量急剧增加。我们市现在每年都要以五万吨的量增加着供水的需求，可是亏损状况依然存在。是引入投资来解决这个问题？还是通过涨价来解决这个问题？或者是其他的思路？

M 经理：我觉得解决中国供水行业问题，必须选择引进社会资本这一条。

B 书记：我认为现在水价非常低，不利于自来水公司的发展。我们市现在居民水价才一块钱一吨，每人平均每月用水量三吨左右，十天才用一吨，放到一天才一毛钱。现在买根黄瓜都得三毛钱，你说这个水价低不低？

D 代表：黄瓜和水的问题，没有可比性。从老百姓的角度来讲，我觉得就从两个方面看。1985 年我们的工资是多少，水费是多少，现在我们的工资是多少，水费是多少，这样比较一下，我感觉水价可能是高。

Y 专家：我觉得这位先生说得非常有理，水价是高还是低，必须有个参照物。从国际上看，水价占家庭收入 3%以下是合理的，超过 3%就不合理。

M 经理：我们全国所有的大城市都算过，只有个别城市达到了 1%，其他城市都在 1%以下，大概多数在 0.5%左右。

Y 专家：公用事业发展长期以来比较滞后的主要原因是投资不足。2007 年和 1990 年相比，城市的人口密度增长了 7 倍，城市城区面积扩大了两倍，但公用事业投资太少，城市居民缺少应有的、高质量的公共服务。单靠涨价不能解决投资问题。从 20 世纪 90 年代初开始，我们打破了由政府包办这样一个传统的计划经济体制，动员社会各方面的力量，积极投入到公用事业设施的提供和服务中去。近些年来，引进了大量外资，世界上一些知名的水务集团，已经在中国的水务版图上占据了非常重要的地位，但也有引入外资又摆脱的。我们请 H 总谈谈他们这样做的理由。

H 总经理：引进外资最初是把回报率确定下来，同时把水量确定下来。但后来的发展，我们供水企业的负担比较重，政府又不能把这个投资回报的压力转移给老百姓，政府的财力又不能在短期内满足上市公司和投资者的回报要求，而它的高利润回报的要求制约了企业的发展，这是我们进行重组的一个原因。这时我们大胆地引进市场机制，眼睛向内，挖掘潜力，不找市长找市场，一个最突出的政策叫“万吨水十个人”。那就是我们对八个城区的自来水公司，实行每万吨水只给十个人的工资。以前这个人数差不多 30 人，这一下子就砍掉了 20 个人的饭碗。在这个问题上，我把压力加给了我们各区的经营者，他们觉得就像天塌下来一样。

B 书记：我当时在东方区当经理，五百多人，一个月就给我 160 多人的工资，你说让我咋活啊。那时候真是吃不好饭睡不好觉，嘴上净起大水泡。可后来，我拿到了奖励。

Y 专家：刚才 H 总说万吨水十个人，既可喜也可悲。可喜的是我们 H 总是真正的企业家，他压缩成本来提高服务，使消费者受益。可悲的是，也许我们万吨只需要十人，甚至不需要十人，但是我们过去却用了三十人，这三十人的成本都是我们所有的消费者甚至政府财政来背负的。

M 经理：刚才 H 总讲到了只给三分之一的人发工资。另外三分之二的人去到市场上去，自己去揽生意，自来水公司能够揽到什么生意呢？作为这样一个垄断性的行业，让它利用自己的资源优势，去给自己挣口饭吃，我觉得是需要认真考虑的。

T 专家：对外资进入是有争议的，但是我们对外资的管理，对外资的技术，对外资提高行业的管理水平，看法是一致的。

H 总经理：我的观点是，一定要强调政府对公用事业的控制力，凡是出问题的地方，都是政府缺少控制力。我到过国外一些地方，他们是政府控制所有权，放开经营权。就是政府把经营权拿出来在全社会招标，选择最有经验、最有实力、最有信誉的运营商来运营，这样的一些做法我觉得都值得我们借鉴。在《经济观察报》上我看到一组专题，

叫做“水价上涨背后的跨国势力”，你们觉得这种直接关联度到底有多大？

W记者：我是参与了这个专题。做完这个专题到现在，外资究竟跟水价上涨是不是有关联，其实我们都没有特别确切的答案。因为他们对这个事情非常谨慎，他们不愿意直面我们记者的调查。

M经理：我认为涨价和外资没任何关系。西北某市从1992年到2006年水价上涨了七次，而某知名外资水务集团是2007年与该市进行合作的。

X专家：我觉得还是有一定的必然联系。外资公司购买了我们水项目的股权后，势必会对水价的上涨带来一定压力，投资是要收回利润的。

S副总裁：我们的算法，作为一个投资项目，首先我要看这个城市的发展，有没有发展前景。比如说某大城市，当初我们认为它是国家鼓励的西部开发地区。人口在全国甚至在世界上都排名在前，那么它将来的用水量一定是增加的，所以不涨水价我们也可以生存。在那里我们进去七年都不涨水价，怎么能说只赚不赔呢？

C代表：我的看法是，国外的资本进来毕竟是追求利润的，不可能是来学雷锋、给你做好事的。

主持人：我觉得我们应该客观地看待外资进入中国水务领域所产生的影响。我国公用事业市场化的进一步发展，关键是我们如何来平衡。企业有盈利的需求，但水毕竟是一种特殊商品，有它的公益性。

【文章诊改】

××大学2009年第15次校长办公会议纪要

<table>
<tr><td>会议名称</td><td>校长办公会议</td><td>会议时间</td><td>2009年2月25日</td></tr>
<tr><td>会议地点</td><td>办公楼第二会议室</td><td>会议主持人</td><td>汪涛校长</td></tr>
<tr><td>出 席 人</td><td>副校长张林、李俊、于文平、张勤、韩方远</td><td>列 席 人</td><td>校长办公室主任方容建、副主任侯奇平、校工会常务副主席李光斌</td></tr>
<tr><td>缺 席 人</td><td>无</td><td>记 录 人</td><td>办公室王向东</td></tr>
<tr><td colspan="4">会议内容：
1. 追加在建的5栋学生公寓室外配套工程建设资金252万元，并要求基建处等有关部门今后在制定工程建设项目投资计划时，要将配套工程一并考虑，以利于学校年度经费预算的制定，避免盲目追加工程投资。
2. 在我校附属中小学就读的外单位职工子女的学费，初中生按每生每年4000元、小学生按每生每年2000元的标准收取；我校教职工第三代子女按校外生半价收费；第二医院、学校企业编制职工子女按校外生半价收费。
3. 部署假期阅卷、招生工作。
4. 确定第二批学科建设立项项目为：考古学研究、现代物流工程技术学科、卫生管理与卫生政策研究、生殖医学与发育生物学，批准投资额分别为260万元、300万元、100万元、350万元；口腔医学院学科基本建设项目批准投资额为300万元，其中学校投资150万元，口腔医学院匹配150万元。
5. 对全校204名出国逾期5年以上未归的人员，按自动离职处理；其他出国逾期未归人员，进一步核实后按学校有关规定处理。</td></tr>
<tr><td colspan="4">记录人签字：　　　　　　　　审阅人签字：</td></tr>
</table>

【能力拓展】 以班级为单位，组织一次学习经验交流会，派专人进行会议记录，并根据会议记录改写会议纪要。

八、学习反思

______

______

______

任务六　会议简报

一、任务目标

1．熟练掌握会议简报的写作模式。

2．认真领会会议简报的写作要求。

3．能根据会议情况熟练撰拟会议简报。

二、任务情景

在清产核资工作全面展开、新的《企业会计制度》即将实施、主辅分离逐步开展的形势下，12月16日至18日，龙力集团2009年度财务工作会议在综合楼召开，各分公司总会计师、财务科长、决算人员、审计人员，各指挥部办事处财务主管等130余人参加了会议。集团公司总会计师刘天鸣出席会议并做了重要讲话，为集团公司下一步的财务工作指明了方向。集团公司副总会计师、财会部部长李弘毅，总结了2009年度龙力集团公司财务工作情况，并对下一年度财务工作做出了安排布置，提出了2010年度财务工作九个方面的要点。秘书小刘在认真听会之后需要编制一份会议简报。

三、任务分析

会议简报是用来传达会议情况、会议精神，进而指导工作的一种专用文书。会议简报的写作与其他类型的简报写法一样，都具有规范格式，编写时需特别注意。会议简报必须在详细了解会议情况的前提下进行编写，以会议记录、会议纪要作为参考资料，并充分领会会议精神，必须真实反映会议基本情况，不能虚构、杜撰，违背事实，或者主观回避会议内容，造成报道失实。

四、任务实施

<table>
<tr><td colspan="2" align="center">会 议 简 报

第1期</td></tr>
<tr><td>龙力集团办公室</td><td>2009年12月20日</td></tr>
</table>

龙力集团财务工作会议顺利召开

在清产核资工作全面展开、新的《企业会计制度》即将实施、主辅分离逐步开展的形势下，12月16日～18日，龙力集团2009年度财务工作会议在综合楼召开。各分公司总会计师、财务科长、决算人员、审计人员，各指挥部办事处财务主管等130余人参加了会议。

集团总会计师刘天鸣出席会议并做了重要讲话。在讲话中，刘天鸣从认清新的财务形势、树立新的财务理念、完善成本管理机制、规范资金运作、实施新《企业会计制度》、做好清产核资工作、做好财务预算工作、做好审计工作、加强会计基础工作、加强财会队伍建设等十个方面做出重要指示，为集团公司下一步的财务工作指明了方向。

集团副总会计师、财会部部长李弘毅总结了2009年度龙力集团公司财务工作情况，并对下一年度集团公司的财务工作做出了安排布置，提出了2010年度财务工作九个方面的要点：加强内部资金管理，提高信用意识；加大成本管理工作，探索有效的成本管理途径；严格执行财务预算制度，加大对资本运营中的监控；做好清产核资工作，为全面执行《企业会计制度》奠定基础；执行《企业会计制度》，完善相关的财务配套制度；结合“主辅分离”，紧缩经费开支；开展财会信息化建设，促进财会管理水平的提高；继续加强财会队伍的建设，提高公司的财务管理水平；加强财会学会建设，充分发挥财会学会的作用。

此次财务工作会议全面布置了2010年度财务决算编制工作，提出了2010年财务预算的编制要求，明确了清产核资的步骤和方法，解答了汇总纳税及青藏退税的有关问题。为下一步做好财务决算编制工作，提高财务预算的编制水平，加强国有资产的监控管理，合理筹划纳税工作，全面实施《企业会计制度》打下了基础，做好了准备。

报：集团党委

送：公司各部门

（共印50份）

五、知识链接

（一）会议简报的含义

会议简报是简报的一种类型，是党政机关、企事业单位、社会团体为反映会议基本情况，由会议秘书处或单位秘书部门编写的用于反映会议进展情况、会议内容、会议主要精神、与会人员意见、建议的会议文书。会议简报主要适用于大中型会议或各类重要会议。

（二）会议简报的特点

1. 快捷性

会议简报的一个显著特点就是快捷方便。只有迅速及时地把会议情况报道出来，才能达到传递信息、促进工作的作用。

2. 真实性

会议简报是在详细了解会议情况的前提下进行编写的，所反映的会议基本情况都是真实、准确、客观的。

3. 简明性

言简意赅是会议简报的一个显著特点。为了在短时间内将最新信息传达出去，会议简报往往快编快发，编写者也同样精简字数以保证其简明性。

（三）会议简报的写作模式

会议简报的写作与其他类型简报的写作一样，必须包括三个部分：报头、报核、报尾。

1. 报头

报头在简报第一页上方，主要包括简报名称、简报期号、编印单位、印发日期，有的还包括密级和编号。报头与报核之间用一条红色反线间隔。

（1）简报名称

简报通常以“简报”或者“会议简报”为名称，位于报头居中位置，使用大号字体并套红印刷。有的在“会议简报”名称上方还注明机关、单位或组织名称，或者在“简报”上方注明会议的全称或规范化简称。

（2）简报期号

简报期号通常按照会议顺序统编序号，位于简报名称下一行，居中标明“第××期”。

（3）编印单位

会议简报的编发单位通常为会议秘书组（处），或者会议组织单位的秘书部门（××大会秘书处或××单位办公室）。位置在期号下方间隔横线上方左侧。

（4）印发日期

会议简报的印发日期，位于与编印单位齐行的右侧，标注内容包括年月日，用阿拉伯数字表示。

（5）密级

如果会议简报需要保密，应在会议简报名称的左上方标注密级（秘密、机密或绝密），也有的特别注明“内部文件”或“内部资料，注意保存”等字样。

（6）编号

有些会议简报为了控制发送范围，便于登记、收回、销毁，可以用阿拉伯数字在会议简报名称右上方加印编号。

2. 报核

报核指简报刊登的文章部分，主要包括按语、标题和正文。

（1）按语

按语即用来介绍或评价正文，或就正文所涉及的内容发表编者评论意见等。

（2）标题

会议简报的标题是会议简报正文内容的总括，类似于新闻消息的标题，要求简明扼要，准确恰切。

（3）正文

会议简报的正文一般由导语、主体、结尾三部分组成：①导语。导语即用一句话简明扼要地交代会议基本情况，如会议时间、地点、参加会议人员、会议主要议题等。②主体。会议简报的主体部分主要详细介绍会议情况，如会议主要精神、领导讲话、会议议题讨论情况、与会人员的发言情况、会议议定事项、会议的重要作用等。主要有三种结构方式：综合概括法。由编者采集各方面的言论、意见加以概括而成，相当于一份会议的综合报道，将会议的进程、出席情况、会议的发言和议程一一摄入，全面加以反映。重点报道法。重点反映会议的某个重要报告的内容、小组讨论情况或一个与几个人的发言等。发言摘要法。根据会议发言者的发言内容整理编写会议简报。结尾。会议简报的结尾方式很多，可以对主体部分进行归纳和概括，或提出希望及今后的打算，或自然收束等。

3. 报尾

报尾在会议简报最后一页的下部，用间隔横线与报核隔开，横线下居左标注发送范围：向上级机关或领导人发送，写“报”；向平级机关或有关单位发送，写“送”；向下级机关发送，写“发”。下面再用一条间隔横线隔开，在第二条横线下居右标注份数（共印××份）。

六、实例看台

第一届全国大气环境影响评价研讨会

会议简报

2010年12月22日至23日，由环境保护部环境工程评估中心主办的全国第一届大气环境影响评价研讨会（中国环境科学学会环境影响评价专业委员会2010年学术年会暨国家环境保护环境影响评价重点实验室（筹）2010年学术年会）在黑龙江省哈尔滨市召开，来自全国各地大气环境影响评价领域的知名专家、学者及工程技术人员共80余人参加了会议。本次会议自2010年7月发布会议第一轮通知以来，共征集全国相关论文50余篇，筛选32篇汇编入大会交流论文集。

本次大会由环境保护部环境工程评估中心总工程师梁鹏主持，环境保护部环境工程评估中心任洪岩副主任，黑龙江省环境保护厅国元副厅长到会致辞。大会邀请中国环境科学研究院柴发合副院长、大气边界层物理和大气化学国家重点实验室王自发主任分别就“中国大气环境影响评价技术发展方向”及“五大区重点产业发展战略环境评价大气环境专题成果”作了大会报告。

大会结合《环境影响评价技术导则大气环境》（HJ2. 2-2008）实施两年来，国内大气环境影响评价领域所出现的最新热点问题及技术发展方向，设置专题研讨内容包括：建设项目及规划大气环境影响评价预测与分析方法、常见问题及建议；典型行业/项目特征污染物大气环境影响评价监测与分析方法、常见问题及建议；以及涉重金属排放企业环境安全评价方法等。

会议同时邀请了国电环境保护研究院、中国气象科学研究院、中国电力顾问集团华东电力设计院、上海南域石化环境保护科技有限公司、上海市环境科学研究院、北京京诚嘉宇环境科技有限公司、环境保护部环境发展中心、中冶集团建筑研究总院、长沙有色冶金设计研究院等国内优秀环评单位的专家及技术人员就各专题内容做了主题发言，各参会代表踊跃参与讨论，针对修订版大气导则实施以来，有关复杂地形下大气环境影响预测结果分析、烟塔合一项目大气环境影响预测方法、特征污染物监测布点优化方案、涉重金属环境防护距离设置等技术问题与到会专家进行了深入探讨。

此次会议的召开，为国内大气环境影响评价领域专家、学者及环评技术人员之间建立了学术交流与讨论的平台，在一定程度上提高了我国大气环境影响评价的总体学术水平和解决国家重点环境问题的能力。

（资料来源：http://www.chinaenviroment.com）

【分析】 这是一篇专题会议简报。根据会议情况，作者选择综合报道法进行写作。全面介绍了会议的时间、地点、参加人员、议题，并按照会议议程逐一介绍了会议各项程序以及主要发言与报告的情况。内容完整，结构清晰。

七、拓展实训

【供料写作】 请将下面提供的会议记录改写为会议简报。

××矿区行政办公会议记录

时间：××年×月×日。

地点：矿区办公楼会议室。

主持人：程光全主任。

参加人：矿区副主任刘克先、劳资科科长赵列、财务科科长刘洪军、安全科科长熊彬、人事科科长范树森、办公室主任张平均。

会议议题：

1. 二季度奖金发放办法。
2. 自然减员招工方案。
3. 有关人员的调动问题。
4. 对违反劳动纪律人员的处理。

会议决定事项：

1. 矿区二季度奖金按照××总公司××年×月制订的《奖金发放办法》（试行草案）第六条、第七条办。

2. 这次自然减员招工，招收××年以前参加工作的职工子女，并实行文化统考，择

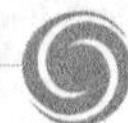

优录取的办法（详细规定由劳资科负责制定）。

3. 同意刘详同志因父母身边无人照顾调往××容器厂工作。

4. 同意陈新同志与硫铁矿吴才明对调，解决陈新同志夫妻长期两地分居问题。

5. 对矿工盛乔无故旷工三天的行为，责成劳资科在全矿区给予通报批评，并扣发旷工日工资及当月奖金。

××矿区办公室（盖章）
××年×月×日

【能力拓展】 以系部为单位，组织召开学生代表大会，并根据会议情况写一份会议简报。

八、学习反思

____

____

____

任务七　会议报道

一、任务目标

1. 了解会议报道的含义和写作方法。
2. 认真领会会议报道的写作要求。
3. 能根据会议情况及时进行会议报道。

二、任务情景

2011年5月7日，中央文明办在四川省绵阳市召开“抗震救灾英雄少年”座谈会。抗震救灾英雄少年、优秀少年代表参加了会议。与会“美德少年”代表号召全国未成年人自觉以抗震救灾英雄少年为学习榜样，树立理想信念、争做有道德的人，成长为中国特色社会主义的合格建设者和可靠接班人。××网记者王品参加了这次会议，网站主编要求他马上撰写一篇会议报道。

三、任务分析

会议报道是新闻报道的一种，其写作要符合新闻稿件的写作要求，要与新闻消息的快、真、实、简、活的特点相吻合。会议报道写作要充分了解会议情况，做好听会、跟会等工作，充分领会会议主题精神，这是非常必要的准备工作。同时，要写好会议报道，必须关注各种会议信息，善于捕捉敏感话题，找准切入点，找到读者最关心的问题进行放大写作，并且要寻求思路上的创新，在固有模式中寻求突破。

四、任务实施

“抗震救灾英雄少年”座谈会召开

（××网北京5月7日电） 5月7日，中央文明办在四川省绵阳市召开“抗震救灾英雄少年”座谈会。抗震救灾英雄少年、优秀少年代表，相互交流了三年来的成长进步历程和所见所闻所感，生动反映了汶川地震灾区恢复重建的巨大成就和崭新面貌，表达了他们学习弘扬抗震救灾和恢复重建形成的宝贵精神财富、心向党跟党走的人生志向。

与会“美德少年”代表发出倡议，号召全国未成年人自觉以抗震救灾英雄少年为学习榜样，以灾区恢复重建的巨大成就为生动教材，加深对社会主义制度优越性的认识，加深对中国共产党的情感，加深对民族精神和时代精神的理解，生动形象地感悟社会主义核心价值体系，树立理想信念、争做有道德的人，成长为中国特色社会主义的合格建设者和可靠接班人。2008年荣获中央文明办、教育部、共青团中央、全国妇联联合表彰的“抗震救灾英雄少年、优秀少年”，甘肃舟曲、青海玉树优秀少年和部分省（区、市）美德少年代表参加了会议。

（资料来源：http://www.people.com.cn）

五、知识链接

（一）会议报道的含义

会议报道是用简明扼要的文字将会议内容迅速准确地报道出来的文字材料。它既是会议事务文书的一种，也属于新闻消息的范畴。

（二）会议报道的特点

1. 时效性

会议报道注重时效，只有快速准确地将会议情况进行报道，才能让受众尽快了解会议的组织、实施情况，以及解决的问题。

2. 真实性

会议报道讲究用事实说话，对会议的时间、地点、人员、内容等方面的报道，都必须真实可靠。正如真实是新闻的生命一样，会议报道也必须客观报道会议的真实情况。

3. 简明性

会议报道具有时效性的特点，为了实现快编快发，会议记者也非常注重报道内容的短小精悍。

（三）会议报道的写作模式

1. 标题

会议报道的标题分为引题、正题、副题三部分。按照不同组合方式，会议报道标题有单行标题、双行标题和三行标题三种。

（1）单行标题。只有正标题，用于内容单一的新闻。如《十一届全国人大四次会议在京闭幕》。

（2）双行标题。由引题加正题，或由正题加副题组成。如《让人民生活得更加幸福更有尊严——二〇一一年全国两会述评之三》。

（3）三行标题。由引题、正题和副题三部分组成。如图 5-1 所示。

2010 年北方采暖地区供热计量改革工作会议要求（引题）
供热计量应做好 6 项重点工作（正题）
姜伟新主持并讲话 仇保兴作工作报告（副题）

图 5-1　三行标题

2. 电头和署名

会议报道的电头有两种形式：一是由消息来源、消息时间和“电”字构成，如“新华社北京 10 月 4 日电”或“本报伦敦 11 月 25 日电”，时间只标月、日；二是只由消息来源构成，如“本报讯”、“本刊讯”等。

会议报道署名大都置于电头之后、导语之前，以“记者××”形式出现；也有的把署名置于正文之后右下角，用括号括上。

3. 导语

导语是会议报道的开头部分，通常是会议报道的第一句或第一段话。导语写作主要有叙述式、评论式、描写式、引语式等。

在会议报道中，以叙述式导语居多。主要采用直接叙述的方法，将会议的时间、地点、名称、出席人、内容、议题等，简明扼要地写出来，如：

中共中央政治局 22 日召开会议，决定今年 10 月在北京召开中国共产党第十七届中央委员会第六次全体会议，主要议程是：中共中央政治局向中央委员会报告工作，研究深化文化体制改革、推动社会主义文化大发展大繁荣问题。会议还研究了当前经济形势和经济工作。中共中央总书记胡锦涛主持会议。

4. 主体

主体是新闻报道中承接导语、展开内容、阐述主题的关键部分。会议报道的主体部分主要是对会议内容进行详细介绍，通常包括以下几个方面：

（1）说明会议目的和宗旨。

（2）介绍会议议题、议程。

（3）介绍会议嘉宾、参加人员、主持人等。

（4）提炼领导讲话，概括发言、演讲内容等。

（5）概括会议精神。

（6）总结会议要求。

会议报道主体的写作顺序可根据会议内容确定，一般采用时间顺序、逻辑顺序或者时间顺序和逻辑顺序相结合的方式。时间顺序即按照会议召开的时间先后顺序排列内容，逻辑顺序一般按照会议内容各要素的重要程度进行排列。

5. 背景

背景是对新闻事实产生的历史、环境、条件、原因以及与周围事物联系的说明。会议报道背景一般是会议召开的现实背景。

6. 结尾

新闻报道的结尾方式主要有总结式、评论式、展望式、引语式等。会议报道一般采取自然收尾的情况，将会议内容介绍清楚后自然收束。

六、实例看台

刘云山寄语媒体：作品要让人们爱读爱听爱看

（新华社北京8月9日电） 中宣部、中央外宣办、国家广电总局、新闻出版总署、中国记协等五部门今天召开视频会议，对新闻战线开展“走基层、转作风、改文风”活动进行部署。中共中央政治局委员、中央书记处书记、中宣部部长刘云山出席会议并讲话，强调新闻战线要深入贯彻落实胡锦涛总书记“七一”重要讲话精神，着眼于把握新闻舆论正确导向，着眼于提升新闻队伍能力素养，扎实开展“走基层、转作风、改文风”活动，有针对性地解决突出问题，推动新闻宣传工作迈上新的台阶，为促进经济社会又好又快发展、全面建设小康社会作出应有贡献。

刘云山指出，来自人民、植根人民、服务人民是我们党永远立于不败之地的根本，新闻工作承担着宣传群众、动员群众、服务群众的重要职责，必须牢固树立群众观点，自觉践行群众路线。新闻战线开展“走基层、转作风、改文风”活动，是坚持党的新闻事业性质宗旨、履行新闻工作责任使命的必然要求，是落实“三贴近”要求、增强新闻宣传吸引力感染力的重要途径，是加强队伍建设、提高新闻工作者综合素养的有效举措。

刘云山强调，“走基层、转作风、改文风”是一项实践性很强的活动，重在联系实际、贵在取得实效。要在坚定马克思主义新闻观上下工夫见成效，自觉贯彻党的新闻工作方针政策，落实好以正确舆论引导人的根本任务。要在把握基本国情、增强服务大局的自觉性上下工夫见成效，进一步明确新闻工作的坐标，着力壮大主流思想舆论，更好地促进改革发展、维护和谐稳定。要在增进同人民群众感情、提高服务群众能力上下工夫见

成效，回答解决好“为了谁、依靠谁、我是谁”的问题。要在培育良好职业精神、职业道德上下工夫见成效，继承弘扬新闻工作的优良作风，始终把社会责任放在首位，树立新闻工作者的良好形象。要在学习运用群众语言、提升吸引力感染力上下工夫见成效，倡导清新朴实、生动鲜活、言简意赅的文风，让人们爱读爱听爱看，实现最佳宣传效果。

刘云山指出，“走基层、转作风、改文风”活动是立足当前、着眼长远，推动新闻事业健康发展的基础性工作，必须高度重视，强化领导责任、细化工作方案、精心组织实施。要改进创新方式方法，结合媒体格局的变化、队伍结构的实际、业务工作的需要，打造富有特色的活动载体，广泛吸引编辑记者参与。要建立完善有利于新闻工作者深入基层、深入群众的制度机制，推动“走基层、转作风、改文风”成为新闻战线的自觉行动和新闻工作者的职业追求。

中宣部常务副部长雒树刚主持会议，广电总局、新闻出版总署负责同志和人民日报、新华社、中央电视台的编辑、记者、主持人代表在会上发言。中央宣传文化系统各单位负责同志，新闻战线“三项学习教育”活动领导小组成员单位和中央主要新闻单位负责同志在主会场出席会议。各省区市党委宣传部以及省直主要新闻单位负责同志、编辑记者代表在各分会场参加会议。

（资料来源：http://www.china.com.cn）

【分析】 这是新闻战线“走基层、转作风、改文风”活动部署会的新闻报道。文章重点介绍中宣部部长刘云山在会议上的讲话内容。首先重点强调刘云山对新闻战线工作者的总体要求，然后指出“走基层、转作风、改文风”活动的重要作用、活动要求，以及深远意义，对搞好这项活动提出了进一步的要求。最后介绍了会议的其他组织情况。文章采取倒金字塔式结构，将最主要的信息放在显著位置，最后介绍其他相关信息，符合新闻报道写作的基本结构要求。

七、拓展实训

【文章诊改】

××市学校少先队工作培训交流会议召开

为适应新时期少先队工作需要，全面提高少先队辅导员队伍的业务素质，不断增强全市少先队工作活力，××市教育局、团××市委决定召开学校少先队工作培训交流会议。会议于7月20日举行开班仪式，团市委书记××、副书记××，市教育局调研员×××、基教科科长××以及来自全市三县一区的85名少先队辅导员参加仪式。会议培训时间是7月20日至22日，采取知识讲座、互动训练、座谈交流等方式进行，主要内容是少先队业务知识和重点工作项目培训。最后进行少先队辅导员业务能力测试，此项成绩将作为全市少先队辅导员委员会聘任的标准之一。

【供料写作】 根据下列材料撰写一篇会议报道。

全国体育文化工作会议近日在四川成都举行。

国家体育总局副局长冯建中的发言题目是“加强体育文化建设、迈向体育强国”。他说：“我们多少年以来对体育文化工作重视得不够。我们要紧密结合新阶段体育工作发展的实际，加强体育文化建设。体育文化是我国社会主义先进文化的重要组成部分，是建设体育强国的重要支撑，也是历史的必然、群众的需要、时代的要求。他要求各地要把加强体育文化工作摆上日程，投入人力，保证经费，做好规划，制定政策，抓紧抓实。”

国家体育总局体育文化发展中心主任孙大光说明了《关于大力加强体育文化建设的意见》一些相关问题。他说：“国家体育总局将从十个方面促进体育文化建设：确立正确的体育价值观和科学发展观；大力普及、繁荣群众性健身文化；大力推动和创新竞技体育文化、大力传播和弘扬优秀体育精神；积极推动体育文化创作；大力抓好体育文化阵地建设；积极挖掘、整理、传承优秀体育文化遗产；推动体育文化产业发展；扩大对外优育文化交流；深入进行体育文化理论研究等。”

成都体院博导、中国体育新闻传播学会秘书长郝勤说：“体育文化不仅扩大了体育概念、丰富了体育功能，还将满足人们对体育的各种需求。加强体育文化建设将很可能成为我国体育未来发展的重心。”

这次是我国首次召开专门研究体育文化发展建设的全国性会议，提出了加强体育文化建设是建设体育强国的内在要求，体育文化要与群众体育、竞技体育和体育产业形成合力，共同促进体育强国建设。

【能力拓展】

1．组织学生代表座谈会，讨论学校教育教学问题，并根据会议内容撰写会议报道。

2．创设校园刊物，组织校园记者团，积极参加各种会议，并及时进行会议报道。

八、学习反思

____

____

____

任务八　会务总结

一、任务目标

1．了解会务总结的含义及写作方法。

2．掌握会务总结的写作模式及要求。

3．能根据会议情况写出会务总结。

二、任务情景

第三届国际创新方法大会于2009年8月20日至21日在××市成功举行。会议的主题是研究探讨TRIZ理论在CAI发展中的应用。××省科技厅承担会议的主办工作。会议结束后，省厅领导要求总负责人王天明写出会务工作总结。主要包括以下几个方面的内容：会议筹备组织机构的成立，会议宣传工作的圆满完成以及会议接待工作的顺利进

行等。

三、任务分析

会务总结是对会议组织筹备工作进行总结概括、回顾检查的文书。写作会务总结时，必须收集与会议相关的全部材料，包括会议基本情况，会议组织筹备过程等，必须在充分了解会议情况的基础上进行写作。写作内容除了要总结会务工作外，还要分析事实，找出规律，总结教训，为以后的会务工作提供参考与帮助。同时，要注意点面结合，既注意会议整体工作效果，又要善于抓典型，找精华，把整个会议过程与其中的典型人物、典型事件结合起来，写出特色，充分发挥会务总结的作用。

四、任务实施

第三届国际创新方法大会会务总结

第三届国际创新方法大会于2009年8月20日至21日在××市成功举行。会议的主题是研究探讨TRIZ理论在CAI发展中的应用。本届会议有德国、俄罗斯、英国、意大利、韩国、日本、台湾等国家和地区共20位国际级TRIZ专家及国内重点企业、高校和各大科研院所353人参会，入选会议论文共计36篇，为历年来规模最大、成果最多的一次国际创新方法大会。本届会议在中外各方的热情支持下，在众多高校、企业、科研院所的积极参与下，在会议承办单位的精心组织和周到服务下，取得了圆满成功。现将本届大会的会务组织工作总结如下：

一、领导高度重视，成立了会议筹备组织机构并认真开展工作

对于第三届国际创新方法大会能够在我省举办，省科技厅领导高度重视，认为这既是对全省开展了两年零三个月的技术创新方法（TRIZ理论）工作的一次展示和对外宣传，同时也是通过对外交流和学习对我省深入开展这项工作的一次提升，为我省学习、了解世界创新方法发展趋势和最新学术研究成果提供了良好契机并搭建了交流平台，有利于推动省内高校、企业、科研院所进一步做好科学思维、科学方法和科学工具的研究与应用，切实加强创新方法工作，对从源头上推进创新型省份建设将会起到积极促进作用。

为了保证大会的顺利进行，成立了大会筹备委员会，下设接待组、会务组、宣传组和秘书组四个组分别开展工作，并分别于7月8日、29日和8月6日召开了三次工作会议，具体研究了第三届国际创新方法大会工作方案、会务协调、媒体宣传和对外接待工作。

……

二、积极开展宣传工作，形成良好的社会舆论氛围

增强社会对TRIZ理论的认知度，加大对外宣传力度，营造良好的社会氛围，是迎接本届国际创新方法大会的一项十分重要的工作。围绕着对外宣传，省科技厅在大会召开前乃至召开期间主要着手做了以下三项工作。

一是组织省内各家新闻媒体记者深入省内试点单位和试点企业进行调研采风。2009年8月13日，为迎接第三届国际创新方法大会召开，省科技厅办公室、计划处联合组织××电视台、××人民广播电台、××日报等省内有关新闻媒体单位到多家创新方法试

点单位进行采访和座谈。通过采访和调研，各有关媒体单位对我省创新方法（TRIZ 理论）开展的总体情况和各试点单位的先进做法、经验有了一个总体了解，为组织好第三届国际创新方法大会宣传工作，达到传播创新理念、普及创新方法、宣传创新工作目标奠定了坚实基础。

据不完全统计，在 8 月 22 日第三届国际创新方法大会结束时，省内外各个媒体发稿共计 14 篇，起到了很好的对外宣传作用。

二是 TRIZ 理论专题网站的改版升级为第三届国际创新方法大会的宣传报道起到了积极的推动作用。从 2007 年 8 月 TRIZ 理论专题网站正式开通以来，进行了数次改版，不断加强栏目建设，完善网站功能。2009 年 8 月 20 日，第三届国际创新方法大会召开的当天晚上，网站技术人员紧急行动起来，对网站栏目内容进行了增加、修改、完善。有些女同志需要克服孩子小没人照顾等实际困难，工作到很晚才离开单位。

在大会召开前夕，省科技信息中心就已经着手设立了第三届国际创新方法大会专栏，能够集中、及时地反映大会从筹备到召开全过程中的各类消息，专栏设立了大会动态、大会图片集、大会日程、嘉宾介绍、媒体报道等一系列栏目。为了信息的及时、准确，中心还派出了专职人员跟会，收集图片、捕捉新闻等信息。

三是在短短的十天时间里，省生产力促进中心的同志们为大会编辑印发了《TRIZ 理论自主创新》宣传册，全面地反映出了我省两年零三个月的技术创新方法工作，获得了方方面面的一致认可和高度评价。

三、提供热情细致的会务接待，受到与会人员一致好评

这次在我省召开的第三届国际创新方法大会层次高、代表多，国外代表都是国际知名的技术创新方法顶级专家。因此，做好会议的协调联络以及会务接待工作至关重要。由于省科技厅领导的高度重视和各有关单位的大力配合，顺利圆满地完成了会议期间的各项接待工作。

省院士办在会议筹备工作中主要承担了会务和联络协调等工作。省院办同志多次联系邀请国内外专家并制定会议程序和地点，协调车辆保障，为确保会议顺利召开，提前 2 个月预订了会议场地，会议前期按照厅领导的要求和各相关单位座谈总结出的意见和方案，设计制定了会场布置、会务手册等一切与会议有关的材料，为大会圆满成功做了大量实实在在的工作。

为确保服务质量，省生产力促进中心制定会议服务工作方案，明确了工作分工与人员安排，共计 17 人上会参与会务服务。8 月 6 日中心召开中层干部及相关人员会议，动员并部署工作，明确工作任务和要求。根据分工，省生产力促进中心代拟了会议通知，联系并通知省内外的参会人员，包括 TRIZ 理论专家、试点单位、试点企业人员。中心科技创新战略研究室的同志们精心策划，根据回执表设计并发放参会券，为每位参会代表配发一个编号。虽然工作量大，但同志们没有怨言。付出总有汇报，会议代表注册时仅需提供参会券或报出参会编号，不到一分钟即可完成会议注册，领到会议材料，既简便又省时。

在会议接站时，负责接站的同志们不辞辛苦，有的一天跑三次机场。有时同时到达

两三个外国专家，有的乘坐国际航班；有的乘坐国内航班，临时没有任务的同志就主动申请去接机，保证了每一位专家出港都有人接待，并陪同送至酒店。有两位专家是晚上十点钟的火车、飞机，负责接站、接机的同志没有任何怨言，确保每位专家都能够及时到宾馆休息。

通过全体会议服务人员的共同努力，本次大会会务和接待工作得到了上级领导、合作单位以及与会代表的好评。本届会议时间虽短，却为我省科技人员学习和借鉴最新国际研究成果提供了一个难得的宝贵机会，必将有助于各国、各地区相互之间增进了解、扩大共识、加强合作、共同推进创新方法事业的健康发展。

××省科技厅

二〇〇九年九月三日

（资料来源：http://www.triz.gov.cn/dhzt/dhdt/200909/t20090903_110164.htm）

五、知识链接

（一）会务总结的含义

会务总结是对会议组织筹备过程进行检查回顾，找出得失，总结内在规律，以指导今后会务工作的文书。

（二）会务总结的特点

1. 客观性

会务总结是对会务工作的真实反映，其内容必须与会务工作的实际相吻合，实事求是地反映会议情况的原貌。

2. 回顾性

会务总结属于事后行文，是对会议组织筹备过程的回顾、反思、分析和评估。

3. 指导性

会务总结的目的是在总结、分析、判断的基础上对会议的组织、筹备及一系列工作进行回顾，从而肯定成绩，发现问题，以便对今后的会务工作进行改进。

（三）会务总结的写作模式

1. 标题

（1）简要式标题。由总结单位＋总结时限＋“会务总结”组成，如《××公司法律工作研讨会会务总结》。

（2）正副式标题。正标题概括总结的主题，副标题指明总结的时间、内容、单位等。如《适应市场竞争变化 提高公司经济效益——××公司二〇一〇年度机构改革会议会务总结》。

2. 正文

（1）开头

通常概括会议基本情况，包括会议名称、会议时间、会议地点、主办单位、会议参加人员、会议议题、议程和日程安排、会议召开背景和会议成果等。

（2）主体

①会务工作基本情况。包括会务工作的主要做法、成绩以及效果。可以对整个会议状况进行总结，也可以针对会议某个具体的方面进行总结，如对会议的组织或会议服务方面进行总结。②会务工作经验体会。在对会务工作进行回顾总结的基础上，找出取得成功的基本经验或者心得体会。③会务工作问题教训。指出在会议组织筹备过程中存在的问题和不足，分析原因，总结教训。

会务总结的主体部分，也可以将会务工作的经验体会写成小标题的形式，提领全文，每一小标题下再具体总结做过的会务工作及成绩。

（3）结尾

在总结回顾的基础上，对今后的会务工作提出希望和要求，或者找出解决问题的方法。

3. 落款

注明总结单位及总结日期。

六、实例看台

会务工作总结——一个会议成功的几个要素

一、会议成功的基础——天时地利人和

非常天时

六十周年、三十周年、八周年

会议选在今年举办，是因为看到了今年是建国六十周年，律师制度恢复三十周年，××律师事务所成立八周年。

第八届论坛、金融危机下论坛、国家大剧院新春音乐会

还因为本次会议承接了全国律协举办的第八届中国律师论坛，××律师事务所主办的金融危机下律师发展论坛，并为××律师事务所即将举办的国家大剧院新春音乐会做准备。

××飞速扩张

今年是××律师事务所规模化、专业化、品牌化、国际化大发展的一年；执业律师人数成倍增长，执业领域迅速扩展，在行业内的知名度大为提高的一年。

可择地利

本次会议的主会场选择了交通便利的五星级酒店——××国际饭店，分会场包括了××律师事务所8000平米的豪华办公场所。

重在人和

天时地利人和中最重要的是“人和”：

××律师事务所与政府之间有良好的关系；

在行业内有良好的人脉；

与学术机构有良好的合作，律所能为法学院校提供律师实务培训，法学院校为律所提供智识支持；

与广大传媒机构达到双赢，律所能为媒体提供丰富的新闻素材，媒体能帮助律所进行品牌宣传；

××律师和×××律师的个人品牌影响力；

律所飞速发展的态势引起司法界的关注；

××团队的凝聚力：会务执行组带头人的完美搭配，各工薪律师的不辞劳苦的工作，还有三位美女律师高水平的主持等等。

二、准备会议时精心策划

1. 会议主题的选择

本次论坛选择“行业发展”问题可谓一箭四雕：

（1）勇担行业责任的态度，探讨的是整个行业都关心的话题；

（2）选择了××律师事务所的强项，以前有过举办同类论坛的经验；

（3）体现了主办方的规模：学术——媒体——律所三位一体；

（4）具有新闻点，能为媒体所接受。

2. 参会嘉宾的邀请策略

（1）紧扣行业背景，选择关系最贴切的嘉宾；

（2）抓住主要人物，把邀请的主要精力放到重量级人物身上；

（3）规范的邀请方式：不同嘉宾制作不同的邀请函，对最高领导的邀请使用公文格式，要盖组委会或者主办方的公章；媒体的邀请一定要邀请行业内媒体，可以发稿的有威望的媒体，而且明确注明，定向邀请记者，记者出席时需出示邀请函和工作证，非注册记者不得入内或者不提供会议材料；

3. 会议材料制作

越专业越受欢迎，如邀请函和日程表，必须中英文对照。

三、会议现场时精心组织

（1）合理地分配岗位：不漏掉每个环节，无死角。

（2）明确岗位职责：每块工作都落实到负责人，每项工作须层层落实至个人。

（3）各岗位的衔接：每个环节的人都要明白各自职责，更要明确工作流程（上游是谁职责，下游是谁具体执行，整个会议由谁宏观把握，其支流的工作是由谁负责）。如文案中制作材料要明确的有：材料制作的内容编辑、把关、监督、收取，交付印刷，质量反馈与修正各个环节由特定的工作人员负责。

四、会议结束要善后

会务组的工作人员从会议现场出来以后就得尽快开展后续工作，这是收获会议成果的关键步骤。包括校对现场录音的文字，进行整理、归纳、归档；精选的文本资料要快速交给新闻媒体，使用嘉宾没有最终确认的发言材料时要获得嘉宾的最后确认；编辑出版会议成果的期刊或杂志，并将相关出版物回馈给参会人员；视频资料的归档；图片的择取和归档等工作。此外，工作人员还要写工作总结，以总结经验，不断提高工作水平。

【分析】 这篇会务总结在内容结构方面存在较多问题。最主要的问题是写作内容过于简略，相当于总结提纲，不能对会务工作进行细致的全面的总结回顾，自然不能总结出有价值的经验体会，也不能实现会务工作总结的指导作用。另外，本文语言过于口语化、个人化，不够规范严谨，在标题、写作侧重点、人称、数字序号等方面都有问题。

七、拓展实训

【文章诊改】

（1）指出下面文章中存在的问题。

信息实验中心承办2009Altera全国大学教师会议组织工作总结

我中心圆满完成了2009Altera全国大学教师会议的承办工作，现将本次会议的组织工作总结如下。

一、工作安排

“Altera全国大学教师会议”是由全球领先的片上可编程系统（SOPC）供应商——Altera公司主办的全国性技术交流会议。在会上，Altera公司将发布最新的行业和技术发展趋势，详尽介绍Altera公司的产品技术。另外，该会议也为全国从事电子设计技术教学和研究的高校教师提供了经验交流的平台。2009年的会议是“Altera全国大学教师会议”的第七届。前六届分别在上海交通大学和复旦大学（2003年）、东华大学（2004年）、清华大学（2005年）、成都电子科技大学（2006年）、清华大学（2007年）、桂林电子科技大学（2008年）举行。

我校一流的实验教学环境使得同时为300多位会议代表提供高水平的技术培训成为可能。因此，技术培训也就成为本届会议相对往届的最大特色。如何保证会议议程和300人的技术培训的顺利进行是会议组织工作的最大挑战。

自九月中旬接到承办2009Altera全国大学教师会议的工作任务，距离会议拟召开时间仅一个月左右。由于准备时间紧张，人员有限，中心立刻召开内部会议制订了详细的工作计划，对相关工作作出了妥善的安排。将中心负责筹备工作的人员基本分为五组，以责任到人为原则设定了组长负责制，以相互协作为原则安排工作人员相互协调提高总效率。会务组主要负责会场、用餐的联系，会议期间的资料发放和服务等工作；宣传组主要负责会议宣传品的制作和布置；设备组主要负责培训会场设备和桌椅的借、还、布置等工作；影像组主要负责会议期间各种活动的摄影、摄像工作；活动组主要负责联系专场演出、进行节目策划等工作。

二、会务组

会务组主要负责会场、用餐的联系，会议期间的资料发放和服务等工作。具体来讲，这些工作包括与博物馆会场联系，调试设备；安排志愿者发放资料袋；在主要会议场地布置花卉；订餐、购买酒水饮料；接送、引导参会代表进入会场，参加用餐、照相、参

观博物馆和专场演出等活动；耐心地解答会议代表的各种问题；提供茶歇区的食品、茶水和咖啡等项目的服务；同时，还贴心地为会议代表们准备了常用的药品。尽管会务组的任务繁杂，但每一位参与其中的老师都细致周到地完成了各项工作。

三、宣传组

宣传组主要负责对本次会议的对外宣传工作，包括横幅、会议指南、展架、易拉宝、会议网站、电子显示屏、会场布置所用的会议主题用品的设计、校对、制作、布置、流转和回收等。此项工作包含内容琐碎，但在宣传组的悉心准备下，未出任何遗漏或错误。共制作会议代表牌 320 个、会场功能区各种指示牌 8 个、主题横幅 5 幅、会议指南 360 份、会议旗帜 40 面。

四、设备组

设备组主要负责培训会场设备和桌椅的借、还、布置等工作。设备组的老师们从我市 8 个兄弟院校的 Altera SOPC 联合实验室借用 DE2 实验板 120 多台。每一台都严格检查、打标志和固定，保证了在会议结束后设备完好地归还给各兄弟院校。设备组还负责了培训用计算机的调试、软件的安装、茶歇区桌椅的布置等工作。

五、影像组

影像组主要负责会议集体照的拍摄、会议期间各种活动的摄影、摄像等工作。为了能够达到最好的摄影效果，影像组的老师经常利用业余时间到拍摄地点反复测试效果，最终圆满地完成了任务。

六、活动组

活动组主要负责专场演出的联系、落实，进行节目策划。为了体现本次会议的主题，活动组的老师们在舞台布景、节目安排、创意设计等方面都下了很大的工夫。

经过中心全体工作人员一个多月的努力，顺利完成了会议的筹备工作，使会议的成功召开为我校带来了广泛的赞誉，参会兄弟院校教师对我校的实验环境、设备配置赞不绝口，有部分教师甚至用照相的方式把每间实验室门口的设备配置标志记录下来以作参考；我校开放性实验室管理模式也被广泛学习；中心接待了很多兄弟院校教师关于实验室设计方案、管理问题的咨询。

（2）请分组讨论“实例看台”的会务工作总结，详细指出其写作缺陷。

【能力拓展】

组织筹备你校新一届学生代表大会，会议举行后写出会议总结。

八、学习反思

第六章　会议主题文书

会议主题文书是反映会议主题内容的文书，包括开幕词、闭幕词、主持词、讲话稿、会议报告、典型材料、述职报告等。会议主题文书的写作需紧紧围绕会议主题内容进行，充分体现会议的精神和纲领，在结构上具有程式化的特点。

任务一　主　持　词

一、任务目标

1．了解主持词的含义及写作方法。

2．领会主持词的写作要求。

3．能撰写大型会议的主持词。

二、任务情景

××学院纪念中国共产党成立八十九周年暨先进性教育活动总结表彰大会即将召开。会议的主要议程依次为：院长张文涛同志做工作报告，纪委书记王明同志宣读《关于迎“七一”表彰先进集体、先进个人的决定》，为先进集体和先进个人颁奖，新党员进行入党宣誓仪式，老党员重温入党誓言，获奖代表发言，党委书记陈新同志做总结讲话。小李作为会议主持人需要撰写一份主持词。

三、任务分析

主持词是会议顺利进行的保证。写作主持词要了解各类会议的特定议程，按照会议议程规范拟定主持词。主持词内容安排要严谨细致，以确保会议各环节的紧密衔接，并根据会议实际或者情况变化进行调整。主持词用语在文字上要简洁流畅，根据会议风格、主持人身份确定用语。会议主持词应在会前写作，定稿后要经过主管领导和会议主持人审阅，审核批准后才能使用。

四、任务实施

纪念中国共产党成立八十九周年暨先进性教育活动总结表彰大会主持词

同志们:

今天，我们在这里召开纪念中国共产党成立八十九周年暨先进性教育活动总结表彰大会，旨在回顾总结前一阶段的工作，表彰先进，进一步动员广大党员干部职工解放思

想，与时俱进，团结拼搏，扎实工作，为我院健康发展、全面完成今年各项任务而努力奋斗。

出席今天大会的有党委书记陈新同志、院长兼副书记张文涛同志、纪委书记王明同志、副院长刘毅同志，让我们以热烈的掌声对他们的到来表示欢迎。参加今天大会的还有我院全体共产党员和入党积极分子，共计287人。

下面，我宣布：××学院纪念中国共产党成立八十九周年暨先进性教育活动总结表彰大会，现在开始。

会议进行第一项议程，请院长张文涛同志做工作报告，大家欢迎。

会议进行第二项议程，请纪委书记王明同志宣读《关于迎“七一”表彰先进集体、先进个人的决定》。

会议进行第三项议程，对受到表彰的先进单位和个人进行颁奖。

（一）请受到表彰的先进集体代表上台领奖：

1. 首先请先进党总支——行政系党总支代表上台领奖。

2. 请先进党支部——管理系教工党支部代表上台领奖。

3. 请先进党小组——金融系学生党小组代表上台领奖。

（二）请受到表彰的先进个人按照分组上台领奖（念到名字的请上台）。

1. 第一组请优秀党务工作者：王庆春、……上台领奖。

2. 第二组请优秀党员：雷涛、……上台领奖。

3. 第三组请优秀党员：侯雨、……上台领奖。

会议进行第四项议程，新党员进行入党宣誓仪式，老党员重温入党誓言。

站在党旗下，请全体党员起立，请郑新华同志带领大家宣誓。

会议进行第五项议程，请先进党总支——行政系党总支书记孙涛同志介绍经验。

会议进行第六项议程，请党委书记陈新同志为我们做重要讲话，大家欢迎。

同志们，今天的会上，我们隆重表彰了学院内部的先进集体和先进个人。新党员在党旗下进行了入党宣誓，全体党员重温了入党誓言。党委书记陈新同志代表党委，对前一阶段工作进行了总结，并对下一步工作提出了要求。陈书记的讲话语重心长，他的讲话既是对我们的鼓励，又是对我们的鞭策。散会以后，我们要认真学习领会讲话精神，认真落实陈书记提出的要求。

现在我宣布：散会。

（资料来源：http://www.diyifanwen.com）

五、知识链接

（一）主持词的含义

主持词是主持人用于说明活动主旨，引导、推动活动展开，串联和衔接前后内容，总结和概括活动情况的文稿。会议主持词，是在召开各类会议过程中，会议主持人将会议目的、会议主题、会议议程以及会议各环节串联起来的文字材料。

（二）主持词的种类

1. 政治类会议主持词

这类会议传达上级会议精神、方针政策或严肃的工作部署，政治性比较强，会场气氛严肃，其主持词的语言平实、严肃、严谨。

2. 表彰庆典类会议主持词

这类会议气氛相对轻松，可以根据会议表彰的对象或庆典内容选择轻松的话语进行主持，但要注意分寸，不能过于随便。

3. 文艺类会议主持词

文艺类会议包括文艺性演出、舞会、晚会、联欢会等。这种会议气氛活跃，主持词的撰写也比较灵活。既要有事先拟定的主持词，又要随机应变，幽默风趣，也可以让观众参与，双方互动，创设一种轻松欢快的和谐气氛。

（三）主持词的特点

1. 依附性

主持词的写作必须由会议内容所决定，随着会议内容的变化而变化。

2. 特定性

主持词一般按照会议程序进行拟定。由于各类会议具有不同的特定程序，主持词也必须严格按照程序，将会议日程和议程严谨、科学、准确地表述出来，不能随便增加、减少、篡改、颠倒。

3. 应变性

会议的召开虽然事先已进行策划，但仍然有很多突发情况，因此主持人也必须根据实际情况对主持词进行调整。

（四）主持词的写作模式

1. 标题

（1）单要素标题：只写文种，即《会议主持词》。

（2）双要素标题：由会议名称＋文种组成，如《校长办公会会议主持词》。

（3）三要素标题：由单位名称＋会议内容＋文种组成，如《××大学优秀学生表彰大会会议主持词》。

如有需要可在标题下以题注的形式注明主持人和职务。

2. 称谓

对与会人员的称呼。如“尊敬的各位领导，各位来宾，老师们，同学们：” 或“各位领导、各位嘉宾、朋友们：”等。

3. 正文

（1）说明会议目的和会议主题。简要介绍会议召开的原因、目的，以及会议主题。

（2）介绍与会人员。主要是向与会者介绍参加会议者的身份、人数，会议的服务、联络组织等情况。如有重要来宾参加，还应表示欢迎。

（3）进行会议议程。根据会议议程逐项进行。

（4）总结评价。全部会议议程进行完毕之后，主持人要对会议的内容以及会议的质量，进行概括和总结评价，使与会者进一步从总体上把握会议的主要内容及特点，也使与会者、组织者、服务者为会议付出的劳动得到肯定。

（5）提出要求。对会议精神如何贯彻落实提出明确要求。

4. 结尾

宣布会议结束，如“谢谢大家！会议到此结束。”或“本次会议的全部议程进行完毕，现在休会！”等。

六、实例看台

××市船型标准化工作会议主持词

主 持 人：×××处长

会议时间：20××年×月×日

会议地点：××××会议室

各位领导、同志们：

为进一步加快我市船型标准化工程进度，力争完成省厅船型办下达给我市的挂桨机船改造任务，经研究，决定召开这次船型标准化工作会议。

参加今天这次会议的有：市交通局局长××同志，市交通局副局长××同志；各县、区交通局局长、分管局长，以及各县、区运管所长、海事处长、航道站长，市交通局船型标准化领导小组全体成员。

让我们以热烈的掌声对他们的到来表示欢迎！

今天的会议共有五项议程。

下面，我们进行大会的第一项议程。请各县（区）交通局汇报船型标准化工程实施以来的工作进展情况。

下面，我们进行大会的第二项议程。请市交通局分管局长××同志，通报我市船型标准化工程实施以来的主要工作进展情况和下一步工作安排情况。（鼓掌）。

下面，我们进行大会的第三项议程。请船型标准化办公室主任××同志，宣读省交通厅苏交传〔2004〕61号文件和市交通局宿交发〔2004〕128号文件。

下面，我们进行大会的第四项议程。请船型标准化办公室主任××同志，宣布调整后的各县（区）今年挂桨机船拆解改造任务数及已完成数。

下面，我们进行大会的第五项议程。请局党委书记××局长发表重要讲话。（鼓掌）。

同志们，刚才各县区交通局汇报了船型标准化工程实施以来工作进展情况，××局长简要通报了我市船型标准化工程实施以来的主要工作进展情况和下一步工作安排情况，××局长就如何做好下一步的船型标准化工作，发表了重要讲话。

希望同志们对这次会议高度重视，并认真贯彻落实好会议精神；按照省市交通主管部门的统一部署，认真对照年度工作目标进行细化分解；要制订切实可行的措施，集中精力，狠抓落实，积极、稳妥、有效地推进京杭运河船型标准化工程，力争圆满完成我市船型标准化工程各项目标任务。

谢谢大家！会议到此结束。

（资料来源：http://www.diyifanwen.com）

【分析】 这是一篇工作会议主持词。主持词与会议内容密切相关，根本目的是完成会议预定传达的文件和布置的任务。任务实施中的主持词是一篇总结表彰大会的主持词，除了会议讲话与发言之外，还要特别注意颁奖环节的设计。注意比较两者的不同。

七、拓展实训

【情景模拟写作】

市委市政府决定于2011年12月25日召开2011年度人才工作会议。会议邀请市人才交流中心主任总结2011年度人才工作情况，表彰先进个人和先进集体，邀请××公司、××集团、××大学代表做经验交流或表态发言，邀请市委副书记做重要讲话。请你根据会议议程撰写一份主持词。

【能力拓展】

举办一场社会实践经验交流会，并撰写会议主持词。

八、学习反思

____

____

____

任务二　开　幕　词

一、任务目标

1．了解开幕词的含义及写作方法。

2．领会开幕词的写作要求。

3．能撰写大型会议的开幕词。

二、任务情景

共青团××大学第十次代表大会暨××大学第二十次学生代表大会即将召开，团省委、兄弟院校团组织的领导应邀参加这次会议。这次大会是该校共青团和学生会的一次盛会，是团员青年政治生活中的一件大事。这次团代会和学代会的主要任务是认真学习贯彻党的十七大精神和“三个代表”重要思想，听取团省委领导、省学联领导、校党委领导的重要讲话；听取并审议校团委工作报告和校学生会工作报告；选举产生新一届共青团××大学委员会；选举产生新一届××大学学生会主席团；审查并确定学生代表提案；规划今后几年该校共青团工作和学生会工作。校团委宣传部干事张荣负责拟定大会开幕词。

三、任务分析

开幕词是大型会议或重要会议的第一项讲话，有些会议也会由主持人承担开幕词致辞者的工作。开幕词的主要作用是宣布会议的开始，对整个会议起引导作用。开幕词的基调应以突出会议精神为主，紧紧围绕会议内容，密切联系会议主题。另外，开幕词对会议宗旨、意义、议程只能作画龙点睛的提示，起到提纲挈领的作用，切忌长篇大论，要做到语言简洁，朗朗上口。

四、任务实施

共青团××大学第十次代表大会
暨××大学第二十次学生代表大会开幕词

各位领导、各位来宾、各位代表、青年朋友们：

在全校师生深入学习科学发展观，致力于建设“创新特色突出、科研能力较强的国内一流、国际知名大学”的形势下，共青团××大学第十次代表大会暨××大学第二十次学生代表大会隆重开幕了。

今天，团省委、兄弟院校团组织的领导亲临大会，充分体现了各级领导对我校共青团和学生会工作的深切关怀和高度重视。在此，我代表学校团委向各位领导和来宾的光临表示热烈的欢迎和衷心的感谢！同时也向出席本次大会的全体代表以及全校团员青年和广大学生，致以亲切的慰问和良好的祝愿！向大会的胜利召开表示热烈的祝贺！

这次大会是我校共青团和学生会的一次盛会，是我校团员青年政治生活中的一件大事。开好这次大会，对于更好地团结动员广大团员青年，深入学习贯彻科学发展观重要思想，实现我校的奋斗目标，具有十分重要的意义。

××大学在团省委和校党委的正确领导下，以邓小平理论和“三个代表”重要思想为指针，以培养“四有”新人为目标，以提高青年学生的综合素质为工作重点，以实践“集道德、文化、专业素质于一身，融体育、科技、人文教育于一体”的办学理念为途径，团结、带领广大青年学生，紧紧围绕学校改革、发展和稳定的工作大局，深入开展思想政治教育，全面加强自身建设，大力开展科技创新活动、校园文化活动和社会实践活动，为青年学生的成长，为学校的建设和发展，做出了重要贡献。共青团、学生会组织积极顺应时代发展的要求，充分发挥共青团和学生会工作的优势，理顺工作关系，提炼新的工作思路，创造性地开展工作。通过多年的探索，逐步统一和深化了以育人为中心的共青团工作理念，逐步进行了团组织和学生会组织的一系列改革调整工作，制定和完善了一系列规章制度，建立健全了各级团的组织，确保了各项工作的正常运行。

这次团代会和学代会的主要任务是：认真学习贯彻党的科学发展观重要思想，听取团省委领导、省学联领导、校党委领导的重要讲话；听取并审议校团委工作报告和校学生会工作报告；选举产生新一届共青团××大学委员会；选举产生新一届××大学学生会主席团；审查并确定学生代表提案；规划今后几年我校共青团工作和学生会工作。通过这次大会，广泛动员全校青年学生，在科学发展观重要思想的指导下，以育人为中心，以服务为宗旨，以素质教育为主线，以创新为重点，以健全团学组织运行模式、完善教育服务工作体系为保障，全面推进我校共青团和学生会工作，带领全校青年学生，为实现建设国际知名、国内一流的综合大学的目标而努力奋斗。

参加本次会议的各位代表，肩负着全校团员青年和广大学生的意愿和重托，希望同志们以饱满的政治热情与高度负责的精神，同心同德，群策群力，共商大计，谋求发展，圆满完成大会预定的各项任务。

最后，预祝大会圆满成功！

（资料来源：http://www.wipe.edu.cn/rdzt/qnzj/tdh/ldjh/1.htm）

五、知识链接

（一）开幕词的含义

开幕词是国家机关、企事业单位和群众团体的领导，在重要会议开始时，用于交代会议任务、阐述会议宗旨和介绍会议议程的致辞，其作用在于引导会议顺利进行。

（二）开幕词的特点

1. 宣告性

开幕词是会议开始的序曲、标志，开幕词之后，会议的各项议程才能陆续展开。因此，开幕词具有宣告会议开始的特点。

2. 引导性

开幕词一般要阐明会议的宗旨、任务、目的、意义等，这对于整个会议的成功召开无疑起着引导作用。

3. 鼓动性

开幕词带有期望会议顺利召开的良好祝愿，并通过向与会者介绍会议的议程和宗旨，

以激励与会者的参与意识，调动其开会的积极性。

（三）开幕词的写作模式

1. 标题

（1）由会议全称＋“开幕词”组成，如《大学生运动会开幕词》。标题下面注明开会时间并加圆括号，再在其下正中署致开幕词者姓名。

（2）由领导人姓名＋“在……会议上的开幕词”组成，如《××在全国高等教育会议上的开幕词》。标题下面注明开会时间。

（3）正副标题。正标题概括会议主题，副标题注明会议名称及“开幕词”字样。标题下注明开会时间。

2. 称谓

一般使用泛称，如“各位同志”、“各位代表”、“女士们，先生们”，后加冒号。

3. 正文

（1）开头

用简短、富有鼓动性的语言宣布会议开始；介绍会议的规模、出席会议的人员情况、会议的筹备情况等，并对会议的召开及与会人员表示祝贺。

（2）主体

说明与会议有关的形势、会议的目的或任务；阐明会议的指导思想、主要任务（议题和议程）、会议的意义，并对会议作出预示性的评价；对与会者提出希望和要求。

（3）结语

一般用祝愿会议圆满成功的话语作结，如“预祝大会圆满成功”。

六、实例看台

洽谈会开幕词

女士们、先生们：

值此××省国际经济合作和出口商品洽谈会开幕之际，我代表××省人民政府、××市人民政府、××省对外贸易总公司，向远道而来的五大洲各国来宾、港澳同胞、海外侨胞表示热烈的欢迎和良好的问候！

2008年7月，在庆祝××对外贸易中心落成典礼时，我们曾在这里举办过一次洽谈会。今年这次洽谈会，规模和内容比上一次洽谈会更加广泛和丰富。这次洽谈会，将进一步扩大我省同世界各国及港澳地区的经济技术合作和贸易往来，增进相互了解和友谊。

今天在座的各位来宾中，有许多是我们的老朋友，我们之间有着良好的合作关系。对于你们的真诚合作精神，我们表示由衷的赞赏和感谢。同时，我们也热情欢迎来自各国各地区的新朋友，为有幸结识这些新朋友感到十分高兴。我们欢迎老朋友和新朋友到

××地观光游览，发展相互间的友好合作关系。

最后，预祝××省国际技术合作和出口商品洽谈会的圆满成功。

谢谢！

【分析】 这篇洽谈会开幕词在内容与写作模式上存在问题。首先，在开头部分仅仅向来宾表示问候，没有用简短的语言宣布会议开始。主体部分对洽谈会的介绍比较简单，可以适当增加笔墨说明洽谈会的意义、作用，以及洽谈会将要完成的洽谈项目及构想。任务实施中的例文是一篇代表大会开幕词，从会议背景、意义到会议议程、任务，都详细地告知听众，可以使与会者更加清楚地了解会议的情况。

七、拓展实训

【文章诊改】

校园文化节开幕词

各位领导、各位老师、同学们:

当前，我们正处在一个改革的时代，创新的时代，人的素质全面发展的时代。学校是人才培养的基地，这就要求我们在致力于教育教学改革向纵深发展的同时，还要充分考虑到学生的个性发展，为学生成长营造一个良好的学习环境、积极的文化氛围，以丰富学生的课余文化生活，陶冶学生的情操，发展学生的个性特长，完善学生的健康人格，提高学生综合素质，唤起学生对文明社会的向往与追求，达到“育德、启智、建体、树人”的目的。面对我校自建校以来的大好形势，学校已经把新的学年确定为“管理年”。为贯彻“管理年”所确立的“以严治校、强化管理、提高素质、全面育人”的精神，我们组织举办了这次以“爱国、爱校、文明、奋进”为主题的校园文化节，目的就是想通过校园文化活动这一载体，进一步活跃我们的校园文化氛围，为广大师生提供一个锻炼能力、展示个性魅力的舞台，借此来提高我校教职员工和广大学生的文化素质、艺术素养和文明素质，促进学校各项管理不断向更深层次推进，全面促进校园的精神文明建设。

我相信，同学们一定会在这些文化节活动中进一步激发学习、奋进的动力；弘扬集体主义精神；奔放激情、增强自信；提高自律能力、规范日常行为；增进团结、体验快乐；感受艺术……提高我们的综合素质，做一个新世纪、新时代、有新特点的新青年。

各位老师、同学们：校园有了文化，文明就有了深厚的底蕴；校园有了艺术，精神才会得到启迪和升华。我相信，本次校园文化节活动的过程，将是全体师生员工精神凝聚、智慧整合、能力展示和素质提升的过程。通过文化节的活动，一个团结、和谐、文明、进取、富有文化底蕴的校园，一定会在全校师生的共同努力装点下变得更加可爱、可亲！愿同志们、同学们能以本届校园文化节为契机，让我们共同携手扬起爱国、爱校的旗，张起文明、奋进的帆，为打造一流的职业技术学院而团结奋斗。最后，预祝第十二届校园文化节取得圆满成功！谢谢大家！

【情景模拟写作】

××学院将举行2011年秋季运动会，院长××同志将在开幕式上致开幕词，请你替院长撰写一篇开幕词。

八、学习反思

____

____

____

任务三　闭　幕　词

一、任务目标

1．了解闭幕词的含义及写作方法。
2．领会闭幕词的写作要求。
3．能撰写大型会议的闭幕词。

二、任务情景

在校党委、团省委、省学联领导的亲切关怀下，共青团××大学第十次代表大会暨××大学第二十次学生代表大会胜利闭幕了。大会分别听取讨论并通过了上届团委会所作的题为《以科学发展观重要思想为指导，认真贯彻学校党代会精神，努力开创我校共青团工作新局面》的工作报告和上届学生会所作的题为《团结一致，开拓创新，努力把自己培养成二十一世纪的高素质人才》的工作报告。

校团委书记对宣传部干事张荣起草的会议开幕词非常满意，于是把拟定会议闭幕词的任务也交给了他。

三、任务分析

闭幕词是大型会议或重要会议的最后一项讲话，标志着会议的结束，在程序上与开幕词遥相呼应。其作用主要是对会议的意向、成果做出评价和总结。闭幕词是会议的尾声，着重对会议的主要成果给予准确的评价和总结。要突出重点，强调重点，进一步深化会议中心思想，并强调大会精神对今后工作的指导作用。写作时文字要简明扼要，准确生动。既要适合口语表达，也要能充分发挥闭幕词激励人心的作用。

四、任务实施

共青团××大学第十次代表大会
暨××大学第二十次学生代表大会闭幕词

各位领导、各位来宾、各位代表、同志们、朋友们：

在院党委、团省委、省学联领导的亲切关怀下，经过全体代表和工作人员的共同努力，共青团××大学第十次代表大会暨××大学第二十次学生代表大会，在认真、活跃、团结、进取的气氛中，圆满完成了各项预定任务，现在即将闭幕了！

我们在科学发展观重要思想的指导下，以育人为中心，以服务为宗旨，以素质教育为主线，以创新为重点，以健全团学组织运行模式、完善教育服务工作体系为保障，全面推进我校共青团和学生会工作，带领全校青年学生为实现“创新特色突出、科研能力较强的国内一流、国际知名大学”的目标而努力奋斗这一大会主题，认真学习了校党委和团省委有关领导在会上发表的重要讲话。他们热情洋溢的讲话蕴涵着对当代青年的信任和厚望，给我们带来极大的鼓舞。

大会分别听取讨论并通过了上届团委会所作的题为《以科学发展观重要思想为指导，认真贯彻学校党代会精神，努力开创我校共青团工作新局面》的工作报告和上届学生会所作的题为《团结一致，开拓创新，努力把自己培养成二十一世纪的高素质人才》的工作报告。两个报告分别对上届团委会、学生会的工作进行了回顾和总结，对今后一段时期内的工作做了展望和构想，明确了当代青年的历史使命，这必将激励和引导全校团员青年和广大同学更加刻苦学习，勤奋工作，不断充实完善自我，迎接新的挑战。大会产生了新一届团委会和学生会主席团，他们是通过民主选举形成的，代表着全校团员青年和广大同学的利益和意志，我们有理由相信他们有能力正确行使其权利和义务，更好地为大家服务，也希望全校团员青年和广大同学紧密团结在他们周围，给他们以支持和监督，共同使我校的共青团工作和学生工作从胜利走向胜利，攀登新的高峰！

面对时代赋予我们的大好机遇，让我们携手并肩，在校党委的领导下，更加紧密地团结在以胡锦涛同志为总书记的党中央周围，沿着党指引的正确方向，团结和带领全校共青团员和广大青年群众，坚定信念，抓住机遇，大力弘扬团结、求实、勤奋、拼搏的精神，为把自己培养成集道德、文化、专业素质于一身的合格人才，向着伟大的目标而努力奋斗！

最后，我向给予本次大会以关怀和帮助的各位来宾、领导、老师及工作人员，表示最衷心的感谢！

现在我宣布，共青团××大学第十次代表大会、××大学第二十次学生代表大会胜利闭幕！

（资料来源：http://www.wipe.edu.cn/rdzt/qnzj/tdh/ldjh/5.htm）

五、知识链接

（一）闭幕词的含义

闭幕词是在重大会议即将结束时，由有关领导向全体与会人员所作的总结性讲话。

（二）闭幕词的特点

1. 总结性

总结性主要体现在讲话人对大会所完成的任务，所通过的报告、决议，以及大会的经验等方面进行概括总结。

2. 要求性

要求性主要体现在讲话人提出贯彻会议精神的要求和希望，号召大家为实现大会提出的任务而奋斗。

（三）闭幕词的写作模式

1. 标题

（1）由会议全称＋“闭幕词”组成，如《校园文体节闭幕词》。标题下面注明开会时间并加圆括号，再在其下正中署致闭幕词者姓名。

（2）由领导人姓名＋“在……会议上的闭幕词”组成。如《×××在市政协六届一次会议上的闭幕词》。标题下面注明开会时间。

（3）正副标题。正标题概括会议的意义，副标题注明会议名称及“闭幕词”字样。

2. 称谓

一般使用泛称，如“各位同志”、“各位代表”、“女士们，先生们”，后加冒号。

3. 正文

正文主要说明会议已经完成预定任务，即将闭幕了。

（1）开头。对会议的筹备、组织人员的辛勤努力表示感谢。

（2）主体。①对会议的成果、作用和意义予以评价；②对会议的主要内容、尤其是会议通过的重大决议、决定，会议完成的主要任务和会议的基本精神做概括总结；③对会议未能展开的内容，提出希望和要求。

（3）结尾。宣布大会胜利闭幕。

六、实例看台

王岐山在2010年上海世博会闭幕式上的致辞

尊敬的温家宝总理，尊敬的国际展览局蓝峰主席，尊敬的各位来宾，

女士们、先生们、朋友们:

今天，承载着人类智慧和梦想的2010年上海世界博览会即将落下帷幕，我代表中国政府及上海世博会组委会向各位来宾表示热烈欢迎，向所有关心、支持和参与上海世博会的朋友们表示衷心的感谢!

在过去的184天里，我们走过了一段成功、精彩、难忘的世博之旅，190个国家、56个国际组织以及中外企业踊跃参展，200多万志愿者无私奉献，7308万参观者流连忘返，网上世博永不落幕，这一切共同铸就了上海世博会的辉煌。这段美好的时光将永远在我们心中珍藏!

在过去的184天里，世界在这里浓缩，东方与西方交流，人文与科技融合，历史与

未来辉映。回首上海世博会，我们为其弘扬的“理解、沟通、欢聚、合作”的理念所激励，为其昭示不同的文化交流互鉴，为各国人民和谐共处的氛围所感动，为其展现的人类迎接挑战、追求卓越勇气所鼓舞。通向未来美好生活的大门正徐徐开启，人类追求富裕文明的脚步不会停止，世博精神将薪火相传、生生不息。我们相信，“城市，让生活更美好”的愿景必将成为现实！

女士们、先生们、朋友们，上海世博会汇聚人类文明创新的成果，拉近了中国和世界的距离，一个更加开放、包容、文明进步的中国将与世界各国一道，共同迎接无限光明的未来！

谢谢大家！

（资料来源：http://www.people.com.cn）

【分析】 这是王岐山在2010年上海世博会闭幕式上的致辞。从严格意义上讲，这篇闭幕词属于大型活动闭幕词，与纯粹的会议闭幕词相比，语言更加灵活，词汇更加丰富，增添了大型活动本身的性质色彩。但是，在结构层次安排上，仍严格遵循闭幕词的写作模式，重点描绘会议活动的成果及意义。

七、拓展实训

【情景模拟写作】

经过两天的比赛项目，××学院的秋季运动会胜利闭幕了，党委书记××同志将在闭幕式上致闭幕词，请代他写一份秋季运动会闭幕词。

八、学习反思

____

____

____

任务四 讲 话 稿

一、任务目标

1．了解讲话稿的含义及写作方法。

2．领会讲话稿的写作要求。

3．能根据领导意图撰写讲话稿。

二、任务情景

王硕是××大学校长办公室的工作人员。近期，学校要召开共青团第十次代表大会暨第二十次学生代表大会。张校长应邀在开幕式上讲话，要求王硕以回顾学校团建工作的历程为基础，以鼓舞团员青年的昂扬斗志为基调起草一篇讲话稿。

三、任务分析

讲话稿不是演讲稿，也不是发言稿。大型会议上的领导讲话稿，体现的是领导集体的意志。所以，撰写领导讲话稿要充分领会领导的意图，体现领导风格，在充分了解会议召开的背景、会议内容、会场情况以及听众身份的情况下进行写作。讲话稿内容要新颖，要能谈出新意来，只有中心突出、观点鲜明，用观点统率内容，内容中又渗透着观点，才能给听众留下深刻的印象。同时，为了达到良好的表达效果，语言要通俗易懂，还要富于特色，适应不同听众的特点。

四、任务实施

与时俱进，开创新局面，在全面建设小康社会的伟大实践中铸就新的辉煌

——在共青团××大学第十次代表大会暨

××大学第二十次学生代表大会开幕式上的讲话

校长：××

（2010年11月27日）

各位领导、各位来宾、各位代表、青年朋友们：

共青团××大学第十次代表大会暨××大学第二十次学生代表大会今天召开了。首先我代表校党委向全校的共青团员和青年朋友表示热烈的祝贺，向光临大会的各位领导和嘉宾表示热烈的欢迎！

“两代会”的召开是我校团员青年政治生活中的一件大事，在这次“两代会”上，我们将认真学习《中共中央国务院关于进一步加强和改进大学生思想政治教育的意见》，以科学发展观重要思想为指导，认真总结自上一届“两代会”以来的工作，确定今后几年我校共青团和学生会工作改革发展的新思路、新举措。

在过去的几年中，伴随着我校发展的步伐，共青团和青年工作都取得了令人瞩目的成就。几年来，校团委、校学生会在校党委、团省委和省学联的正确领导下，以邓小平理论和“三个代表”重要思想为指针，以培养“四有”新人为目标，团结、带领广大团员青年紧紧围绕学校工作大局，深化思想教育，加强组织建设，大力开展学术科技活动、校园文化活动、社会实践活动、青年志愿者活动等，倡导科学精神，培育创新精神，全面推进素质教育，服务青年、服务学生的成长，积极探索共青团和学生会工作的新途径、新方法，构建了我校共青团工作的新格局。与此同时，团组织、学生会组织自身建设也不断加强，充分发挥了党的助手作用和广泛联系青年学生的纽带作用。你们的工作得到了各级领导和有关部门的充分肯定。借此机会，对长期指导、支持我校共青团、学生会工作的上级领导、学校各职能部门、各院系领导表示诚挚的感谢。向辛勤工作在第一线的共青团干部和学生会干部以及从事学生工作的老师们致以亲切的慰问。

同志们，青年是推动社会历史进步的伟大力量，大学生是我国全面建设小康社会十分宝贵的人才资源，是民族的希望、祖国的未来。不断提高大学生的思想政治素质、科学文化素质，把他们培养成中国特色社会主义事业的建设者和接班人，对于实施科教兴国和人才强国战略，确保实现全面建设小康社会、加快推进社会主义现代化的宏伟目标，具有深远的重大战略意义。我们今天在座的共青团员、青年学生将是这个伟大时代的建设者和创造者。我们应为此感到骄傲和自豪。我们每一个共青团员、青年学生都应成为无愧于时代、无愧于祖国、无愧于党、无愧于人民的中华民族的优秀分子。因此，我殷切地希望每一个共青团员、青年学生要高举马克思列宁主义、毛泽东思想的伟大旗帜，以邓小平理论和“三个代表”重要思想为指导，树立正确的世界观、人生观和价值观，逐步确立马克思主义的坚定信念和共产主义的伟大理想。要牢固树立四个基本观念，一是祖国观念，培育爱国主义情感，树立国家利益至上的思想；二是人民观念，树立为人民服务是最高价值追求和道德追求的思想；三是党的观念，树立听党的话、跟党走的思想；四是社会主义观念，积极为投身社会主义现代化建设做好思想、文化和知识本领准备。要努力学习专业知识、科技知识、人文知识，真正做到集道德、文化、专业素质于一身，当前，我国进入全面建设小康社会、加快推进社会主义现代化建设的新的发展阶段，国际局势正在发生深刻变化，世界多极化和经济全球化的趋势在曲折中发展，科技进步日新月异，综合国力竞争日趋激烈，作为社会主义事业的建设者和接班人不仅要有扎实的专业基础和专业技能，而且必须要有丰厚的文化底蕴和掌握现代科技知识的能力，这就要求我们每一个学生必须努力学习、刻苦训练、全面发展、一专多能，从而使自己具有适应时代、顺应潮流、为国争光、开拓创新、推动社会发展的真才实学和工作本领。

同学们、青年朋友们，共青团是党领导下的先进青年的群众组织，是党的助手和后备军，高校团组织要把加强大学生思想政治教育工作摆在突出的位置，充分发挥在教育、团结和领导大学生方面的优势，竭诚为大学生的成才服务。高校学生会，是党领导下的大学生群众组织，也是加强改进学生工作的依靠力量，是大学生自我教育的组织者。因此，共青团、学生会都必须自觉接受党的领导，把广大学生团结在党的周围。我也希望学校各级党组织进一步加强对共青团工作和学生会工作的领导，学校各级组织、各部门、每一位教师、干部都要关心学生，爱护学生，把培养高素质的人才作为我们学校一切工作的出发点和归宿点，作为每一位教育工作者的神圣使命。

各位代表、青年朋友们：

今天，我们欢聚一堂，回首走过的辉煌历程，展望面对的美好未来，我们要继承和发扬共青团和中国青年的光荣传统，珍惜大好年华，牢记党和人民的重托，不断进取，为把我校建设成为“创新特色突出、科研能力较强的国内一流、国际知名大学”而努力，在全面建设小康社会的伟大征程中为我国的发展谱写出更加壮美的乐章！

祝大会圆满成功！

（资料来源：http://www.wipe.edu.cn/rdzt/qnzj/tdh/ldjh/3.htm）

五、知识链接

（一）讲话稿的含义

讲话稿一般指领导讲话稿，是各级领导在会议上发表的带有指示、部署、指导、总

结性质的讲话文稿。一般情况下，领导的会议讲话稿所承载的观点不是讲话者个人的观点，而是集体意志的体现。

（二）讲话稿的特点

1. 针对性

讲话稿的内容不是随意确定的，而是由会议主题和讲话者身份来决定的。讲话稿是根据会议的主题、性质、议题，以及会议场合、背景，或者听众的身份、心理需求和接受习惯等因素而撰写的。

2. 原则性

领导讲话稿多与党和政府的路线、方针、政策有关，必须讲求原则，代表党和国家的立场，不能有所偏离。

3. 得体性

讲话稿的语言要适于表达，便于听众理解和接受，既要准确、生动，又要简洁明了，与讲话者的目的、身份相吻合。

4. 集智性

大型会议的领导讲话稿，通常由一个小组来代为起草。领导将写作目的、背景、写作要求等交代给起草小组，然后小组分工写作，集体撰拟草稿，并在起草中反复讨论、修改，直至定稿，再提交领导审核使用，因此，讲话稿是集体智慧的结晶。

（三）讲话稿的种类

根据内容不同，讲话稿可以分成以下几种。

1. 工作会议讲话稿

工作会议讲话稿是指领导干部在各类工作会议上的讲话稿。

2. 纪念会议讲话稿

纪念会议讲话稿是指领导干部在重大庆典等纪念活动上的讲话稿。

3. 节日致词讲话稿

节日致词讲话稿是指领导干部逢元旦、国庆、春节等重要节日，在电视、晚会、广播以及其他庆祝活动中的讲话稿。

4. 礼仪活动讲话稿

礼仪活动讲话稿是指领导干部在特定的场合中，如在举行某项仪式上所发表的礼仪性讲话。

5. 文体活动讲话稿

文体活动讲话稿是指领导干部出席各种文体活动时的致辞。

6. 慰问活动讲话稿

慰问活动讲话稿是指领导干部在重大节日、纪念日或遇到某种特殊情况、重大事件时，对有关人员及群体表示安慰、关心、关怀、问候、鼓励的讲话稿。

（四）讲话稿的写作模式

1. 标题

（1）标准式标题。由讲话人姓名＋职务＋会议名称＋文种组成，如《×××省长在全省教育工作会议上的讲话》。

（2）正副式标题。正标题概括讲话的主要内容，副标题与第一种标题形式相同。如《解放思想，实事求是，团结一致向前看——×××在中央工作会议闭幕会上的讲话》。

2. 称谓

根据讲话对象确定称谓。如“同志们”、“女士们，先生们”。

3. 正文

（1）开头。写明会议的性质，说明讲话的缘由、目的，概括所讲内容的重点。

（2）主体。根据会议的内容和发表讲话的目的确定，主要有以下几种情况：可以重点阐述如何领会文件、指示、会议精神；可以通过分析形势和明确任务，提出搞好工作的几点意见；可以结合本单位情况，提出贯彻上级指示的意见；可以对前面其他领导人的讲话做补充讲话；也可以围绕会议的中心议题，结合自己分管的工作谈几点看法等。

（3）结尾。总结全篇，照应开头，发出号召，或者征询对讲话内容的意见或建议等。

（五）讲话稿与几个相关概念的区别

1. 讲话稿与发言稿的区别

（1）讲话是一种领导行为，发言则只属于普通的公务行为。主要根据讲话人和发言人在该项活动中的相对身份确定，而不取决于他们的社会身份。讲话人必定在该项活动中负有组织和领导责任，发言人则只是该项活动的一般参与者。

（2）讲话一般代表领导集体的意见，发言则更多代表的是个人意见。

（3）由于讲话代表的是领导集体的意见，所以它明确地要求下属遵守和执行，具有较强的指导性；而发言更多的是代表个人的意见，所以一般是沟通情况，反映问题，提出建议等，具有参考作用。

这一区别也体现在语言上。一般说来，讲话都使用祈使性语言，要求人们怎样做；而发言则多用陈述语言，很少使用祈使句。

2. 讲话稿与会议报告的区别

（1）讲话稿是上级对下级的要求及建议，属于领导行为，会议报告则是领导班子汇报工作、接受监督的一种渠道，多是执法机构、执行机关对权力机关而行。

（2）讲话作为一种领导行为，其成文具有明显的决策意义；会议报告则只有经过大会审议批准后才具有决策意义。所以讲话可以直接提出工作要求，大多数会议报告则需要请示会议审议。

3. 讲话稿与演讲稿的区别

（1）讲话是一种领导行为，演讲则根据演讲场合的不同表现为学术行为、宣传鼓动行为，或外交行为。

（2）讲话以“讲”为主要手段，语言要求朴实、直白，演讲则是“演”和“讲”的结合，更追求语言的艺术性。

（3）讲话代表一定集体的意见，只有领导者才能实施；演讲则多数表达个人的看法和意见，不受身份的限制。

4. 讲话和谈话的区别

（1）讲话是领导在公众场合布置工作，发表观点的方式，而谈话则是在一对一或一对多的私密环境中进行面对面交流的工具。

（2）讲话一般比较规范、庄重，且只是领导对下属的单向行为；谈话则较为灵活，是双向或多向的交流，其内容较随意。

（3）讲话是一种领导行为，只适用于具有领导关系的活动，不能出现于非领导关系的活动中，而谈话则不受这种限制。

六、实例看台

在庆祝中国共产党成立90周年大会上的讲话（节选）

（2011年7月1日）

胡锦涛

同志们，朋友们：

今天，我们在这里隆重集会，同全党全国各族人民一道，庆祝中国共产党成立90周年，回顾中国发展进步的伟大历程，瞻望中国发展繁荣的光明前景。

90年前的今天，中国共产党成立了。这是中华民族发展史上开天辟地的大事变。从此，中国人民踏上了争取民族独立、人民解放的光明道路，开启了实现国家富强、人民富裕的壮丽征程。

90年来，中国共产党人和全国各族人民前赴后继、顽强奋斗，不断夺取革命、建设、改革的重大胜利。今天，一个生机盎然的社会主义中国已经巍然屹立在世界东方，13亿中国人民正在中国特色社会主义伟大旗帜指引下满怀信心走向中华民族伟大复兴。

同志们、朋友们！

1840年鸦片战争以来中国170多年的历史，概括地说就是，我们伟大的祖国经历了刻骨铭心的磨难，我们伟大的民族进行了感天动地的奋斗，我们伟大的人民创造了彪炳史册的伟业。

1921年，在马克思列宁主义同中国工人运动相结合的进程中，中国共产党应运而生。中国共产党的诞生，是近现代中国历史发展的必然产物，是中国人民在救亡图存斗争中顽强求索的必然产物。从此，中国革命有了正确前进方向，中国人民有了强大精神力量，中国命运有了光明发展前景。

90年来，我们党团结带领人民在中国这片古老的土地上，书写了人类发展史上惊天地、泣鬼神的壮丽史诗，集中体现为完成和推进了三件大事。

第一件大事，我们党紧紧依靠人民完成了新民主主义革命，实现了民族独立、人民解放。

第二件大事，我们党紧紧依靠人民完成了社会主义革命，确立了社会主义基本制度。

第三件大事，我们党紧紧依靠人民进行了改革开放新的伟大革命，开创、坚持、发展了中国特色社会主义。

这三件大事，从根本上改变了中国人民和中华民族的前途命运，不可逆转地结束了近代以后中国内忧外患、积贫积弱的悲惨命运，不可逆转地开启了中华民族不断发展壮大、走向伟大复兴的历史进军，使具有5000多年文明历史的中国面貌焕然一新，中华民族伟大复兴展现出前所未有的光明前景。

事实充分证明，在近代以来中国社会发展进步的壮阔进程中，历史和人民选择了中国共产党，选择了马克思主义，选择了社会主义道路，选择了改革开放。

事实充分证明，中国共产党不愧为伟大、光荣、正确的马克思主义政党，不愧为领导中国人民不断开创事业发展新局面的核心力量。

同志们、朋友们！

90年来，我们取得的一切成就，是一代一代中国共产党人同人民一道顽强拼搏、接续奋斗的结果。

同志们、朋友们！

经过90年的奋斗、创造、积累，党和人民必须倍加珍惜、长期坚持、不断发展的成就是：开辟了中国特色社会主义道路，形成了中国特色社会主义理论体系，确立了中国特色社会主义制度。

同志们、朋友们！

回顾90年中国的发展进步，可以得出一个基本结论：办好中国的事情，关键在党。

90年来党的发展历程告诉我们，理论上的成熟是政治上坚定的基础，理论上的与时俱进行动上锐意进取的前提，思想上的统一是全党步调一致的重要保证。

90年来党的发展历程告诉我们，政治路线确定之后干部就是决定因素。

90年来党的发展历程告诉我们，来自人民、植根人民、服务人民，是我们党永远立于不败之地的根本。

90年来党的发展历程告诉我们，坚决惩治和有效预防腐败，关系人心向背和党的生死存亡，是党必须始终抓好的重大政治任务。

90年来党的发展历程告诉我们，建设好、管理好一个有几千万党员的大党，制度更带有根本性、全局性、稳定性、长期性。

总之，只要全党同志常怀忧党之心、恪尽兴党之责，以更加奋发有为的精神状态推进党的建设，我们党就一定能够更好把握历史大势、勇立时代潮头、引领社会进步。

同志们、朋友们！

中国共产党自诞生之日起就勇敢担当起团结带领人民实现中华民族伟大复兴的历史使命。继续推动中华民族伟大复兴进程，必须始终坚持党的基本路线不动摇，继续解放思想，坚持改革开放，推动科学发展，促进社会和谐，在新的历史起点上把中国特色社会主义伟大事业全面推向前进。

面向未来，全党同志必须牢记，我国过去30多年的快速发展靠的是改革开放，我国未来发展也必须坚定不移依靠改革开放。

在前进道路上，我们要继续牢牢扭住经济建设这个中心不动摇，坚定不移走科学发展道路。

在前进道路上，我们要继续大力推进社会主义民主政治建设，坚定不移走中国特色社会主义政治发展道路。

在前进道路上，我们要继续大力推动社会主义文化大发展大繁荣，坚定不移发展社会主义先进文化。

在前进道路上，我们要继续大力保障和改善民生，坚定不移推进社会主义和谐社会建设。

正确处理改革发展稳定关系，实现改革发展稳定的统一，是关系我国社会主义现代化建设全局的重要指导方针。

巩固的国防和强大的军队，是国家主权、安全、领土完整的坚强后盾。

我们要一如既往坚持“一国两制”、“港人治港”、“澳人治澳”、高度自治的方针，全力支持香港特别行政区政府、澳门特别行政区政府依法施政、发展经济、改善民生，推进香港、澳门同内地的交流合作，团结一切爱国爱港、爱国爱澳力量，保持香港、澳门长期繁荣稳定。

同志们、朋友们！

环顾全球，和平、发展、合作的时代潮流没有变，但世界和平与发展面临诸多挑战。共同分享发展机遇，共同应对各种风险，推动建设持久和平、共同繁荣的和谐世界，是各国人民的共同愿望。

同志们、朋友们！

回顾我们党90年的发展历程，我们有一个共同的感觉，这就是，我们党从成立之日起，就始终代表广大青年、赢得广大青年、依靠广大青年。

同志们、朋友们！

90年前，中国共产党只有几十个成员，国家贫穷落后，人民苦不聊生。今天，中国共产党已经拥有 8000 多万党员，国家繁荣昌盛，人民幸福安康。90 年来，我们党取得的所有成就都是依靠人民共同奋斗的结果，人民是真正的英雄，这一点我们永远不能忘记。

我们完全有理由为党和人民取得的一切成就而自豪，但我们没有丝毫理由因此而自满，我们决不能也决不会躺在过去的功劳簿上。

在本世纪上半叶，我们党要团结带领人民完成两个宏伟目标，这就是到中国共产党成立 100 年时建成惠及十几亿人口的更高水平的小康社会，到新中国成立 100 年时建成富强民主文明和谐的社会主义现代化国家。我们肩膀上的担子重、责任大。全党同志要牢记历史使命，永远保持谦虚、谨慎、不骄、不躁的作风，永远保持艰苦奋斗的作风，勇于变革、勇于创新，永不僵化、永不停滞，不动摇、不懈怠、不折腾，不为任何风险所惧，不被任何干扰所惑，坚定不移沿着中国特色社会主义道路奋勇前进，更加奋发有为地团结带领全国各族人民创造自己的幸福生活和中华民族的美好未来！

（资料来源：http://www.gov.cn）

【分析】 这是胡锦涛主席在建党九十周年大会上的讲话。回顾了建党九十周年的光辉历程以及辉煌业绩，赞颂了三代领导集体的丰功伟绩。围绕世情、国情、党情的深刻变化，提出了党的建设的重要任务。结构清晰，内涵丰富，是会议讲话稿的范本。

七、拓展实训

【供料写作】

1．在给定材料中的 7·23 甬温线特别重大铁路交通事故两天后的新闻发布会现场，你作为铁道部门的新闻发言人向新闻媒体通报事故情况，请写出新闻通报稿。

（1）7 月 23 日 19 时 30 分许，浙江温州，大雨倾盆，雷鸣电闪。气象台记录，每小时降雨量 90 多毫米。20 时 05 分，乘坐杭州开往福州 D3115 次车的网友“希希宋”正坐在车厢里。列车行至永嘉站时，车停了。“希希宋”发出一条微博：“动车到了永嘉站竟然停止不前了，列车员说因天气打雷原因，暂停一下，以保安全”。

谁也没想到，30 多分钟后，一场惨烈的事故发生了——

20 时 15 分许，D3115 次动车驶入永嘉到温州南站区间。不料，此时从北京南开往福州的 D301 次动车，也疾驶至永嘉站。

20 时 24 分许，得到出发信号后，D301 次动车也驶入永嘉至温州南区间，两车距离越来越近……

20 时 38 分，D301 次动车与前方的 D3115 次动车追尾相撞，中国铁路史上的首次动车特大事故骤然发生：D301 次动车上 558 名乘客和 D3115 次动车上 1072 名乘客，顿时遭遇危情时刻！

这是惊魂一刻：两车在温州鹿城区黄龙街道双坳村下岙处追尾，随即爆发出一声巨响，D3115 次列车第 13 至 16 节车厢脱轨；D301 次列车第 1 至 5 节车厢脱轨，其中前三节坠入高架桥下，第四节一头担在高桥上，另一头插在地下。

事态危急，一些乘客当场遇难。

事故发生不到 3 分钟，温州市公安局接到事故报警。温州市的武警官兵、医务人员

及市民等随即展开一场空前大救援。

事故严重，人命关天，消息迅速传至北京中南海——胡锦涛总书记、温家宝总理当即作出重要指示，要求各有关部门和地方务必把救人放在第一位，全力以赴组织好救援工作，同时查明原因，做好善后处理。中共中央政治局常委、中央政法委书记周永康等中央领导同志也作出重要批示。

事故发生后第一时间，铁道部部长盛光祖，副部长胡亚东、卢春房等紧急赶赴事故现场，组织救援工作。

事故现场，一场与死神赛跑的比拼迅速展开。

23日当晚，温州全城通宵未眠，救援人员在争分夺秒、千方百计救助遇险乘客，竭尽全力创造生命的奇迹。

24日凌晨时分，已有191名伤员被陆续分送到附近及温州市区的11家医院，相关部门提供了紧急配套服务。

24日11时10分，受胡锦涛总书记、温家宝总理委派，中共中央政治局委员、国务院副总理张德江率有关部门负责同志抵达温州，指导"7·23"甬温线特别重大铁路交通事故救援、善后处理和事故调查工作，并宣布成立国务院事故调查组。在赶赴医院看望并亲切慰问了受伤人员时，他说，党和政府正在调集一切资源救治伤员，希望受伤人员配合治疗，早日康复。

24日晚，由心理干预专家曹日芳主任医师带队的浙江省心理援助专家组6人已抵达温州。专家组成员分别来自省立同德医院、省疾控中心、杭州市第七人民医院，24日专家组的主要任务是培训当地相关人员，并将于25日一早全面开展心理援助工作。

24日18时左右，温州动车事故线路上剩余3节列车基本清理完毕。线路换枕、换轨等工作紧张进行。

24日19时，事故路段抢通完毕。

（2）7月23日上海铁路局管内杭深线动车组列车追尾事故发生后，胡锦涛、温家宝、周永康、张德江等中央领导分别作出重要指示，指出第一位的任务是救人，铁道部要全力以赴，地方要组织公安、卫生等力量全力支援。要查明事故原因，妥善做好善后工作。

接到事故报告后，铁道部立即启动应急预案，部党组书记、部长盛光祖等领导同志第一时间赶到调度指挥中心，制定救援方案。盛光祖部长对救援作出具体部署：立即组织足够力量，尽最大努力，以最快速度抢救伤员，把伤亡降至最低程度；协调地方政府和卫生部门，不惜一切代价，对受伤人员进行救治；对滞留旅客搞好服务和转运工作；对事故进行深入分析，查清原因，深刻吸取教训。盛光祖部长，胡亚东、卢春房副部长，铁总何玉华主席及有关司局负责同志迅速赶赴事故现场组织救援工作。

（3）温州境内发生列车追尾事故后，浙江省卫生厅高度重视，当晚第一时间组织多支救援队伍火速赶往现场，全力投入救援工作。24日上午，卫生部副部长陈啸宏率卫生部应急办、医政司及4名神经外科、创伤骨科、普外科、重症监护专家也赶赴事故现场指导伤员救治工作。

浙江省卫生厅同时组织省血液中心、台州市血液中心、丽水市血液中心做好血液供应准备，保障救援用血。目前，全省已向温州调配救援用血10万余毫升。

（4）浙江温州“7·23”动车事故发生后，保监会官员24日表示，浙江省保监局已协调组织各保险公司启动应急预案，开启事故核查与理赔绿色通道；温州保监分局于事故发生后第一时间赶到现场，密切关注事态发展，处理赔偿事宜。目前善后理赔工作正在紧张有序进行中。

（5）受胡锦涛总书记、温家宝总理委派，中共中央政治局委员、国务院副总理张德江24日率有关部门负责同志赶赴温州，指导事故救援、善后处理和事故调查工作。

24日14时许，张德江主持召开现场会，指示成立事故救援和善后处置工作指挥部，由浙江省省长吕祖善任总指挥，铁道部部长盛光祖任副总指挥。会上宣布成立国务院“7·23”甬温线特别重大铁路交通事故调查组，由安全监管总局局长骆琳任组长。

（6）据温州市气象台发布的消息显示，当晚温州市区西部已经出现强雷电和短时强降水，有雷雨地区可伴有短时强降水、强雷电和7至9级雷雨大风。

7月23日晚，上海铁路局有关人员已经到达现场，称脱轨原因是动车遭到雷击后失去动力停车，造成后车追尾。

北方某铁路局动车检修所一工程师称，D3115次属上海局管辖，在温州遭遇雷击停车，雷击破坏了列车的信号释放系统，导致铁路无法检测有车停在路轨，D301次属北京局，正常运行，迎头追尾。目前中国动车班次较密，一条铁轨上，车间距离为10分钟路程。

7月28日，上海铁路局局长安路生表示，根据初步掌握的情况分析，“7·23”动车事故是由于温州南站信号设备在设计上存在严重缺陷，遭雷击发生故障后，导致本应显示为红灯的区间信号机错误显示为绿灯。

安路生当天在温州召开的国务院“7·23”甬温线特别重大铁路交通事故全体会议上说，存在设计缺陷的信号设备由北京一家研究设计院设计，2009年9月28日投入使用。他在分析铁路部门的问题时说，在雷击造成温州南站信号设备故障后，电务值班人员没有意识到信号可能错误显示，安全意识敏感性不强；温州南站值班人员对新设备关键部位性能不了解，没能及时有效发现和处置设备问题，暴露出铁路部门对职工的教育培训不到位。安路生还说，事故反映出现场作业控制不力，温州南站电务值班人员未按有关规定进行故障处理，没能有效防止事故的发生；事故反映出的设备质量、人员素质、现场控制等问题，说明铁路部门的安全基础还比较薄弱，这些问题反映出铁路部门的安全管理不到位。

2．近期，食品安全事件频频出现，广大群众“谈食色变”，这一现象引发了各方的高度关注。请根据以下材料以有关部门负责人的名义撰写一篇“食品安全问题”电视讲话稿向广大群众解释相关问题。

（1）3月15日上午9时许，央视新闻频道播出《每周质量报告》3·15特别行动——《“健美猪”真相》，节目曝光了“养猪户添加违禁药‘瘦肉精’，监管部门收钱放行，经纪人联络其中，下游厂家有意收购”的乱象。在河南孟州市、沁阳市、温县和获嘉县等地，用“瘦肉精”喂出来的“健美猪”，钻过当地养殖环节的监管漏洞，进入贩运环节。

每头猪花两元钱左右就能买到号称“通行证”的检疫合格等三大证明，再花上一百元打点河南省省界的检查站，便可以一路绿灯送到南京一些定点屠宰场，无须检测“瘦肉精”，每头猪交10元钱就能得到一张“动物产品检疫合格证明”。有了这张证明，用“瘦肉精”喂出来的所谓“健美猪”就能堂而皇之地进入南京市场销售。更令人不安的是，这种用“瘦肉精”喂食的猪，还堂而皇之地流入了肉食行业的龙头老大、以“十八道检验、十八个放心”著称的河南双汇旗下的济源双汇食品有限公司。按照该公司规定，十八道检验并不包括“瘦肉精”检测。

（2）记者在上海盛禄食品有限公司分公司了解到，这里生产的馒头主要有三个品种：高庄白馒头、黑米馒头和玉米馒头。在高庄白馒头的标签上标注的食品添加剂是维生素C。可事实上呢，和面工人用水泡上回收来的馒头之后，又陆续往和面机里加了一些东西，这些东西又是什么呢？

工人：（山梨酸钾是做什么用的？）防霉的呀，（防止馒头发霉的？）对，用它之后馒头的保质期可以长一点。这是甜蜜素，放的时候剂量少一点，以前做馒头都是放糖精，现在就是加甜蜜素代替了。

在高庄白馒头的标签上，消费者能看到白砂糖和维生素C，可实际上，上海盛禄食品有限公司分公司添加的不是白糖而是甜蜜素，没见专门添加维生素C，却见加进去了防腐剂山梨酸钾，而这两样添加剂根本就没有标注出来。

在整个馒头加工过程中记者发现，工人们在添加各种添加剂时非常随意，完全是按照自己的经验，想添加多少就添加多少。

国家《食品添加剂使用卫生标准》规定可以使用的添加剂中，并没有山梨酸钾，然而，上海盛禄食品有限公司分公司在生产馒头的时候，却堂而皇之地添加了这种防腐剂。

而且，记者还发现，工人在生产馒头的时候又使用了另一种食品添加剂——甜蜜素，《食品添加剂使用卫生标准》中规定，允许添加甜蜜素的食品种类是烘焙/炒制坚果与籽类，并不包含发酵面制品。

（3）据媒体报道，近日，合肥工商部门发现市场上有一种“牛肉膏”添加剂，可以将猪肉加工成“牛肉”。这种牛肉膏不仅在小肉松作坊中使用，在一些小吃店，也是公开的秘密。

店老板告诉记者，这种膏不仅有牛肉味的，还有鸭肉味的、鸡肉味的，做烧烤、做肉丸、做汤料都可以，牛肉膏一罐售价45元，鸭肉膏贵些，售价55元。记者分别购买了一罐“牛肉膏”和一罐孜然羊肉香精粉。

在福州六一路一家食品添加剂店，记者询问牛肉膏时，店主反复看了记者几眼，说“现在没货了，要预订”。老板称，牛肉膏销量比较大，要预订才能拿到货。

（4）以下为某网站对三位专家的访谈。

主持人：近期发生的一系列食品安全问题我们都看到了，各位网友也很关注，因为确实牵扯到我们的饮食安全。我们国家的食品安全现状到底是怎么样的？

王竹天：现在大家从媒体上已经看到一些报道，以及一些监管部门对于我们国家整体食品安全形势进行的评价和报告。从现在的情况来看，应该看主流，就是国内的食品

安全形势还是好的，网上曝出的所谓食品安全事件往往都属于掺假、使假和假冒伪劣，这样的事件时有发生，所以影响了整个食品安全的形象。

马勇：我基本上赞成王所长的总体评论。我们国家真正的食品工业从计划经济向市场经济转轨，应该是从20世纪80年代初期开始的，到现在也就是30年的时间。30年的时间，我们从短缺经济、物质匮乏到基本解决温饱，然后正在从温饱向小康过渡。30年时间，在有限的可耕用土地面积上，要养活这么庞大的人口，供应压力是比较大的。通过社会主义市场经济体制的建立，特别是食品工业化改革，我们很好地解决了13亿人的温饱问题，就是吃什么的问题，我们必须要非常清醒地看到这个巨大的成绩和主流。

当然，在发展过程中，由于食物结构的多样化、饮食方式的多样化，我们比较偏重速度，因此在质量安全上容易出现这样或那样的问题。尤其是近几年，一些影响比较大、性质比较恶劣的食品安全事件往往跟一些行业的知名企业、商品占有率覆盖面比较大的大品牌结合起来，这一点是十分令人痛心的，也是让人民群众非常不满意的。

党和政府高度重视解决食品安全问题，应该说，食品工业出现这些问题是历史发展进程中比较大的负面影响。这两年，我们不断地完善法律法规，健全标准体系和完善监管措施，整个食品工业质量安全状况也在一步一步好转。

主持人：我们应该看到你刚才说的大的发展趋势，包括整体上都是非常好的现象。那为什么会出现少部分害群之马？他们影响了整个食品安全在群众中的整体印象，为什么会出现？请您从技术层面跟我们谈谈。

王竹天：有些事情是很难从技术层面解释的。前一段时间，总理的讲话给出了一个高度概括，就是现在很多企业或者生产人也好，诚信缺失，道德滑坡，他们在做这些事情的时候，根本没有把国家的法律法规当回事；如果从技术层面来讲，跟他们宣传法律法规、宣传标准的使用以及在技术层面技术革新，完全没有用。实际上要从道德和社会层面来解决一些问题。

如果在道德层面上没有一个规范，就很难在技术层面上进行推广。当然，到现在为止，如果说我们国家好像在技术层面就不存在问题了，也不能这么讲，毕竟我们是一个发展中国家。现在消费者也好媒体也好，在网络上爆的这些问题经常会出现一个问题，是什么呢？就是拿我们国家现在的一些标准或法规跟发达国家比，这样可能会给消费者或者媒体带来一些误解，认为我们国家跟国外产生了两套标准，实际上真的不是这样。

从技术层面我们也在不断完善，从新食品安全法颁布实施以后，按照要求，卫生部负责标准的制定。到目前为止，梳理所有现存的标准，过去有多套标准存在，有些标准是重复，有些交叉，更麻烦的是有些是相互矛盾的。在不到一年的时间里，卫生部已经梳理出四部非常巨大的基础标准，包括污染物标准、添加剂标准等，现在正在陆续颁布。去年我们颁布了100多项新的食品安全标准，委员会通过了大概200多项，按照新的法律要求，我们在不断完善和制定标准。从标准设置水平来看，基本上和国际法典委员会制定的标准比较接近。

张俭波：食品安全法颁布实施以后，我们进行了一些清理，卫生部制定了一系列食品安全管理办法和程序，强调制定食品应该以风险评估的科学为依据，同时照顾我们国

家实际的食品生产情况。我们不但制定了这些规定，同时也是按照程序来做的，按照这些程序制定的标准既能够保证食品安全，又能照顾到我们国家食品的实际生产情况。

主持人：技术问题还不是直接影响食品安全的关键性问题。总理也发出这样的感慨：诚信缺失、道德滑坡到了非常严重的地步。请问从道德约束包括监管上对企业有没有好的监管机制？

马勇：有两方面问题。一个是企业或者企业家的自律，另外一个就是社会的他律，就是政府的监管。出现影响这么恶劣的食品安全问题，我们首先要强调法律规定食品生产经营者是食品安全的第一责任人，你从事食品工业的生产经营活动，法律规定了你应当遵从的义务，首先你就要依法经营。其次我们讲道德。温家宝总理讲到道德的血液，其实中国传统文化中关于做人强调的就是“勿以善小而不为，勿以恶小而为之”。作为企业家创办这家企业，你的出发点是什么，你的目的是什么？是不择手段地赚钱，还是首先想到为这个社会提供有价值的商品或者服务？这是一个根本问题。

如果企业文化出了问题，企业家创办企业的指导思想出了问题，就是再有18道、180道的检验都是形同虚设。所以今后要抓好食品安全的问题，强调企业家和企业的自律、在道德上的教育、对法制观念和道德文化的建设是非常重要的工作。这是第一点。

第二点，更大的责任在于监管。虽然我们对企业家的道德约束提出了一个做人的境界，但完全把13亿人民群众的身体健康和生命安全交给企业家的自律，并不是十分可靠，否则我们就不需要法律来规范和调整社会秩序。2008年以来，我们加快了食品安全法的立法进程，2009年食品安全法实施条例及其相关法规颁布实施，在这部法律的要求下，卫生部会同有关部委会同了很多专家，开展了大量围绕法律配套的体系建设，包括食品安全标准体系的建立。

主持人：我们来说说消费者购买的问题。这些食品安全问题出来以后，消费者内心可能会有一些疑问，我到底应该怎么买东西？我到底应该吃什么？比如我现在到超市只买名牌，但是一出问题结果都是一些品牌，我们应该信任哪些东西？

张俭波：其实我们这些做技术的人员也是普通的消费者，从我个人角度来看，虽然现在一些大的品牌出了些问题，但这还是局部现象，对于这么多食品类别来说只是很小很小的一部分。我坚信，如果购买时还是要购买比较大的品牌，毕竟这些企业无论从生产条件还是守法意识来说，还是走在行业的前面。

再有，作为一个消费者，要对我们国家的食品有信心。虽然现在媒体报道了很多事情，但是我们可以看看，这些事情到底是发生在什么样的情况之下。我们国家有一些小作坊，往往事件都是出现在小作坊，所以消费者要坚信食品安全整体上是好的，大家可以放心购买我们自己生产的食品，不一定非要到国外买。其实国外的食品有时候也会出现食品安全事件，因为食品安全是没有零风险的。比如前一段时间美国的花生酱也出现了食品安全。

第三，消费者在购买食品时要看一下标签，因为标签可以提供很多好用的信息。

主持人：您说到安全是一个底线，我们不应该把它交给消费者。那么在大家有心理阴影的情况下，在选择和购买食品上怎么规避一些隐患？

王竹天：不管你在超市也好，还是在农贸市场在集市，你买产品时心里确实应该有个谱，因为不同生产环境出来的食品还是不一样的。我们老生常谈的你应该买大品牌，应该去超市买，但是我们现在真的没有更好的建议给大家，只能是提出这些要求，还得这么做。

马勇：起码你买了大品牌后权益受到侵害时追责能追得到，如果连这点都不能选择，那你受伤害了连人都找不到。

主持人：最后，请问几位有没有建议给消费者以及生产企业的？

马勇：大家都看到了，食品安全责任很大，影响很重，党和政府也很重视，人民群众的反响非常强烈。可能我们还会面临食品安全相对比较困难的一个时期，但是在这个困难的基础上，可能离创造一个非常美好的食品工业、一个安全、营养、方便、可靠的食品工业体系的春天也就不远了。

王竹天：这段时间不断出现食品安全问题后，国务院、各个部门已经相继出台了一系列关于在监管上、在标准上以及对生产企业上更加严厉的措施。这些措施在贯彻执行过程中肯定会使现在的情况有所改善，我认为困难时期很快能过去。

张俭波：我觉得要对我们的食品安全有信心。

【情景模拟写作】

1．请根据任务三《闭幕词》中的任务情景及任务实施中的相关内容，撰写《在共青团××大学第十次代表大会暨××大学第二十次学生代表大会闭幕式上的讲话》。

2．为纪念五四青年节，××学院将举办纪念五四运动胜利九十周年大会，请你为院长撰写一篇会议讲话。

八、学习反思

____

____

____

任务五 会议报告

一、任务目标

1．了解会议报告的含义及写作方法。

2．领会会议报告的写作要求。

3．能撰写会议报告。

二、任务情景

××学院将要召开第六届六次教职工代表大会，会上，学院党委书记将代表学院作

会议报告。学院办公室主任赵晓辉负责会议报告的草拟工作，党委孙书记要求他从以下几个方面入手：

第一，回顾2010年学院的各项工作，如评估工作、学科建设、招生与就业工作、财务管理工作。

第二，找出过去工作的失败与教训。

第三，提出2011年的工作思路：

（1）以人为本，促进公平，全面构建和谐校园。

（2）强化教育质量，深化教学改革，逐步夯实学科建设基础。

（3）健全制度，明确责任，不断提升管理保障水平。

（4）充分论证，科学统筹，继续推进院系两级管理改革。

（5）精心组织，加强管理，认真抓好生活环境改善工程。

（6）加强监督，完善机制，切实做好政风行风建设。

（7）抓住重点，突破难点，积极推动第二校区建设工作。

三、任务分析

会议报告是在重要会议上，由领导人或负责人所做的关于某方面工作的情况、成就、问题及不足等方面的报告。它不同于讲话稿，讲话稿涉及的范围更广，凡是和会议有关的内容都可以作为领导讲话的内容，而会议报告涉及的范围相对狭窄一些，往往和特定的某一阶段的工作相关联。

撰写会议报告之前，要认真学习、深刻领会党和政府的方针政策，全面了解本单位情况，所写内容要经过集体讨论，形成集体意志。因为会议报告具有严正性，所以用词要严谨，但又因为需要在大会上宣读，所以要保证通俗易懂，做到既庄重又不呆板，既上口又不随便。

四、任务实施

努力开创和谐发展新局面

——在第六届六次教代会上的工作报告

党委书记×××

各位代表、同志们：

在这万物复苏，春意盎然的美好季节里，我院第六届六次教代会隆重开幕了。我首先代表学院党政领导向为学院改革发展献言献策，为学院建设做出贡献、付出辛勤劳动的广大教职工、离退休老同志表示衷心的感谢！

下面，我向第六届六次教代会作学院工作报告，请各位代表审议。

一、2010年工作回顾

2010年是学院发展历史上具有里程碑意义的一年，是学院改革发展取得重大阶段性成果的一年，也是学院各项事业继续取得长足发展的一年。这一年，学院在党委的正确领导下，以迎评促建为重点，贯彻“以评促建、以评促改、以评促管、评建结合、重在建设”的方针，变压力为动力，变挑战为机遇，上下一心，群策群力，奋力拼搏，获得了“人才培养工作优秀单位”称号，推动教学工作迈上了新台阶。

（一）以评促建，评建结合，评估工作取得骄人成绩。

近两年时间扎实的迎评促建工作在推动学院进一步优化人才培养结构，加强教学基本建设，改善办学条件，提高全院师生员工的凝聚力等方面取得了显著成效，对学院今后的建设和发展具有重要的意义。

1. 办学指导思想进一步明确。……

2. 人才培养特色得到进一步凝练。……

3. 专业建设和改革成效显著。……

4. 质量管理进一步强化。……

5. 办学条件得到全面改善。……

6. 全院师生的凝聚力得到进一步增强。……

（二）加强建设，深化改革，学科建设取得新进展。

2010年，学院继续把学科建设作为发展的重中之重，坚持以学科建设为龙头，以学科点建设为重点，注重培植优势学科，不断凝练学科方向，提升学科内涵。去年，各个学科完成了“十一五”建设发展规划的编制，该规划从全局角度，构建学科发展战略，学科规划编制的完成将为学院学科建设工作的科学性、规范性和有效性提供有力保障。

——研究生教育。……

——教研科研活动。……

——实验室建设。……

（三）积极沟通与交流，促进校企互动，招生与就业工作取得新成绩。……

（四）积极开源节流，强化资金核算，财务管理不断上水平。 ……

二、存在的不足

面对成绩，我们也清醒地认识到工作中存在着一些问题和差距：管理比较粗放，主要表现在执行过程中，某些部门、某些环节过程管理不够严谨，执行效果差；院系两级管理体系需要进一步完善；全院教职工的思想观念与学院改革发展的速度不很适应；学院的发展空间需要进一步拓展等。针对上述问题，我们要正确认识、认真对待，这对于学院的改革和发展，具有十分重要的现实意义。

三、2011年行政工作思路和主要任务

2011年是深入贯彻落实科学发展观、推进社会主义和谐社会建设的重要一年，也是学院“十二五”发展的关键之年。2011年学院的工作思路是：全面落实科学发展观，以构建和谐校园、增强学院核心竞争力为首要任务，调动一切积极因素，激发全院师生的创造活力，全面提升学院学科建设水平、校企合作水平、行政管理水平。2011年我们要着力“把握一个核心，突出三个重点，抓好五项工作”。把握一个核心就是要牢牢把握提高学院的办学层次和办学质量这个核心，不断创新人才培养体系，优化人才培养结构，

形成人才培养特色。突出三个重点，一要特别突出学科建设的龙头地位，在人才培养、科学研究、实验室建设、学科梯队建设四个方面认真规划、全面落实、切实推进。今年要做好两个学科的硕士点建设工作，三个学科硕士点的申报工作；二要全面巩固和提升人才培养水平评建成果，建立起教学质量稳固提高的长效机制，围绕地方经济、电力工业需求，深化办特色教育，办人民满意的教育；三要以新校区拓展为契机，进一步改善办学环境。抓好五项工作：①夯实学科建设基础；②推进院系两级管理改革；③提升管理保障水平；④抓好教职工生活环境改善工程；⑤实现征地工作突破。具体地说，2011年的工作任务主要有以下七个方面：

（一）以人为本，促进公平，全面构建和谐校园。……

（二）强化教育质量，深化教学改革，逐步夯实学科建设基础。……

（三）健全制度，明确责任，不断提升管理保障水平。……

（四）充分论证，科学统筹，继续推进院系两级管理改革。……

（五）精心组织，加强管理，认真抓好生活环境改善工程。……

（六）抓住重点，突破难点，积极推动第二校区建设工作。……

（七）加强监督，完善机制，切实做好政风行风建设。……

各位代表、同志们，××学院的“十二五”发展蓝图已经绘就，新的历史征程呼唤着我们，新的宏伟目标激励着我们。让我们高举邓小平理论和“三个代表”重要思想的伟大旗帜，以科学发展观为指导，在××省委、省政府和省教育厅的领导下，在学院党委的带领下，充分发挥党、工、团各组织的作用，依法治校，民主办学，紧紧依靠和团结全院师生员工，振奋精神、开拓进取、真抓实干，为全面推进学院各项事业又好又快发展，胜利实现“十二五”发展目标而努力奋斗！

谢谢大家！

（资料来源：http://www.sxuec.edu.cn/show.aspx？news_id＝1059）

五、知识链接

（一）会议报告的含义

会议报告是在重要会议上由党政机关、企事业单位、群众团体领导人或负责人，针对本系统、本部门、本单位的基本工作，对全体与会者所作的全面、系统的报告。

（二）会议报告的种类

1. 工作报告

在各级党代会、人代会、政协会议以及各类群众团体代表大会上，代表整个组织或机关回顾总结工作、分析研究形势、对未来工作进行部署时所使用的文字材料。有的会议工作报告还需提请大会审议批准。

2. 动员报告

动员有关人员去完成某项专项工作或突击任务的报告。主要目的是使他们提高认识，明确任务，增强信心，圆满完成任务。

3. 总结报告

为某项重要活动圆满结束或某项中心工作胜利完成而召开的各种总结大会上作的报告。

（三）会议报告的特点

1. 政治性

会议报告一般都是国家机关、企事业单位、社会团体的领导人或负责人在重要大会上所做的报告，如党的各级代表大会上的报告、各级人民代表大会及其常务委员会会议上的报告、企事业单位职工代表大会上的报告等。旨在总结过去，分析成功的经验和失败的教训，阐述党和国家的路线、方针、政策；或者申明领导集体的主张、政策；公开宣布经过讨论确定的一致意见等，具有很强的政治性。

2. 集体性

会议报告虽然是由国家机关、企事业单位、社会团体的领导人或负责人一人在大会上进行宣读，但报告的内容往往不仅仅是报告人个人的思想、观点和态度，特别是重要的会议报告，往往代表一级组织的意见，是领导机构的集体意志的反映。

3. 庄重性

会议报告是大中型会议的一项重要议程，关系到本机关、本部门、本地区乃至全国的全局性工作，对于各个层次的政治、经济工作有着极其重要的作用，往往涉及各级党、政机关今后工作的方针、政策等问题，有些还需要经过法定程序的监督和认可，其内容和形式都具有特殊的庄重性。

4. 权威性

会议报告人不是以个人名义在大会上作报告，而是代表法律法规确认的一级党、政机关，体现着一级党政领导集体的意志和决断，具有权威性。会议报告一经会议批准，就具有巨大的指导和制约作用。

（四）会议报告的写作模式

1. 标题

（1）公文式标题：由报告内容和文种构成，如《政府工作报告》。或由会议名称和文

种构成，如《在省直机关精神文明建设大会上的报告》。

（2）文章式标题：概括会议主要精神，如《当前的经济形势和今后的经济建设方针》。

（3）正副式标题：正题概括报告的主要内容或主要精神，副题标明会议名称、文种和报告人姓名。如《高举中国特色社会主义伟大旗帜　为夺取全面建设小康社会新胜利而奋斗——在中国共产党第十七次全国代表大会上的报告》。

2. 称谓

一般使用礼貌性统称，如“同志们”、“女士们，先生们”。

3. 正文

（1）开头

工作报告：向大会提出审议报告的要求。如“我受××委托，向大会作报告，请予以审议”或者“我代表××向大会作工作报告”。

动员报告：说明工作的重要性、紧迫性，提纲挈领，引起下文。

总结报告：概括总结某项重要活动或中心工作的基本情况。

（2）主体

工作报告：对某个特定时期的工作取得的成绩、存在的问题，从中总结出来的经验、教训，对今后的意见和建议进行明确表述。

动员报告：详细阐述该项工作的重要意义和作用，提出要完成工作必须达到的要求或需要做出的努力。

总结报告：详细介绍在刚刚结束的这项重要活动或中心工作中取得的成绩，总结经验和教训，提出今后的努力方向。

（3）结尾

工作报告、总结报告：提出下一阶段的工作目标或者希望、要求。

动员报告：提出希望和要求，进而进行鼓舞和激励。

六、实例看台

政府工作报告（节选）

——2011年3月5日在第十一届全国人民代表大会第四次会议上

国务院总理　温家宝

各位代表：

现在，我代表国务院，向大会作政府工作报告，请各位代表审议，并请全国政协委员提出意见。

一、“十一五”时期国民经济和社会发展的回顾

“十一五”时期是我国发展进程中极不平凡的五年。面对国内外复杂形势和一系列重大风险挑战，中国共产党团结带领全国各族人民，全面推进改革开放和现代化建设，国

家面貌发生了历史性变化。

——这五年，我国社会生产力、综合国力显著提高。

——这五年，各项社会事业加快发展、人民生活明显改善。

——这五年，改革开放取得重大进展。

——这五年，我国国际地位和影响力显著提高。

这些辉煌成就，充分显示了中国特色社会主义的优越性，展现了改革开放的伟大力量，极大增强了全国各族人民的自信心和自豪感，增强了中华民族的凝聚力和向心力，必将激励我们在新的历史征程上奋勇前进。

五年来，我们主要做了以下工作：

（一）加强和改善宏观调控，促进经济平稳较快发展。

（二）毫不放松地做好“三农”工作，巩固和加强农业基础。

（三）大力推进经济结构调整，提高经济增长质量和效益。

（四）坚定不移深化改革开放，增强经济社会发展内在活力。

（五）加快发展社会事业，切实保障和改善民生。

（六）制定和实施国家中长期教育改革和发展规划纲要。

（七）抗击汶川特大地震等严重自然灾害的斗争取得重大胜利。

过去五年，我们是一步一个脚印走过来的，中国人民有理由为此感到自豪！五年的成绩来之不易。这是以胡锦涛同志为总书记的党中央总揽全局、正确领导的结果，是全党全国各族人民共同努力奋斗的结果。在这里，我代表国务院，向全国各族人民，向各民主党派、各人民团体和各界人士，表示诚挚感谢！向香港特别行政区同胞、澳门特别行政区同胞、台湾同胞和海外侨胞，表示诚挚感谢！向关心和支持中国现代化建设的各国政府、国际组织和各国朋友，表示诚挚感谢！

我们清醒地认识到，我国发展中不平衡、不协调、不可持续的问题依然突出。

回顾“十一五”时期的政府工作，我们进一步加深了以下几个方面的认识和体会。

一是必须坚持科学发展。

二是必须坚持政府调控与市场机制有机统一。

三是必须坚持统筹国内国际两个大局。

四是必须坚持把改革开放作为经济社会发展的根本动力。

二、“十二五”时期的主要目标和任务

根据《中共中央关于制定国民经济和社会发展第十二个五年规划的建议》，我们编制了《国民经济和社会发展第十二个五年规划纲要（草案）》，提交大会审议。

——我们要推动经济发展再上新台阶。

——我们要加快转变经济发展方式和调整经济结构。

——我们要大力发展社会事业。

——我们要扎实推进资源节约和环境保护。

——我们要全面改善人民生活。

——我们要全面深化改革开放。

——我们要不断加强政府自身改革建设。

总之，经过未来五年努力，实现“十二五”规划的各项目标，我国的综合国力就会有更大的提升，人民生活就会有更大的改善，国家面貌就会发生更大的变化。

三、2011 年的工作

2011 年，是“十二五”开局之年，做好今年的工作对于完成“十二五”各项目标任务至关重要。过去一年，我们的各项工作取得了很大成绩。国内生产总值增长 10.3%，居民消费价格涨幅控制在 3.3%，城镇新增就业 1168 万人，国际收支状况有所改善。这为做好今年的工作打下了良好基础。

今年，我国发展面临的形势仍然极其复杂。

今年国民经济和社会发展的主要预期目标是：国内生产总值增长 8%左右；经济结构进一步优化；居民消费价格总水平涨幅控制在 4%左右；城镇新增就业 900 万人以上，城镇登记失业率控制在 4.6%以内；国际收支状况继续改善。总的考虑是，为转变经济发展方式创造良好环境，引导各方面把工作着力点放在加快经济结构调整、提高发展质量和效益上，放在增加就业、改善民生、促进社会和谐上。

今年，重点要做好以下几方面工作。

（一）保持物价总水平基本稳定。

（二）进一步扩大内需特别是居民消费需求。

（三）巩固和加强农业基础地位。

（四）加快推进经济结构战略性调整。

（五）大力实施科教兴国战略和人才强国战略。

（六）加强社会建设和保障改善民生。

（七）大力加强文化建设。

（八）深入推进重点领域改革。

（九）进一步提高对外开放水平。

（十）加强廉政建设和反腐败工作。

各位代表！回顾过去，我们创造了不平凡的光辉业绩；展望未来，我们对国家的锦绣前程充满信心！让我们在以胡锦涛同志为总书记的党中央领导下，紧紧抓住历史机遇，勇敢面对各种挑战，开拓进取，团结奋斗，扎实工作，努力实现“十二五”时期良好开局，把中国特色社会主义伟大事业继续推向前进！

（资料来源：http://www.xinhua.org）

【分析】　本文是 2011 年温家宝总理代表国务院，在全国人民代表大会所作的政府工作报告，内容有所删减。报告全文回顾了“十一五”期间的工作情况，展望了“十二五”规划，并对 2011 年的工作进行了工作部署和安排。内容全面，结构清晰，值得借鉴。

七、拓展实训

【供料写作】

××学院 2010 年度学生代表大会即将召开，第十届学生会主席将在这次会议上作学生会工作报告。以下是报告提纲，请结合相关信息撰写这篇会议报告。

一、2010年度学生会工作

1. 开展2010年院级学生活动招标会。

2. 全面稳健地进行组织体制建设，创学院高效服务团队。

3. 组织我院团委学生干部开展“春暖××”××省帮扶2010届高校困难毕业生就业专场招聘会后勤工作。

4. 发扬团队精神，开展“勇者无敌”户外运动拓展挑战赛。

5. 积极配合学院两型校园建设，做好模范先锋带头作用。

6. “讲文明 树新风 迎大运”主题班会的顺利开展。

7. 开展第八届“金色麦克风”校园DJ争霸赛暨节目主持人选拔赛。

8. 加强交流合作，丰富课余生活，开展“传媒之声活动月”第三季。

9. 开展首届“精彩生活”班级风采大赛。

10. 丰富校园文化，举办首届“快闪”活动。

11. 开展第三届校园民族文化艺术节。

12. 开展“一次交流，两种语言，一个校园”为主题的英语角活动。

二、存在的问题

1. 管理体制未能完全实施。

2. 各部门之间的沟通交流需加强。

3. 强化学生会的服务意识，建立干部培训体系，提高工作透明度。

八、学习反思

____

____

____

任务六 述职报告

一、任务目标

1. 了解述职报告的含义及写作方法。

2. 明确述职报告的写作模式及要求。

3. 能根据工作业绩写作述职报告。

二、任务情景

王宁是××市市委党校副校长。在2011年度年终总结会议上，学院党委要求各党委委员进行2011年度述职。王宁仔细回顾自己2011年度的工作，感到在本年度党校发展形势相当严峻的情况下，自己能顶住压力，突破创新，为党校新的发展做出了贡献。于是，从提高思想认识、强化日常管理、控制招生规模、坚持廉洁从政四个方面撰写了述

职报告。

三、任务分析

述职报告是述职者个人对任职期间的工作业绩进行的回顾与评价，与工作总结、工作报告的性质不同。在说明任职情况时，要重点突出，不能面面俱到，要善于依据岗位规范和职责目标，对自己德、能、勤、绩等方面的工作情况说明清楚，把较多的篇幅放在主要工作的完成情况及重要政绩或失误的说明上。述职，是对全面工作的陈述评估，不能把述职报告看成功绩汇报，要实事求是地摆成绩亮失误，正确估价自己在工作中所起的作用。同时，要摆正个人与集体的关系，不能把集体的功绩全部归于自己头上，但也不能抹杀个人的作用。

四、任务实施

2011年度述职报告

校党委:

根据校党委安排，2011年度我继续担任党委委员、副校长职务，负责教务，分管函授处、教务处工作。现就一年来履职情况报告如下:

2011年是党校函授教育开办以来形势最为严峻的一年，面对生源缩减、竞争激烈、学历减效、规模下滑等一系列新的挑战，我把履职的重心锁定在强化管理、确保教学正常运行，全力招生、降低函授下滑幅度，出击外联、探求联合办学新路径三个基本方面。围绕这三大履职重心，我除处理好日常工作外，主要着力于以下几个方面工作:

一、注重学习，启导创新，使主观认识适应客观情势变化

2011年，党校函授教育形势发生急剧逆转，面临严峻挑战。学习是适应变化、应对挑战、抢抓机遇、谋求新的发展的基础和先导。一年来，我除积极参与市委开展的“干部作风教育整顿”、“艰苦奋斗、廉洁从政”教育等专项活动外，还不断注重强化学习意识，坚持自觉、主动、持续地学习，采取专题研究式学习方式，认真阅读学习了相关文件、报刊文章、文献资料以及《学习的革命》《政治学》《发展经济学》《第五项修炼》《法哲学范畴研究》《中西法律文化比较研究》等专著，将学习与研究现实问题、思考实际工作、谋求党校发展、提高主体认识能力、改造主观世界相结合，与专题教学和理论研究相结合，做各种读书笔记10余万字，在《人民日报》《理论导刊》《××日报》《××党校报》《函授通讯》等发表各类文章及访谈15项，计63000余字，获省党校系统第十七次理论研讨会优秀论文一等奖，××省写作学会2006～2011年优秀论文二等奖，市政协委员论坛优秀论文一等奖，并注重把学习研究成果应用于分管工作和专题教学之中。

二、坚守理念，强化管理，确保教学正常运行

面对函授教育规模下滑的客观情势，关于如何坚守阵地、有效防止管理松懈、质量下滑等问题，我提出了“适应变化、坚守理念、强化管理”的基本指导思想，并在宏观管理和工作指导上坚持了以下几点:

1. 在教师选聘和课程分配上：坚持专业优先、专职教师优先，兼顾、发挥兼职教师作用，质量第一兼顾工作量的原则，按制度办事，按程序决策，保证了任课教师课程分配合理。

2. 在教学工作上：坚持学区统一运作和教学计划的刚性原则，基本实现了“三个确保”：确保教学计划实施到位，确保教学各个环节落实到位，确保整个教学过程完整到位。

3. 在微观管理上：强调坚持“服务为本、教育为基、制度为范、活动为体”的基本管理模式，着力形成站、班双层管理机制，突出抓好“四率”，即到课率、准时开课率、作业收缴率、学员巩固率。

4. 在考风考纪上：坚持大考动员在先，精心安排，周密部署，明确具体要求，确保公正、公平、有序。小考按制度、按程序规范操作，确保考风考纪不出问题。

5. 在学员教育上：利用开学典礼、班务活动、课堂面授等多种形式加强学员思想政治教育，强化学习意识，增强学员学习的自觉性、主动性。

上述五条发挥了积极作用，有效保证了全年教学的正常运转和教学任务的全面完成。

三、全力招生，遏制下滑，努力降低招生规模下降幅度

2011年以来，函授教育规模一直呈下滑趋势，今年党校学历价值又遭遇严重冲击，招生形势更为严峻。针对此种情况，校党委及时提出了稳长补短、努力遏制规模下滑的工作思路。贯彻这一思路，在招生工作中，我们主要做了以下几点：

一是加大宣传力度，职能部门通过电视、报纸、通信、专栏等多种形式进行了广泛的宣传，做到了信息传递到位。

二是启动全员招生奖励机制，调动了职工参与招生的积极性。

三是用足招生政策，开启省党校专升本直通车，探索依托部门招生的新路子。

四是抢抓机遇，走出去。赴北京、西安，与北京师范大学、中国人民大学等国民教育高等院校广泛接触，现与西北大学联合开办的 MBA 班已招收学员 105 人，与西安广播大学已谈成联合办学协议，可立即启动招生，其他合作意向还在洽谈中。

上述措施，有效降低了办学规模的下滑幅度。

四、廉洁自律、克己奉公，将艰苦奋斗作风贯彻到工作生活各个方面

1. 能认真学习国家几代领导人关于艰苦奋斗、居安思危、保持与人民群众血肉联系的重要论述。学习胡锦涛同志在西柏坡考察时的重要讲话，学习新《党章》及《党政领导干部廉洁从政手册》，联系自身思想实际和工作实际，提高对廉洁从政重要性的认识，不断强化自律意识，构筑思想道德防线。

2. 能积极参与全市“干部作风教育整顿”活动、“艰苦奋斗、廉洁从政”教育活动和校党委开展的“三廉洁”（“廉洁班子”、“廉洁处室”、“廉洁干部”）活动，自觉履行《党委班子廉洁承诺书》和《家庭廉洁承诺书》中的承诺，严格要求自己，管住自己，管住家属，没有违反承诺内容的行为发生。

3. 能坚持执政为民的宗旨，牢固树立艰苦奋斗、勤俭办校、廉洁从政的履职理念，不断强化党校发展中的成本意识、经营意识和效率、效益意识，在履职活动中不“扎式

子”、不“摆架子”、不搞攀比、不奢侈、不浪费，能保持艰苦创业、勤俭办事的作风。

4. 树立正确的世界观、人生观、价值观和权力观、地位观、利益观，自觉遵守党纪党规，坚持自重、自省、自警、自励，注意慎微、慎独、慎欲，无违法乱纪、以权谋私行为发生。

5. 按规定领取有一定的课酬、稿酬及指导、答辩毕业论文等其他劳务收入，均能按规定纳税。

此外，我还服从全局工作需要，参与了“白河经验”总结，全市县级干部作风教育整顿考试命题阅卷，十七大精神、科学发展观理论宣讲，县级领导干部公选，全市党校工作会议的材料准备，县域经济发展调研，“绿色经济”委员论坛等专项工作和活动。

总的看来，2011年是在党校函授教育身处逆境中学习，在学习中调整、探索，在调整中适应变化、寻求新的发展空间的一年。我能有较强的学习意识、履职意识、忧患意识、发展意识和开拓创新意识，能保持与时俱进的精神状态，为党校发展付出了艰辛和努力，并取得了一定的成效。但纵观自身工作，仍存在的很多不足：①对变化的客观情势的内在本质认识不完全不到位，对全局性的经营发展思谋不够；②抓函授管理工作不够深入细致，抓苗头问题不够敏锐、准确、有力；③对诸如少数函授站欠费等深层难题未寻求到适当有效的应对方法。

新的一年，我应进一步强化履职意识、经营发展意识，提高履职能力和水平，努力拓宽党校办学门路，谋求新的发展平台和空间。

特此报告，请审查。

述职人：市委党校副校长
王宁
2011年12月20日

（资料来源：http://www.appliedwriting.com）

五、知识链接

（一）述职报告的含义

述职报告是党政机关、企事业单位、群众团体的干部为接受考核，汇报自己履行岗位职责的情况，从各个方面进行的自我回顾和评估，通过向主管部门、人事部门或本单位的职工群体进行陈述汇报的一种文字材料。

（二）述职报告的种类

1. 从内容上，可分为综合性述职报告、专题性述职报告

综合性述职报告是指报告内容是一个时期内所做工作的全面的、综合的反映；专题性述职报告是指报告内容是对某一方面工作的专题反映。

2. 从时间上，可分为任期述职报告、年度述职报告和临时性述职报告

任期述职报告是指对任现职以来的总体工作进行报告。年度述职报告是一年一度的述职报告，即本年度的履职情况。临时性述职报告是指担任某一项临时性的职务，工作完成后写出其任职情况。

3. 从表达形式上，可分为口头述职报告与书面述职报告

口头述职报告是指需要向单位领导、考核组成员、本单位职工群众述职时，用口语化的语言表达履职情况；书面述职报告是指用书面文字，向上级领导机关或人事部门报送的书面材料。

（三）述职报告的特点

1. 自述性

与工作报告不同的是，述职报告的内容主体不是汇报组织或团体的工作情况，而是述职人以第一人称的口吻，叙述自己在任职期限内履行职责的情况。

2. 时限性

述职报告是述职主体在一定时间范围内为接受考核而拟定的。无论是任职期内或期满述职，还是上级领导不定期、临时布置的一些述职活动所需的材料，都是针对一段特定时间的工作进行的总结、评价与考核，因此具有时限性的特点。

3. 规定性

述职报告的内容不是述职者随意确定的，而是根据有关规定，按照要求对个人任职期间的德、能、勤、绩四个方面来述职，尤其是“绩”，是述职的重点。

（四）述职报告的写作模式

1. 标题

（1）公文式标题。由述职人＋时限＋文种组成，如《×××2003 年述职报告》；或者由述职人＋文种组成，如《×××述职报告》《我的述职报告》。

（2）省略式标题。如《述职报告》。

（3）正副式标题。正标题概括报告的主题，副标题说明文种，如《全心全意为下岗职工服务——2008 年度××县劳动和社会保障局局长×××述职报告》。

2. 称谓

根据述职的对象或述职报告呈送的部门确定，如“各位领导”、“董事会”、“组织人事部”“各位委员”、“各位同志”等。

3. 正文

（1）开头。概述述职者本人任职的基本情况，包括何时何地任何职、任职变动情况及原因，岗位职责履行情况、考核期内的目标任务完成情况以及对自己工作尽职情况的整体评估等。

（2）主体。①履行职务的基本情况。包括思想政治素质方面，如对党和国家的路线方针、政策法规和指示的贯彻执行情况，自觉接受人民群众监督情况；工作业绩方面，如对上级交办事项的完成情况，对分管工作任务的完成情况，在具体工作中自己的决策、措施以及所起的作用；工作作风方面，如个人的思想作风、职业道德、廉洁从政和干群关系等。②所取得的成绩、经验及失败的教训。③存在问题和努力方向。另外，也可按照德、能、勤、绩四个方面安排文章结构。

（3）结尾。一般用“以上报告，请领导和同志们指正”、“以上是我的述职，谢谢各位”等惯用语收束全文。

4. 落款

署述职人的名字和述职时间。

（五）述职报告与工作总结的区别

工作总结，可以是单位的、集体的、也可以是个人的，其写作角度是全方位的，即凡属重大的工作业绩、出现的问题、经验教训、今后工作设想等都可以写；而述职报告却不同，它要求侧重写个人职责职守方面的有关情况，往往不与本部门、本单位的总体业绩、问题相掺杂，也少写今后工作打算。

六、实例看台

脚踏实地，精益求精，努力开创旅游管理系学生会工作新局面

——2010年度学生会主席述职报告

刘磊

2011年1月12日

尊敬的各位领导，各位老师：

你们好！

2010年对我来说是不平凡的一年，在此感谢院系领导对我的信任和支持，感谢领导给我提供了一个展现自我、锻炼自我的平台。自从竞选为学生会主席的那一刻，我就暗下决心“一定要把我系学生会工作搞好，用自己的思想和理念去塑造一支充满创新意识，充满改革斗志的高素质优秀团队，充分把学生会在学生与老师之间的桥梁纽带作用发挥好，绝不能辜负系领导对我的期望”。

时光飞逝，在忙忙碌碌的工作中一年时间又过去了，在这段时间里，我看到了很多，听到了很多，思考了很多，学会了很多，在此，我将这份承载着汗水与激情，青春与梦

想，希望与寄托、感慨与回味的述职报告和大家分享，希望我们能共同回味自己的过去，展望自己的未来。并且，此时此刻，我感到无比自豪与激动。时至学期结束，一学年的工作锻炼使我感触颇多，鉴于此，特向各位领导、老师对本学年的工作情况进行简要述职。述职的题目是：脚踏实地，精益求精——努力开创旅游管理系学生会工作新局面。

一、营造良好校园文化，提高学生自我管理意识

旅游管理系学生会每学期都会面向全系进行公开选拔、竞聘，根据系学生会工作情况，主席团目前有秘书处、社团委员会、大学生自律会、《美食美客》杂志社，进一步完善了旅游管理系学生会的工作框架。为进一步规范系学生会组织工作，制定了各部门的工作章程，主要负责人职责、部门职责、会议制度、竞聘选拔、考核奖惩和学期述职，以及办公室值班制度和活动方案自主申请制等内容都得到了明确。

加强学生会的自我管理，主要体现在团结问题上，2010年以来我系学生会队伍一直都在不断壮大。作为一个好的团队，只有大家团结一心，同舟共济，各部门之间相互配合，把整个学生会的工作当做自己的事来办才能做出更加骄人的成绩。

学生会各部门必须对本学年的每一项工作进行合理周密的计划和安排，根据院团委的具体要求和我们系的工作计划来制定本部门的相关具体工作。认真贯彻学院有关文件精神，创造有利条件力争把各项工作做到最好。

1. 做好规范的存档工作，促使学生会常规工作有序进行

学生会的每一次活动都有计划、总结，并由秘书处负责填写活动记录表。做好活动记录的备份存档工作对于以后各项工作的开展将会有很大益处，但由于之前的存档工作做得不是很好，总是丢掉一些很有价值的文件。为此，本届学生会的革新之处是：要求各部对组织的活动备份，一式三份，分别放在本部、秘书处、分团委书记的档案盒内，并将电子稿发到学生会的邮箱内。这样，学生会的存档工作也日益规范化了。

2. 制定全新的旅游管理系学生会章程，凸显学生会特色

学生会自成立以来，逐渐发展形成了纳新制度、财物制度、会议制度、评优制度、奖惩制度等一系列规章制度，但林林总总，不成体系，也没有落实到文字上。今后学生会有了规范化的章程，就会有规范化的运作，也为旅游管理系学生会的长足发展奠定了理论基础。

二、开阔知识视野，拓展思维空间，培养学生自我教育能力

1. 注重学生骨干的培养力度，注重全过程培养

从竞聘上岗、学习培训、活动锻炼直至考核反馈，对学生骨干进行全过程培养。本年度，根据系部实际，完善了学生会各部门设置，以“公正、公平”为宗旨，做好学生干部选拔工作。通过职位公布、学生自主申报、竞选笔试、面试答辩、组织审核、系科公示等一系列方式公开选拔优秀学生干部，从而提高学生骨干的竞争能力。

2. 建立完善的学生干部“培训制度”、“考核制度”

以“团校”为依托，在上半年度进行学生骨干专题培训，在下半年度进行全体新干事的部门业务、工作能力的基础培训，并通过学生干部工作交流会、部门联谊会等多种形式进行学生干部的培训工作，加强学生干部工作能力的锻炼。此外还在学生会中专门

设立学生干部考核组，负责考核工作，并定期对考核结果进行公示，对不合格的学生干部进行教育、批评、整改直至辞退和罢免，使学生骨干的工作作风得到加强，工作效率进一步提升。

3. 加大学生会工作的宣传力度，力争把活动办大、办强

旅游管理系学生会通过宣传橱窗、海报、网站、《美食美客》杂志等载体，宣传系部活动。用身边的、贴近学生的人和事来引导教育学生，取得了很好的效果。

三、增强自我服务意识，彰显学生会“精品工程”新亮点

一年来，我系学生会在院党委的领导下，在院团委的指导下，紧密围绕“培养人”的工作中心，努力实践“三个代表”的重要思想，以服务同学为根本宗旨，切实开展各项工作，努力实现同学的“自我服务、自我教育和自我管理”。

作为新一届学生会，逐步适应时代特点，改进工作方法，坚持全心全意为同学服务，在工作中逐步形成“精品工程”的鲜明特点。在举办活动中我们坚持“传统项目出精品，创新项目重质量”的理念，不断推进学生会的“精品工程”。

1. 精品工程之一——校园文化活动丰富多彩

（1）模特与礼仪风采大赛：这是我系在第十六届大学生文化艺术节承办的一项活动，它突破了以往活动内容单一，人员特定的弊端，从各方面提升大学生综合竞争力，在竞技中考查学生整体素质水平，为商院学子提供了展现自己的舞台，为学院生活增添了风采。

（2）10级大专生辩论赛：为了丰富校园文化，平衡各种文艺的均衡发展，更为了实现同学们的综合全面发展，本学期内，学生会在不同范围内组织规模大小不一的辩论赛，活跃大学生思维，活跃校园气氛。通过努力，我系获得了10级大专生辩论赛第一名的好成绩。

（3）迎新生晚会：迎新晚会从策划到成功结束足足花了一个月的时间，在这一个月当中，前期宣传、节目编排、晚会宣传到会场布置，无不展示了学生会成员的风采。晚会过后，许多大一新生都说经过这次活动很清晰地看到了旅游管理系的活力，更清楚地了解了学生会的工作职能，均表示这次晚会给自己的大学生活留下了美好而有激情的一页。

2. 精品工程之二——暑期社会实践深入开展

10年暑期社会实践中，旅游管理系以“挥洒青春汗水、服务奉献社会”为主题，组织了24支实践团队共913名学生奔赴上海及全省16个地区广泛开展暑期社会实践活动。同学们通过深入企业，深入农村，进行现场服务，挂职锻炼，志愿劳动等多种方式完成了社会实践，发放调查问卷两千余份，收回调查报告900余份，取得了可喜的成绩，得到了社会的广泛好评！实践活动结束后，上交实践报告或心得873份，达参加社会实践学生总数的99.1%。

在实践活动中，围绕“实实在在、真真切切、有声有色、有始有终”的要求，踏实开展暑期社会实践活动，发放调查问卷及宣传资料近千份，学院立项调研团队共撰写十篇、近七万字较有质量的调查报告，并将优秀调查报告、实践心得装订成优秀成果集。从暑期社会实践启动开始至结束，共编写五期社会实践活动快讯，确保各实践团队活动情况真真切切地进行反应。实践中，还有许多的校友、政府官员、企业领导等对学生的

实践活动予以肯定，对学院的发展寄予希望，这也使实践的同学充满了成就感，体会到了实践的乐趣。系科被评为院暑期社会实践“优秀组织奖”、4个团队被评为暑期社会实践优秀团队，14项成果被评为优秀实践成果，57名学生被评为暑期社会实践先进个人。

3. 精品工程之三——志愿服务活动温暖社会

（1）上海世博会志愿服务：上海世博会餐饮志愿服务小组的同学展开以“服务世博”为主题的志愿活动。本次志愿服务行动最主要的目的是增强当代大学生的服务意识，团队合作意识以及国家荣誉感。以世博为契机，了解各个国家及地区的饮食文化、企业管理模式，一方面增强自己的专业知识，另一方面为走上管理层或是自主创业提供宝贵的经验。

（2）希望小学义务支教：开展“关爱希望小学”志愿服务活动，向有困难的同学伸援手，传承中华民族的传统美德，更是对学生进行一次深刻的自我认识和教育。

4. 精品工程之四——美食文化浓情商院

美食文化历来是旅游管理系的专业特色，在本学年的校园旅游节中，我系组织了一系列的美食文化活动。例如刀工大赛、水果拼盘大赛、雕刻大赛、插花茶艺大赛、餐巾折花比赛等。活动丰富了同学们的课余生活，将专业特色和活动相结合，彰显系部特色。

四、总结过去，昭示现在，展望未来

学生会的工作性质决定了我们要以更高的工作标准来严格要求自己，要考虑到更多的细微之处，要以自己的细心、耐心和热心做到各项工作疏而不漏、有条不紊！为此，我系学生会举办了多项学生会内部活动，增强我们学生会各成员对信任、团结、服从等观念的认识！只有明确了这些认识，并结合自身实际付诸实践，才能打造一个以服务学生为中心，团结务实，统筹兼顾的学生会队伍！作为一个团队，我们是一个整体，不能以邻为壑，各自为政，只有大家团结一心，和衷共济，各部门之间相互协调配合，把整个学生会的工作当作自己的事情来办，才能做出更加突出的成绩。本学年学生会各部之间紧密合作，工作效率有很大提高。我希望这种风气不仅仅是在我们旅游管理系保持下去，更希望它能够在整个商院形成一种精神，传承下去。

“金无足赤，人无完人”，我们每个人的身上或多或少都会有一些这样或那样的缺点，但只要能够及时发现，并予以正确对待，那么我们同样是合格、称职的。所以我会从自身做起严格要求自己，处处起模范带头作用，敢于坚持原则，积极为同学们谋正当利益，有能力处理和协调好各种利害关系，最终达到互利共赢！

这一年来的工作，给了我太多的感触。作为学生会主席，我见证了学生会发展的每一个脚印，回首这一年的时光，学生会给我留下很多难忘的回忆。在学校里，学生会的各项活动和工作是我最关心的事情，学生会的成员是我最好的朋友。我们系科学生会取得了很多的成绩，也得到了系科分团委、党总支充分的肯定和认可。我们坚信，在上级党组织和团组织的正确领导和大力支持下，我系的学生会工作将会在现有的基础上有更大的提高，我们将以崭新的姿态和饱满的热情，扎实地推进学生会的各项工作，使我们系不断迈上新台阶！

最后，和大家分享一下我竞选旅游管理系学生会主席的宣言：“态度决定一切，用心

就会赢得精彩！”谢谢大家！

【分析】 这是一篇学生会主席的述职报告，但写作角度存在偏差。作者写作时主要从学生会工作的角度进行总结，而不是从个人的角度进行述职，类似于一篇学生会工作报告。这是很多人在写作述职报告时的一个普遍问题。述职报告写作时应主要说明，在分管工作中我做了什么工作，起了哪些作用，而不是单纯地汇报集体工作或成绩，要有自己的贡献、成绩和感受。

七、拓展实训

【能力拓展】

请修改“实例看台”上的例文，写出一份符合要求的学生会主席述职报告。

八、学习反思

____

____

____

任务七　典型材料

一、任务目标

1．了解典型材料的含义及写作方法。

2．领会典型材料的写作要求。

3．能撰写各种类型的典型材料。

二、任务情景

为庆祝建党九十周年，并认真贯彻落实中央关于在党的基层组织和党员中开展创先争优表彰活动的部署和要求，省委组织部决定开展庆祝中国共产党成立九十周年暨评选表彰活动，表彰先进基层党组织、优秀共产党员、优秀党务工作者活动，展示新时期教育战线共产党人的良好形象和精神风貌。××学院行政管理系因工作成绩突出被评为基层先进党组织，需提交一份先进事迹材料参加评选。

三、任务分析

典型材料是对先进个人、先进集体进行介绍、宣传而撰写的文字材料。一般可以在会议上宣读或作为会议材料下发。撰写典型材料要保证典型的真实性、代表性，写出典型的特色，突出其特点，既可以使用第一人称，也可以使用第三人称，不能道听途说或者随意拼凑，也不能故意拔高、塑造高大全形象。同时要处理好先进典型与组织、群众的关系，用生动平实的语言表现典型。

四、任务实施

××学院行政管理系党总支先进事迹材料

行政管理系党总支下设教工党支部和学生党支部，教工党员21人，学生党员12人。在学院党委的领导下，以党的十七大会议精神和科学发展观为指导，行管系党总支紧紧围绕学院工作总体思路，以教学工作为中心，切实加强党的思想政治建设、组织建设和作风建设，确立“抓党建促管理、抓教学保质量”为目标，坚持抓班子带队伍，充分发挥党组织的政治核心作用、战斗堡垒作用和党员的先锋模范作用，全系的教学工作、科研工作和学生管理工作取得了很大的成绩。其中教工支部党员获得“××省优秀教师”、“××省三八红旗手称号”、“××省普通话推广工作先进个人”等省级荣誉称号的有5人次；被推选为学院“优秀共产党员”的有8人次；在学院举办的各项教学技能大赛中获得奖项7项；省级、厅级科研奖项8项。学生党支部获得了团省委、省高校工委授予“杰出志愿者服务岗站”荣誉称号、学生党员获得“优秀志愿者”荣誉称号，有32名学生党员获得“××省优秀毕业生”荣誉等。

一、顾全大局、精诚团结，领导班子政治思想过硬

几年来，系总支领导班子成员始终自觉坚持政治学习，坚持以科学发展观为指导，认真学习马克思列宁主义和毛泽东思想，高举邓小平理论和“三个代表”重要思想伟大旗帜，以“先进性教育活动”和“创先争优活动”为契机，不断加强思想建设，政治觉悟和政治理论水平不断提高。坚持民主集中制原则，对党员发展、先进评选、经费开支、奖学金发放等重大事项，集体研究决定。领导班子的每个成员都以党的事业为重，以工作为重，顾全大局，能正确处理好工作和个人家庭矛盾；成员间相互尊重，相互理解，相互支持，密切配合，精诚团结，对待棘手问题形成合力共同解决；业务分工不分家，互相帮助，主动补缺，保证了教学工作和学生工作等各项工作的顺利完成。

二、严于律己、永葆活力，党员队伍作风优良

行管系党总支高度重视教职工党员的队伍建设与思想建设，把做好教职工党员的思想政治工作作为头等大事来抓。积极响应上级组织号召，以提高教职工教书育人的事业心和使命感为重点，认真开展各种组织活动，切实发挥教工党支部的战斗堡垒作用和党员的先锋模范作用，党员队伍勤恳敬业、勇于担当、积极进取，带动了全系教职工在教学、科研和学生工作等方面争先创优。教学上，行管系教工不仅承担着3门全院的公共基础课、7门全院的公共选修课和本系所有专业课，而且还参与并承担了公务员培训和工商培训等多项培训课程，教学任务非常繁重。为完成好学院的教学和管理工作，老党员没有喊苦叫累，年轻党员没有因为个人的婚事、生育而耽误工作，绝大多数年轻教师将婚期主动安排在法定假期里；女教师怀孕后没有因为身体不适而影响工作，有的甚至一直工作到临产的前一天；还有的年轻妈妈党员尚在产假中，就主动中断产假，承担起繁重的教学任务。为了提高业务素质，许多教工党员牺牲休息时间，自费去社会培训机

构进行技能提高训练；去普通高校进修深造提高学历层次；去农村调研进行课题研究等。近两年，行管系考取在职博士生3名，拥有硕士学位的教师已达90%。

三、健全制度、狠抓落实，各项工作运行顺畅

行管系党总支领导下的教学工作和学生管理工作制度健全，落实到位，保证了各项工作的顺利进行。教学方面的制度完善并落实了《教师行为规范》《教学资料归档制度》《外聘教师管理制度》《新进教师管理制度》《教研室管理制度》等；学生管理方面首先建立并落实了辅导员管理工作一系列制度，如《周一学生工作例会制度》《学生宿舍走访制度》《班会制度》《与学生谈心制度》。为加强学生安全工作，还创新落实了《学生干部值班巡查的自我管理制度》。这些制度的完善和落实，有力地保障了教学秩序良好运行，为教学质量的提高和学生管理工作的有序进行奠定了基础。

四、围绕中心、多措并举，工作成效明显

行管系党总支紧紧围绕学院的中心任务，创新服务教学理念，在教学方面，坚持抓师德建设求队伍稳定，抓教研活动促教改创新，抓课题研究强教学能力，教学工作不断开创新局面。从师德教育入手，学习有关师德教育文件、师德典型材料和学院规章制度，进行革命传统教育，提高教师自觉遵守教学规范的意识，稳定教师队伍。以教研室、科研团队建设和教学团队建设为依托，充分发挥专业带头人、优秀骨干教师的作用，带动教师积极参加教学研究活动。利用社会科研资源，开展横向合作、纵向联合申报课题，提高教师科学研究能力。据不完全统计，近几年，行管系教师教学大赛获奖5人次；主持和参与研究的国家级课题和省级课题达16项，在中文核心期刊、学科核心期刊发表论文12篇，被ISTP收录的论文1篇等。

在学生管理方面，党总支坚持抓辅导员队伍，夯实学生工作基础；抓学生党员队伍，促进学生自我管理；抓社团组织，推动学生实践。针对辅导员少、工作量大的学生管理现实，认真贯彻落实“学院党委37号文件”精神，落实各种制度，不断创新辅导员管理的方式方法，如要求辅导员跟班听课，既观摩了专业教师课堂教学，又及时掌握了解学生的出勤情况和课堂学习情况；定期随机抽取学生，对辅导员进行学生基本信息了解程度测试等，保证了学生管理工作科学有效。学生党员带队有计划实施巡查，维护教学秩序。行管系的学生到课率高、课堂秩序好、课堂互动气氛活跃、跨校专升本与自学本科通过率名列前茅等，已经成为大家公认的事实。根据学科及专业特点，支持学生成立了敬贤书法协会，创办了《源》刊物，举办话剧节，在校内外组织志愿者进行活动，大大提高了学生的社会实践能力。

五、知识链接

（一）典型材料的含义

典型材料是介绍先进个人或先进集体的英雄行为、模范事迹或先进经验的正面宣传材料，是宣传和推广典型的基础材料，可以当作座谈会、表彰会、报告会的交流材料，还可以刊登在报纸、杂志、网络上成为新闻传播材料。

（二）典型材料的特点

1. 典型性

典型性是典型材料的最主要特点。任何典型人物或集体，其事迹都应当能够体现时代特质、时代精神，对社会某一方面的工作具有重大的推动和指导作用。典型材料中所选取的事实也应当最能体现出该典型的本质特点。

2. 真实性

真实性是典型材料的生命，是保证典型个人、典型集体能够真正成为楷模的基础。如果材料虚假，不仅影响典型对象自身的形象，对整个社会都会产生负面影响。

3. 独特性

个人或集体的典型事迹或典型经验具有鲜明的个性特征，是与其他个人或集体具有明显差别的地方。正是这些差别才使典型个人或集体得以产生。

4. 感染性

宣传典型的主要目的是希望典型事迹能够在读者心中留下深刻印象，能够产生心理共鸣，从而发挥教育作用，所以典型材料的写作，应注意用细节、用事例去体现人物的品质和精神，以产生强烈的感染力量。

（三）典型材料的种类

1. 典型个人材料

典型个人材料是指宣传典型个人的材料。

2. 典型集体材料

典型集体材料是指宣传典型集体的材料。

3. 典型经验材料

典型经验材料是指宣传某一单位在某项工作中取得的成功经验的材料。

（四）典型材料的写作模式

1. 标题

（1）公文式标题。由“关于”、典型对象、事由和文种组成。如《关于×××同志抗洪抢险的先进事迹》《关于×××党支部的典型经验材料》。

（2）新闻式标题。如《“蓝领专家”孔祥瑞》《“大孝至爱”矿工谢延信》《一个人感动一座城市》。

（3）正副式标题。如《勇立时代潮头的忠诚卫士——丁晓兵先进事迹》。

2. 正文

（1）开头

不同类型的典型材料开头介绍的内容略有不同。

典型个人材料主要介绍先进人物的基本情况，包括姓名、性别、政治面貌、年龄、工作单位、职务、文化程度等；简要介绍先进人物的突出贡献以及群众的评价。

典型集体材料主要介绍先进单位的名称、所取得的主要成绩和经验，以及产生的巨大社会影响等。

典型经验材料主要介绍典型经验的产生背景和已获得的突出成果。

（2）主体

一般根据不同类型、不同典型的事迹情况，灵活安排主体内容。

典型个人材料，一般根据先进人物的典型事迹，深入分析挖掘人物的思想内涵，通过人物生动的具体言行，体现人物的精神境界，以点带面，既具体生动，又具有代表性。

典型集体材料，写作必须体现集体的特点，对于整个集体取得成绩的主要原因、具体做法和经验，做深入的概括。避免以偏概全，仅仅突出某个人的事迹。

典型经验材料，要写清楚本单位是“怎么做的”、“结果怎么样”、“有哪些体会和认识”等。结构上，一般将“体会和认识”按照一定的逻辑关系分成几个方面，标注小标题或主题句；以“体会和认识”为纲串联全文。

总的来说，典型材料的主体要巧妙选择切入点，不落俗套。结构上可采用横式结构，用主题句或小标题分条列项介绍；也可以采用纵式结构，按照个人成长过程、集体进步历程或工作开展的逻辑顺序概括；或者将横式纵式结合起来，先介绍事迹再总结经验。

（3）结尾

一般是总结全文，表明对先进人物或集体的评价和赞誉，并号召大家向他们学习，进一步做好本职工作。或者采取自然收束的方式。

六、实例看台

农村基层干部的楷模
——记凤阳县小岗村原党委第一书记、村委会主任沈浩同志

2009年11月6日晨，安徽省财政厅选派到村任职干部、凤阳县小岗村党委第一书记、村委会主任沈浩同志因积劳成疾，猝逝在工作一线，年仅45岁。噩耗传来，人们无不为失去一名好党员、好干部、好同志而悲痛万分。胡锦涛总书记闻讯后，作出重要批示：“沉痛悼念沈浩同志。请转达对沈浩同志亲属和小岗村村民的亲切慰问。”李长春、习近平、贺国强、刘云山、李源潮等中央领导同志相继作出重要批示，对沈浩的去世表示沉痛悼念，对总结、学习、宣传沈浩同志的先进事迹和精神提出明确要求。省委、省政府领导同志到沈浩家里亲切看望其亲属，转达中央领导同志的问候，对沈浩的去世表示沉

痛悼念。省委决定，追授沈浩同志“优秀共产党员、楷范基层干部”称号。

沈浩，男，1964年5月生，安徽萧县人，1986年7月加入中国共产党，同年参加工作，先后担任安徽省财政厅副主任科员、主任科员、副调研员。2004年，他积极响应省委号召，作为全省第二批选派到农村任职干部来到凤阳县小岗村，任小溪河镇党委副书记，小岗村党委第一书记、村委会主任等职务。在小岗村工作期间，他紧紧团结带领村“两委”一班人，认真贯彻落实科学发展观，坚持解放思想，更新观念，锐意进取，以改革推进发展，扎扎实实为群众办实事好事，着力加强村级组织和党风廉政建设，在改变村容村貌、改善村民生活、加快小岗发展上做了大量工作，树立了基层党员干部的良好形象，赢得了组织的肯定和群众的拥护。

“他心里装着小岗，一门心思让村子富起来”

2004年2月，沈浩刚到小岗村时，这个中国农村改革第一村的家底还很薄，发展仍然滞后，他的前几任一直在探索发展的路子，那时小岗村的发展思路还不甚明晰，村民对他的到来并没有抱太大希望，有的人甚至投来怀疑的目光：“一个省城的年轻人，镀金来的吧？”然而这些没有影响他为小岗村谋发展的热情，反倒让他更冷静，他说：“一些群众表现出的冷漠，从另一个侧面也反映了他们想要加快发展的强烈愿望。”他坚信，小岗村是“中国改革第一村”，这个品牌全国独有，只要发展的路子对了，只要干部群众拧成一股绳，完全可以实现快速发展。于是，他花了一个多月的时间把全村100多户跑了两遍，和村民促膝谈心，了解情况。与村“两委”成员和“大包干”带头人深入交心，谋划小岗村发展路子。

通过深入调研、广泛走访，沈浩认为，小岗村最需要的是发展，但小岗村的发展必须是让群众长远受益的发展，不能盲目地发展，特别是对引进的企业一定要围绕“农”字做文章，让群众能从中受益。为此，他决定从三个方面着手推动小岗村的发展：一是转变党员、群众的思想观念，增强科学发展意识；二是尽快制定发展规划，找准发展路子；三是改善群众生产生活条件，加强基础设施建设。为转变少数村民“小富即安”甚至“不富也安”的思想，沈浩及时组织村干部、“大包干”带头人等到华西、大寨等名村参观学习，回村后开展“小岗怎样快发展”讨论，寻找差距，统一思想，转变观念，增强加快发展的紧迫感。“大包干”带头人严金昌常说，以前的小岗人躺在过去的“功劳簿”上睡大觉，捧着“第一村”的金招牌还富不起来，是沈浩让我们开阔了眼界，转变了观念，找准了发展路子。

小岗村群众的发展热情被激活了，沈浩立即和村“两委”班子带领群众认真研究制定发展规划，确立了“调整产业结构，发展特色农业；加快设施建设，发展旅游业；跳出小岗求发展，着力办好工业园”的发展思路，并制定了详细的工作任务和目标。2004年，村里依托已有的80亩葡萄示范园，成立“优质葡萄种植协会”，聘请农技专家传授栽培技术，通过党员的示范带动，壮大了葡萄特色产业，还办起了葡萄文化旅游节，现在，小岗村有90%的农户种植葡萄，面积达600多亩，人均增收2000元。2005年，村

里引进粮油食品发展有限公司，采取“订单”方式，与村民签订小麦种植、收购协议，并积极吸收村民到企业务工，村集体每年也可增收10万元。几年来，凤阳县小岗钢构有限公司、滁州市杨帆医疗设备制造有限公司、合肥禾味食品有限公司等一批企业相继落户小岗，促进了小岗村快速发展。

作为“全国十大名村”之一的小岗村，每年到村里参观考察的游客络绎不绝。如何做好旅游文章、增加村民收入成了沈浩心里常常考虑的问题。他多次召开村“两委”和群众代表会议研究旅游开发事宜，多方争取建成了“大包干纪念馆”，并依托纪念馆和农家茅草屋、村民文化广场等旅游休闲景点，拓展旅游项目，开发旅游产品，创建国家“4A”级旅游景区。村民吴广德在沈浩的帮助下率先卖起了花生、黑豆、麦粒脆饼等旅游小食品，每天净收入100元以上，群众看到了甜头，自发地做起小买卖，还办起了“农家乐”旅游，为游客提供娱乐、食宿服务。

为提高小岗人的生活质量，沈浩多方筹措资金，不断完善基础设施。修通了村级水泥路，对村庄进行绿化、亮化；修复了自来水和广播电视等设施；兴建了党员活动室、卫生服务中心和档案室；翻盖了122户房屋，48户村民搬进了住宅新区。物质生活上去了，村民对文化教育提出了新希望。为鼓励村民做好下一代的教育培养，在沈浩的提议下，村里专门设立“教育基金”，哪家孩子考上大学，专科奖励3000元，本科奖励5000元。在村里组织开展“好婆婆、好媳妇、文明示范户”评选活动，组建了腰鼓、花鼓表演队，兴建了图书阅览室、文娱活动室，每周还用党员现代远程教育设备在村民文化广场放起了露天电影。去年夏天，当村民围坐在广场观看北京奥运会开幕盛况时，都说：“还是沈书记想得周全，还是这样聚在一起看热闹！”小岗村得到快速发展，2008年，小岗村农民人均纯收入达6600元，是2003年的2.87倍。小岗村党委副书记李梦元说：“他心里装着小岗，一门心思让村子富起来。”

沈浩永远离开了他所钟爱的事业，离开了他所深深挚爱的亲人、朋友和同事，他一串串不平凡的足迹，一件件感人至深的业绩，生动诠释了一名新时期共产党员的崇高境界。他忠于党的事业、践行科学发展观的政治品质，心系群众、服务人民的公仆情怀，锐意改革、勇于开拓的创新精神，扎根基层、勤奋敬业的务实作风，舍已为公、无私奉献的崇高境界，严于律己、清正廉洁的高尚品德在群众心中树起了一座丰碑，激励着我们不断前进。我们要以沈浩为榜样，深入贯彻落实党的十七大和十七届四中全会精神，努力推进科学发展、加快安徽崛起，全力促进经济社会又好又快发展。

（资料来源：http://www.ioa.cas.cn）

【分析】 这是一篇宣传沈浩同志先进事迹的典型材料。文章以胡锦涛总书记和当地群众对沈浩同志的评价作为小标题，将沈浩同志一心为民，扎根小岗，切实为群众办实事办好事的精神进行了充分描绘。选取沈浩同志的生平事迹为切入点，以小见大，真切感人，充分展现了沈浩同志的光辉一生。这种类型的事迹材料多为“事迹宣讲团”在典型人物事迹报告会上进行报告时使用。

七、拓展实训

【文章诊改】

原油班经验材料

原油班是我公司窗口班组之一，由十六人组成。岗位分工为原油监督和原油分析。原油监督岗负责代表公司与管道局石头桥分输站进行原油交接验收，原油分析岗肩负着公司所有原油进厂的质量把关使命。多年来，原油班以企业利益为最高利益，年复一年、日复一日地取样、分析、上报，默默地为企业把守着原油进厂的第一道关口。全班组上下一心，努力工作，将公司的原油加工损耗从总部排行榜上的第二名降到了倒数第四。如今，我公司的管道原油途耗已经连续 3 年保持在 1‰以下，每年为公司挽回原油损失数万吨。

一、强化责任意识，企业利益至上成为共识

作为窗口班组，原油班对外对内负责全公司的原油交接验收和质量把关工作，岗位责任重大。公司的效益好坏，与原油质量高低有着直接的关系。企业荣，我荣，企业在与管道局石头桥分输站的原油交接过程中，原油监督人员以“自律、求真”为原则，有礼有节，既维护了石化公司的形象又避免了经济损失，今年的管道原油途耗为 0.16‰，创历史最好水平。

在原油“代输”过程中，原油监督人员坚持“以实际测量结果为结算依据”的原则，在“质”和“量”上都把住了关。

“代输油”在源头的水分大多为零，可在实际验收过程中，不但有水，有时水分还很大，管道局石头桥分输站要求以源头的分析数据结量，原油监督人员在认真分析的同时，将这一情况向上级汇报，在上级领导的积极协调下，管道局石头桥分输站最终同意以实际化验结果为结算依据，今年单“代输原油”的水分一项，为公司挽回损失近亿元。

在原油监督人员的认真把关下，一些通常不易发现的问题得到了及时显现和解决。管道原油进厂时“实际油温”的准确与否对“量的结算”影响极大，每差一度就会造成万分之七的量的误差，有一段时间，该站员工发现管输油的温度明显不如原来的高，于是就主动增加这方面的数据检测，分析原因，并及时提醒相关的管理部门，从而避免了企业的损失。

在日常工作中，原油班分析人员尽心尽职，先后多次发现原油船水分大，及时汇报给相关部门，避免了原油加工过程中因水大而冲塔事故的发生。特别是庆大 439 号船，不但避免了冲塔事故的发生，而且为金陵公司挽回损失八十多万元。

管输油更换品种时，其数据检测格外重要（高硫油与低硫油一旦混合，会给加工带来不必要的麻烦），直接关系到企业效益。由于管输油种切换的预报时间与实际发生时间有着较大的误差，现在二站原油班员工在当班逢到油种切换时，都主动连续数小时在现场进行连续采样分析，以求最准确地把握油种切换的时间，减少原油进厂中的误差损失。

二、落实工作制度，奖惩分明促进班组建设

在原油班的墙上，不但有公司的各项规章制度，而且有针对原油班量身定制一些列规章制度及考核细则，不但有处罚规定，也有奖励规定，比如为了提高员工的工作积极性，为原油监督人员定制《每发现一次水分大于一点零奖励 100 元》，只要谁及时发现原油水分超限，就给予奖励 100 元。第一年，发放自设奖金达到 500 元。在没有资金来源的情况下，班长自掏腰包兑现了承诺。同样，有的职工不遵守规定，给企业造成了损失，不但进行了罚款，还提出警告，直至（先后有几人次因此而）调出原油班。通过严格的管理，职工有了荣辱观，树立了主人翁意识。

三、狠抓教育培训，工作效率企业效益双双提高

随着管理的深入，原油班人员平均年龄最大，文化程度最低的矛盾突出了，针对这一情况，班长在岗位培训中实施“二对比一查找”：首先是“班内分析对比”，让岗位的所有人员分析同一份试样，对比分析结果和差异；其次是“站外分析对比”，将本站的分析样品，请其他分析站分析，对比方法及差异。最后是查找对比过程中出现误差的原因及解决途径。这些形象生动的岗位培训使该站员工的技能和荣誉感明显增强，分析的工作流程更加畅通，连续两年没有抽查超差的事情发生。

四、转变工作作风，平凡岗位做出非凡贡献

说来也怪，员工还是过去的员工，但原油班如今却像“变”了一个人。通过加强管理，该班人员比 3 年前少了近 30%，不但圆满出色地完成了全年的各项工作任务。而且发现并预报了多起生产波动，发现多起油轮运输中的原油含水量偏大（避免了一次加工冲塔）事件，为企业挽回大量经济损失。

【情景模拟写作】

1．学校将要举行 2010～2011 学年国家奖学金、省级奖学金颁奖大会，你因获得国家奖学金需要在表彰大会上作为代表发言，请根据自己的实际情况，撰写一篇典型材料，在会议上进行宣读。

2．假设你所在的班集体获得“省级优秀班集体”称号，需要参加团省委举办的经验交流会，请作为班长撰写一份你班的《省级优秀班集体典型经验材料》。

八、学习反思

____

____

____

任务八　会 议 提 案

一、任务目标

1．了解会议提案的含义及写作方法。

2．领会会议提案的写作要求。

3．能根据调查材料撰写提案或建议。

二、任务情景

目前，城市和乡村医疗卫生发展不平衡，政府投入不足，城乡公共医疗卫生基础设施建设严重滞后，新型农村合作医疗卫生保障制度很不完善，医疗费用居高不下，群众对“看病难、看病贵”问题反响强烈，已成为社会不安定的一个因素。为此，在即将召开的市政协会议上，市政协委员第二人民医院院长何东准备提出关于深化医疗卫生体制改革的提案。

三、任务分析

会议提案是有提案权的组织或个人按规定提交会议讨论的书面意见或建议。撰写会议提案必须经过认真选题、细致调查等环节。会议提案所选定的题目一般是社会热点、难点问题，或是亟待解决的问题。提案范围确定之后，还必须经过细致的调查研究，深入挖掘隐藏在现象背后的根本原因，这样，才能对所选定的内容进行细致分析，才能根据原因提出解决的方案。另外，在撰写提案过程中，需要集思广益，广泛征求群众意见，这样才能使提案切实得到解决。

四、任务实施

关于采取系列措施，深化医疗体制改革的提案

提案人：市第二人民医院院长何东

人人享有基本医疗卫生服务，人民群众“病有所医”，是建设社会主义和谐社会的目标之一。而当前群众，特别是农村“大病拖，小病扛”的现象还很普遍，“看病贵”和“看病难”仍然是社会关注、群众反映强烈的热点问题。造成这一问题的主要原因，我认为有以下几点：

1. 医疗卫生资源不足，而且资源配置不合理。目前大量的高新医疗设备和优秀医护人才基本上都集中在城市的大医院，农村和城市社区缺医少药的局面没有得到根本扭转。群众患病在当地难以有效就诊，要到外地、到大医院，造成了看病困难，也增加了经济负担。同时大医院收治大量常见病、多发病患者，又浪费了大量的宝贵资源。

2. 医院“以药养医”和药费比重过高的问题突出。由于国家将医疗卫生这一公益性事业当成产业来经营，将医院推向市场，医院医疗设施的投入及医疗费用的开支主要靠向患者就诊收费、出售药品来维持运行和发展，因此医院为了追求高收入，任意开“大处方”、“全方位检查”等“过度服务”成了“家常便饭”，严重损害了患者的利益。

3. 给医生高额回扣、改头换面申报新药导致药价虚高。多年来，我国实行医疗服务低收费政策，允许医疗机构销售药品时加提成作为补偿。因此一些不法药商通过给医生回扣、提成，扩大价格虚高的药品、器材销售。另外按现行药品定价办法，国家批准的

新药可以高于成本定价。于是一些企业就钻政策的空子，把一些常用药品改头换面申报新药，从而获得较高的价格。

为此，建议进一步深化医疗卫生改革，建立政府主导覆盖城乡的公共卫生体系，具体建议如下：

1. 由国家负责投资开发新药。新药开发具有周期长、投入大、风险高的特点。为规避风险、提高效率，建议由国家按照安全、有效、必需、价廉的原则，制定基本药物目录，投资成立专门机构负责新药的开发。同时取消药品专利，由政府控制新药的合理定价。

2. 由国家对药品生产销售实行垄断与专卖。药品从生产、流通到医院中间环节过多，药厂由于重复建设、竞争激烈而给医院高额回扣，是造成药价虚高的主要原因。因为药品是一种特殊商品，建议由国家对药品的生产销售实行垄断与专卖，定点生产，向医院进行统一配售，确保药品价格低廉，从而降低群众的看病成本。

3. 由国家负责医疗设备的投入与医务人员的薪酬。由于以前把医疗这一公益性事业推向市场，医疗设施的投入及医生的收入主要靠医院看病收费、出售药品来维持。因此建议医院医疗设备的投入与医务人员的薪酬由国家统一投入，禁止医院创收。同时由有关部门制定一个统一的薪酬标准，以医疗水平、医德服务态度评定医务人员的工资收入，提高医务人员收入，调动医务人员的积极性。

4. 定向免费培养来自农村的医科大学毕业生。为加强农村医疗卫生力量，提高农村医疗卫生水平，建议国家从农村中选拔一批品学兼优的学生，定向免费培养，毕业后充实到农村医疗机构。

5. 严格按病情开处方。目前医院为了追求高收入，任意开“大处方”、“全方位检查”的现象比较普遍，严重损害了患者的利益。建议政府加强对医院的监管和医生医德的教育，严格按照患者的病情开处方和处方量，杜绝不必要的浪费。

6. 完善四级医疗网。完善省、地、县、乡四级医疗网建设，特别要加大对基层医疗卫生设施、设备的投入，注重加强县级医疗机构基础建设，全面启动乡镇卫生院基础建设，以改变农村卫生基础设施相对滞后的状况，改善农民的就医条件。实施医疗保险，看病要逐级向上，只有在下级医院解决不了的疑难病，才可凭本级医院的转院证明，转往较上一级医院诊治。同时，要建立逐级向下的医疗技术交流制度，通过人才交流、挂钩帮带、专家下基层门诊等办法，使基层医院医生的医疗水平得以不断提高。

（资料来源：http://news.sohu.com/20080305/n255548222.shtml）

五、知识链接

（一）会议提案的含义

会议提案是有提案权的组织或个人按规定提交会议讨论的书面意见或建议。

（二）会议提案的特点

1. 规定性

会议提案不是任何个人或组织都可以提出的。只有作为会议的正式代表，才能在会议召开期间对会议提出提案，其内容也是由会议主题确定的。

2. 理据性

提案者需要在掌握客观事实的基础上对问题作出充分的分析、说明，只有理由充分、论证具体，提案才能受到重视，问题也才能真正得到解决。

3. 可操作性

会议提案的目的是为了解决问题，所以提案的建议、意见和要求，必须具有实施的条件和可能，具有可操作性。

（三）会议提案的写作模式

1. 标题

（1）公文式标题。由提案名称和文种组成，如《关于完善食品安全管理体制的提案》。

（2）文章式标题。概括提案的基本内容，如《完善企业养老保险体系，保障劳动者合法权益》。

2. 正文

（1）提案事项。说明提案的主要内容，需要解决的主要问题及表现形式。

（2）提案原因。详细分析提案中反映的问题的根本原因。

（3）提案结论。根据问题原因，提出解决问题的建议、办法和方案。

（4）其他相关情况。说明提案是否经过调研、是否本人撰写或他人委托、是否第一次提出或多次提出等来源情况，以及是否同意公开等。

3. 落款

注明提案人姓名及提案时间。

（四）议案与提案的区别

1. 性质不同

议案是各级人民政府按照法律程序向同级人民代表大会或常务委员会提请审议事项的文书，是国家法定的行政公文。而提案是有提案权的组织或个人依法提交会议讨论的书面意见和建议，属于会议文书。

2. 适用范围不同

议案只适用于各级人民政府按照法律程序向同级人民代表大会或常务委员会提请审议事项。而提案不仅仅限于政协委员、人大代表向人民政协组织或同级人大提出意见或建议，同样适用于在各类单位、团体召开的会议、组织活动过程中的提案环节。

3. 产生的过程和处理方式不同

议案须由一级政府提出，经过人民代表大会或人大常委会审议后表决通过；提案可以由参加会议的各党派、人民团体、专门委员会、委员个人或委员联名提出，经该单位或团体的工作机构或者提案委员会审查立案。

4. 内容不同

议案必须是属于人民代表大会职权范围内的，而提案的内容范围较宽，凡属于国家事务或公共事务范畴的内容皆可涉及。

六、实例看台

第　　号

办理结果：　　　　类

政协第八届×县委员会第三次会议

委 员 提 案

案　　由：________________________

____

提 案 人：________________________

附 议 人：________________________

组　　别：________________________组

通信地址：________________________

手机：__________机关网（小灵通）：__________电话：__________

提案来源：□本人撰写　□转呈他人材料　是否经过调查研究：□是　□否

提案内容：

提案审查意见：

初审意见	类 别	□经济建设 □城建环保 □农林水利 □科教文卫体 □综合 □来信		
	主办单位		会办单位	
审 批 意 见				

附注：一事一案，做到有情况、有分析、有具体的建议，一式二份，正文请用电脑打印粘贴，再将电子文本发送到 qaw@yjzx.com 或送政协提案委。

年　　月　　日

【分析】 这是一份政协提案格式样本。提案样本右上角注明编号及提案分类。提案基本信息由标题、案由、提案人、附议人、组别、联系方式及提案来源组成。提案基本信息下面为提案内容。结尾附上提案审查意见答复表格及提交要求。

七、拓展实训

【供料写作】 根据下列材料撰写一份关于城市公共设施建设方面的提案。

材料：

1. 6月18日，武汉遭受暴雨袭击，盘龙城开发区名流人和天地小区内积水深达半米，20多户一楼业主家中被淹，30多家店铺进水，40多辆汽车被水浸泡，造成重大经济损失。天灾因素虽不可否认，但是经调查发现，此次灾难损失更是人祸。在这次大雨中，与该小区一墙之隔的盘龙城中心小学的积水全部流向了小区。原来，小学正在建设中，排水管网尚未修建好，学校与小区中间堆起200多米长的黄土，已经好几年。学校与小区之间并未设计排水沟，且学校地势高于小区，这些因素造成了学校操场上和附近的积水裹挟着泥沙倾泻到了小区里，而淤泥又堵塞小区的排水管道，造成排水不畅，最终导致小区多名业主家中、店铺进水，汽车被淹。

2. 7月10日电 10日下午约4时开始，一直阴沉的北京城上空突然雷电轰鸣、狂风大作，随即大雨瓢泼直下，整个城市立时笼罩在一片雨幕之中。

倾盆大雨片刻间直泻而下，眨眼间低洼处蓄起了水坑，路上很快水流成河，部分路段水深过膝，一些小型轿车水中熄火。甚至在一些洼地，过深的积水几乎淹没了抛锚的车辆。在宣武门西大街的路旁，几株大树被风雨连根拔倒。

长安街、南四环、体育馆西路、石景山等地因大量车辆熄火造成严重交通拥堵。月坛南桥、北桥红绿灯出现失灵，再加上不少车辆因熄火无法启动，交通开始陷入瘫痪。

下午5时30分左右，地铁万寿路站进水，车辆无法靠站，造成该站停运20分钟才恢复正常。

3. 一场突如其来的暴雨，将南京城从头到脚浇了个透，于是“六月看海在武汉、七月看海在南京”——汽车成了潜水艇，隧道淹成了下水道，交通一度几近瘫痪。然而，就在一个月之前的6月19日，“中国之声”广播还特地播发了一条新闻，大意就是“南京雨后一改‘泽国’景象，城市内涝治理初见成效”。记者了解的信息是：南京市计划自2010年起到2014年底，投资180亿元实施水环境整治工程，其中就包括全面完成老城区及周边地区雨污分流工程。言下之意是新工程在暴雨中功不可没。时隔刚好一月，当地住建委又在内涝后回应说：“雨污分流工程主要是环保工程，下雨是雨水，这关系到排水工程，雨水排放是通过雨水管道，而不是污水管道，是两个不同的功能，不同管道。”

最有趣的当然不是对雨污分流的辩解，而是职能部门对城市防汛的定义——“排涝防汛设施不能以极端天气的表现来检验，而是要通过科学的标准、办法来检验，南京的排水管道设计符合国家规范”。问题是，如果城市防汛“防”的不是暴雨等极端天气，难道它等的只是拍言情剧的毛毛雨？排水管道符合不符合国家规范不是问题的关键，能抵抗并消解内涝的成因，才是城市防汛的初衷。难道只怪这老天下的是不符合“国家规范”

的雨？在公众的逻辑里，要证明排涝防汛设施是不是花架子，最好的检验恰恰就是“极端天气”。道理很简单，群众的生命与财产安全，在暴雨面前显然等不及所谓“科学的标准、办法来检验”。

这大半个月以来，我国大部分城市遭遇多次强降雨，在铺天盖地“水漫金山”的内涝图景中，诸多城市摇身化为“水上威尼斯”。无处不在的内涝，照出了城市下半身的“难言之隐”。7月18日《人民日报》文章直言：“全国62%城市内涝，折射出城市管理者急功近利的发展理念和政绩观。”

4. 一些学者已经注意旱涝灾害的人为因素。积土成山，风雨兴焉。城市不断扩容和摩天大楼林立，改变了地区温差和大气环流，城市热岛效应和高空快速气流与海洋地区形成明显的温差和气压差，造成极端暴雨事件，频发城市内涝。

但最大的病根在于城市开发、建设过程中缺乏科学规划，‘重地表、轻地下’。中国城市规划设计研究院副院长杨保军认为，虽然极端气候是导致城市内涝的直接原因，但与快马加鞭式的地面建设相比，城市排水系统建设明显滞后，造成严重“肠梗阻”，这才是症结所在。

新中国成立初期，由于受制于资金、技术等因素，加之当时城市规模较小、人口密度偏低，相关部门对下水道等基础市政工程的设计、建设标准普遍较低。近年来，我国城市化进程明显加快，随之而来的是城市的急速扩张。以北京为例，2000年，北京市建成区面积仅有700多平方公里，2010年已达近1400平方公里，10年间翻了一番。

随着城市数量增加、范围扩大，“热岛效应”也在不断加剧，城市遭受突发强暴雨袭击的频次显著增多。加之城市地面硬化及不透水面积逐渐增大，城区雨水汇集速度加快，地面下渗能力大幅减弱，河道缩窄行洪断面减小，城市排水系统压力明显加大。

由于长期投入不足，历史欠账较多，城市排水管网的建设明显滞后城市化进程。据《中国城市建设统计年鉴》统计，目前用于市政基础设施的财政性资金仅有4%投入到排水系统维护；养护维修资金90%依靠地方财政投入，难以按标准进行定期养护维护。来自国家防总的数据显示，目前我国省会以上城市的排水标准一般只有一年一遇到两年一遇，其他城市的排水标准更低。

“城市治水理念必须要有大的调整”，程晓陶表示，眼下当务之急是明确职责、整合力量、认清城市水患的风险分布特性与演变趋向，在提高排涝标准的同时，要考虑如何恢复与增强必要的雨洪调蓄与渗透功能，尽快形成蓄排结合的防治体系。

程晓陶建议，在今后的城市规划中应尽量把停车场、公园等公共绿地设计得比其他区域凹一些，在地面铺设中尽量使用透水材料，同时在立交桥周边修建大型储水设备，以便把暴雨蓄积起来，减轻城市排水管网压力，将内涝威胁变成资源优势。

“下水道是城市的良心”，100多年后的今天，重温雨果的这句名言，仍然有着深刻的现实意义。在破解城市内涝顽疾的道路上，或许我们最缺的不是资金和技术，而是那颗为城市繁荣、民众福祉深谋远虑的责任心。

5. 日本——楼前屋后挖渗沟

日本于1963年开始兴建滞洪和储蓄雨水的蓄洪池，并于1992年颁布了“第二代城

市下水总体规划”，正式将雨水渗沟、渗塘及透水地面作为城市总体规划的组成部分，要求新建和改建的大型公共建筑群必须设置雨水地下渗入设施。

东京拥有全世界最知名的排水系统。东京下水道系统以合流制管道系统（污水和雨水采用同一管道排放）为主，包括管渠、抽水泵站和污水处理场。其污水管、雨水管和合流管的总长度超过1.5万公里，用于管道清扫和维护管理的检查井超过47万个，平均每33米就有一个。

德国——设大容量地下调蓄库

为提高城市排涝能力，德国推广了“洼地——渗渠系统”。通过雨水在低洼草地中短期储存和在渗渠中的长期储存，保证尽可能多的雨水得以下渗。不仅大大减少了暴雨径流，同时由于及时补充了地下水，可以防止地面沉降，从而使城市水文生态系统形成良性循环。

德国汉堡建有容量很大的地下调蓄库，洪水期可以发挥很强的调度水量作用，大规模蓄水，既保证汛期排水通畅，又实现了雨水的合理利用。在柏林，由于广泛推行城市集雨措施，不仅提高了城市的防涝能力，而且实现了对雨水的最大收集利用。

美国——兴建地表回灌系统

美国是最早建立国家强制性洪水保险体制的国家。联邦紧急事务管理局还组织绘制了洪水保险图，规定在行洪区内不准建任何建筑，在非行洪区内可以修建建筑物，但修建前必须购买洪水保险。

美国把全国划分为13个流域，每个流域均建立了洪水预警系统。此外，还对洪水可能造成的灾害进行及时预测，发布警示信息，逐步建立以地理信息系统（GIS）、遥感系统（RS）、全球卫星定位系统（GPS）为核心的“3S”洪水预警系统。

美国多个州都立法规定，城市新开发区域应实行强制的“就地滞洪蓄水”，对城市内涝防范、治理措施及问责手段，也规定得相当详尽。

美国还采取了以雨水直接回收为重点的工程措施。如在加利福尼亚州富雷斯诺市兴建“渗漏区”地下回灌系统，在芝加哥兴建地下隧道蓄水系统。其他城市也建造了由屋顶蓄水池、井、草地、透水地面等组成的地表回灌系统，收集的雨水经处理后可用于冲厕所、洗车、浇绿地、消防等。

荷兰——独有的“水广场”防涝

荷兰鹿特丹市位于海平面以下，常面临海水倒灌的威胁，同时城区洼地多，排涝压力颇大。为有效应对这种情况，鹿特丹开创了其独有的“水广场”防涝及雨水利用系统。

水广场顺地势而建，由形状、大小和高度各不相同的水池组成，水池间有渠相连。平时是市民娱乐休闲的广场；暴雨来临，就变成一个防涝系统。由于雨水流向地势更低洼的水广场，街道上就不会有积水。所有水池布成一张循环网络，雨量大时，从大水池中分流到沟渠，雨量小时，水又回流入大水池。雨水不仅可在水池间循环流动，还能被抽取储存为淡水资源。荷兰气候环境保护署专家阿瑙德·莫伦纳称，为有效疏解剧增的地表水，鹿特丹结合都市空间开发大量空旷广场、人行道与停车场空间，这些地方平时为公用设施，大雨到来时就变成储水空间。这就是“水广场”概念的由来。

【能力拓展】

假设你被推举为学院第八届学生代表大会的学生代表，在调查研究的基础上，向大会提交一份关于反映大学校园文化建设相关问题的提案。

八、学习反思

第七章　会议礼仪文书

会议礼仪文书是指在各种会议场合使用到的用于礼仪目的的文书。会议礼仪文书是大型会议活动必不可少的社交礼仪环节的载体，体现了中华民族的优良传统，是人们进行社会交往和交流思想感情的重要媒介，其写作注重礼仪性与情感性的结合。本章主要介绍的会议礼仪文书有邀请函、迎送词、答谢词、祝贺词和祝酒词。

任务一　邀　请　函

一、任务目标

1．了解邀请函的含义及特点。

2．熟练掌握邀请函的写作模式及要求。

3．能根据会议活动内容撰写邀请函。

二、任务情景

2010体育电视国际论坛将于2010年8月24日在北京香格里拉饭店隆重举行。会议内容涵盖了体育电视的数字革命、体育电视传播在塑造品牌赛事中的市场价值、如何打造中国的品牌赛事，体育电视如何真正拥有赛事的报道与开发资源，数字电视的现状与高清电视的未来，新媒体的无限商机等众多前沿论题。论坛由北京奥林匹克转播有限公司首席运营官×××先生全程主持，国家广电总局、国家体育总局、中央电视台、北京奥组委等中国政府高层官员，中国国际电视总公司领导、亚洲有线与卫星电视广播协会主席将出席论坛并致辞，CCTV-5、BBC、ESPN、CNN、Ten Sports等境内外体育频道总监、国际足联、欧足联、英超等赛事转播与媒体运营负责人、奥运会顶级合作伙伴等将参与论坛研讨。会议筹委会将向社会各媒体发出采访邀请函。

三、任务分析

邀请函在大型会议、商务礼仪活动，甚至国际交往中都会使用到，其礼仪性非常突出，因此要讲求礼貌，多用“请”字，不能出现诸如“务必”、“必须”等命令式的用语。写作邀请函时，会议的相关信息一定要准确，比如会议的时间、地点、被邀请人的姓名、职衔等，都必须准确无误。另外，邀请函最好提前发出，以便被邀请者有时间安排好事务性工作，确保准时参加。

四、任务实施

2010 体育电视国际论坛邀请函

尊敬的__________（先生/女士）:

2010体育电视国际论坛将于2010年8月24日在北京香格里拉饭店隆重举行，我们诚挚邀请您出席，与国际体育电视界精英共同进行一场体育电视产业的巅峰对话。

本次论坛汇聚了国内外传媒界、体育界的风云人物，共论国际体育电视产业的未来。其内容涵盖了体育电视的数字革命、体育电视传播在塑造品牌赛事中的市场价值、如何打造中国的品牌赛事、体育电视如何真正拥有赛事的报道与开发资源、数字电视的现状与高清电视的未来、新媒体的无限商机等众多前沿论题，同时密切关注全球体育电视产业的现状及未来发展。通过国际体育电视权威专家的主题演讲、案例分析、论题研讨，为与会者呈现一场精彩的国际高端峰会，为国际体育电视行业的领导者与经营者提供友好沟通与合作交流的平台，对于世界体育电视领域具有促进发展共同提高的战略意义。

论坛由北京奥林匹克转播有限公司首席运营官×××先生全程主持，国家广电总局、国家体育总局、中央电视台、北京奥组委等中国政府高层官员，中国国际电视总公司领导、亚洲有线与卫星电视广播协会主席将出席论坛并致辞，CCTV-5、BBC、ESPN、CNN、Ten Sports等境内外体育频道总监、国际足联、欧足联、英超等赛事转播与媒体运营负责人、奥运会顶级合作伙伴等将参与论坛研讨。我们诚挚邀请您参加。

恭候您的光临并诚意邀请贵单位成为本次论坛合作媒体！

体育电视国际论坛

二〇一〇年四月二十三日

如果决定采访，请仔细填写以下回执并回传。

回 执 表

单位名称：______________________________

地址：______________________________邮编：__________

传真：______________E-mail：______________

姓名：________职务：________性别：________电话：______________

报道版面及刊发时间：______________________________

采访要求：______________________________

联系人：×××/ ××/××

联系电话：010-88698754

电子邮箱：tiyuguojiluntan@163.com

（资料来源：http://wenku.baidu.com/view/32c4545f804d2b160b4ec0e8.html）

五、知识链接

（一）邀请函的含义

邀请函通常也称邀请信、邀请书，是邀请有关人士参加某项会议或活动时使用的一种书信，如学术讨论会、成果鉴定会、论文答辩会等。

（二）邀请函的特点

1. 告知性

邀请函的主要目的是告知相关人员到某地参加某项活动，因此首先具有告知性。

2. 礼仪性

邀请函在邀请相关人员参加会议时，特别注重礼仪性，遣词造句尽显礼貌客气之意。

3. 详尽性

在内容上，邀请函除了告知与会人员基本的时间、地点等信息，还将详细介绍会议的背景、主题以及活动安排等，内容详尽。

（三）邀请函的写作模式

1. 标题

（1）单要素标题。直接以“邀请函”作为标题。

（2）双要素标题。由发文缘由、文种名称组成。如《第十届现代应用文国际研讨会邀请函》。

（3）三要素标题。由发文单位名称、发文缘由、文种名称组成。如《××省人才交流中心关于举办大型人才招聘会的邀请函》。

2. 称谓

标题下一行，左侧顶格写被邀请单位的名称或个人姓名。在个人姓名前加表尊敬的修饰语，在后加职衔或敬称。如“尊敬的××先生/女士”或“尊敬的××总经理”等。

3. 正文

（1）开头

向被邀请人简单问候，说明邀请对方参加什么活动，其目的何在。

（2）主体

主体可采用段落式，也可采用条款式，主要包括以下几方面的内容：①会议活动简介：包括会议活动的背景、主题、意义等。②会议活动基本信息：包括会议活动时间、地点、参加人员、会议活动内容、形式等。③会议活动要求：主要是参加人员需要准备的文

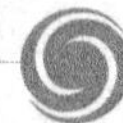

件、资料及其他事项等。

（3）结尾

使用邀请惯用语。如“此致 敬礼”、“敬请光临”、“恭候光临”、“务请拨冗出席”等。

4. 落款

正文右下方，写明发信单位的全称或个人的姓名及成文日期。

（四）会议邀请函与会议通知的区别

1. 适用范围不同

会议邀请函主要用于横向性的会议活动，收函对象与发函者没有隶属关系，一般不具有法定的与会权利或义务，是否参加会议由收文对象自行决定。如举行学术研讨会、咨询论证会、技术鉴定会、贸易洽谈会、产品发布会等，以发邀请函为宜。而会议通知的使用双方，则具有隶属关系，即收文者有责任或义务参加发文者组织的会议。例如，学术性团体举行年会或专题研讨会时，要区别成员与非成员。对于团体成员应当发会议通知，而邀请非团体成员参加则应当用邀请函。

2. 性质不同

会议邀请函属于礼仪文书，而会议通知则属于行政公文。

3. 写作模式不同

会议邀请函主要介绍会议背景、主题、时间、地点、邀请范围等信息，通常以书信格式居多；会议通知则要严格按照行政公文的写作要求，通常采取分项式，告知与会者会议相关信息。

4. 语体风格不同

会议邀请函更加注重礼貌性，可根据邀请对象、会议性质的不同增强用语的文化性与针对性；而会议通知的写作则更加严谨规范。

六、实例看台

2011年湖北省“两圈一带”大型人才专场招聘会邀请函

各有关单位：

为做好高校毕业生的就业推进工作，促进社会和谐稳定，按照全省统一安排部署，现定于2011年6月18日（周六）在武汉科技会展中心举办“湖北省‘两圈一带’大型专场招聘会”，诚挚邀请各企事业单位参会，现将有关事项函告如下：

一、活动宗旨

紧紧围绕省委、省政府实施“两圈一带”发展战略，充分发挥市场配置资源的主渠道作用，积极促进我省高校毕业生就业，为加快推进武汉城市圈、鄂西生态文化旅游圈建设和湖北长江经济带新一轮开放开发提供人才与智力支持。

二、会期安排

会议名称：湖北省“两圈一带”大型专场招聘会

支持网站：湖北人才网（http://www.jobhb.com）

大会时间：2011年6月18日（周六）8:30～14:30

大会地点：武汉科技会展中心

三、大会规模

大会拟设标准展位200间，参会单位主要为省内外知名国有企业、高新技术企业、股份制企业、外资企业、民营企业、科研院所以及各机关、事业单位。预计届时将有一万多名求职人员参会，包括未就业的应往届大中专毕业生、研究生及其他人才。

四、媒体支持

楚天都市报、武汉晚报、楚天金报、武汉晨报、长江商报、湖北人才网、大楚网、中国高校就业联盟网、研究生人才网、有关高校网站。

五、订展条件

1. 单位有效营业执照（事业法人登记证）副本复印件。

2. 招聘简章（盖上公章）。

3. 经办人身份证复印件。

六、服务项目

1. 提供3m×2m标准展位1间，每展位配备1张桌子、3把椅子，免费提供2名参会工作人员会期当天的午餐、饮用水和招聘文具1套。

2. 大会统一制作展位楣板和招聘海报，请各参会单位将招聘内容在6月17日前发送电子文档至zhaopinhb@126.com。

3. 需要代为安排酒店住宿、返程票务预订以及对展位有特殊要求的单位，请在报名参会时通知大会组委会。

4. 本次大会将提前在楚天都市报、楚天金报、长江日报、武汉晚报、武汉晨报、前程无忧、智联招聘、长江商报、有关高校校园网站等媒体发布大会广告信息。

七、参会须知

1. 展位预订时间：即日起到6月16日（周四）止

2. 现场布展时间：6月17日（周五）15:00～17:00

3. 招聘活动时间：6月18日（周六）8:30～14:30

八、特别提示

1. 请招聘单位提前办理展位预订手续以提高招聘效果，已确认的展位概不更换。

2. 请招聘单位在大会当日9:00之前到会，过时恕不预留展位。

3. 请招聘单位勿提前撤展或宣布职位已满，以保证求职人员的公平竞争。

4. 请招聘单位遵照大会要求参会，若招聘信息已在媒体广告上发布则不得退会。

九、联系方式

联系地址：武汉市武昌区中南路14号发展大厦三楼 湖北人才网

订展热线：027-87360886谢先生　87257950张先生　87257510陈先生

传真：027-59496398

外地组团：027-87812567 15629039906 童先生

Http://www.jobhb.com E-mail:zhaopinhb@126.com

湖北省人才中心

二〇一一年五月二十九日

（资料来源：http://rs.yuanan.gov.cn/art/2011/6/3/art_540_79968.html）

【分析】 这是湖北省人才中心关于召开大型人才专场招聘会的邀请函。这篇例文与任务实施中的例文虽然都属于邀请函，但写作角度不同。本例文内容比较详细，正文部分首先阐述举行此次招聘会的目的、依据，然后分九条内容将会议有关注意事项交代清楚，重点介绍会议要求。而任务实施中的例文主要阐述会议的重要意义和基本情况，重点说明会议的重要性及高级别性，没有详细介绍会议组织情况。会议邀请函写作角度由写作者根据需向邀请对象提供的信息确定，没有固定模式。语言则根据邀请对象情况，或平实，或文雅，不拘一格。

七、拓展实训

【文章诊改】

餐饮公司开业庆典邀请函

××贵宾：

您好！我公司定于2011年5月11日（星期二）10时25分，在××路××号××大厦负二层举行“××”开业庆典，我携全体员工诚邀您亲临现场，感受“以营养健康为中心”的经营理念，打造商务餐饮的时尚文化，同时也向您的莅临表示感谢！

此致

敬礼！

【情景模拟写作】

假设你是学校某系学生会文艺部部长，你部组织了一场名为“演我身边事”的话剧晚会。晚会定于2011年12月26日晚7:00在学院科学会堂举行。本场晚会共有7个节目，均由本系学生参与表演，演出预计用时2小时。请拟写一份邀请函，邀请学校其他系的学生会成员观看晚会。

【能力拓展】

1．请比较会议通知与会议邀请函在语言表达上的不同。

2．请研讨比较会议邀请函与行政公文函的异同。

八、学习反思

____

____

____

任务二　迎　送　词

一、任务目标

1．了解迎送词的含义及特点。
2．熟练掌握迎送词的写作模式及要求。
3．能根据会议活动情景写作迎送词。

二、任务情景

第七届两岸文化交流论坛欢迎宴会即将在广州召开。两岸经贸文化论坛已经成功地举办过六届，过去六年间，双方在经贸与文化领域达成了29项共识，大陆政府也宣布了58项新举措。本届经贸文化论坛以“推进和深化两岸文化教育交流合作”为主题，具有重要的历史和现实意义。台湾代表团主席×××先生将在欢迎宴会上致辞，大陆代表团主席×××先生将在欢送宴会上致辞。双方代表团的秘书将分别负责拟定欢迎词和欢送词。

三、任务分析

迎送词多使用在各种社会交往场合中，写作时要考虑致辞者的身份、来宾身份和场合等。迎送词的写作要非常讲究礼节、礼仪，也要充分体现出致辞者对宾客的真挚感情，尊重对方的风俗习惯。在国际交流场合，既要表示友好之情，也要做到不卑不亢，在原则问题上与国家和组织保持一致。

四、任务实施

在第七届两岸经贸文化交流论坛欢迎宴会上的致辞

×××

各位嘉宾，各位朋友：

大家好！第七届两岸经贸文化交流论坛即将召开。在此，我向出席晚宴的各位同仁、各位媒体界的朋友表示热烈的欢迎。

两岸经贸文化论坛已经成功举办过六届，过去六年间，汇集两岸各界的智慧，在经贸与文化的领域达成了29项共识，大陆政府也宣布了58项新举措。两岸协商的恢复，使各界期待多年的三通愿望终于实现。

本届经贸文化论坛以“推进和深化两岸文化教育交流合作”为切入点，具有重要的历史和现实意义。在全球金融风暴下的此刻，当我们重新审视两岸关系的未来时，我们意识到两岸关系是否能持续且长远地发展，是否能在不远的未来产生实质性的更大突破，文化平台上的沟通、往来与融合是问题解答的一个关键所在。

从经贸的角度来看两岸，大家追求的是经济的利益；从文化的角度来看两岸，大家

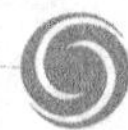

重视的是品质与价值的问题，包括制度的改革，生活的方式，以及社会的活力与创造力等。

经贸与文化是连接两岸的两大桥梁，缺一不可，要搭起两岸的文化桥梁，可以共朝几个方向努力。

第一，共同推动文化创意的产业。文化产业扶大之后，它的影响力是非常深远的，两岸的优势可以互补，引导社会对多元价值的尊重。

第二，加强教育的交流。教育是文化传承、交流、创造的重要媒介，今天大家都谈软实力，而教育正是孕育软实力的土壤。

第三，推动媒体的合作。现代社会因为媒体的发达与进步，使得文化所能产生的力量更为惊人。媒体本身既是文化的媒介，也是文化创造的园地。

综上所述，我们认识到，两岸文化的交流，必须要在教育、艺术、传播、语言文字等领域通力协作，互补互促。

另外，本届论坛的经贸议题，集中在我们过去较少触及的领域，尤其是新能源产业和节能环保方面的合作，对两岸具有高度的意义。两岸都面临气候变迁和能源日益减少的威胁，过去在这些领域的合作也都相当有限。如果能建立合作机制，共同应对《京都议定书》协议的演变，拟定减少二氧化碳排放的策略，开始新能源产业的研发、合作，相信必有助于两岸环境的永续发展，甚至打开创新的商机，促进两岸互利双赢、和平共荣，并为更洁净的地球村做出贡献。

本届论坛分组讨论的议题，除了两岸在文化、教育与经贸等方面的交流以外，还包括中华文化的传承与创新，都是两岸之间疗伤止痛，化干戈为玉帛过程中的当务之急，也同时备受广大民众的高度期待。

我深信，本届论坛必将获至丰硕且具有前瞻性的方案与计划，为中华文化道统的传承，为两岸人民情感的融合再度扮演强而有力的推手的角色。

最后，再次欢迎贵宾的亲临与会，也向所有辛勤参与筹备工作的同仁致以最高的敬意。谢谢大家，谢谢各位！

（资料来源：http://news.qq.com/a/20090711/000398.htm）

在第七届两岸经贸文化交流论坛欢送宴会上的致辞

×××

各位嘉宾，各位朋友:

大家晚上好！

第七届两岸经贸文化论坛已经圆满闭幕，各位嘉宾即将陆续离开广州。今晚，中共中央台办、国务院台办特地略备薄酒，为参加论坛的两岸嘉宾特别是远道而来的台湾朋友们践行。

首先，我要代表中共中央台办对本届论坛取得的成功表示热烈祝贺。本届论坛的主题抓住了两岸签署 ECFA 的重要契机，紧扣后金融危机的国际背景，可谓正当其时。论坛达成了 22 项共同建议，为即将进入后 ECFA 时代的两岸经济合作指出了方向，描绘了前景。

在祝贺的同时，我还要表示感谢。感谢×××主席不辞辛劳，再次率团出席论坛；感谢广东省委、省政府对论坛的大力支持；感谢两岸各界嘉宾对论坛积极参与，奉献心力；感谢两岸新闻界朋友对论坛的热情关注，充分报道；感谢所有积极投身两岸交流合作、鼎力支持两岸关系改善发展的两岸同胞，你们的参与和支持是论坛不断取得成功的力量源泉。

除了祝贺与感谢之外，我们更满怀期待。

期待两岸经贸文化论坛始终把握两岸关系的脉动，不断与时俱进，继续为两岸关系和平发展作出积极贡献。

期待ECFA顺利实施和落实，给两岸同胞特别是台湾基层民众带去实实在在的利益。

期待两岸经济界抓住机遇，携手打拼，深化合作，共创双赢。

期待越来越多的两岸同胞参与到两岸交流合作中来，不断开创两岸关系和平发展新局面。

我们明年的论坛再会！

（资料来源：http://haixi.cnfol.com/100712/417,1978,8002300,00.shtml）

五、知识链接

（一）迎送词的含义

迎送词包括欢迎词和欢送词。

欢迎词是在迎接宾客的场合对宾客光临表示热情欢迎时使用的致辞。欢送词则是在欢送宾客的场合对宾客即将离去表示诚挚欢送时使用的致辞。

（二）迎送词的特点

1. 针对性

迎送词的针对性体现在两个方面：一个方面是迎送对象的针对性，另一个方面是迎送场合的针对性。与其他类型的致辞一样，迎送词的内容要受到会议内容、迎送对象和迎送环境等限制。

2. 情感性

迎送词体现出致辞者充沛的感情。欢迎词表达出欢愉之意，欢送词表达出惜别之情，感情真挚，热情洋溢。

3. 口语化

迎送词作为一种致辞，主要用于口语表达，因此在用语上也体现出口语化的特点，简洁明快。

（三）迎送词的写作模式

1. 标题

（1）单要素标题。直接以“欢迎词”“欢送词”作为标题。

（2）双要素标题。由会议活动名称和文种名称组成。如《第二届体育代表大会欢迎词》。

（3）三要素标题。由致辞者、会议活动名称、文种名称组成。如《××在第七届两岸经贸文化交流论坛上的欢迎词》。

2. 称谓

标题下一行，左侧顶格写被迎送对象的团体名称或个人姓名，在个人姓名前加表尊敬的修饰语，在后加职衔或敬称，如“尊敬的××先生 / 女士”或“尊敬的××总经理”等；或写泛称，如“同志们，朋友们”、“女士们、先生们”等。

3. 正文

（1）开头

简要介绍会议活动情况或背景，向致辞对象的到来表示热烈的欢迎或对其即将离开表示诚挚的欢送。

（2）主体

欢迎词说明会议活动的目的、意义；回顾双方友好交往的历史和友谊；说明对方来访的意义和重要价值，以及双方共同面临的挑战与任务；也可以简单介绍一下对方此行的行程安排。

欢送词简要回顾对方此次来访的基本情况；高度评价会议来访者此行的重要贡献以及成果，并表示由衷的感谢；也可回顾双方在对方来访期间建立的深厚友谊，表示希望进一步的接触。

（3）结尾

欢迎词向对方表示欢迎和祝愿；欢送词向对方表示惜别之情和祝福之意。

4. 落款

正文右下方，写明致辞者姓名及成文日期。

六、实例看台

华中科技大学校长李培根在2010届毕业典礼上的致辞

亲爱的2010届毕业生同学们：

你们好！

首先，为你们完成学业并即将踏上新的征途送上最美好的祝愿。

同学们，在华中科技大学的这几年里，你们一定有很多珍贵的记忆！

你们真幸运，国家的盛世如此集中相伴在你们大学的记忆中。08奥运留下的记忆，不仅是金牌数的第一，不仅是开幕式的华丽，更是中华文化的魅力和民族向心力的显示；六十年大庆留下的记忆，不仅是领袖的挥手，不仅是自主研制的先进武器，不仅是女兵的微笑，不仅是队伍的威武整齐，更是改革开放的历史和旗帜的威力；世博会留下的记忆，不仅是世博之夜水火相容的神奇，不仅是中国馆的宏伟，不仅是异国场馆的浪漫，更是中华的崛起，世界的惊异；你们一定记得某国总统的傲慢与无礼，你们也让他记忆了你们的不屑与蔑视；同学们，伴随着你们大学记忆的一定还有什锦八宝饭；还有一个G2的新词，它将永远成为世界新的记忆。

近几年，国家频发的灾难一定给你们留下深刻的记忆。汶川的颤抖，没能抖落中国人民的坚强与刚毅；玉树的摇动，没能撼动汉藏人民的齐心与合力。留给你们记忆的不仅是大悲的哭泣，更是大爱的洗礼；西南的干旱或许使你们一样感受渴与饥，留给你们记忆的，不仅是大地的喘息，更是自然需要和谐、发展需要科学的道理。

在华中大的这几年，你们会留下一生中特殊的记忆。你一定记得刚进大学的那几分稚气，父母亲人送你报到时的情景历历；你或许记得“考前突击而带着忐忑不安的心情走向考场时的悲壮”，你也会记得取得好成绩时的欣喜；你或许记得这所并无悠久历史的学校不断追求卓越的故事；你或许记得裘法祖院士所代表的同济传奇以及大师离去时同济校园中弥漫的悲痛与凝重气息；你或许记得人文素质讲堂的拥挤，也记得在社团中的奔放与随意；你一定记得骑车登上“绝望坡”的喘息与快意；你也许记得青年园中令你陶醉的发香和桂香，眼睛湖畔令你流连忘返的圣洁或妖娆；你或许“记得向喜欢的女孩表白被拒时内心的煎熬”，也一定记得那初吻时的如醉如痴。可是，你是否还记得强磁场和光电国家实验室的建立？是否记得创新研究院和启明学院的耸起？是否记得为你们领航的党旗？是否记得人文讲坛上精神矍铄的先生叔子？是否记得倾听你们诉说的在线的“张妈妈”？是否记得告诉你们捡起路上树枝的刘玉老师？是否记得应立新老师为你们修改过的简历，但愿它能成为你们进入职场的最初记忆。同学们，华中大校园里，太多的人和事需要你们记忆。

请相信我，日后你们或许会改变今天的某些记忆。瑜园的梧桐，年年飞絮成“雨”，今天或许让你觉得如淫雨霏霏，使你心情烦躁、郁闷。日后，你会觉得如果没有梧桐之“雨”，瑜园将缺少滋润，若没有梧桐的遮盖，华中大似乎缺少前辈的庇荫，更少了历史的沉积。你们一定还记得，学校的排名下降使你们生气，未来或许你会觉得“不为排名所累”更体现华中大的自信与定力。

我知道，你们还有一些特别的记忆。你们一定记住了“俯卧撑”、“躲猫猫”、“喝开水”，从热闹和愚蠢中，你们记忆了正义；你们记住了“打酱油”和“妈妈喊你回家吃饭”，从麻木和好笑中，你们记忆了责任和良知；你们一定记住了姐的狂放，哥的犀利。未来有一天，或许当年的记忆会让你们问自已，曾经是姐的娱乐，还是哥的寂寞？

亲爱的同学们，你们在华中科技大学的几年给我留下了永恒的记忆。我记得你们为烈士寻亲千里，记得你们在公德长征路上的经历；我记得你们在各种社团的骄人成绩；

我记得你们时而感到“无语”时而表现的焦虑，记得你们为中国的“常青藤”学校中无华中大一席而灰心丧气；我记得某些同学为“学位门”、为光谷同济医院的选址而愤激；我记得你们刚刚对我的呼喊：“根叔，你为我们做成了什么？”——是啊，我也得时时拷问自己的良心，到底为你们做了什么？还能为华中大学子做什么？

我记得，你们都是小青年。我记得“吉丫头”，那么平凡，却格外美丽；我记得你们中间的胡政在国际权威期刊上发表多篇高水平论文，创造了本科生参与研究的奇迹；我记得“校歌男”，记得“选修课王子”，同样是可爱的孩子。我记得沉迷于网络游戏甚至濒临退学的学生与我聊天时目光中透出的茫然与无助，他们还是华中大的孩子，他们更成为我心中抹不去的记忆。

我记得你们的自行车和热水瓶常常被偷，记得你们为抢占座位而付出的艰辛；记得你们在寒冷的冬天手脚冰凉，记得你们在炎热的夏季彻夜难眠；记得食堂常常让你们生气，我当然更记得自己说过的话：“我们绝不赚学生一分钱”，也记得你们对此言并不满意；但愿华中大尤其要有关于校园丑陋的记忆。只要我们共同记忆那些丑陋，总有一天，我们能将丑陋转化成美丽。

同学们，你们中的大多数人，即将背上你们的行李，甚至远离。请记住，最好不要再让你们的父母为你们送行。“面对岁月的侵蚀，你们的烦恼可能会越来越多，考虑的问题也可能会越来越现实，角色的转换可能会让你们感觉到有些措手不及。”也许你会选择“胶囊公寓”，或者不得不蜗居，成为蚁族之一员。没关系，成功更容易光顾磨难和艰辛，正如只有经过泥泞的道路才会留下脚印。请记住，未来你们大概不再有批评上级的随意，同事之间大概也不会有如同学之间简单的关系；请记住，别太多地抱怨，成功永远不属于整天抱怨的人，抱怨也无济于事；请记住，别沉迷于世界的虚拟，还得回到社会的现实；请记住，“敢于竞争，善于转化”，这是华中大的精神风貌，也许是你们未来成功的真谛；请记住，华中大，你的母校。“什么是母校？就是那个你一天骂他八遍却不许别人骂的地方”。多么朴实精辟！

亲爱的同学们，也许你们难以有那么多的记忆。如果问你们关于一个字的记忆，那一定是“被”。我知道，你们不喜欢“被就业”、“被坚强”，那就挺直你们的脊梁，挺起你们的胸膛，自己去就业，坚强而勇敢地到社会中去闯荡。

亲爱的同学们，也许你们难以有那么多的记忆，也许你们很快就会忘记根叔的唠叨与琐细。尽管你们不喜欢“被”，根叔还是想强加给你们一个“被”：你们的未来“被”华中大记忆！

（资料来源：http://learning.sohu.com/20100624/n273041918.shtml）

【分析】 这是华中科技大学校长李培根院士在2010届本科生毕业典礼上的致辞。在短短16分钟的演讲中，李培根校长被掌声打断30次，全场7700余名学子自发起立高喊：“根叔！根叔！”不少人激动落泪。在这篇毕业致辞中，李培根校长把同学们在校四年间的国家大事、学校大事、身边人物、网络热词等融合在一起，用激情饱满的语言，诉说了对学生的真挚情感以及殷切希望，让学生充分感受到了心与心的沟通与理解，感人至深，催人奋进。李培根校长的这份“特殊”致辞，因其独特的视角、“另类”的语言，迅速走红网络，被称为“根叔式演讲”，也被各高校校长、教师在开学、毕业典礼中纷纷效仿。

由此可见，欢迎词和欢送词不仅用于大型会议的欢迎或欢送宴会中，在日常的社交场合，如新生入学、毕业生离校等，都可以使用到欢迎词或欢送词。适用场合不同，决定了迎送词在写作方法上的差异。大型会议欢迎或欢送晚宴上的致辞，多以介绍会议为主，其内容和会议密切相关，用词也较严谨。而见面、离别时使用的欢迎词和欢送词在表达感情方面则更加突出，因此，在写作上要注重与迎送对象的契合，并使用丰富多彩的语言。

七、拓展实训

【能力拓展】 请根据材料分组讨论迎送词与迎送对象的“契合”问题。

华中科大“淘宝体”贺新生

本报讯（记者朱建华）一名新生向校方求“欢迎词”，华中科技大学在官方微博上发出“淘宝体”祝贺其被该校录取。昨日，高校用“淘宝体”贺新生引发热议。

今年从辽宁省葫芦岛市一中毕业的“洛飞 Laphill”，已被录取到华中科大 8 年制临床医学专业。17 日晚 10 时 55 分，他在微博上@华中科技大学说：“我也想要欢迎词。”当晚 11 时 6 分，华中科大利用官方微博回复：“亲，祝贺你！被我们学校录取了哦！华中大，985 高校噢！森林大学，读书圣地哦！”

昨日，华中科大“淘宝体”贺新生被录取引发热议，网上转发和评论超过 120 条次。据悉，所谓“淘宝体”，与“咆哮体”、“凡客体”一样，是网络上流行的一种表达方式，最大的特点就是逢人就叫“亲”（“亲爱的”缩写）。

“围脖就是个卖萌的地方……管你官方不官方”、“俺这已经毕业的看起来很舒心啊”、“掌柜的，服务真好耶……我生了儿子还让他来华中科大”……对于部分网友认为官方微博发“淘宝体”欢迎词不合适的说法，有网友辩论称：“谁说官方的就一定要一本正经了，更何况全国有几个大学的校长被称为‘根叔’？多亲切！”

“我这算一石激起千层浪吗？”面对热议，大一新生“洛飞 Laphill”昨日凌晨 1 时 11 分在微博上说，他这个“新来的”已经感受到压力。

据悉，今年，省外有高校在给考生发录取通知书时也尝试使用“淘宝体”。专家评论称，追求时尚、张扬个性是“90 后”大学生们的特点，“淘宝体”正是抓住了他们的心理特点，恰与时代相契合。

八、学习反思

____

____

____

任务三　答　谢　词

一、任务目标

1．了解答谢词的含义及特点。
2．熟练掌握答谢词的写作模式及要求。
3．能根据会议活动情景写作答谢词。

二、任务情景

××大学将举办三十周年庆祝活动，学校收到了来自社会各界的贺词、贺电。为表示对祝贺方、到会嘉宾，以及对学校提供帮助的社会各界人士的诚挚感谢。学校副校长将在庆祝大会上致答谢词。校长办公室秘书小刘负责拟定这篇答谢词。

三、任务分析

答谢词的本质特征是表示感谢，因而既要感情真挚又要感情充沛。但答谢内容不同，答谢词的写作侧重点就不同。比如答谢对方款待的答谢词和答谢对方帮助的答谢词，在写作上的侧重点就不同。答谢对方款待的答谢词主要介绍对方款待自己的某些情况和细节，答谢对方帮助的答谢词主要介绍对方给自己提供的帮助。另外注意对对方的评价要适度，切不可虚情假意。答谢词仍然属于致辞类，要讲究语言的简洁明快。

四、任务实施

在建校三十周年庆祝大会上的答谢词

××大学副校长　×××

值此××大学建校三十周年之际，我谨代表××大学全体教职员工，向百忙中拨冗光临校庆活动的各位嘉宾，表示衷心的感谢！向一直以来通过各种方式关心、支持××大学成长发展的各级领导和社会各界人士，表示衷心的感谢！

××大学作为服务社会的重要载体，建校三十年来始终秉承优良传统，坚持“教育创新、服务社会”的办学宗旨，主动适应国家战略需要，积极创新教育形式，创建了具有一定知名度和美誉度的教育品牌，为国家培训了大批高层次管理人才和专业技术人才，取得了良好的社会效益。

学校取得今天的成就，首先要感谢教育部、人力资源和社会保障部等国家部委、各省市、各级政府领导长期以来对我校工作的关心、指导和支持，是你们为学校提供了良好的发展环境和政策支持，使之能够沿着正确的方向，快速、持续、健康地发展。

学校教育事业的蓬勃发展，离不开学校领导一直以来对我们的重视以及对学校工作的一贯支持，是你们为学校各项工作的开展提供了宽松的发展空间和充足的资源保障。

此外，还要感谢长期以来与我校开展合作的行业企业、各位同行和兄弟院校对我校教育培训工作的信任、理解和支持，是你们给学校带来不断前进的信心和动力，推动学校不断开拓创新、发展壮大。

最后，要特别感谢所有参与学校创建、致力学校发展的全体同仁，是你们筚路蓝缕，励精图治，用智慧和汗水谱写了××大学蓬勃发展的华章。

各位来宾!

随着科教兴国战略和人才强国战略的实施，大学教育在社会经济发展中的作用日益突出。蓬勃发展的教育事业，不仅是社会进步的标志，而且成为推动社会前进的动力。大力发展教育事业，已成为国家腾飞、民族富强、企业振兴、个人发展的必然选择。

回首过去，我们无比自豪；展望未来，我们信心百倍！我们学校将以这次庆祝大会为契机，继续深入总结三十年发展的经验，深刻领会各位领导对学校发展提出的要求和期望，积极思考和探索学校未来发展的战略方向、发展思路，不断创新教育发展模式，提升学校的核心竞争力，全力打造一流的教育培训品牌，为我国实现小康社会的奋斗目标，创建学习型社会，构建和谐社会培养更多的高层次人才。

同时，我们也热切期望继续得到国家部委机关、市政府机关和社会各界、广大校友、校内各单位的指导、帮助和支持，共创××大学明天的辉煌!

谢谢大家!

（资料来源：http://www.sce.tsinghua.edu.cn）

五、知识链接

（一）答谢词的含义

答谢词是指在某些社交礼仪场合，主人致欢迎词或欢送词后，客人对主人的热情欢迎或款待表示谢意的致辞，或在答谢会或捐赠仪式上发表的致辞。

（二）答谢词的特点

1. 针对性

答谢词主要是对主人的欢迎、款待、帮助表示感谢，其内容与对方的欢迎词、欢送词以及提供帮助的情况是相对应的。

2. 真挚性

答谢词的最基本特征就是表达感谢之意，语言文字充分表现出热情真挚的特点。

3. 口语化

答谢词在遣词造句上呈现口语化的特点，简洁明快。

（三）答谢词的写作模式

1. 标题

（1）单要素标题。直接以“答谢词”作为标题。

（2）双要素标题。由会议活动名称、文种名称组成。如《升学宴会答谢词》。

（3）三要素标题。由致辞者、会议活动名称、文种名称组成。如《×××在建校三十周年庆祝大会上的答谢词》。

2. 称谓

标题下一行，左侧顶格写被答谢对象的团体名称或个人姓名，一般先写被答谢团体代表人的名字，再写泛称，如“尊敬的××主席，尊敬的朋友们”等。

3. 正文

（1）开头

首先对主人的热情迎接、款待或帮助表示衷心的感谢，表达出自己因能出席这次活动或受到帮助而感到非常荣幸。

（2）主体

答谢词的主体主要表达出对对方的感谢之情。具体包括：①详细介绍对方对自己进行款待或对自己提供帮助的情况，展现对方的高尚品质或精神风貌，充分肯定对方的努力给自己带来的重要影响；②表达希望进一步交往或增进了解的强烈愿望。

（3）结尾

对主人的热情款待或帮助表示再次感谢。

4. 落款

正文右下方，写明致辞者姓名及成文日期。

六、实例看台

答 谢 词

连战

胡总书记、各位女士、先生：

今天本人跟内人以及中国国民党三位副主席，率同很多的朋友，大家一起应胡总书记的邀请能够来访问大陆，访问北京、南京、西安、上海，我要在这里首先表示最由衷的感谢。

过去这几天，所有的工作的同仁们，大家都尽心尽力，让我们旅程非常顺利，非常的愉快，也特别的感谢他们。诚如总书记刚才所讲，今天的聚会是国民党和共产党六十年来的头一次，也是在两岸的情况之下56年来党和党见面交换意见最高层次的一次，难能可贵。我也很坦诚地来跟各位提到，那就是这一趟来的并不容易。我一再讲台北、北京，台北、南京距离不远，但是因为历史的辛酸，让我们曲曲折折，一直到今天才能够见面。所以我说，有点相见恨晚的感觉。

当然，中国国民党、中国共产党，我们过去曾经有过冲突，我们都知道这些历史的过程。但是历史毕竟已经是过去的事情，我们没有办法在此时此刻再来改变历史，但是未来却是掌握在我们的手里。当然，历史的进程不会是很平坦的，但是这个不确定的时代，不确定的未来，尤其给我们提供了很多很多的机会，假如我们都能够以正面的态度勇敢地来面对，以迎接未来这种主导的理念，来追求未来，我相信“逝者已矣，来者可追”。这是今天我们怀抱着非常殷切的期望，能够来到这个地方，亲自跟总书记，跟各位女士、先生交换意见。

我个人觉得，两岸今天形势的发展，实在是让我们非常的遗憾，因为在 1992 年，各位都知道，经过双方的努力，不眠不休，夜以继日的努力，当时参与的很多位都在场，我们终于能够建立一个基本的共识。在那个基础之上，我们在 1993 年进行了辜振甫先生和汪道涵先生的会谈，打破了 40 多年来的一个僵局。两岸的人民同声叫好，对未来充满了希望。我那个时候主持行政的工作，也是全力地在配合，表达我个人以及国民党坚定的一个意向，辜汪两位先生会谈之后，事实上带来两岸大概有八年之久的非常稳定的、发展的、密切交流的时间，非常正面的发展。

但是遗憾的是，过去这十多年来所发生的事情，大家都很了解。我们这样一个共同塑造愿景的进程受到了很大的挫折。

但是，我也感到一个非常令我们欣慰的事情，那就是胡总书记在一两个月前所提到的对和平的一个呼吁，和平的一个愿景，可以说给我们一个很大的正面的思考方向。今天，我个人虽然是国民党的主席，也是带着一份人文的情怀，一种和平的期盼，同时也是身为民族的一分子，来到这个地方。我觉得我们来到这里，有几项意义，可以跟各位做一个报告:

第一，今天有人还只在从五十年前甚至于六十年前国共之间的关系、思维、格局来思考这个问题，来评断我们的访问，但是我觉得，我们已经远远超越了那个时代，已经远远超越了那个格局。

今天诚如刚才总书记讲的，我们是以善意为出发，以信任为基础，以两岸人民的福祉做依归，以民族长远的利益做目标。我相信，我们在这样的基础之上，绝对应该避免继续对峙、对抗，甚至于对撞，要的是和解，要的是对话。所以，我们也相信，这样的做法有民意的基础，有民意的力量，我在这里不必再麻烦大家举很多的数据。

第二，和平都是大家所希望的，但是和平必须要沟通，沟通必须要有架构。什么是架构？国民党跟中国共产党，我们在 1992 年是经过了非常辛苦的一个沟通的过程，提到了“一中各表”的基础，当然不幸的是这几年来这样的一个基础被曲解、被扭曲，成为其他的意义，这个我们大家也都很了解。

但是我们本身国民党从来就没有任何的改变，我们也希望能够继续在这样的基础之上建构两岸共同亮丽的未来和远景。

第三，我想借这个机会特别指出，我们很希望，这次国民党可以说是来得不易，既

然有这样良好的契机，现在是我们可以总结过去历史的一个契机，让我们把握当前，让我们共同来开创未来。所以，在这样的一个理念之下，我非常盼望，过去那种恶性的循环不要再出现，我们尽我们的力量能够建立一个良性的循环，从点到面，累积善意，累积互信，我相信这种面的扩充会建立一个非常坚实的基础，而不是像这种恶性的循环，冤冤相报，由点而线而面，其结果互信完全崩盘，善意不再，结果是我们大家都受到损害。

所以，今天我以这些心情很坦诚地跟总书记和各位女士、先生提到我个人亲历的一个历程。这次56年以来头一次国民党主席和副主席，党的干部能够到南京紫金山中山陵向中山先生致敬，心情感伤、复杂，但是我们也非常的感谢。中山先生弥留的时候一再要大家和平奋斗来救中国，和平奋斗事实上不是那个时候的一个专利，而是大家要共同努力，一直到今天，我都信奉不渝。

秉持这样的精神，我都相信双方假如继续加强我们相互的理解和信任，我相信一定会给我们两岸所有的人民带来更好的、更多的安定，更好的、更多的繁荣，同时更重要的是给两岸带来亮丽光明的希望和未来，这是我今天在这里首先跟总书记和各位表达的一些意见。谢谢。

（资料来源：http://www.chinaacc.com/news）

【分析】 这是中国国民党主席连战率国民党内地访问团访问结束后，对胡锦涛主席的热情款待所致的答谢词。连战主席从回顾国共两党交往的历史出发，总结了此次来访的重要意义，并表达了自己坚持和平奋斗原则、坚持国共两党合作的心愿。

七、拓展实训

【情景模拟写作】

王明是××大学的研究生，将于2010年7月毕业。在离开母校前夕，他召集班级同学组织了一次毕业聚会，邀请辅导员张老师参加。席间，他将代表全班同学向张老师致答谢词，请你替他撰写这篇答谢词。

八、学习反思

____

____

____

任务四　祝　贺　词

一、任务目标

1．了解祝贺词的含义及特点。
2．充分领会祝贺词的写作要求。
3．能根据会议活动情景写作祝贺词。

二、任务情景

2010年是××大学档案馆建馆10周年纪念。该馆通过率先达到国家档案管理二级单位的考评标准，探索文档电子一体化档案管理模式、尝试《高校档案实体分类方案》等一系列具有发展性的新举措，营造出与学校整体建设和发展相一致的可持续发展的管理特色。××市档案局局长将要在该馆10周年庆典时宣读贺词。市档案局秘书王玲负责拟定贺词。

三、任务分析

祝贺词主要表达致辞者的祝贺之意，内容应以祝贺、赞扬为主。评价对方的成绩时不能戴高帽、虚情假意，要实事求是，恰如其分。写作祝贺词要把握好感情基调，应以热情、欢快为主。因为祝贺词属于致辞的范畴，篇幅要短小，内容要精练。

四、任务实施

贺　词

××大学档案馆：

适逢××大学档案馆建馆10周年之际，谨代表××市档案局向多年来支持档案馆工作的学校各级领导、辛勤工作在一线的档案人员以及配合档案馆工作的各部门成员致以热烈的祝贺和诚挚的感谢。

回首10年的风雨历程，××大学档案馆秉承为学校发展建设、学生成长成材、社会文明进步服务的宗旨，不满足于传统模式下的档案管理和尚能维系的基本利用需求，而是通过率先达到国家档案管理二级单位的考评标准，探索文档电子一体化档案管理模式、尝试《高校档案实体分类方案》等一系列具有发展性的新举措，确立其特色管理方略，积极优化管理方法，不断提高与时俱进的档案管理能力，根据档案工作发展的不同阶段，营造出与学校整体建设和发展相一致的可持续发展的管理特色。

展望未来，我国高等教育已进入新的发展机遇期，希望××大学档案馆进一步明确档案管理定位；科学规划、规范发展；弘扬创新精神，合理整合资源优势，通过扩大培育本校档案管理的研究力量，进一步推动学校档案工作迈向新的高度。

××市档案局

2010年11月23日

（资料来源：http://www.bit.edu.cn/xww/lgxb21/42489.htm）

五、知识链接

（一）祝贺词的含义

祝贺词也称做祝词、贺词，泛指在各种社交场合中对某些事情表示祝贺的致辞，如婚嫁乔迁、升学参军、延年长寿、房屋落成等；也常指对重要会议召开表示祝贺的文章。以信函形式传递的叫贺信，以电报形式传递的叫贺电。

（二）祝贺词的特点

1. 祝贺性

祝贺词的本质特征是祝贺，这也是其根本目的。一般指在对方获得重大成就、取得丰硕成果时表达祝贺之意。

2. 真实性

祝贺词中表达的感情是发自内心的真情实感，对对方成绩的评价也是符合实际的。

3. 简明性

祝贺词篇幅短小，内容简单明了。

（三）祝贺词的写作模式

1. 标题

（1）单要素标题。直接以《祝贺词》或《贺词》、《贺信》、《贺电》作为标题。

（2）双要素标题。由会议活动名称、文种名称组成，或由祝贺内容、文种名称组成。如《开业庆典贺词》。

（3）三要素标题。由致辞者、会议活动名称、文种名称组成。如《胡锦涛主席2012年新年贺词》。

2. 称谓

标题下一行，左侧顶格写被祝贺的对象，如被祝贺者的姓名或被祝贺的会议的名称。

3. 正文

（1）开头

介绍祝贺的对象，常以“值此……之际，谨代表……向……表示……热烈祝贺”开头。

（2）主体

祝贺词的主体部分通常包括以下几方面内容：①简单介绍祝贺对方的原因，如对方获得成绩的原因，或者会议成功召开的原因；②赞扬对方获得的成绩，取得的成功，表达自己的看法；③ 表达自己的美好祝愿，提出希望。

（3）结尾

一般以祝贺词惯用语作结，如“预祝大会圆满成功”、“祝愿取得更大的成绩”。

4. 落款

正文右下方，写明致辞者姓名及成文日期。

六、实例看台

胡锦涛主席2010年新年贺词

新年的钟声就要敲响，2010年的帷幕即将拉开。在这辞旧迎新的美好时刻，我很高兴通过中国国际广播电台、中央人民广播电台和中央电视台，向全国各族人民，向香港特别行政区同胞、澳门特别行政区同胞、台湾同胞和海外侨胞，向世界各国的朋友们，致以新年的祝福！

2009年是中华人民共和国历史上十分重要的一年。中国各族人民隆重庆祝新中国成立60周年，为伟大祖国的发展进步感到无比自豪，决心在新的起点上把中国特色社会主义事业继续推向前进。面对国际金融危机的严重冲击，中国各族人民坚定信心、迎难而上、万众一心、共克时艰，坚持把保持经济平稳较快发展作为经济工作的首要任务，统筹做好保增长、保民生、保稳定各项工作，实现了经济总体回升向好。中国改革开放和社会主义现代化建设取得新的显著成就，人民生活继续改善，社会保持和谐稳定。中国积极参加应对国际金融危机、气候变化等问题国际合作，扩大同世界各国交流合作，为世界和平与发展作出了新的贡献。

2010年是中国实施“十一五”规划的最后一年。在新的一年里，我们将坚定不移高举中国特色社会主义伟大旗帜，以邓小平理论和“三个代表”重要思想为指导，深入贯彻落实科学发展观，保持宏观经济政策的连续性和稳定性，继续实施积极的财政政策和适度宽松的货币政策，根据新形势新情况着力提高政策的针对性和灵活性，更加注重提高经济增长质量和效益，更加注重推动经济发展方式转变和经济结构调整，更加注重推进改革开放和自主创新、增强经济增长活力和动力，更加注重改善民生、保持社会和谐稳定，更加注重统筹国内国际两个大局，努力实现经济平稳较快发展，继续推进全面建设小康社会进程。我们将坚持“一国两制”、“港人治港”、“澳人治澳”、高度自治的方针，同广大香港同胞、澳门同胞携手努力，保持香港、澳门长期繁荣稳定。我们将坚持“和平统一、一国两制”的方针，牢牢把握两岸关系和平发展的主题，加强两岸交流合作，更好造福两岸同胞。

当今世界正处在大发展大变革大调整时期。世界多极化和经济全球化深入发展，国际金融危机影响继续显现，气候变化、能源资源、公共卫生安全等全球性问题突出，国际和地区热点问题此起彼伏。继续推进人类和平与发展的崇高事业，需要世界各国人民加强合作、同舟共济。借此机会，我愿郑重重申，中国将高举和平、发展、合作旗帜，恪守维护世界和平、促进共同发展的外交政策宗旨，始终不渝走和平发展道路，始终不渝奉行互利共赢的开放战略，坚持在和平共处五项原则的基础上同所有国家发展友好合作，继续积极参加应对国际金融危机、气候变化等问题国际合作，同各国人民一道推动建设持久和平、共同繁荣的和谐世界。

此时此刻，在我们共同生活的这个星球上，还有不少民众正蒙受着战争、贫穷、疾病、自然灾害等苦难的煎熬。中国人民深切同情他们的不幸境遇，将一如既往向他们提供力所能及的帮助。我相信，经过世界各国人民不懈努力，世界文明必将不断发展，人

类福祉必将不断增进。

2010年，以“城市，让生活更美好”为主题的世界博览会将在中国上海举行。我们热忱欢迎五大洲的朋友们共襄这一盛举，共同谱写增进相互了解和友谊的新篇章。

最后，我从北京祝大家在新的一年里幸福安康！

（资料来源：http://www.china.com.cn/policy/txt）

【分析】 这是胡锦涛主席2010年新年贺词。文章首先向全国人民致以新年的问候，然后通过回顾2009年的全国工作，展望2010年的国家发展和社会变革，再次祝愿大家新年快乐。这属于重大纪念日活动的贺词，内涵丰富，意味深远。

七、拓展实训

【文章诊改】

贺　词

全国工商联家具装饰业商会:

全国工商联家具装饰业商会成立五年以来，努力加强自身建设，积极开展行业研讨和学术交流，加强行业自律，维护行业合法权益，团结带领广大家具装饰业工作者，为行业的繁荣发展做出了重要的贡献，是兄弟商会学习的榜样。

相信此次会议的召开，必将推动贵商会的工作更上一层楼；家具装饰行业在贵商会的团结带领下，振奋精神、开拓进取，必将取得更加辉煌的成绩。

中华全国工商业联合会汽车经销商商会

二〇〇八年八月四日

【情景模拟写作】

1. 假设你所在的中学2010年高考成绩显著，本科达线758人，比上年增加111人，达线率76.57%，位于××市六县一区同类学校第一位。重点本科达线282人，600分以上110人，并荣获××市文科状元的桂冠；在××市应届考生前十名中，你校理工类和文史类各占4人，列××市各校之首。请代表××市教委向学校发一份贺电。

2. ××大学建校50周年，已经发展成为学科门类齐全、人才培养体系完备、科研创新实力强大，在国际上有一定影响力的国家级科研机构。50年来，××大学不仅取得了多项高水平的科研成果，而且为国家培养了大批科技人才，为推动我国经济发展、保障国家粮食安全做出了重要贡献。兄弟院校××学院为此发贺信一封。请你完成这个任务。

八、学习反思

____

____

____

任务五 祝 酒 词

一、任务目标

1．了解祝酒词的含义及特点。

2．熟练掌握祝酒词的写作模式及要求。

3．能根据社交礼仪场合写作祝酒词。

二、任务情景

根据商务部的安排，中国民营企业商务发展高级研讨会将在××省××市召开。××市近年来经济社会快速发展，市场繁荣，经济发达，社会安定，人民富裕，得到了社会各界人士的关注。为此，在会前欢迎宴会上，××市市委书记将致祝酒词。市委秘书处赵琳负责拟定这篇祝酒词。

三、任务分析

祝酒词是中国传统文化的体现，写作要注意语言的艺术性和美感。要注意祝酒的对象，根据对象确定祝酒词的内容，要体现与对方的深厚友谊，增进与对方的感情，活跃会场气氛。大型宴会的祝酒词一般事先写好文稿，在会上进行宣读，普通宴会的祝酒词一般由致辞者即兴宣讲，但都要注意简明扼要，短小精悍。

四、任务实施

中国民营企业商务发展高级研讨会欢迎宴会祝酒词

尊敬的各位领导、各位来宾，女士们、先生们：

今晚，我们欢聚一堂，共同祝贺中国民营企业商务发展高级研讨会胜利召开。值此良辰美景，请允许我代表中共××市委、××市人民政府，向出席宴会的各位领导、各位来宾表示热烈的欢迎！

近年来，××经济社会快速发展，市场繁荣，经济发达，社会安定，人民富裕。2010年经济社会发展综合水平位居全国县市第17位，综合竞争力列××省县级市第1名。一年一度的小商品博览会已连续举办16届，先后被评为2009年度中国会展业十大新闻事件和2010年度中国十大新星会展，展会规模和外商参会人数跃居国内经贸类展会第三。这些成就的取得，与在座诸位长期以来的关心、支持和参与是密不可分的。借此机会，我谨代表全市人民向大家表示衷心的感谢！

商务部在这里举办民营企业商务发展高级研讨会，必将为民营经济的发展和提高起到极大的推动和促进作用。衷心希望莅临大会的各位领导、各位专家在会议期间多到××走走、看看，深入了解××、了解××博览会，为××的发展献计献策。

现在，我提议：

为中国民营企业商务发展高级研讨会和全国民营企业出口促进工作会议的圆满成功，为各位领导、各位来宾身体健康，事业顺利，干杯！

（资料来源：http://www.eduzhai.net/yanjiang/238/yanjiang_47458.html）

五、知识链接

（一）祝酒词的含义

祝酒词是在各种酒会、宴会上宾主互相祝酒时的致辞。

（二）祝酒词的特点

1. 互动性

祝酒词是在酒会宴会前，主人表示热烈欢迎，客人表示答谢的致辞。祝酒是宾主之间为了表示友谊，并活跃会场气氛的互动行为，因此祝酒词也具有互动性。

2. 礼仪性

祝酒词是大型宴会必不可少的祝词程序，是中华民族传统礼节的体现，是重要的社交工具。

3. 口语化

祝酒词短小精悍，口语化强。

（三）迎送词的写作模式

1. 标题

（1）单要素标题。直接以“祝酒词”作为标题。

（2）双要素标题。由会议活动名称、文种名称组成。如《中国民营企业商务发展高级研讨会欢迎宴会祝酒词》。

（3）三要素标题。由致辞者、会议活动名称、文种名称组成。如《胡锦涛在北京奥运会欢迎宴会上的祝酒词》。

2. 称谓

标题下一行，左侧顶格写致辞对象的姓名或团体的名称。或用礼貌性泛称“各位女士、先生”“朋友们，同志们”。

3. 正文

（1）开头

说明祝酒的原因、目的、对象，以及代表谁进行祝酒。

（2）主体

祝酒词的主体部分主要包括以下内容：①说明此次会谈或宴会的目的、作用、意义；②向对方表示感谢，并表达自己的美好祝愿。

（3）结尾

祝酒词的结尾较特殊，一般有特殊形式。首先主体内容结束以后，另起一行写上“最后我提议”、“现在我提议”、“请允许我举杯”。再另起一行写明祝酒的对象和内容，最后再另起一行写上“干杯”作为结尾。

4. 落款

正文右下方，写明致辞者姓名及成文日期。

六、实例看台

弘扬奥林匹克精神，共创世界美好未来
——在北京奥运会欢迎宴会上的祝酒词

（2008年8月8日）

中华人民共和国主席　胡锦涛

尊敬的国际奥委会主席罗格先生，尊敬的国际奥委会名誉主席萨马兰奇先生，尊敬的各位国家元首、政府首脑和王室代表，尊敬的各位国际奥委会委员，尊敬的各位贵宾，女士们、先生们，朋友们：

今晚，北京奥运会将隆重开幕，我们共同期待的这个历史性时刻就要到来了。我谨代表中国政府和人民对各位嘉宾莅临北京奥运会，表示热烈的欢迎！

在北京奥运会申办和筹办的过程中，中国政府和人民得到了各国政府和人民的真诚帮助，得到了国际奥委会和国际奥林匹克大家庭的大力支持。在这里，我谨向你们并通过你们，向所有为北京奥运会作出贡献的人们，表示诚挚的谢意！

借此机会，我对国际社会为中国抗击汶川大地震提供的真诚支持和宝贵帮助，表示衷心的感谢！世界各国人民的深情厚谊，中国人民将永远铭记！

女士们、先生们、朋友们！

两千八百多年前在神圣的奥林匹亚兴起的奥林匹克运动，是古代希腊人奉献给人类的宝贵精神和文化财富。诞生于1896年的现代奥林匹克运动，继承了古代奥林匹克传统，发展成为当今世界参与最广泛、影响最深远的文化体育活动。在历届奥运会上，各国运动员秉承更快、更高、更强的宗旨，顽强拼搏，追求卓越，创造了一个又一个佳绩，推动了世界体育运动蓬勃发展。

奥运会是体育竞赛的盛会，更是文化交流的平台。国际奥林匹克运动把不同国度、不同民族、不同文化的人们聚集在一起，增进了世界各国人民的相互了解和友谊，为推进人类和平与发展的崇高事业作出了重大贡献。

当今世界既面临着前所未有的发展机遇，也面临着前所未有的严峻挑战。世界从来

没有像今天这样需要相互理解、相互包容、相互合作。北京奥运会不仅是中国的机会，也是世界的机会。我们应该通过参与奥运会，弘扬团结、友谊、和平的奥林匹克精神，促进世界各国人民沟通心灵、加深了解、增强友谊、跨越分歧，推动建设持久和平、共同繁荣的和谐世界。

女士们、先生们、朋友们！

举办奥运会，是中华民族的百年期盼，是全体中华儿女的共同心愿。2001年北京申奥成功以来，中国政府和人民认真履行对国际社会的郑重承诺，坚持绿色奥运、科技奥运、人文奥运理念，全力做好各项筹办工作。我相信，在国际奥委会和国际奥林匹克大家庭支持下，我们一定能够共同把北京奥运会办成一届有特色、高水平的奥运会。

现在，我提议：为国际奥林匹克运动蓬勃发展，为世界各国人民团结和友谊不断加强，为各位嘉宾和家人身体健康，干杯！

（资料来源：http://www.xinhua.org）

【分析】 这是胡锦涛主席在北京奥运会欢迎宴会上的祝酒词。致辞首先向参加宴会的来宾表示感谢，然后回顾奥林匹克精神的伟大历程和现实意义，表达中华民族举办好2008奥运会的热情和决心，最后用祝酒词特有的结束语结束全文。文章内涵丰富，行文流畅，是学习祝酒词的典范。

七、拓展实训

【情景模拟写作】

1．天意公司成立20周年庆祝宴会将于2010年5月6日举行。该公司以保健品生产销售为主，近年发展迅速，公司产品销售占市场份额的40%。公司董事长王宝田先生将在庆祝宴会上致祝酒词，请你代他完成这篇祝酒词。

2．拟写一篇在公司领导生日宴会上的祝酒词。

八、学习反思

____

____

____

第三单元 常见会议综合实训

前两个单元我们已经分别就会议的策划组织和会议文书写作两个主题板块进行了介绍，通过学习，大家对会议组织的整体流程和工作要求有了基本的了解和掌握。会议的组织虽然存在很多共性的地方，但不同类型的会议在具体管理实施过程中又有很多个性的差异。因此，本单元中我们将结合前文介绍的会议组织的基本要领，针对各类型单位中经常使用到的常见会议的组织分别进行分析，重点突出不同类型会议在组织上的个性和特点，并且希望能够通过这种方式让大家更好地对会议组织的各项技能进行综合实训。

本单元分为工作例会，总结、表彰、动员大会，会见、会谈、签字仪式，新闻发布会，庆典活动和宴请，以及远程会议六项任务。

第八章 常见会议综合实训

任务一 工 作 例 会

一、任务目标

1. 掌握工作例会的特点。
2. 能够把握工作例会组织的基本流程。

二、任务情景

致远公司长期以来一直坚持“周工作例会制度”。该制度中对与会人员、会议时间、会议地点、会议内容规定如下：

参加人员：公司各部门主管经理及副总；总经理主持，如果总经理不在，由总经理指定人员主持。

会议时间：每周一上午9:30（如遇节假日由管理部门另行通知）。

会议地点：办公楼二楼会议室。

会议内容：

1. 对上周的工作总结：上周工作的完成情况及进度说明；上周工作中存在的问题、分析及改善措施；所属工作有进展难度时，提出帮助请求，并集体讨论解决；其他临时性工作的完成情况说明。

2. 本周工作部署及安排：本周各部门工作内容及重点；协调各部门工作进度，使各项生产、经营活动按照预期目标有序进行；年度、月度工作目标的工作进度汇报。

3. 其他临时性工作安排：对涉及部门较多，对公司整体有较大影响的问题集体探讨。

作为公司行政主管的田野，每周都需要提前安排即将到来的下周例会。假如你是田野，你会如何做本公司周例会的组织工作？

三、任务分析

工作例会属于会议组织中相对容易的一种会议形式。一般制度比较健全、管理比较成熟的单位，通常都会将工作例会以制度的形式确定下来，对于会议的时间、会议地点、与会人员、主持人以及会议主要内容都在例会制度中有明确的规定。相应地，在会前组织准备过程中，一般不用对上述会议要素花费很多心思，通常需要会务工作人员重点准备的是通过与领导的沟通来确定好会议的议题，并及时、充分地将围绕议题的材料准备齐全；会中和会后做好常规工作即可。以上就是在本任务实施的过程中需要注意把握的问题。

四、任务实施

步骤一：明确要点，确定议题

首先要明确领导召开此次例会的目的、任务、中心议题。作为例会，除了例会制度中规定的会议内容外，领导常常会在上一次会议结束时对下一次例会的内容有所交代，会务工作人员应当用心留意。此外，会务工作人员需要在会前专门与领导沟通，确认此次例会的任务要点。最后，还需结合领导确定的任务要点，分析整合为具体的议题。

步骤二：围绕议题，准备材料

所谓议题材料的准备，应当包括两个方面：一方面，要为上会讨论的议题准备好充分的材料。需准备的材料包括有关的上级文件、本机关文书材料、有关的制度规章、有关的数据图表等。有的要先做会前调研，以掌握有关的统计数字、群众反映和有关的能够充分说明问题的资料。另一方面，应在例会召开前将有关材料发到与会人员手中。参加会议讨论的人，应当事先了解议题，并为自己在会上参与讨论的发言做好充分准备。

由于各方面的原因，我们的工作例会上，常常会出现因为讨论一些事先准备不足或毫无准备的议题而拖延会期。议题讨论分散，有关发言无关痛痒、或者不着边际、或不能明确表态，都将导致会议最终“议而不决”，会议效果事倍功半。作为会务工作人员所能做的是尽量充分地准备好会上要讨论的问题的材料。一方面，为领导个人的讨论发言提供准备，提供依据；另一方面，为会议的讨论提供方向性资料，促使会议“有议必决”。

步骤三：合理安排会议议程

因为会上要讨论的议题不止一个，所以会务工作人员要根据事务的轻重缓急来安排好议程。一般工作例会通常是先总结前一阶段工作，再布置下一阶段工作，最后再将非常规、临时性的问题进行讨论。本任务的议程即可按此流程安排。

如果非常规、临时性的议题比较多，则需要注意前后顺序的合理安排。比如事关重大的，需要大家开动脑筋进行讨论的，一般放在会前，而一些只需与会人员周知的内容，可以放在后面；有的议题部分与会人员不参加，就要考虑放在会期两头，以避免不必要的“听会”。优秀的会务工作人员还可以将会议各个议题在100分钟内做更明确、更具体的时间安排，以保证会议效率。

步骤四：通知开会

工作例会的特点之一是定时、定地点，尤其单位内部的周工作例会，这一特点尤为明显。那么，对于本任务中的周工作例会，很多单位会采取这种办法：正常开会，且与会人员无须提前准备的内容，则不再单独下通知；反之，如果会议时间、会议地点有变化，抑或有需要与会人员提前准备的内容，则通知。如需进行通知，参照“会前”工作中的相关内容。

步骤五：会场准备

小型例会只需确认好会场，备好桌椅、水具及必要的会议设备，确定好座次安排，检查电源，做好清洁工作，然后准备好记录用纸即可。

步骤六：签到和检查会场

与会者进入会场，会务工作人员要检查核对与会人员到会情况，清点人数，弄清缺席人及缺席原因，然后报告主持人；还要提示和保证与会者就座于适当的位置，以便会议按时召开，同时将会议出勤情况如实记录；此外，对会场秩序的要求，如电话静音、请勿吸烟等，会务工作人员需要在会前提示与会人员。

步骤七：会议记录

会议记录要求准确、清楚、简洁，所以做记录的会务工作人员要事先准备好记录用纸，要熟悉与会者发言的口音，做好会议记录。有能力和条件的，可以通过速录来实现即时的会议记录。

步骤八：服务性工作

小型会议上，会议服务通常都由秘书来做，不另安排服务员。服务性工作主要把握以下几个方面。

（1）随时接听打进来的电话，根据需要进行处理。

（2）接待随时找人。

（3）为与会人员倒水。

（4）适时挂图、分送材料、协助调整放映工作、放投影、录音录像等。

（5）适当为领导提供必要材料。

（6）提示会议按计划进行。

步骤九：清理会场

会议结束立即清理会议室，使一切复原，以便其他会议正常进行。

步骤十：整理材料

及时整理有关会议材料，如纪要、简报、决议或决定。其中包括需递交领导审阅签字的材料，需领导签发后送达宣传部门的材料，以及要在机关内信息简报上交流的材料。一切会议材料，都要及时按规定格式整理好，做好归卷工作，以备存档。

步骤十一：会后催办

及时下发会议简报等各类会议文件，并对会上布置的工作做好催办。对未能到会的部门单位或个人，会务工作人员要及时问明原因、补发材料、传达会议精神，布置要落实的工作并抓紧催办，重点做好会议缺席部门或人员的落实工作。

五、知识链接

（一）例会的概念

例会指按照一定的时间间隔或一定的循环周期固定召开的会议，也称定期会议。如办公例会、各种定期召开的经验交流会、学术讨论会等。

例会还可以按照周期再划分。如晨会、夕会、交班会、周例会、月会、季会等。许多单位都将例会制度化，形成例会制度。

（二）例会的作用

（1）实现有效管理，促进单位内部上下的沟通与合作。
（2）提高单位内部各部门执行工作效率，追踪各部门工作进度。
（3）集思广益，提出改进性及开展性的工作方案。
（4）协调各单位、各部门工作进度及人员调配。

（三）注意事项

例会，从会议组织的角度看，并不复杂；从组织管理的角度来看，它是一种简便易行、积极有效的重要管理手段之一。例会在组织及召开过程中要特别重视“效用”。例会本身是一种很好的管理手段，一旦使用不好，就会流于形式。因此在组织过程中，需要在议题选择上把握要点，在进程控制上要高效，在会议时间的把握上需简短。

六、实例展示

【案例一】

中电投集团公司召开2011年第4次月度工作例会

2011年4月8日，集团公司总部召开2011年第4次月度工作例会。集团公司领导、总助、总师、总法律顾问、各部门负责人参加会议，监事会有关人员列席会议。会议分别听取了发电部、计划部、财务部、办公厅四个部门关于3月份安全生产情况、主要指标分析和项目进展情况、经营指标完成情况，以及3月份主要工作完成情况和4月份重点工作计划的汇报。会议由集团公司党组书记、总经理陆启洲主持。

陆启洲总结了集团公司3月份工作。他指出，3月份，集团公司各项工作稳步推进：一是生产经营取得较好成绩。在银根收紧、电煤价格高位运行的情况下，集团公司抢抓市场有利时机，充分发挥结构优势，有效释放新增产能，不断加强改进基础管理，取得了较好生产经营成效。二是继续推进年度工作会议精神贯彻落实。各部门相继组织召开专业会议，贯彻落实集团公司工作会议精神，促进了年度工作会议精神的传达贯彻和任务目标的分解落实。集团公司领导班子成员结合各自分工，分头到有关二级单位进行了重点专项调研，督促指导年度工作会议精神落实，研究解决突出问题。三是圆满完成全国“两会”期间工作。与有关省、区、市党委政府主要领导进行了会晤，推进重大工作进展，创造了良好的外部发展环境。利用全国“两会”平台，集中开展新闻宣传，较好展示了集团公司企业形象。“两会”后，及时召开党组中心组扩大学习会，传达贯彻“两会”精神。四是管控一体化工作继续推进。形成了管控一体化实施初步方案及总部管控模式调整初步方案。五是积极应对日本福岛核电站事故影响。集团公司认真落实国务院常务会议精神和有关部委的要求，对所属在建核电项目进行了全面安全检查，确保万无一失。

陆启洲对4月份重点工作进行了安排。一要筹备召开好系统主要负责人会议，针对当前经营面临的严峻形势，统一思想，坚定信心，迎接挑战，保证顺利完成年度工作任

务目标。二要有针对性地做好经营工作，认真分析各板块经营情况，着力抓好生产经营管理，提高效益水平。三要积极推进关系长远发展的重点项目，加快发展新能源项目，积极推进战略转型关键项目。四要继续推进管控一体化工作，抓紧修改完善管控一体化总体方案和总部管控模式调整方案。五要研究推进部分二级单位改制工作。六要切实抓好安全生产工作，主要做好防汛工作、加大反违章工作力度和安全隐患的跟踪。七要重点按照国家对核安全工作的要求，积极开展核电相关工作。八要切实改进总部机关作风。解决文件多、会议多、检查多的“三多”问题。

（资料来源：http://www.bjx.com.cn）

【解读】 这是一篇对公司月度工作例会内容的综述。通过综述内容，我们可以清楚地了解到此次工作例会的性质、会议时间、与会人员，以及会议的议题和议程等信息。此次工作例会的议程安排为：一是发电部、计划部、财务部、办公厅四个部门对3月份工作完成情况和4月份重点工作计划进行汇报；二是由集团党组书记进行集团公司3月份工作的总结和4月份重点工作的安排。这种议程安排是例会中常见的模式之一，具有一定的代表性。

结合案例内容，我们还要特别注意在此次例会的会前准备工作中需要提前下发会议通知，告知与会人员会议的相关议题，以保证相关部门人员对议题内容做好充分准备。

【案例二】

十堰仲裁委员会秘书处实施每周例会制度

为加强秘书处内部管理，及时了解处理仲裁工作中出现新的情况、新问题，为更好地协调各部门相关工作，从今年4月秘书处实行例会制度。例会召开的时间为每周五下午3点，参会的人员有本会副主任、秘书长王有群，委员、副秘书长王祥生及秘书处全体工作人员。例会的主要内容是总结本周工作开展情况，部署下一周工作计划。同时，为了加强工作人员业务水平，又对例会形式进行了创新，创新后的例会形式为例会与学习、交流、探讨相结合，学习新颁布的法律法规及司法解释，相互交流各自在工作学习中的经验及心得，对典型案例进行讨论。

秘书处例会制度的建立，使各部门及全体职工及时了解国家及市政府的新政策和新要求，安排、布置下一步工作，进一步推动了本会工作的协调稳步发展。例会制度的实行给各部门及全体职工搭建了沟通桥梁，提供了相互学习、交流的平台，开拓了工作的新思路，为今后工作开展起到良好作用。

（资料来源：http://zcw.shiyan.gov.cn/news.aspx？infoid＝148）

【解读】 例会是各类组织在日常工作管理过程中的一种有效手段，以制度形式确立下来的例会制度可以对工作开展、职工间的交流起到积极的促进作用。但需要特别注意的是，例会在组织过程中要注重“效用”，切忌流于形式，同时也要注重会议形式的创新与探索，让与会人员乐于参与并能有所收获，从而实现会议组织的价值和作用，保证会议的质量和效果。

七、拓展实训

【情景问答】 在各级各类单位中，例会一直都作为一种重要的、积极的管理手段而被采用，但有些单位在例会的安排组织中可能会存在一些问题，所以我们也经常会听到一些负面的声音。请看我们提供的两段材料。

材料一：

周例会是很多企业的“保留节目”，每周（一般为周一）中层管理者都需要向公司高层汇报上周工作总结，说明本周工作计划（有的公司基层员工也需要向中层管理者作同样的汇报）。不少管理者和员工对周例会都有意见，在他们看来，那只是走形式而已，没有什么实效。天天就那些话，说来说去有什么好说的。而且从某种意义上来讲，也表示公司对他们不放心。有了这样的心理状态，他们在例会上的表现可想而知。

那为什么要举行周例会呢？很多员工认为这是因为管理者想要知道自己在做什么，做得如何，并把这种需求看成控制的表现。

材料二：

超市的例会制度由来已久，并有早例会、晚例会、周例会，规律而且雷打不动。不能说超市例会没有作用，例会还是有必要性的；晚例会总结一天的工作，早例会安排今天的工作，便于超市工作的有序管理。但是周例会开得却没有必要，在天天早晚例会的情况下，显然有些画蛇添足。

超市的发展离不开自身的高效运转，取消有负面作用的东西，有利于超市的运营效率。当下，果断取缔周例会是必要的。

例会虽有必要，但也要有度。本来早晚例会是天天开，员工站成队列听领导的讲话；从理论上看似乎无可厚非，其实尚可探讨；作为一名员工，其素质真的低下到要天天耳提面命吗？是员工弱智，还是管理者没有信心？

周例会也要每个星期天的晚上开，更有明显的负作用。周例会不是研讨会，开会要简练明确，让员工在短时间内听完；事实上，超市的周例会是越开越长，发言者唯恐讲得少了，讲得不到位，所以免不了婆婆妈妈一大堆，白白浪费了时间。早上有早例会，晚上有晚例会，再加上周例会，几乎是疲劳战；员工苦不堪言，浪费大量的精力。不但当班的员工要开周例会，休班的员工不管刮风下雨，也要从家里赶到超市参加例会，把一个好好的休班变成了紧急集合。员工的精力是有限的，同时也是宝贵的；仅从公司利益的角度考虑，也要珍惜员工的身体。员工只有保持良好的精神状态，才能更好地完成本职工作；不难想象一名疲惫不堪的员工怎样在一线工作中做出成绩。

员工普遍反映周例会让人感到疲倦，影响第二天的工作精力。为什么周例会还一如既往，雷打不动呢？说到底，超市领导只习惯于按以往的规定做，就是心中知道这个弊端，也不会向领导建言。因为怕领导怪责，不如按管理的老套路走，不担风险。所以，我们见的管理方式基本上是按老路子去做，却少见去改的。

取消周例会，不但能减轻员工的压力，让员工休息得更好，有精力备战第二天的工作。也使超市管理轻装上阵，让领导者有时间致力于其他的日常管理，取消周例会对超市的管理无疑是一个提升。

（资料来源：http://blog.sina.com.cn/ajmwaj）

结合上述材料内容回答下列问题：

1．如何理解例会的作用？

2．在例会制度的确定和例会工作的组织上有哪些需要注意的事项？

【供料实训】

材料一：

才智学院学生会例会制度

为了更好地加强学生会各部门间的联系，及时总结经验教训和传达上级要求，确保团委、学生会各项工作顺利开展，及时反映并解决同学们在学习、生活中出现的问题，我院团委、学生会决定每周周一中午13: 00在C区301教室召开学生会例会，要求如下：

一、会议由主席团召集，每周在固定时间，固定地点召开，特殊情况（如准备重大活动）主席团提前或推迟召开例会，各主要学生干部请留意，互相转告。例会的参加者为团委、学生会全体成员，以及各班班长，团支部书记。

二、会议程序：

1. 主席团成员，各部部长，各班班长，团支部书记应做简短汇报：汇报前段时间的工作情况，提出下段时期的工作计划。

2. 主席团布置安排下一阶段总体工作。

三、会议纪律

1. 召开会议，全体学生干部不得无故缺席、迟到、早退。确有特殊情况不能按时参加会议者需提前向所负责的主席团成员请假；或将书面请假条交于办公室主任。

2. 召开会议时，各主要学生会干部应提前进会场，全体学生干部到办公室签到，未签到者视为缺席。

3. 例会期间不得在会场喧哗，交头接耳或做其他与会议无关的事情。手机请调振动、静音或关机。

4. 各主要学生会干部做好记录，并及时向全体同学传达会议内容。

5. 会议由团委书记或学生会主席主持。

6. 会议由学生会办公室记录。

材料二：

才智学院最近两周工作情况：上周，主要完成了全学院的篮球比赛、书法展览。下周主要工作是准备“国庆”合唱比赛的筹备、节目筛选工作。

结合以上材料，完成下列综合实训任务：

1．确定会议主持人、与会人员、会议议程和其他材料。

2．模拟组织此次学生会周例会。

八、学习反思

______

______

______

任务二　总结、表彰、动员大会

一、任务目标

1．掌握总结、表彰、动员大会的特点。

2．能够把握此类会议组织的基本流程。

二、任务情景

××省财经大学准备于“五四”青年节前后召开本校共青团“五四”表彰大会。大会将表彰2012～2013学年××省财经大学共青团获得省级、校级先进集体和先进个人。省级先进团组织2个，校级先进团组织10个；省级先进团员2位，校级先进团员20位。（本校共有10个学院，各学院专业、班级不等，但各学院学生人数大致相同。）拟参加表彰大会的领导有校党委副书记王波（分管学生工作），党委组织部部长、人事处处长李忠国，党委学生工作部部长、学生处处长张子豪，党委宣传部部长王伟和校团委书记吴华丽等。代表获得省级先进团组织的代表和省级先进团员的个人将分别在表彰大会上发言。

作为学校办公室的工作人员或者学校团委的工作人员，你将如何做好本次表彰大会的组织工作？

三、任务分析

总结、表彰、动员大会经常会结合使用，比如我们在工作中经常组织总结暨表彰大会，或者表彰动员大会。以总结来进行表彰，通过表彰来促进新工作的动员，这恰恰是三种会议关系的体现。除了在作用上三种会议有着紧密的联系外，在会议组织上它们同样存在着明显的相似性。相比较而言，表彰大会因为要涉及较多的颁奖人、授奖人和颁奖材料，需要提前安排与会人员、会议场地、会议材料，并且会议流程相对复杂一些，因此我们在这里以表彰大会为例提供任务情景，并给出实施的参考步骤。

对于表彰大会的组织，我们需要重点把握围绕“颁奖”工作的相关组织事项，颁奖、授奖人员要具体、明确，表彰的材料（如奖状、证书、奖杯等）要准确、完整，表彰的流程需衔接紧密。

四、任务实施

步骤一：组建会议筹备机构

由学校办公室牵头组建会议筹备机构并明确各小组职能。此次会议可分为秘书组、行政组、宣传组和保卫组。其中，秘书组负责会议材料的准备、人员协调、调度等；行政组负责会场布置、会议接待、设备保障、用品发放管理及经费预算使用等情况；宣传组负责相关宣传事宜；保卫组负责会场秩序的维护。

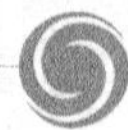

步骤二：确定会议名称、时间、地点

结合会议召开的主题和目的，拟定会议名称，如“××省财经大学共青团‘五四’表彰大会”；确定会议具体时间和地点，时间一般选在有纪念意义的日子，如此次会议可选定在五月四日这一天或之前一日，地点选择在召开会议单位的主要会议场地。

步骤三：确定与会人员

需要确定与会的人员包括领导、嘉宾、主持人、发言人、参会人员的具体范围和人数；同时，还要结合表彰事项，具体确定授奖人员的人数、分组情况，以及对应为其颁奖的颁奖嘉宾的人员名单；此外，提前安排好会议的引导、礼仪人员。

步骤四：准备会议材料（秘书组）

撰写会议方案和所需的会议文字材料，具体包括：制发会议通知；落实大会发言人、发言内容、发言时间，以及主持人的主持词；确定和组织撰写、修改、审阅大会的典型材料、发言；具体安排会议的议程、日程；制作会议中使用的 ppt 展示；落实文件材料的打印、校对、装订工作；准备与会人员名单与联络方式的表格，用于编制与会人员名录，便于会议工作期间的联络。此外，还要特别注意，需将获奖人员的证书、奖状、提前印制好。

在表彰大会的议程设计上，通常会分为领导讲话、颁奖仪式、典型发言三大部分。有的较正式的表彰大会需要最前面增加奏唱国歌的环节，是否安排可根据实际情况决定。

步骤五：发送会议通知（秘书组）

领导、嘉宾以请柬或邀请函的形式发送会议通知；获奖人员需通过电话或面见的形式告知会议事项，包括参会时需要注意的细节、是否需要发言等；一般的与会人员可通过书面通知发送至各相关单位。

步骤六：会场布置、物品准备（行政组）

确定并布置会场，会场气氛要喜庆、热烈，通常以红色作为主色调；提前安排好设备的使用；预订会场外悬挂的条幅或拱门；印制会议胸卡或代表证、工作证、服务证、资料袋、座签等；采购奖杯及其他奖品；如有需要，提前安排好会间的文艺节目。

步骤七：会前宣传（行政组）

以各种形式宣传会议的意义、目的、任务和要求，联系安排必要的新闻报道采访；设计并定制会标、会徽、会议宣传性标语、牌匾、专栏和宣传展板。

步骤八：确定保卫人员及分工职责（保卫组）

保卫人员可从本单位抽调，也可以采用临时与保安公司签订协议的方式，在会议期间雇用保安人员。

步骤九：检查会场和签到、引导（行政组）

步骤十：会议记录和会场的摄影、摄像（秘书组、行政组）

步骤十一：安排人员有序离场并清理会场

步骤十二：会后文件、宣传报道的拟写、印制、刊发

步骤十三：会议总结、评估

步骤十四：经费结算

步骤九至步骤十四的具体工作内容可参照“会中”工作部分的介绍，此处不再赘述。

五、知识链接

召开表彰大会的注意事项：

通过表彰大会来表彰、奖励先进，目的是激励团队、推动工作。但当前，某些单位、团体出现了过频过滥的表彰奖励，从而削弱了先进的典范作用，混淆了人们的价值导向；无明确的量化标准，只会让人找不到努力方向，达不到激励的作用。因此，当我们在决定是否表彰、如何表彰以及需不需要开表彰大会的时候，需要注意以下几个问题。

（1）量化先进标准，能不能被评为先进，要有量化的标准去衡量。

（2）面向基层群众，领导干部对所管工作的推动作用不可替代，但基层组织和人民群众是“创造历史的真正动力”。

（3）比例适度、数量适当。任何工作，大体上是少才能精，多则可能滥。有人群的地方，人员素质肯定会参差不齐、良莠俱现，表彰奖励工作也是这样。先进的数量应当从严控制，不能“上不封顶”，要使评出的先进，既要符合标准，也要符合比例。

（4）加强对表彰的先进典型的再教育、再培养，始终保持典型的先进性。实践表明，对先进典型如果疏于管理和培养，有的可能会昙花一现，甚至落到后进行列。因此，对典型进行表彰奖励和广泛宣传之后，要把做好继续教育和跟踪培养工作作为一项重要而又长期的任务，真正使先进典型“百尺竿头更进一步”，始终发挥正面导向和榜样作用。

总结、表彰、动员大会是各级、各类单位使用较多的会议形式，在组织方式上也较为相似。此类会议能否组织好，既体现办会人员的素质、水平，同时也体现一个单位的工作效能和集体风尚。因此，办会人员必须在会议组织中把握好此类会议的特点，扎实、细致、周全地做好各方面工作。

六、实例展示

【案例一】

××省工程大学水电学院
2011年度科技活动表彰大会暨科技成果展示
策划书

一、活动背景

2011年，我院学生课外科技活动在稳步前进的同时，取得了辉煌的成就。

在北航学院举行的××省挑战杯中，我院喜获特等奖一项，二等奖两项，三等奖一项。

在北京航空航天大学举行的全国挑战杯中，我院陈光耀同学的作品《三维蓝牙虚拟触屏系统》斩获三等奖；舒明、张鹏雄同学的作品《热管动力装置》获世博类专项竞赛一等奖。

在河海大学举行的第一届“水利创新设计大赛”中，我院的三件作品均获得全国二等奖。

在2011年的校学术科技节中，我院共有22份作品参加最后的决赛，并全部获奖。

为了表彰以上同学和指导教师在创作作品的过程中所付出的努力，以及为学校和学院取得的荣誉，特举办本次表彰大会。

二、活动意义

为了进一步激发广大学生的科研热情，打造一流的科研品牌，营造良好的科研氛围，广泛调动广大教师参与教研科研的积极性，树立典型，总结推广我院教研科研工作先进经验，不断提高全院教师、教育工作者及广大学生的研究水平，并寄语受表彰者，把荣誉作为新的起点，再接再厉，使教研科研工作更好地为教育决策和学校发展服务，为提高教育教学质量服务和基础教育的改革和可持续发展做出贡献。

三、表彰时间及地点

五月中旬（待定） 学校科学会堂

四、活动流程

1. 主持人（李玲）宣布活动开始，并介绍到场领导。（2分钟）

2. 全体起立，奏唱国歌。（3分钟）

3. 请领导讲话。（5分钟）

4. 请获得全国挑战杯的同学代表发言。（10分钟）

5. 给获得国家挑战杯的同学及指导老师颁奖，并请指导教师代表讲话。（10分钟）

6. 请在第一届“水利创新设计大赛”中取得优秀成绩的参赛选手代表发言。（10分钟）

7. 给参加水利设计大赛的获奖同学及指导老师颁奖。（2分钟）

8. 给在河北省挑战杯中取得优秀成绩的参赛选手及指导老师颁奖。（2分钟）

9. 欣赏文艺节目。（5分钟）

10. 请在校学术科技节中取得优秀成绩的参赛选手代表发言。（10分钟）

11. 给在校学术科技节中取得优秀成绩的参赛选手及指导老师颁奖。（2分钟）

12. 请领导给大学生科技协会颁发优秀社团荣誉。（2分钟）

13. 获奖全体同学与领导合影。（5分钟）

14. 请领导和同学参观科技作品展示，现场有项目负责人讲解。

五、主办机构

水电学院团委

水电学院大学生科技协会

六、宣传工作

1. 前期宣传：在校园张贴海报，科协召开全体大会，通知大一各辅导员，做好动员宣传工作（要求大一同学参加）。在食堂路上布置展板。

2. 中期宣传：活动当天，在黑板上写通知，给大一各班班长开会说明。

3. 后期宣传：以简讯的形式在科协宣传板上宣传，在水电学院主页上宣传，可能的话，在校报上也可大力宣传，以显示我院对学生科研工作的支持与重视。

七、会场所需设备及来源

设备	来源
音像设备、连接线	学生会权益服务部
座椅板凳	从学院借
大会条幅	科协自备
水、桌布	科协自备
布置会场的花、彩花	科协自备
宣传海报	科协自备
话筒	学生会

八、活动经费预算

名称	数量/个	单价/元	总价/元
宣传海报	3	50	150
条幅	3	60	180
矿泉水	30	1	30
鲜花	4	25	100
纸杯	40	0.25	10
席签	10	5	50
打印			50
请柬	20	0.5	10
奖品			—
奖牌			—

附表一：到场领导及嘉宾

职　务	姓　名
河北工程大学团委书记	贾东水
水电学院党委书记	吕海涛
水电学院院长	李彦军
水电学院党委副书记	张魁龙
水电学院副院长	丁光彬
水电学院副院长	霍自民
水电学院副院长	魏德华
水电学院副院长	郭凤台
水电学院教务办主任	章美文
水电学院学工办主任	王文军
水电学院团委书记	赵玉玲
水利系主任	马文英
动力系主任	李临生
资源系主任	彭　斌
各系导员	

附表二：优秀指导老师名单

项目名称	指导教师	获奖级别
全国“挑战杯”	丁光彬	三等奖
全国水利创新大赛	魏德华	二等奖
全国水利创新大赛	石祥钟	二等奖
全国水利创新大赛	李纯良	二等奖

续表

项目名称	指导教师	获奖级别
校学术科技节	李彦军	
校学术科技节	魏德华	
校学术科技节	丁光彬	
校学术科技节	彭斌	
校学术科技节	李临生	
校学术科技节	王文军	
校学术科技节	石祥钟	
校学术科技节	高俊如	
校学术科技节	简新平	
校学术科技节	高艳丰	
校学术科技节	王海涛	
校学术科技节	徐太水	
学术科技节优秀组织者	张魁龙	
学术科技节优秀组织者	赵玉玲	

附表三：获奖个人名单

项目名称	获奖级别	负责人	合作者
略			

（参考资料：http://wenku.baidu.com/view/8a8005bd960590c69ec376ab.html）

【解读】 这是一份表彰大会的筹备方案。筹备方案应当体现会议组织的基本要素和工作环节，但从这份筹备方案中我们一方面能够看到此次会议的活动背景、意义、时间、场地选择、宣传、会议流程、经费预算、嘉宾确定方面做了较为充分的准备；但另一方面，我们发现在会务工作人员的分工，场地布置要求，获奖人和授奖人的分组、对应关系、上场次序的安排上都还有所欠缺。而后者是在表彰大会筹备中所需要特别注意的事项。

【案例二】 环保局今年的工作很出色，清理整顿了一大批污染严重的公司和企业，又重点整顿了一些物业小区的环境卫生，得到了市里的表扬。局里决定召开一次表彰大会，表彰工作突出的部门和个人。会议的会场安排由局办公室秘书李桐负责。李秘书考虑到这是一次全局的会议，人数众多，就预订局里的大礼堂作为表彰会的会场。

正式开会的前一天中午，李秘书带领几个工人去大礼堂布置会场。大礼堂是长方形的，李秘书决定会场座位布局采用方形，前面设置一个主席台，全体职工在主席台对面就座。座位布局确定之后，李秘书指挥工人摆放好座椅。

考虑到是全局的表彰大会，参会的部门多、人员多，有普通参会者，还有受表彰的个人和部门代表要在会议中上台领奖。为了有序和方便起见，李秘书决定把场内划分为几个区域，按照场内座位排号分区。受表彰领奖的人和代表坐在前面，按照表彰领奖名单顺序就座，方便有序地上台领奖和下台就座，节省时间。在每个座位上贴上姓名标签，方便他们寻找自己的座位。在受奖区后面，根据每个部门参会人数留出相应的几排座位，贴上部门标签。

李秘书按照职务的高低安排主席台上的座次，中间是局里请来的嘉宾李副市长，高局长坐在李副市长的左边，常务副局长刘勇在李副市长的右边，洪副局长坐在高局长的左边，林副局长在刘副局长的右边。李秘书让工人把各位领导的名签放在每个座位的左侧。这次表彰大会由高局长主持，鉴于主席台人数不多，高局长在原位就座。

安排好座次后，为了突出表彰会庄重喜庆的气氛，李秘书又指挥工人在会场铺上红色的地毯，主席台的桌子上铺上红色的台布，放上话筒；主席台上方拉上醒目的横幅，并调试了音响设备以保证会议的音响效果；在会场周围和主席台下摆上鲜花，主席台后插上红旗。

经过李秘书的精心策划和布置，一个庄严整齐喜庆的会场呈现在众人眼前。

（资料来源：孟庆荣. 2010. 秘书工作案例及分析. 2版. 北京：清华大学出版社）

【解读】 表彰大会会场的整体格局要结合会议的性质和形式创造出和谐的氛围。会场的布置包括主席台设置、座位排列、会场内花卉陈设等许多方面。主席台是与会人员瞩目的地方，所以，会务工作人员在布置会场时，要把主席台的布置作为重点。一方面要注意整体的和谐性；另一方面，主席台的座次安排要遵循惯例。会场其他人员的座位安排以保证会议有序和方便为原则，一般都事先划分不同的区域，方便统一就座和有序地进、退场。李秘书在布置此次表彰大会的会场时，就遵循了这些原则，最终布置出一个令各方都满意的会场。

七、拓展实训

【情景问答】

2011年度开元集团三八红旗手表彰大会圆满召开

2011年3月8日，2011年度开元集团三八红旗手表彰大会在唐山松下会议中心召开。来自各公司的女员工代表、部分男员工代表180人参加会议。会议由集团工会主席刘素文主持。

正在北京参加全国人代会的柳宝诚董事长发来贺信。集团副总经理、机械公司总经理张利群代读了柳宝诚董事长发来的贺信。董事长在信中充满感情地说：我正在北京参加第十一届全国人民代表大会第四次会议，很遗憾不能亲自出席开元集团首次三八红旗手的表彰大会，不能与你们共庆节日，不能亲自向在节日里坚守岗位的女员工们道一声辛苦和感谢，很抱歉！但我们的心是相连的，感情是相通的。多年来，我们犹如一家人，互相提携、团结一致、和睦相亲；我们犹如一个整体，目标一致、共同奋斗。一起见证、参与了开元集团的发展、壮大，创造了开元集团今日辉煌的成就，也创造了我们共同信奉的开元文化。我们行路无悔！

集团副总经理、唐山松下执行副总经理杜宪平在讲话中说：这是开元集团有史以来首次进行三八红旗手的评选及表彰。具有非常重要的意义。在开元集团的发展历程中，女员工作为不可或缺的力量，在各个部门、不同岗位，发挥着重要作用，她们忙碌于制造现场，专注于服务管理、营业后勤以及设计研发等岗位，有担当、有作为；有付出、

有奉献；抛洒汗水、付出心血，为开元集团的发展壮大做出了重要贡献，成为各公司发展的骨干力量。

集团党委委员、唐山神钢副总经理邢春生宣读表彰决定：为弘扬开元文化，鼓励女员工自立、自信、自强，表彰先进、树立榜样，值此三八国际妇女节101周年来临之际，开元集团决定对首次评选的十四名优秀女工进行表彰。

决定授予唐山松下的韩宝玲、姚美萍、李良玉、安淑玲、徐玉荣、韩国丽、商丽茜；装备公司的赵国艳、张芳、董丽娟；唐山神钢的邸顺芹；机器人公司的安洪兰；机械公司的张殿萍；特焊公司的谷丽娜，为“2011年度开元集团三八红旗手”荣誉称号。

杜宪平、张利群为14名三八红旗手颁发证书，男员工代表安飞、王振向她们献花。

唐山松下高桥学总经理作为集团各公司的总经理代表发表讲话，他说：开元集团以“成为优秀的国际化企业”为目标开展各项工作。我想，作为优秀的国际化企业的条件之一是员工的多样性。员工不分国籍、性别、肤色，都能够在开元集团朝气蓬勃地工作、快乐幸福地成长。无论从员工个人角度、公司组织体制角度、还是事业发展的角度，开元集团都在努力成为这样的公司。从公司方面，将以此次大会为契机，为女员工实现进一步的成长创造机会，进一步营造有利于全体员工发挥聪明才智的氛围。

三名三八红旗手代表韩宝玲、张殿萍、赵国艳作事迹报告。她们讲述了在平凡的岗位爱岗敬业、勤奋劳作的事迹，以及努力维持工作与生活之间平衡的乐观与坚强。她们用质朴的语言，传递着感动的力量和温暖的价值！

整个表彰大会历时50分钟。

（资料来源：http://www.mw1950.com）

结合上述情景内容回答下列问题：

1．请为此次会议的会场布局和会场装饰进行设计。

2．主席台的座次应该怎样安排？

3．会场内获奖人员及其他与会人员的座次该如何安排？

4．模拟此次表彰大会。

【供料实训】

为进一步激励优良学风考风，为即将到来的期末考试工作的顺利进行提供思想保障，××省师范大学文学与新闻传播学院准备在下周召开上一学年学生综合表彰暨考风建设动员大会。学院副院长王森、李爱玲、党总支副书记张朋、团委书记马秀岩及各年级辅导员出席，全院学生参加会议。拟表彰的奖项有：社会实践先进个人8人，优秀学生干部5人，学习进步奖7人，先进班集体3个，以及上一学年度在校外获得各类竞赛单项奖及大学英语六级通过者，表彰会上将为他们颁发荣誉证书和奖品。

结合以上材料，完成下列综合实训任务：

1．由本班同学扮演各种角色，模拟此次表彰暨学风建设动员大会。

2．也可结合本班级的具体情况，举行真实的表彰、动员。

八、学习反思

任务三　会见、会谈、签字仪式

一、任务目标

1．掌握会见、会谈的区别。
2．能够独立组织一般的会见、会谈和签字仪式。
3．掌握规范的会见、会谈、签字仪式礼仪。

二、任务情景

致远公司是中国家电连锁零售企业的领先者，颇具影响力，并且公司非常注重人才的引进和培养。最近公司正着手推进与A市才智职业技术学院的合作办学。双方经过先期的商洽，初步确定致远公司和A市才智职业技术学院的“订单培养”意向。下周二，致远公司总经理龚勇先生、副总经理李月华女士一行6人将到A市，对和才智职业技术学院“订单培养”的合作意向进行深入的商谈。如果商谈结果双方都满意的话，随即签署合作协议。

假如你是A市才智职业技术学院的办公室工作人员，领导安排由你来负责此次接待过程中的相关会议组织，你将如何完成？

三、任务分析

此次接待活动中可能涉及的相关会议形式主要有会见、会谈和签字仪式，恰好将本任务中三种会议形式串联起来。其中会见和会谈在组织过程中非常相近，只是会场的设计和选择有着明显的不同，需要特别注意。此外，在三种会议的组织中还需要重点把握相关的礼仪要求。

四、任务实施

（一）会见

步骤一：确定主方参加人员

绝大多数情况，会见或者会谈都是由主方提出的，按照“谁提出，谁组织”的原则，会见或会谈应当由主方负责组织。

作为会见、会谈组织的主体——主方而言，首先需要确定参加会见的领导，然后指定陪同人员。参加人数不宜过多，只要求有关人员参加，可以参考客方的来访人员情况

来决定具体人数、人员。一般均遵循“对等原则”。本次会见可以根据对方来客情况，对等确定主方由院长、分管副院长及相关院系负责人等 6 人参加。

步骤二：确定会见时间及地点

会见时间应充分考虑双方各自的时间安排以及方便程度，一般可安排在客人抵达后的第二天或宴请之前。会见地点一般可选在客人所住宾馆的会议室，也可选择主方所在地的会客室。

步骤三：准备议题及相关资料

帮助领导拟定会见谈话的话题及内容；准备会见材料，如对方情况介绍、谈话提纲等。

步骤四：安排座次

会见应选择桌椅、沙发，摆放在适当的位置，安排宾主对称而坐。座位的安排习惯上按国际上通行的“以右为上”，如图 8-1 所示。

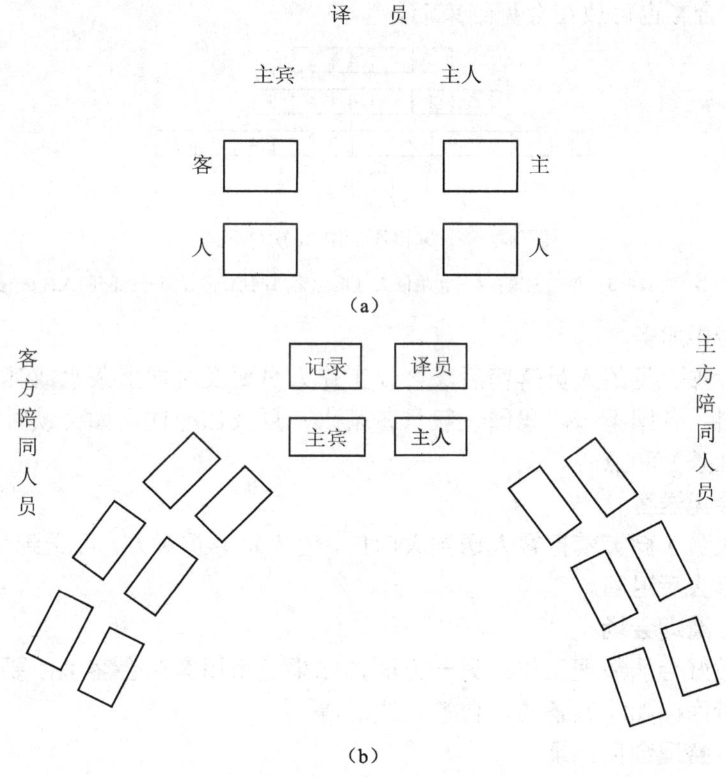

图 8-1　会见中的宾主座次

步骤五：约妥会见时间

主人主动将会见人姓名、会见目的以及具体安排告知对方，并要求回复。得到肯定回复后，约妥会见时间。

步骤六：安排具体会见事务

布置会见场所；准备会见时的饮料；安排会见人员交通车辆等具体事宜。如要发布新闻，要事先约定新闻单位。

步骤七：会见迎接

主方人员需提前半小时到达会见地点；通常，可由秘书人员在大楼门口迎接，主方领导在会客室迎接；对重要客人，主人应到门口迎接。在会见迎接过程中，接待人员需要注意把握好引导及引见介绍的礼仪。

步骤八：会见拍照

一般要在主客会面握手时或主客就座寒暄前拍摄。仪式隆重的会见，摄影是在主客进入会客厅前，由礼仪人员引到特定的地方拍摄。

合影时主人和主宾居中，并以主人右侧为上，按礼宾次序，主、宾双方间隔排列，第一排既要考虑人员身份，又要考虑场地能否摄入镜头，一般两端均由主方人员把边，如图 8-2 所示。合影也可放在会见结束后。

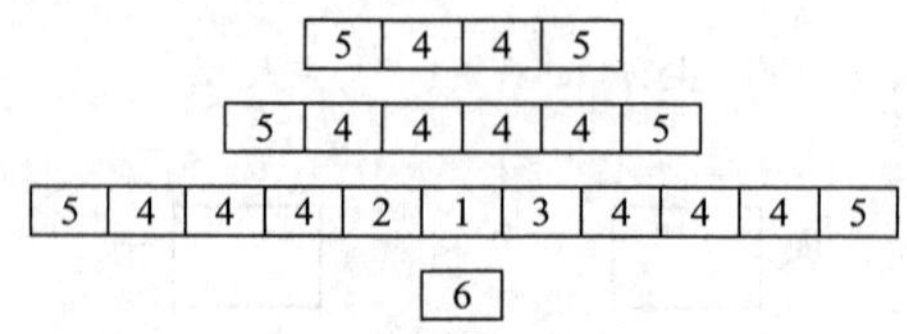

图 8-2　会见摄影时礼宾次序示意

1—主人；2—主宾；3—第二主宾；4—客陪同人（或主客陪同插排）；5—主陪同人；6—摄影师

步骤九：会中服务

主客双方参加会见的人员落座后，会议工作人员要及时端上茶水或其他饮料。会见时所招待的饮料，各国不一。我国一般只备茶水，夏天加冷饮，如会谈时间过长，可适当加上咖啡（红茶）和点心。

步骤十：会见送客

会议工作人员应微笑着把客人送到大门口，为表示尊重对方，可送到小轿车前握别，挥手且送客人远去后退回。

步骤十一：清理会场

一方面要做好会场清理工作；另一方面，如果是租用宾馆会客室，要将我方的物品整理好，及时带回。如欢迎条幅、台签、饮品等。

步骤十二：整理会见记录

及时地整理出会见纪要，总结会见成果。

（二）会谈

会谈与会见工作在组织程序上基本相同，所以此处主要介绍会谈桌的选择和座次的安排。

适合于双边的会谈桌安排，如图 8-3 所示。

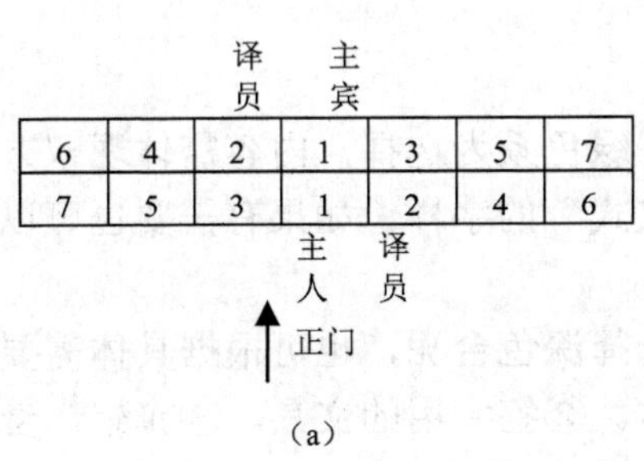

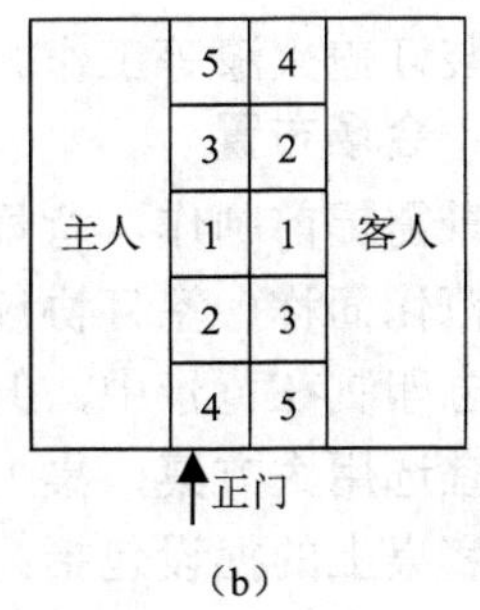

图 8-3　双边会谈时座次示意

三方会谈时方形会谈桌的安排，如图 8-4 所示。

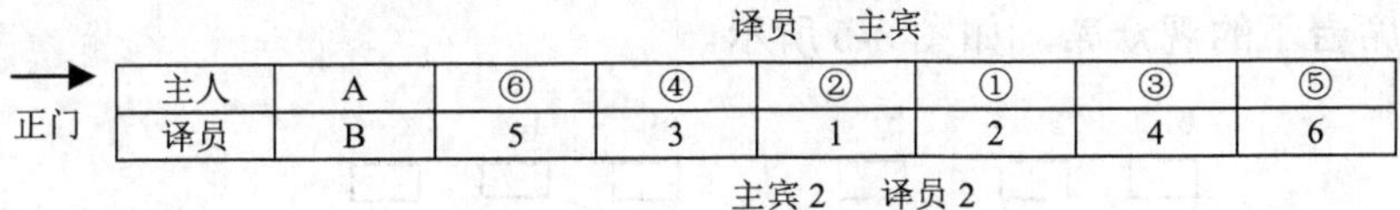

图 8-4　三方会谈时座次示意

多边会谈时的环形圆桌、环形椭圆桌和方形会谈桌的安排，如图 8-5 所示。

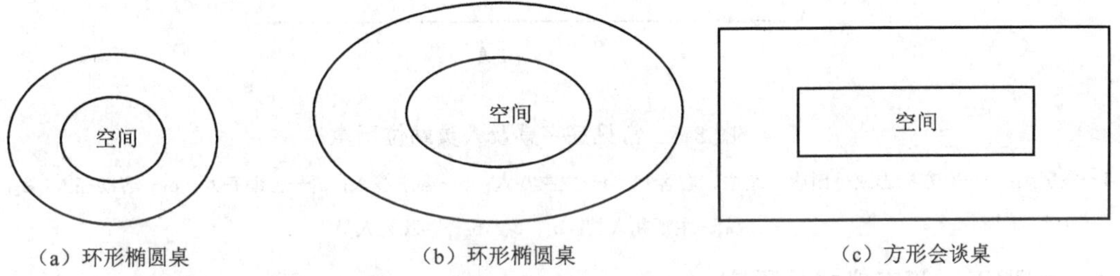

（a）环形椭圆桌　（b）环形椭圆桌　（c）方形会谈桌

图 8-5　多边会谈时的座次示意

（三）签字仪式

步骤一：确定时间和地点

签字仪式的时间可安排在会谈结束之后。

步骤二：确定签字人、助签人和观礼人员

双方的签字人原则上是根据文件的性质由双方各自确认。一般情况下，我们尽量保证双方签字人员的工作性质基本一致，身份大体对等。当然，还有国家或社会组织为了表示对签订协议的重视，往往由更高或更多的领导人出席签字仪式，但他们不是主签人，在此情况下，就不应机械地坚持“对等”、“相当”的要求。

助签人可以是签字人员的秘书，也可以是专门安排的礼仪人员。

观礼人员通常就是参加会谈的双方全体人员。

步骤三：准备签字文本

提前做好文本的准备工作，及早做好双方需在签字仪式上签署文本的定稿、翻译、校对印刷、装订盖火漆等工作。

步骤四：会场布置

会场背景需提前制作，背景颜色可以红、蓝、绿色系为选择，内容需体现双方单位的全称或规范化简称、签订协议的标题和“签字仪式”的字样，如果有需要也可以将双方单位的标志印制在背景中，但位置要恰当。

签字桌宜选用大方桌，桌上覆盖台呢，一般选择深色台呢，也可根据具体需要来选择颜色。签字桌上的摆设包括：①双方保存的文本。②签字用的文具。③旗架，悬挂签字双方的旗帜。④鲜花。

所有这些摆设的摆放，遵循主左客右的原则。

签字仪式的主席台，需要同时安放下主签人、助签人和观礼人。如果还有观众或媒体，安排在主席台下的观众席，如图 8-6 所示。

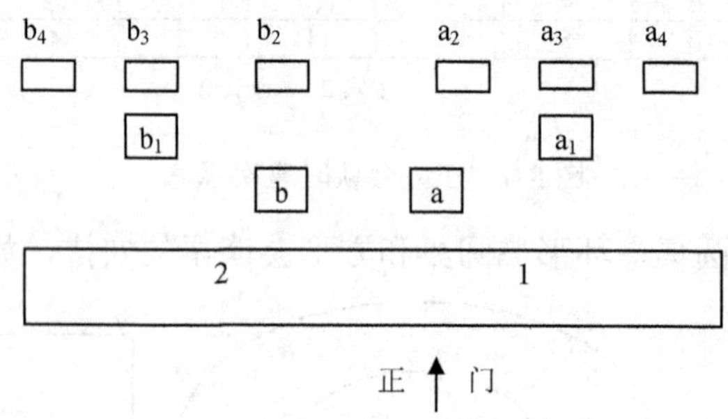

图 8-6　常见签字桌及人员站位示意

1—签字桌；2—双方标志或小国旗（左主、右客）；a—主主签人；b—客主签人；a_1—主助签人；b_1—客助签人；a_2，a_3，a_4—主观礼人员；b_2，b_3，b_4—客观礼人员

步骤五：签字仪式的程序

（1）双方参加签字仪式的人员步入签字厅。

（2）主签人入座。

（3）双方观礼人员按身份、地位依次站在己方主签人之后。

（4）助签人员站在双方各自的主签人的外侧。

（5）签字过程。①双方助签人员协助主签人翻揭文本，指明签字处；②双方签字人员在自己所要保存的文本上签字；③由助签人员将此文本送给对方助签人员；④双方签字人员分别在对方保存的文本上签字；⑤双方主签人将文本互换，相互握手庆贺；⑥有时备有香槟酒，在双方握手庆贺后，礼仪小姐端上香槟酒，双方共同举杯祝贺。

步骤六：清理会场

一方面要做好会场清理工作；另一方面，如果是租用的签字厅，要将我方的物品整理好，及时带回。

步骤七：整理材料

将签字仪式中涉及的各种文本及时归档；需要形成相关会议纪要或简报的，需及时完成。

五、知识链接

（一）会见与会谈的联系和区别

1. 会见

会见即与别人会面、相见，多指外交场合，也称会晤。会见时间一般较短，通常是半小时左右。会见从类型上讲，有礼节性的，也有实质性的，其中礼节性会见最为常见。礼节性会见，会见时间较短，话题较宽泛，气氛也较轻松活泼；实质性会见，往往就双边的政治、经济、军事、文化等问题交换意见，因而时间较长，话题较集中，气氛也比礼节性会见紧张。

2. 会谈

会谈指双方共同商谈，是双方或多方就某些重大问题，如政治、经济、文化等领域的重大问题的磋商或谈判。会谈的内容比较正式，实质性、专题性较强。有一部分会谈，双方或多方都是以实现自身的一定利益为目的，希图与对方达成某种共识，因而会谈往往时间较长，可能出现波折，有时同一问题的会谈会分多次进行。

会见和会谈在程序安排和礼仪要求上是一致的，区别在于一般的礼仪性程序结束后，谈话的内容与时间，以及座次的安排不同而已。通常，会谈比会见的时间长，内容也较为正式，会议座次安排也较复杂。

（二）注意事项

会见、会谈、签字仪式是领导常规工作的一部分。无论是党政机关、企业公司，还是社会团体，为交往与合作而举行的会见和会谈越来越多，良好的会谈结果也要求通过签字仪式确定下来，因此它们已成为领导工作的一个非常重要的组成部分。成功的会见、会谈可以在公众中树立良好的组织形象，获取政治、经济或社会的权利和利益，为组织的生存和发展创造条件。

为领导安排会见、会谈、签字仪式，除了工作步骤中体现的要点之外，还需要特别注意办会人员的礼宾工作，办会人员既要考虑到我国的礼宾习惯，又要与国际接轨，借鉴国际上通行的礼宾方法，同时还要顾及不同地区、不同国家、不同民族在历史文化、风俗习惯、宗教信仰等方面的差异。

在会议组织过程中，办会人员要不卑不亢、落落大方、热情周到地做好相关工作。

六、实例展示

【案例一】

外事会见应把握的几个原则

在外事接待中，会见是非常重要的环节。重要外宾到地方访问时，往往会根据外宾的规格、上级部门的指示或外宾的要求，安排相应规格的地方领导人出面会见。会见不仅体现对来访者的一定礼遇，而且能在更高层面交流感情、增进友谊、促进合作。由此看出，会见是整个接待活动的核心部分，需要认真策划、周密部署、细致安排、务求实效。

做好会见工作，要注意把握以下几个原则。一是代表性原则。会见往往是一次外事接待过程中规格最高、最为正式的活动，它代表着一个地方乃至一个国家的形象，代表着当地的经济社会发展水平，也代表着外事部门掌控外事活动的能力。二是规范性原则。会见活动如何呈报、如何策划、如何实施，既有国内的程序要求，也有国际上通行的做法，要“循规蹈矩”，高标准、规范化运作。三是实效性原则。对外交往的最终目的，是为了增进了解、推动合作。所以，务实、高效的原则应贯穿会见的全过程。四是协作性原则。以省级领导人外事会见为例（全文同），会见活动涉及省领导、办公厅、警卫局以及出席活动的相关部门、新闻单位、宾馆等方方面面，需要统筹协调、密切协作。五是系统性原则。一场会见，往往包括事前准备、现场布置、背景汇报、会见、后续工作等一系列不可缺少的环节，需要按部就班、善始善终地一一落实。

（资料来源：http://www.sdfao.gov.cn/art/2011/1/5/art_48_11259.html）

【解读】 这是某省省政府相关部门提出的关于本省外事会见工作中涉及的工作原则的介绍。与本任务中列举的商务会见相比，政务会见，尤其是外事会见在工作要求上更加严格、细致。特别需要注意的是，在会前准备工作中，一是要提前按规定程序完成上报请示工作；二是要将相关文字材料详细准备好；三是由于外事会见活动中会见对象的特殊性，我们还要在礼仪上注意掌握对方国家或民族的习惯、习俗，并给以充分的尊重。

【案例二】

六方会谈的会场安排

六方会谈桌藏着玄机

经过了五轮六方会谈，中国作为东道主，待客之道越来越娴熟，为来自其他五方的来宾提供周到的服务。这种服务，细到会谈桌型的设计，也细到美朝代表座位的安排。

每一轮六方会谈的举办地点，都设在钓鱼台国宾馆17号楼芳菲苑。占地近2.3万平方米的芳菲苑，是钓鱼台内建筑面积最大的一个楼，其主要功能是举办大型会议或酒会。主会场号称千人大厅，气势恢弘。

会谈用的桌子颇有些讲究。如果翻出前几轮六方会谈的照片看一下，就会发现，会谈的桌型发生了细微变化。在第一轮会谈时，六边长桌的空隙处，需用一张小条桌填上才能合围，呈12边形。后来，为了体现会场整体造型，国宾馆的木工师傅们专门设计制作了桌角，真正实现了“六边六角”。特制的巨型墨绿色桌布覆盖整桌，无一接缝。除了主会场的大会议桌，还有一套相同式样的小会议桌。这是为工作组会议专门定制的。

钓鱼台国宾馆的一大特色就是其浓厚的艺术氛围。芳菲苑里陈列着不少瓷器、玉器等艺术品。很多展品都是特地从故宫借来的，让各国客人能够在很短的时间里欣赏到中国文物的精华。这些展品经常在换，六方团长每次握手合影时，背后的国画从来没有雷同的。

为让朝美代表挨着坐，中方费心巧做安排

每次六方会谈，团长的座位固定不变。以中方为起点，右手逆时针依次为日本、朝

鲜、美国、俄罗斯和韩国。据说，为了设计这个顺序，中方当初也颇费了一番心思。

英文字母顺序是排列的第一要则。不过，英文字母是取全称，还是缩写则很有门道。如果用缩写的话，中国是 China（C），朝鲜是 DPRK（D），日本是 Japan（J），韩国是 ROK（Ro），俄罗斯是 Russia（Ru），美国是 USA（U）。按照这一顺序，美国团长和朝鲜团长就被隔开了。

为了让美、朝代表坐在一起，中方采用了按国名全称排座位的方式。这样一来，朝鲜是 DPRK（D），日本是 Japan（J），中国是 P.R.China（P），韩国是 ROK（Ro），俄罗斯是 Russia（Ru），美国是 USA（U）。美朝正好在首尾两端，双方团长在六方会谈的桌子上，也正好成了邻座。

主会场边上的会见厅，专门用来召开六方团长会。厅里摆了一张直径约 4 米的圆形红木茶桌，但高度只有 50 厘米左右。会见厅的座位顺序完全按主会场布置，比起正式会议的“有棱有角”，圆桌会议创造出了一份沟通的便利。

（资料来源：http://news.sohu.com/20061222/n247202203.shtml）

【解读】 座次安排是会议组织中非常重要的一项工作，尤其是在多方会谈中，与会各方的座次安排更是颇有讲究。在六方会谈的会议组织过程中，中方为此做了精心、巧妙的安排，既给出了合理的、能取得各方认可的排序依据，又能保证相关各方能够相邻而坐，便于会谈的深入。我们可以从中获得启发，并用于日常的会务工作中去。

七、拓展实训

【情景问答】

材料：

第十八届中国哈尔滨国际经济贸易洽谈会
国家领导人会见俄罗斯贵宾方案

一、时间

2007 年 6 月 15 日 9:25～9:35。

二、地点

国际会议中心 401 会议室。

三、参加会见人员

中方：商务部副部长马秀红，黑龙江省领导等。

俄方：俄罗斯副总理，俄总统驻远东、西伯利亚代表，俄罗斯滨海边区行政长官达里金，俄罗斯赤塔州州长 R.F.根尼亚杜林，俄罗斯犹太自治州州长古列维奇，俄罗斯经贸部代表，俄罗斯外交部代表，俄罗斯驻华商务处代表等。

四、会场布置

（一）会场外设两个指示牌。

（二）礼仪小姐 12 人（负责在入口处引导领导入场，贵宾室内服务，引导领导上主席台就座等）。

（三）会议室、贵宾休息室：摆放鲜花、茶水、矿泉水、手巾。

（四）会议室摆放领导座位名单，黑龙江省领导身旁配翻译（省外办负责）。

中方：唐家璇。摆放2张沙发，翻译在领导人后面就座（翻译由省外办提供）。其他参加会见人员待定。

俄方：俄罗斯副总理，俄总统驻远东、西伯利亚代表，俄罗斯有关州区省州级行政长官，俄外交部代表等。

五、日程

9:25～9:27　参加会见的中俄双方贵宾由礼仪小姐引导乘直梯分别进入 401 会议室休息（省外办、省接待办、省商务厅对俄中心负责组织）。

9:27　礼仪小姐及 2 名懂俄语工作人员引导俄方贵宾乘直梯进入 401 会议室（省外办、省商务厅对俄中心负责组织）。

9:29～9:35　马秀红副部长、黑龙江省委领导等共同会见俄罗斯有关州区省州级行政长官、俄经贸部代表、外交部代表、俄驻华使馆代表（省外办、省商务厅对俄中心负责组织）。

9:36～9:39　参加会见的中俄双方嘉宾由礼仪小姐引导贵宾乘直梯进入 2 楼大宴会厅出席俄罗斯商务日开幕式（省接待办、省外办、商务厅对俄中心负责组织）。

（资料来源：http://special.dbw.cn/system/2007/06/14/050853695.shtml）

结合上述情景内容回答下列问题：

1．此次会见的时间选择是否妥当？并说明理由。

2．这份会见活动方案在人员安排、会场设计上还存在哪些问题？请协助完善。

【供料实训】

河南省人民政府　杉杉投资控股（集团）有限公司战略合作框架协议签字仪式在郑州举行

本报讯（记者杨凌）11月18日下午，河南省人民政府与杉杉投资控股（集团）有限公司战略合作框架协议签字仪式在郑州举行。省委副书记、省长郭庚茂，杉杉集团董事局主席郑永刚，省委常委、常务副省长李克，省委常委、郑州市委书记王文超，以及杉杉集团董事局副主席郑学明、杉杉集团总裁胡海平等出席签字仪式。

在签字仪式前双方进行的会谈中，郭庚茂说，在一系列扩内需、保增长政策措施的影响下，河南呈现出经济企稳回升的良好态势，预计全年经济增速有望达到10%以上。他说，我国包括河南在内之所以能够在较短时间里扭转经济下滑的局面，主要取决于党中央、国务院英明决策，实施了一系列宏观调控措施。我们认为其内在的支撑因素是：（一）目前我国已进入工业化、城镇化中期阶段，市场需求旺盛，发展动力充足；（二）我们实行的中国特色社会主义发展模式，既注重依靠市场机制自身调节，又注重实施宏观调控，在应对危机中发挥了其独特的优势；（三）经过改革开放30年的发展，我国在基础设施建设、资本积累、人力资源培养等方面已经有了一个较好的基础，可以在较长时期内支撑经济的快速增长。

郭庚茂说，改革开放30年来，经过全省人民的艰苦奋斗，河南已成功实现了由经济落后省份向全国重要经济大省的转变，由温饱不足省份向全国第一粮食生产大省的转变，

由传统农业大省向新兴工业大省的转变，由文化资源大省向全国有影响的文化大省的转变。在当前经济增长由主要依靠外需拉动转向依靠内需拉动的新形势下，河南实现又好又快发展的有利条件在增多，不利因素在减少。从区域竞争优势看，与中国东部和西部相比，河南在土地、区位、能源原材料、劳动力成本等方面的优势日益凸显；从交通、水利、能源、金融体系、环保设施等经济发展的基础条件看，经过改革开放30年的发展和积累，河南的这些基础条件已经趋向完善和成熟，承接产业转移的能力显著增强，可以在较长时期内支撑经济的快速增长；从自身市场潜力看，作为拥有近1亿人口的省份，河南市场需求旺盛，发展潜力巨大；从政策条件看，当前河南与东部沿海地区在政策体制方面的差异也在不断缩小，当今河南已成为国内外客商热切关注的地区之一。

郭庚茂说，今天的合作框架协议是河南省人民政府与国内民营企业集团签订的第一个战略合作协议，其意义非同寻常，我们对双方合作充满信心，省政府将按照协议确定原则，努力搞好服务，全力支持杉杉集团在河南的发展。

郑永刚感谢郭庚茂对杉杉集团在河南实施项目的支持和帮助。他说，在国家实施中部崛起战略和启动内需战略的大背景下，作为中部主力的河南省发展潜力巨大，中原崛起将是下一轮经济发展的重要推动力量。经过二三十年的发展，杉杉集团已经成为一家涵盖服装、高科技新能源、房地产、金融投资等多个产业板块的企业集团，在上述领域积累了较为丰富的经验和资源，杉杉集团将充分发挥这些优势，确保双方合作项目成功实施，在促进杉杉集团快速健康发展的同时，也帮助引进其他战略投资者参与河南开发建设，为河南经济社会发展和中原崛起做出应有贡献。

会谈结束后，双方举行了战略合作框架协议签字仪式，李克和胡海平分别代表双方在协议上签字。根据协议，杉杉集团将在未来5至8年内投资200亿元实施郑州服装产业园、杉杉郑州科技园、奥特莱斯郑州“时尚之都园”等项目。

（资料来源：河南日报，2009年11月19日）

结合以上材料，完成下列综合实训任务：

1. 请设定参与本次会谈和签字仪式的人员角色。

2. 选派本班同学扮演上述角色，组建此次活动的办会人员和机构，模拟此次会谈及签字仪式。

八、学习反思

____

____

____

任务四 新闻发布会

一、任务目标

1. 掌握新闻发布会的组织流程和要点。

2．能够把握此类会议组织的注意事项。

二、任务情景

卓越公司是A市食品加工企业的龙头，2010年5月刚刚通过HACCP质量认证，成为A市首家通过该认证的企业。为了让公众及时了解这一新闻，并以此契机来塑造、宣传企业形象，树立企业品牌，扩大企业影响，加强HACCP体系认证的公众受知度，卓越公司决定于近期举办一场新闻发布会。假设领导安排由你负责此次新闻发布会的组织工作，你将如何完成？

三、任务分析

此次新闻发布会的主题、发布信息和会议目的都非常明确。作为组织者需要特别注意的是，由于新闻发布会和一般会议的与会人员不同，需要我们在时间和会场的选择、人员的邀请、材料的准备等方面进行充分的考虑，以保证达到会议的目的。

四、任务实施

步骤一：确定新闻发布会的目的、主题和标题

作为新闻发布会的组织者，一定要首先明确发布会的目的是什么，是释疑、说明情况，还是展示、通报信息。目的清楚了，结合当前的具体任务就可以将主题确定下来，同时确定最终的标题。一般党政机关的新闻发布会通常是将单位名称和"新闻发布会"字样相组合作为标题出现，而公司企业除了"新闻发布会"为主题外，也可以采取"信息发布会"、"媒体见面会"或者"新品发布会"等的标题来体现。此次发布会可以选择类似的标题，例如"卓越公司通过HACCP质量认证新闻发布会"。

步骤二：确定新闻发布会的时间和地点

一般情况，新闻发布会通常会选择工作日的上午10点左右举行。对于突发事件的新闻发布会则根据具体情况及时召开。情景中的新闻发布会可以选择卓越公司通过HACCP质量认证后的第一个工作日上午10时举行。

新闻发布会的会场选择通常为本单位所在地、事件发生地或者知名的酒店、宾馆内的会议厅。党政机关的新闻发布会通常选择在专门的新闻发布厅或者单位所在地，而公司、企业的新闻发布会则更多会选择在知名的酒店、宾馆内的会议厅。酒店有不同的星级，从企业形象的角度来说，重要的发布会宜选择五星级或四星级酒店。酒店有不同的风格，不同的定位，选择酒店的风格要注意与发布会的内容相统一。还要考虑地点的交通便利及是否易于寻找，具体包括主要媒体、重要人物距会议地点的远近，交通是否便利，泊车是否方便等。

步骤三：确定和邀请主持人、发言人和被邀媒体

新闻发布会的发言人一般由组织的主要负责人担任；主持人一般由组织的宣传负责人担任。确定邀请记者的范围，一般需考虑国外媒体和国内媒体的范围，尤其是国内媒

体还要确定国家级媒体和地方媒体的范围，此外还要综合广播、电视、报纸、期刊及网络等不同形式的媒体。

步骤四：确定会议议程

新闻发布会一般可以分为三个大的阶段：一是主持人介绍新闻发布会背景以及与会人员。二是由发言人通报信息，发言人可以是一人也可以是多人，但要保证发言内容、信息的口径一致。三是与会记者提问阶段。公司企业的新闻发布会通常会在信息发布后、记者提问之前，增加相关领导致辞或讲话的环节。

此次新闻发布会的参考议程：

（1）主持人致欢迎词及开场白（介绍参会的领导及媒体，3分钟）。

（2）HACCP体系原理及卓越公司建立和实施HACCP情况介绍（10分钟）。

（3）卓越公司领导发言（5分钟）。

（4）A市出入境检验检疫局×局长发言（5分钟）。

（5）与会记者提问（30分钟）。

步骤五：准备会议材料

提供给媒体的资料，一般以广告手提袋或文件袋的形式，整理妥当，按顺序摆放，在新闻发布会前发放给新闻媒体，顺序依次应为：

（1）会议议程。

（2）新闻通稿。

（3）演讲发言稿。

（4）发言人的背景资料介绍（应包括头衔、主要经历、取得成就等）。

（5）公司宣传册。

（6）产品说明资料（如果是关于新产品的新闻发布的话）。

（7）有关图片。

（8）纪念品（或纪念品领用券）。

（9）企业新闻负责人名片（新闻发布后进一步采访、新闻发表后寄达联络）。

（10）空白信笺、笔（方便记者记录）。

步骤六：布置会场

1. 会场座次

会场的主席台一般采用课桌式摆放，记者席通常采用无桌子的坐席。主席台上只有主持人和发言人席，主持人位于主席台台上的最右侧，主发言人在主席台的中央位置，其他发言人按级别或重要程度依次排列。如果有贵宾通常安排其坐于下面的第一排或者前数排。整个会场注意席位的预留，预留的席位可以提前备于会场旁边的筹备室，根据具体需要再往场内搬放。

2. 会议设备

除了麦克风和音响设备之外，还有一些需要做电脑展示的内容还包括投影仪、笔记本电脑、上网连接设备、投影幕布等，相关设备在发布会前要反复调试，保证不出故障。

3. 背景布置和外围布置

主席台背景通常采用蓝底白字或红底黄字，注明主办单位和“新闻发布会”的字样。外围的布置，一般在大堂、电梯口、转弯处有导引指示欢迎牌，一般酒店有这项服务。事先可请好礼仪小姐迎宾。如果是在企业内部安排发布会，也要酌情安排人员做记者引导工作。

步骤七：迎宾签到、发放会议资料

步骤八：会中的协调、服务

步骤九：会后活动

步骤十：会议资料存档

步骤十一：把握媒体的报道和反应

新闻发布会后，组织方应及时关注媒体报道情况。特别是对于负面报道要给予及时有效的处理，比如事实准确的批评性报道，应虚心接受，自查整改，改正后再请媒体正面报道；对于因误解而出现的失实报道，组织应及时通过恰当途径联系新闻媒介，将问题解释清楚，消除误会，达成一致，请媒体给予澄清；而对于有意歪曲事实的敌视性报道，组织应讲究策略地与媒介进行再次沟通，立场坚定，尽量为组织挽回声誉。

五、知识链接

（一）新闻发布会的含义

新闻发布会是指一个社会组织直接向新闻界发布有关组织信息，解释组织重大事件而举办的活动。

（二）注意事项

1. 新闻发布会的时间选择

新闻发布的时间通常也是决定新闻何时播出或刊出的时间。从一周来看，一般以选择在周一、二、三为宜，会议时间保证在 1 小时左右。因为多数平面媒体刊出新闻的时间是在获得信息的第二天，这样可以相对保证发布会的现场效果和会后见报效果。从一天来看，发布会应该尽量不选择在上午较早或晚上的时间。有一些以晚宴酒会形式举行的重大事件发布，也会邀请记者出席，但应把新闻发布的内容安排在最初的阶段，至少保证记者的采访工作可以比较早的结束，确保媒体次日发稿。

如果是公司、企业召开新闻发布会的话，还要注意在时间的选择上尽量避开重要的政治事件、社会事件及各类突发事件，媒体对这些事件的大篇幅报道任务会冲淡企业新闻发布会的传播效果。

2. 新闻发布会的主题选择

主题应集中，不能同时发布数个不相关的信息。一般将发布信息控制在5条之内。

3. 邀请媒体记者的技巧

新闻发布会也是媒体所期待的。在全国性的媒体调查中发现，媒体获得新闻最重要的一个途径就是新闻发布会，几乎 100%的媒体将其列为最常参加的媒体活动。由于新闻发布会上人物、事件都比较集中，时效性又很强，且参加发布会免去了预约采访对象、采访时间的一些困扰；另外，新闻发布会一般也会为记者提供一定的馈赠品，所以通常情况下记者都不会放过这些机会。

媒体邀请的技巧很重要，既要吸引记者参加，又不能过多透露将要发布的新闻。在媒体邀请的密度上，既不能过多，也不能过少。一般企业应该邀请与自己联系比较紧密的商业领域记者参加，必要时如事件现场气氛热烈，应关照平面媒体记者与摄影记者一起前往。

邀请的时间一般以提前3～5天为宜，发布会前一天可做适当的提醒。联系比较多的媒体记者可以采取直接电话邀请的方式，相对不是很熟悉的媒体或发布内容比较严肃、庄重时可以采取书面邀请函的方式。

适当制造悬念可以吸引记者对发布会新闻的兴趣，一种可选的方式是开会前不透露新闻，给记者一个惊喜。“我要在第一时间把这消息报道出来”的想法促使很多媒体都在赶写新闻。如果事先就透露出去，用记者的话说就是“新闻资源已被破坏”，看到别的报纸已经报道出来了，写新闻的热情会大大减弱，甚至不想再发布。无论单位与某些报社的记者多么熟悉，在新闻发布会之前，重大的新闻内容都不可以透漏出去。

在记者邀请的过程中必须注意，一定需要邀请新闻记者，而不能邀请媒体的广告业务部门人员。有时，媒体广告人员希望借助发布会的时机进行业务联系，并作出也可帮助发稿的承诺，此时也必须进行回绝。

六、实例展示

【案例一】

国新办教育改革发展及“十二五”教育工作发布会预告

采访通知

兹定于2011年3月28日（星期一）上午10时2011年5月10日（星期二）上午10时在国务院新闻办新闻发布厅举行新闻发布会，请教育部副部长杜玉波介绍“十一五”时期教育改革发展的主要情况及“十二五”规划中教育领域的有关工作，并答记者问。欢迎光临。

为使记者在发布会上获得更多信息，提高发布会效率，欢迎通过电子邮件或传真将您对此场发布会感兴趣和关注的问题反馈给我们。邮箱：Notice@scio.gov.cn。传真/电话：

65592311

注意：请持国务院新闻办的新闻发布会采访证出席。此证件是一人一证，请在参会期间始终佩戴，无此采访证的人员将不能进入新闻发布厅（联系电话：65592311）

地点：国务院新闻办公室新闻发布厅（朝阳门内大街225号）

国务院新闻办公室

2011年3月25日

国新办就“十一五”教育改革发展及“十二五”教育工作举行发布会实录

时　间：2011年3月28日

地　点：国务院新闻办新闻发布厅

主持人：国新办新闻局副局长 陈文俊

发布人：教育部副部长杜玉波、教育部政策法规司司长孙霄兵、教育部发展规划司司长谢焕忠、教育部新闻发言人续梅

实录内容：（有删节）

陈文俊：女士们、先生们，上午好！前不久结束的“两会”通过了国家“十二五”发展规划纲要，在这个《规划纲要》制定的过程中，社会各界对我们国家的教育改革发展状况很关心。今天我们请教育部副部长杜玉波先生出席发布会，给大家介绍这方面的情况。跟杜部长一起出席今天发布会的还有教育部政策法规司司长孙霄兵先生、教育部发展规划司司长谢焕忠先生、教育部新闻发言人续梅女士。下面先请杜部长介绍情况。

杜玉波：女士们、先生们：非常感谢各位参加今天的新闻发布会。首先，我代表教育部，对新闻界的朋友们长期以来对教育改革发展的关心和支持，表示衷心的感谢。也感谢国务院新闻办提供这样一个难得的机会，与大家一起交流。我先向大家简单介绍一点背景情况，再回答大家的提问。

“十一五”是我国教育改革发展极不平凡、十分关键的五年，取得了四大标志性成就：

一是城乡免费九年义务教育全面实现，确保了所有义务教育阶段适龄儿童少年都能有学上。义务教育普及巩固水平进一步提高，2010年全国初中三年巩固率达94%。

二是高等教育大众化水平进一步提高。2010年高等教育毛入学率达26.5%，比2005年提高了5.5个百分点。

三是职业教育取得突破性进展。实现了中等职业教育与普通高中招生规模基本相当，高中阶段教育普及水平显著提高，2010年毛入学率达到82.5%，比2005年提高了近30个百分点。

四是教育公平迈出重大步伐。城乡和区域教育差距缩小，进城务工人员随迁子女、农村留守儿童、残疾学生受教育权益得到更好保障。建立覆盖各级各类教育的资助政策体系。目前，国家每年资助近1.8亿学生，2010年资助经费达510多亿元。

教育的发展推动我国人力资源开发水平迈上了新台阶，15岁以上人口平均受教育年限达到9年左右，新增劳动力平均受教育年限达到12.7年，有力地支撑了“十一五”国

家战略目标的实现，实现了由人口大国到人力资源大国的历史性转变，进入了加快建设教育强国和人力资源强国的新阶段。

自去年全国教育工作会议召开和《国家中长期教育改革和发展规划纲要(2010～2020年)》颁布以来，启动了十大教改项目，部署了50项教改重点任务和425个国家级试点，涉及教育发展的一系列重大项目相继启动实施，29个省(区、市)召开了教育工作会议，教育改革发展面临着前所未有的有利形势。

"十二五"时期，教育改革发展的主要任务是：全面落实教育规划纲要和国家"十二五"规划纲要，服务经济发展方式转变，服务改善民生，以促进公平、提高质量为重点，实施教育体制改革试点和教育发展重点工程，为到2020年实现"两基本、一进入"的战略目标打下决定性基础。

一、教育普及水平要有新提高。(略)

二、促进教育公平要有新突破。(略)

三、教育质量要上新台阶。(略)

四、人才培养结构要有新格局。(略)

五、教育体制改革要有新进展。(略)

以上就是我要介绍的简要情况。下面，我愿意和我的同事回答各位记者朋友的提问。

陈文俊：谢谢杜部长。下面欢迎各位提问，提问之前请通报自己所代表的新闻机构。

中国国际广播电台记者：请问杜部长一个问题，今年"两会"的时候温总理曾经提到，我们明年的教育经费支出要占GDP4%左右。我们知道这个目标此前也多次提出，一直没有实现，我们有什么进一步的政策保障这一目标的实现？另外，有一些高校自主招生考试联盟，不知道教育部对此持何种态度？谢谢。

杜玉波：你提到两个问题，第一个问题，关于教育投入。教育投入是教育事业科学发展的重要保证，今年"两会"期间总理的承诺，体现了国家对教育投入的高度重视，给予了我们很大鼓舞，也增强了信心。所以，近期还将召开有关教育投入的专项会议，对加大教育投入来落实4%做出具体安排和部署。

我认为，当前要重点抓好三项工作：第一，落实政策筹好钱。(略)第二，科学配置用好钱。(略)第三，完善制度管好钱。(略)

第二个问题，关于高校自主招生的问题。高校自主招生从2003年开始进行，试点高校主要是"985"和"211"高校，到2010年试点高校一共有80所。几年来，有3.9万名学生获得自主选拔录取公示资格，实际录取1.6万名，录取人数占相关高校计划总数的4.3%。通过试点，选拔出了一批在学科领域、参与实践创新等方面表现优秀的学生。应当说，高校自主招生，是目前统一高考制度的重要补充。部分试点高校探索实行自主测试，与高考不存在替代关系，参加了自主测试，还需要参加统一高考。一些高水平大学进行自主招生联考，是对高校自主招生形式的新探索。教育部鼓励高校积极探索，并要求试点高校根据学校自身特色及专业培养要求，着重对学生综合能力、学科特长和创新潜质进行考查；积极探索学校考核与高考、高中学业成绩及个人成长记录相结合的综合评价选拔方式；尤其高度重视联考的考试安全及公平性。谢谢！

（另有中央电视台、路透社、中新社、凤凰卫视、北京日报的记者提问及相应回答，略）

陈文俊：由于时间关系，今天的发布会就到这里。谢谢各位。

（资料来源：http：//www.china.com.cn/zhibo/2011-03/28/content_22218750.htm?）

【解读】 随着政务公开的不断推进，新闻发布工作的作用和影响更加受到国内外的关注，加强新闻发布工作成为全社会的共识。新闻发布会作为新闻发布的重要、权威渠道，也越来越受到我国各级政府机关的重视和广大公众的认可。该案例就是国务院新闻办公室组织召开的关于“十一五”教育改革发展及“十二五”教育工作新闻发布会的采访通知和发布会实录。从采访通知中，我们可以清楚地了解到会议的时间、地点、发布单位及人员，以及发布的主题，同时也可以感受到发布机关对媒体友好的态度；而在发布会实录中能感受到的是，相关发言人对媒体可能关注的问题、焦点做了充分的应答准备，在应对记者提问时，真诚且从容。另外，发布会过程中，不论主持人还是发言人在内容把握和语言组织上都比较到位。可以说，这是一次成功的新闻发布会。

【案例二】 2009 年 2 月下旬，国家公布了中标第二批家电下乡产品企业及产品名单，一批受惠企业为此纷纷举办新闻发布会，通过媒体向社会传递企业中标产品均针对农村市场研制而成，且在农村市场有完善的售后服务网络这一核心信息。3 月 4 日，联想集团在京就其下乡的15款电脑产品也举行了同样的新闻发布会。尽管联想通过本次新闻发布欲向媒体传递的核心信息与其他企业没有多大不同，但在发布会场布置、发布形式上独具匠心，不仅让记者亲眼目睹了其产品专为农村独特设计及雄厚的售后服务支持，而且还通过这些细节彰显了其作为一家国际化大公司注重管理和社会责任、一向支持中国农村信息化建设的良好形象。比如对发布会现场的布置，联想除了在会场两边竖起了多幅农民借力信息化而致富的广告画外，还在信息发布台旁再现了一个模拟农村不稳定电压的浓缩版院落，而且会场灯光讲究，营造了一种很舒适的感觉；在发布形式上，联想没有简单地只从产品的诉求特性出现，不仅邀请了央视知名主持人担当发布会主持，而且还将受益于联想信息化普及的农村学生及相关工作人员请到现场，让他们根据自己的实践细说信息化对农村的好处。同时，通过研发人员现场模拟、主持人提问等方式详细介绍联想下乡产品的特性。针对第一批下乡产品在产品质量和售后服务等方面出现的问题，联想还将包括 Intel 等在内的这些下乡产品合作方负责人及联想研发、服务、技术团队负责人悉数请上场，由他们向农村消费者就质量和服务发出了郑重的承诺。

【解读】 相比于政府、机关，公司企业的新闻发布会多半以新品发布、产品推介、业绩通报为主题。为了较好地实现发布会的目的，保证会议效果，在具体组织过程中可以对组织模式进行适当的创新。比如案例中，联想公司的此次新闻发布会的除了发布主题、目的非常明确外，在具体的组织形式上，如场地布置、发布形式都进行了精心的设计，切合了发布会的主题、迎合了受众的需求，得到了非常好的效果。

七、拓展实训

【情景问答】

1. 2008 年 7 月上海荣臣博士蛙集团召开了针对其旗下三大童装品牌博士蛙、哈利波特和网球王子 2008～2009 秋冬新品的新闻发布会，与会人员除了媒体外，还有该集团遍布全国的几百名经销商。为了展示这些新品，该集团在发布会现场除了向大家提供了印刷精美的产品画册及文字资料外，还组织了一个由 200 多名不同年龄段儿童精心演绎的时装秀，使其新品特点、制作精良一览无遗，并给人很好的视觉享受。该集团的研发设计实力以及关注市场需求的品牌形象因此得以强化。

2. 2008 年，国内一知名孕妇产品生产企业与北京市海淀区妇幼保健医院联合推出了一项关爱早期孕妇的新闻发布会，新闻发布的地点就选在了妇幼保健医院，但至发布会结束，一些与会的记者对活动的内容、推出时间、地点、意义等都很清楚，但就是不知与之合作企业的情况，因为发布会的组织者在提供的相关信息中只字没提这家企业的情况。对于这家企业来说，无疑浪费了利用这次新闻发布进行企业及品牌形象展示的机会，并给记者留下不少问号。

结合上述情景内容回答下列问题：

1. 上述两个案例中，有哪些值得我们借鉴的地方？

2. 对企业而言，新闻发布会有哪些积极的作用和意义？

【供料实训】

实训一：

假你所在的学校今年正值建校 50 周年，学校为此将组织一系列活动，其中包括一场新闻发布会，此次新闻发布会主要就校庆活动的筹备、运作情况向媒体进行通报，具体可包括校庆的意义，校庆活动主题、特点以及目前校庆筹备工作的进展情况等相关信息。

结合以上材料，完成下列综合实训任务：

1. 模拟此次新闻发布会。

2. 将本班同学分成会议筹备组、发言人组、记者组三个组别进行准备；参会同学要注意着装礼仪。

3. 也可结合同学们关注的新闻、时事，自拟主题进行模拟新闻发布会的演练。

实训二：

结合实例展示中【案例一】的材料，分角色扮演主持人、发言人和记者，并对会场做好布置，模拟此次新闻发布会的发布过程。

八、学习反思

____

____

____

任务五　庆典活动和宴请

一、任务目标

1．掌握庆典活动和宴请的具体类别。
2．能够独立组织一般的庆典和宴请。
3．掌握庆典活动及宴请中涉及的礼仪要求。

二、任务情景

泰隆公司新建办公楼于2011年9月落成，拟于10月中旬举行办公楼落成庆典仪式。公司领导会议协商后决定，此次庆典内容需包括剪彩仪式、表演活动、参观活动和答谢宴会四个部分。现由你来负责剪彩仪式和答谢宴会两项工作的组织，你将如何完成？

三、任务分析

庆典活动的形式非常多，其中剪彩是庆典活动中非常常见的一种形式，当我们需要表示公司开业、建筑物落成、各类活动开幕、新造车船出厂等，都需要通过剪彩仪式来表达。从操作的角度来看，在组织剪彩仪式时，没有必要一味地求新、求异、求轰动，而脱离了自己的实际能力。奠基、揭牌等仪式在组织上也与剪彩仪式非常接近，可以相互借鉴。

而对于宴会的组织，我们要特别注意，宴请其实并不是吃饭那么简单，而是以就餐之形，实现交际之目的，因此，在筹划准备过程中要特别注意其中的礼仪。

四、任务实施

（一）庆典（以剪彩为例）

步骤一：选择剪彩庆典仪式的时间和会场

剪彩庆典仪式宜选择在天气晴好的日子，上午为佳。在正常情况下，剪彩仪式应在行将启用的建筑、工程、单位所在地、展销会、博览会的现场举行。正门外的广场、正门内的大厅，都是可以优先考虑的。在活动现场，可略作装饰。在剪彩处悬挂写有剪彩仪式的具体名称的大型横幅，更是必不可少的。

步骤二：确定邀请对象

根据此次庆典的主题及要实现的目标，提出邀请范围、邀请对象的初步方案，供领导审查后确定。邀请对象中应特别注意参与剪彩的剪彩者的邀请，组织方应尽早告知对方，使其有所准备。确定剪彩者时，必须尊重对方个人意见，切勿勉强。由数人同时担任剪彩者时，应分别告知剪彩者剪彩时他将与何人同担此任。

步骤三：印制、分发请柬

选择能够体现活动主题、大方雅致的请柬，印制好后，提前分送邀请对象，对一些重要的客人，必要时要亲自上门邀请，以表示对对方的尊重。

步骤四：确定剪彩仪式程序

剪彩仪式通常应包含以下六项基本的程序：

（1）请来宾就位。在剪彩仪式上，通常只为剪彩者、来宾和本单位的负责人安排站席或坐席。在剪彩仪式开始时，即应敬请大家在已排好顺序的位置上站立或就座。在一般情况下，剪彩者应位于前排。若不止一人时，则应使之按照剪彩时的具体顺序就座。

（2）宣布仪式正式开始。在主持人宣布仪式开始后，乐队应演奏音乐，现场可燃放鞭炮，全体到场者应热烈鼓掌。此后，主持人应向全体到场者介绍到场的重要来宾。

（3）奏国歌。此刻须全场起立。必要时，也可随后演奏本单位标志性歌曲。

（4）嘉宾发言。发言者依次应为东道主单位的代表、上级主管部门的代表、地方政府的代表、合作单位的代表，等等。其内容应言简意赅，每人不超过三分钟，重点分别应为介绍、道谢与致贺。

（5）剪彩。在剪彩前，须向全体到场者介绍剪彩者。必要时还可奏乐或燃放鞭炮。

（6）宣布结束。

步骤五：准备庆典设施

庆祝仪典的设施一般包括：音响设备，会场装饰物，如花篮、彩球、悬幅、充气装饰等；剪彩用的红绸布、剪刀及托盘、礼品、纪念品等。

步骤六：准备相关资料

庆典上所需的资料包括领导的发言稿，单位准备对外宣传的内部情况，历史资料、图片、实物等。如有必要在新闻媒体上公开发布消息，还应与记者一同商议拟好稿件，准备发表。所有相关资料必须先送领导审查批准后确定。

步骤七：确定剪彩嘉宾，邀请司仪、礼仪小姐并交代议程

必要时可以从礼仪公司请专业司仪主持庆典，会务人员要事先向其交代庆典程序、与会主要嘉宾和他们的串词要求。

剪彩仪式中，最重要人员就是剪彩者与助剪者。

1. 剪彩者

剪彩者即在剪彩仪式上持剪刀剪彩之人。剪彩仪式档次的高低，往往同剪彩者的身份密切相关。因此，在选定剪彩的人员时，最重要的是要把剪彩者选好。一般可以在邀请嘉宾中选择身份、地位恰当的人士参与剪彩。根据惯例，剪彩者可以是一个人或多人，但是一般不多于五人。通常剪彩者由上级领导、合作伙伴、社会名流、员工代表或客户代表担任。尽可能在剪彩仪式前进行彩排。剪彩者应着正装。若剪彩者仅为一人，则其剪彩时居中而立即可；若剪彩者不止一人时，则其同时上场剪彩时位次的尊卑就必须予以重视。一般的规矩是：中间高于两侧，右侧高于左侧，距离中间站立者越远位次便越低，即主剪者应居于中央的位置。需要说明的是，之所以规定剪彩者的位次“右侧高于左侧”，主要是因为这是一项国际惯例，剪彩仪式理当遵守。若剪彩仪式并无外宾参加时，执行我国“左侧高于右侧”的传统做法亦可。

2. 助剪者

助剪者是指剪彩者剪彩的一系列过程中从旁边为其提供帮助的人员。在剪彩仪式上服务的礼仪小姐，又可以分为迎宾者、引导者、服务者、拉彩者、捧花者、托盘者。迎宾者的任务，是在活动现场负责迎来送往；服务者的任务，是为来宾尤其是剪彩者提供饮料，安排休息之处；引导者的任务，是在进行剪彩时负责带领剪彩者登台或退场；拉彩者的任务，是在剪彩时展开、拉直红色缎带；捧花者的任务则在剪彩时手托花团；托盘者的任务，则是为剪彩者提供剪刀、手套等剪彩用品。在一般情况下，迎宾者与服务者应不止一人；引导者既可以是一个人，也可以为每位剪彩者各配一名；拉彩者通常应为两人；捧花者的人数则需要视花团的具体数目而定，一般应为一花一人；托盘者可以为一人，也可以为每位剪彩者各配一人。有时，礼仪小姐也可身兼数职。礼仪小姐的最佳装束应为：化淡妆、盘起头发，穿款式、面料、色彩统一的单色旗袍，配肉色连裤丝袜、黑色高跟皮鞋。除戒指、耳环或耳钉外，不佩戴其他任何首饰。有时，礼仪小姐身穿深色或单色的套裙亦可。但是，她们的穿着打扮必须尽可能地整齐划一。

步骤八：安排来宾接待工作

剪彩庆典举行日要安排专人完成来宾的接待工作。

步骤九：按照议程，使剪彩庆典顺利推进

这里，需要特别注意剪彩者剪彩过程的有序性。

当主持人宣告进行剪彩之后，礼仪小姐应率先登场，且应排成一行行进，从右侧登台为宜。登台之后，拉彩者与捧花者应当站成一行，拉彩者处于两端拉直红色缎带，捧花者各自双手手捧一朵花团。托盘者须站立在拉彩者与捧花者身后一米左右，自成一行。

剪彩者登台时，引导者应在其左前方进行引导。剪彩者登台时，宜从右侧出场。当剪彩者全部到位后，托盘者前行一步，到达前者的右后侧，以便为其递上剪刀、手套。剪彩者若不止一人，则其登台时也应列成一行，并且剪彩者总的主剪者行进在前。剪彩者行至既定位置之后，应向拉彩者、捧花者含笑致意。在主持人向全体到场者介绍剪彩者时，被介绍的嘉宾也应微笑向大家欠身或点头致意。当托盘者递上剪刀、手套，亦应微笑着向对方道谢。

在正式剪彩前，剪彩者应首先向拉彩者、捧花者示意，待其有所准备后，右手手持剪刀，表情庄重地将红色缎带一刀剪断。若多名剪彩者同时剪彩时，其他剪彩者应注意主剪者动作，与其主动协调一致，力争大家同时将红色缎带剪断。剪彩以后，红色花团应准确无误地落入托盘者手中的托盘里，而切勿使之坠地。为此，需要捧花者与托盘者的合作。剪彩者在剪彩成功后，可以右手举起剪刀，面向全体到场者致意。然后将剪刀、手套放于托盘之内，举手鼓掌。

接下来，可依次与主人握手道喜，并列队在引导者的引导下退场。退场时，一般宜从右侧下台。待剪彩者退场后，其他礼仪小姐方可列队由右侧退场。不管是剪彩者还是

助剪者在上下场时，都要注意井然有序、步履稳健、神态自然。

步骤十：安排来宾的宴请、住宿等事宜

会后如安排宴请，必须事先做周密准备，专人负责。如果嘉宾在庆典结束后不当日返回，还需安排住宿或其他活动等。

步骤十一：收集反馈意见，及时做好总结工作

庆典完毕，秘书人员要认真搜集与听取各方面的反馈意见，包括来宾的反映、新闻报道、公众的反响等，以便及时评估庆典效果，做好全面总结工作。

步骤十二：做好财务结算工作

（二）宴请

步骤一：确定宴请对象、范围和规格

确定宴请对象、范围和规格的依据是宴请的性质、目的及经费筹措等因素，此次宴请主要涉及参与剪彩仪式的各方嘉宾。

其他宴请场合需注意，确定邀请名义和对象的主要根据是主、客双方的身份，也就是说主客身份应该对等。通常如请主宾携夫人出席，主人若已婚，一般以夫妇名义发出邀请。我国大型正式活动以一人名义发出邀请；日常交往小型宴请则根据具体情况以个人名义或以夫妇名义出面邀请。

邀请范围与规模确定之后，即可草拟具体邀请名单。被邀请人的姓名、职务、称呼以至对方是否有配偶都要准确。多边活动尤其要考虑政治关系，对政治上相互对立的国家是否邀请其人员出席同一活动，要慎重考虑。

步骤二：确定宴请的时间

此次宴请时间与剪彩仪式紧密相连，因此可选在中午进行宴请。但对于宴会而言，晚宴一般是最为正式的，由于双方时间的关系，安排为午宴也是可以的。

通常，宴请时间的安排应充分考虑主、宾双方都较为合适这一因素，一般不宜安排在对方的重大节日、重要活动之际或有禁忌的时间。

步骤三：确定宴请的地点

如果是官方的、隆重的宴请活动，一般安排在政府、议会大厦或宾客下榻的宾馆内举行。其他组织的宴请，有条件的可在本单位的宾馆或附近的饭店、宾馆内进行。选定的场所要能容纳全体人员，在可能条件下，宴会厅外另设休息厅，供宴会前简短交谈用，待主宾到达后一起进宴会厅入席。

步骤四：印制分发请柬

各种宴请活动一般均发请柬，这既是礼貌，也是对客人起提醒、备忘之用。便宴经约妥后，也可不发请柬。工作进餐一般不发请柬。有些国家，邀请最高领导人作为主宾参加活动，需单独发邀请信，其他宾客发请柬。

此次宴请，可以在最初进行剪彩活动邀请时一并发请柬告知即可。注意与整体活动邀请相互配合。

步骤五：布置宴会厅

宴会厅和休息厅的布置取决于活动的性质和形式。官方正式活动场所的布置应该严肃、庄重、大方，可以少量点缀鲜花、刻花等。

步骤六：安排菜谱

宴请时的菜谱要根据宴请的性质、目的、形式与规格，在经费预算标准内合理确定，菜谱的安排要做到主随客好、搭配合理、体现特色、量力而行。无论哪一种宴请，事先均应开列菜单，并征求主管负责人的同意。获准后，如是宴会，即可印制菜单，菜单一桌两三份，至少一份，讲究的也可每人一份。

步骤七：安排座位和席次

宴请时的座次，尤其是正式宴请的座次，是表达主方对宾客的礼遇和尊重，因此会务人员要注意恰当安排赴宴人员座次。总的原则，既要按礼宾次序的原则作安排，又要有灵活性，使席位安排有利于宾主席间的交谈进而增进宾主友谊，如图 8-7 所示。

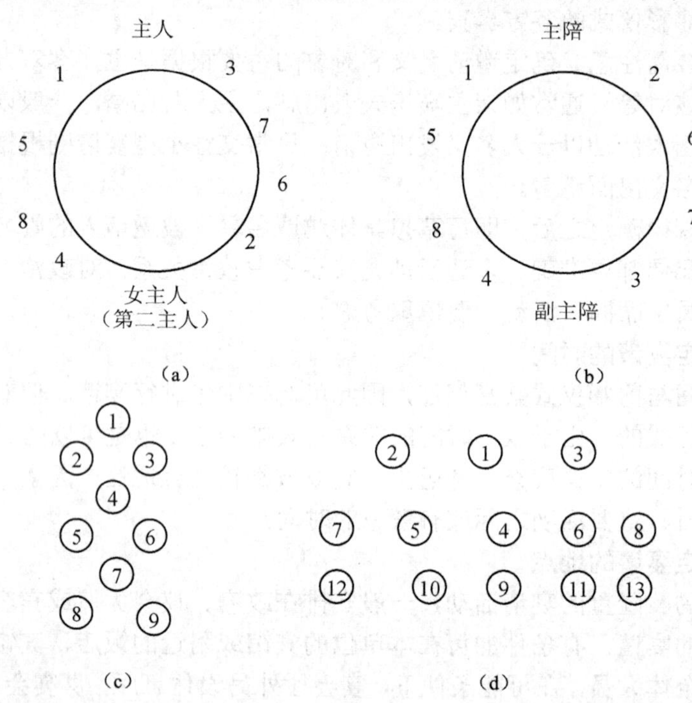

图 8-7　宴请时座次示意

步骤八：准备宴会的其他材料

宴会期间可能用的材料包括以下几个方面。

（1）讲话稿。通常双方事先交换讲话稿，举办宴会的一方先提供。如果是代表团访问，在欢迎宴会前需东道国先提供讲话稿；答谢宴会则由代表团先提供。

（2）在宴会厅前陈列宴会简图，图上注明每人的位置。

（3）用卡片写上出席者姓名和席次，发给本人。

步骤九：宴会前检查

工作人员应提前到现场检查准备工作。

步骤十：迎接

主人一般在门口迎接客人。官方活动，除男女主人外，还有少数其他主要官员陪同主人排列成行迎宾，通常称为迎宾线。其位置宜在客人进门存衣以后、进入休息厅之前。客人握手后，由工作人员引进休息厅。如无休息厅则直接进入宴会厅，但不入座。主宾到达后，由主人陪同进入休息厅与其他客人见面。如其他客人尚未到齐，由迎宾线上其他官员代表主人在门口迎接。主人陪同主宾进入宴会厅，全体客人就座，宴会即开始。如休息厅较小，或宴会规模大，也可以请主桌以外的客人先入座，贵宾席最后入座。

步骤十一：入座

宴请开始前最需要注意的问题是客人的落座，即便事先已经安放了座位卡，也需要引座。宴会的组织人员需协同主人按提前设置的座次，将客人安排入座；再引导主人入座；最后主方其他人员入座。

当入座时，要从椅子左边进入，坐下以后要端正身子，不要低头，使餐桌与身体的距离保持在10～20厘米。入座后不要动筷子，更不要弄出什么响声来，也不要起身走动。

步骤十二：宴会过程

如果主宾双方需要在席上讲话表达某种意愿，入席以后就可以开始发表讲话了，讲话尽量简短。主人宣布开始之后（一般是以祝酒的方式宣布开宴）再用餐。有时讲话也会安排在其他时间，如热菜之后，甜食之前，大家这时应停止进餐，放下餐具，停止与邻座的谈话而注意听主宾双方的讲话。一旦主宾双方相互祝酒时，所有客人应举杯向主人示意。然后再在餐桌上相互交叉碰杯。

在宴会过程中，会务人员需注意服务人员的用餐服务是否到位。服务员服务如有不到位之处，需及时提醒，或者亲自弥补。

另外，会务人员也要结合上菜的顺序和节奏，来协助主人推进宴会的进程。中餐正餐的上菜顺序一般是：冷盘—热炒—主菜—汤和主食—水果拼盘；西餐正餐的上菜顺序一般是：开胃菜—面包—汤—主菜—点心—甜品—果品—热饮。

步骤十三：送客

宴请结束后，主宾告辞，主人送至门口，主宾离去后，原迎宾人员顺序排列，与其他客人握别。

步骤十四：结账

结账后及时索要发票，以便餐后报销。

五、知识链接

（一）庆典

1. 庆典的含义

庆典是各类组织利用自身或社会环境中的有关重大事件、纪念日、节日等所举办的各种仪式、庆祝会和纪念活动的总称，如节庆活动、纪念活动、典礼仪式和其他活动。庆典的邀请嘉宾往往是组织的上级主管部门和友好单位的领导、关心组织成长的业内友好人士，以及有关媒体。因此，通过庆典活动，可以渲染气氛，强化组织的影响力；也可以广交朋友，广结良缘；成功的庆典活动还可能具有较高的新闻价值，从而进一步提高组织的知名度和美誉度。

2. 庆典的类型

（1）节庆活动。节庆活动是利用节日而举行的庆祝活动。不同的国家，不同的民族，不同的地区有着不同的节日。对同一个国家、民族、地区而言，节日又有官方节日和民间传统节日之分。在我国常见的官方节日有元旦、妇女节、劳动节、儿童节、建党日、建军节、国庆节等，民间传统节日有春节、元宵节、清明节、端午节、中秋节等。还有些地方根据自身文化传统、风俗习惯、土特产等，组织举办一些具有地方特色的节庆活动。

（2）纪念活动。纪念活动是利用社会或本行业、本组织的具有纪念意义的日期而开展的纪念或庆祝活动。可供组织举办纪念活动的日期和时间有很多，如历史上的重要事件发生纪念日、本行业重大事件纪念日、社会名流和著名人士的诞辰或逝世纪念日。对组织而言，周年纪念日、逢五逢十的纪念日及重大成就的纪念日，都是常见的举办纪念活动的好时机。

（3）典礼仪式。典礼仪式包括各种典礼和仪式活动，如开幕典礼、开业典礼、项目竣工典礼、毕业典礼、颁奖典礼、就职仪式、授勋仪式、捐赠仪式等。在实际工作中，典礼仪式的形式多样，并无统一模式；在组织流程上，有繁有简，需根据具体的需要进行策划、实施。

（二）宴请

1. 宴请的含义

宴请是因习俗或社交礼仪需要而举行的宴饮聚会，它是社交与饮食结合的一种形式。宴请是人际、社交乃至国际交往中最常见的表示欢洽交往的交际活动之一。通过宴请宾朋，可以达到应酬答谢、祝贺共勉、增进友谊、协调沟通、联络感情，以及讨论共同感兴趣的问题等。现代社交活动中，宴请也常常带有明确的目的、程序和要求。

2. 宴会的类型

各国宴请都有自己国家或民族的特点与习惯。国际上通用的宴请形式有宴会、招待会、茶会、工作进餐等。举办宴请活动采用何种形式，通常根据活动目的、邀请对象以及经费开支等多种因素而定。

（1）宴会（Banquet 或 Dinner）

宴会指比较正式、隆重的设宴招待，一般为正餐。主宾在一起入座进食，由招待员

顺序上菜。按其规格又可分为国宴、正式宴会、便宴、家宴四种形式。

国宴（State Banquet）——国家元首或政府为招待国宾、其他贵宾或在重要节日为招待各界人士而以国家的名义举行的正式宴会。这类宴会规格最高，也最正式。其特点是出席者的身份高，接待规格高，场面隆重，政治性强，礼仪严格，工作程序规范、严谨等。一般在国宴上要悬挂国旗，由中国政府邀请来宾时，中国的国旗挂在左方，外国的国旗挂在右方；来访国举行答谢宴会时则互相调换位置。安排乐队演奏双方国歌，奏席间乐，双方首脑在宴会前要发表演讲、讲话或祝酒词。

正式宴会（Banquet，Dinner）——规格比国宴低，且不悬挂国旗、不奏国歌，其余基本与国宴相同，也可奏席间乐。

便宴——非正式的宴请，常见的有午宴（Luncheon）、晚宴（Supper），有时也有早宴（Breakfast）。一般不排座次，不作正式讲话，菜肴可丰可俭，它最大的特点是自由、轻松、随便。有时还以自助餐的形式，自由取餐，自由活动，更显得随和亲切。

家宴——即把客人请到家中招待的宴请方式，显得亲切、友好。家宴一般由家庭主妇亲自下厨烹调，家人和客人共同进餐，也可采用自助餐的形式举行。

（2）招待会（Reception）

招待会是较为灵活的宴请形式，备有食品、饮料，不排席位，可以自由活动，常见的有冷餐会和酒会两种形式。

冷餐会（Buffet，Buffet-dinner）——其特点是不排座次，菜肴以冷食为主，也可冷、热兼备，陈放在菜桌上，供客人自取。

酒会（Cocktail）——也称鸡尾酒会，形式比冷餐会更活泼、方便。招待客人以酒水为主，略备小吃，不设座椅，仅放置小桌或茶几，以便客人随意走动，接触交谈，客人可以在任何时候入席或退席，来去自由，不受约束。国际上举办大型活动，广泛采用酒会形式招待。自 1980 年起，我国国庆招待会也采取酒会形式。

（3）茶会（Tea Party）

茶会是另一种更为简便的招待形式。西方人一般在早茶（上午 10 时左右）、午茶（下午 4 时）左右，请客人品茶为主。茶会通常设在客厅，设茶几、座椅、不排席位，如有贵宾参加，可将其和主人安排坐在一起，其他人随意而坐。请客人品茶，通常享用茶水的过程也有许多礼仪和品茶习惯的讲究，但不同于日本茶道，它不是表演，仍然是注重实际的招待。茶具及茶叶都要十分考究，一般都选用名贵茶叶和上乘茶具，品茶的时候可略备点心或小吃。

现在，在某些议程较长的会议上会穿插一种类似于茶会的小型茶话会形式，称之为茶歇（Tea break）。茶歇的定义就是为会间休息兼气氛调节而设置的小型简易茶话会，当然提供的饮品可能不限于中国茶，点心也不限于中国点心。通常茶歇的准备包括点心要求、饮品要求、摆饰要求、服务及茶歇开放时间要求等，一般不同时段可以更换不同的饮品、点心组合。茶歇大致分为中式与西式：中式的饮品包括矿泉水、开水、绿茶、花茶、红茶、奶茶、果茶、罐装饮料、微量酒精饮料，点心一般是各类糕点、饼干、袋装食品、时令水果、花式果盘等；西式茶歇饮品一般包括各式咖啡、矿泉水、低度酒精饮料、罐装饮料、红茶、果茶、牛奶、果汁等，点心有蛋糕、各类甜品、糕点、水果、花式果盘，有的还有中式糕点。

（4）工作进餐

按用餐时间分为工作早餐、工作午餐、工作晚餐，是现代国际交流中经常采用的一种非正式宴请形式，有时由进餐者各自付费。这类进餐只请与工作直接相关的人参加，不请配偶。

六、实例展示

【案例一】

十周年庆典的邀请工作

新硕公司成立已经整整十年了，按照中国的“五年一小庆，十年一大庆”的传统，公司决定举办十周年庆典大会。为了体现这次庆典的隆重和喜庆，同时利用大会期间与各界朋友联络感情，加深友谊，公司决定广邀宾客，具体的嘉宾名单和邀请工作由总经理办公室的秘书田梅溪负责。

接到任务后，田秘书充分认识到了会议的重要性，暗暗提醒自己一定要把工作做好，不能出半点纰漏。它根据公司庆典大会举办的宗旨和原则，确定邀请嘉宾的范围应该包括市里有关部门的领导、重要的新老客户、业界的知名同行，以及其他各界和新闻媒体的朋友。再经过仔细斟酌和筛选后，最终确定了嘉宾人选，并详细地列出清单，提交总经理审核。总经理看后，对田秘书给予了充分的肯定，并表示需要和各部门经理开会研究一下，看是否还有补充。很快，经办公会议研究后，总经理在田秘书列出的清单上增加了几位嘉宾的名字，告知田秘书后，要求她及尽快与嘉宾联系。

田秘书根据最终名单，准备制作请柬，她认为如此隆重的庆典，发出的请柬一定要精美，于是与会务组的工作人员探讨，最终确定了一款又大方又漂亮的请柬。接下来，田秘书一丝不苟地拟写内容、折好、套封皮、盖章、装信封，每一道工序都确保无误。

田秘书按照嘉宾地址核对无误后将请柬寄出。过了几天后，田秘书按照名单打电话询问请柬是否收到，对方是否能光临，并把得到的反馈信息仔细地在名单备注一栏里写清楚。当时没有联系上的，她也特别做了标注，稍后联系，直至得到明确答复。最后把确定的能够参会的名单报给了总经理。同时，向总经理建议，几个重要的客人最好是由总经理亲自邀请，以显示诚意和尊重。总经理很满意，对小田的工作给予了表扬。

十周年庆典即将召开了，田秘书又对重要客人能否到会进行了最后的确定，并向总经理进行了汇报。

庆典如期举行，所有嘉宾按时到达，庆典进展非常顺利。田秘书终于松了一口气。

（资料来源：孟庆荣．2010．秘书工作案例及分析．2版．北京：清华大学出版社）

【解读】 庆典的组织策划，在嘉宾邀请的环节上也需要特别注意，因为邀请嘉宾的层次和邀请到嘉宾的人数，可以体现此次庆典的隆重程度，也可以体现出组织方的综合实力。因此，与会嘉宾的确定和邀请工作至关重要。在邀请过程中，组织方要特别注意邀请的礼节，选择恰当的邀请方式，以体现出对嘉宾应有的尊重和诚意。此外，确认环

节也很重要，在这个过程中，案例中的田秘书就做得非常细致、周到，值得我们学习和借鉴。

【案例二】

正式宴请：提前沟通安排高潮出彩

南茜在一家著名跨国公司的北京总部做总经理秘书工作，中午随总经理和市场总监参加了一个工作午餐会，主要是研究未来一年市场推广工作的计划。这不是一个很正式的会议，主要是利用午餐时间彼此沟通一下。南茜知道晚上公司要正式宴请国内最大的客户张总裁等一行人，答谢他们一年来给予的支持。这次宴请非常正式，她已经提前安排好了酒店和菜单。

下午回到办公室，南茜再次落实了酒店的宴会厅和菜单，为晚上的正式宴请做准备。算了算宾主双方共有8位，南茜安排了桌卡，因为是熟人，又只有几个客人，所以没有送请柬，可是她还是不放心，就又拿起了电话，找到了对方公关部李经理，详细说明了晚宴的地点和时间，又认真地询问了他们总裁的饮食习惯。李经理告诉说他们的总裁是山西人，不太喜欢海鲜，非常爱吃面食。南茜听后，又给酒店打电话，重新调整了晚宴的菜单。

南茜决定提前半个小时到酒店，看看晚宴安排的情况并在现场做点准备工作。到了酒店南茜找到领班经理，再次讲了重点事项，又和他共同检查了宴会的准备。宴会厅分内外两间，外边是会客室，是主人接待客人小坐的地方，已经准备好了鲜花和茶点，里边是宴会的房间，中餐式宴会的圆桌上已经摆放好各种餐具。

南茜知道对着门口桌子上方的位子是主人位，但为了慎重从事，还是征求了领班经理的意见。从带来的桌卡中先挑出写着自己老板名字的桌卡放在主人位上。再将对方总裁的桌卡放在主人位子的右边。想到客户公司的第二把手也很重要，就将他放在主人位子的左边。南茜又将自己的顶头上司市场总监的桌卡放在桌子的下首正位上，再将客户公司的两位业务主管，分放在他的左右两边。为了保证座位空间的均匀，南茜就将自己的位子与公关部李经理放在了相对方向的位置。

应该说晚宴的一切准备工作就绪了。南茜看了看时间还差一刻钟，就来酒店的大堂内等候。提前10分钟左右总经理一行就到了酒店门口，南茜就在送他们到宴会厅时简单地汇报了安排。南茜随即又返身回到了酒店大堂，等待着张总裁一行人的到来。几乎分秒不差，她迎接的客人准时到达。

晚宴按南茜精心安排的情况顺利进行着，宾主双方笑逐颜开，客户不断夸奖菜的味道不错，正合他们的胃口。这时领班经理带领服务员像表演节目一样端上了山西刀削面。客人看到后立即哈哈大笑起来，高兴地说道，你们的工作做得真细致。南茜的总经理也很高兴地说，这是南茜的功劳。

（资料来源：http://www.douban.com）

【解读】 南茜在这次正式的商务宴请中工作非常细致、周到，能够得到宾主双方的满意，重点在于菜品的选择上。在宴会当天下午，南茜根据客人的口味调整菜单去掉了鲍鱼等名贵菜，不仅省钱，还获得了客人的好感；另外，南茜在酒店、房间的选择，会场的准备，座次的安排，宴请前的迎接工作中做得都非常到位。一个重要宴请活动要想成功，沟通好是前提，充分准备是关键，而通晓必要的礼仪则是制胜法宝！

七、拓展实训

【情景问答】

材料一：

华龙公司成立十周年及产品畅销市场十周年庆典活动策划案

该庆典活动将一改往日企业庆典沉闷、开大会的感觉，现场将通过主持人主持式的串讲和大屏幕播放片段来组织活动进程，大屏幕的片段可烘托现场气氛；利用主持人在更换题板上的关键词来引出每个环节，环环相扣，新颖独特。可更好地展现企业文化和企业创新精神。

一、会议主题：华龙十年、我有未来

二、会议时间：2012年4月2日 9:30～11:30

三、会议议程：

第一项：主持人宣布会议开始、介绍与会领导和嘉宾。

第二项：公司领导向与会领导、嘉宾献花，感谢各级政府领导和社会各界友好人士长期以来对华龙公司的支持与厚爱！

第三项：华龙公司张体勤总经理致欢迎词。

第四项：主持人宣读贺词、贺电。

第五项：给华龙公司十年老员工颁发证书，老员工代表发言。（张总为十年老员工颁奖，礼仪小姐送上证书。）

第六项：华龙公司全国经销商联合协会与华龙公司互赠礼物。经销商代表发言。（张总与经销商互赠礼物，礼仪小姐送上双方的礼品。）

第七项：华龙公司供应商监督管理委员会与华龙公司互赠礼物。供应商代表发言。（张总与经销商互赠礼物，礼仪小姐送上双方的礼品。）

第八项：民族之花代表发言。

第九项：A市人民政府领导发表讲话。

第十项：B市人民政府领导发表讲话。

第十一项：主持人做会议总结，宣布华龙公司十周年庆典大会结束。

四、会议流程明细脚本，人员分工及细节：

（一）会议流程明细脚本

（略）

备注：9:30之前　会场外舞狮、锣鼓暖场，会场内各项准备工作就绪。

9:30～10:00　嘉宾入场、签到，解说文化长廊、参观产品、安排就座，场外舞狮、锣鼓继续。

会场内暖场音乐：华龙公司主题歌：我有未来

大屏幕播放内容：

1. 我有未来MTV；
2. 电视台制作的企业专题片；
3. 穿插央视广告（央视同步播放“我有未来”广告）

（现场录制各机位就绪，检查音、视频、灯光、音响配合）

会场录制一切就绪。

（二）人员分工

1. 于关林、马桐：整体会议策划与会议主持。
2. 刘丽：负责会场的协调。
3. 马新力：负责会场内的具体协调、指挥工作。
4. 摄像：1号机；2号机；3号机；4号机。
5. 灯光音响：冯凯。
6. 幻灯片、短片播放：辛敏建。
7. 催场：李玲。
8. 领掌：崔大鹏。
9. 组织、协调、后勤保障工作，指挥停车等工作：薛鹏。
10. 负责会议现场外的气氛调节工作：刘华希。
11. 礼仪接待：朱伟平。
12. 贵宾接待：张国强、浩鑫。
13. 政府领导接待：曾会长、张总。
14. 经销商接待：谭志勇。
15. 供应商接待：毛国强。
16. 文化长廊解说：袁苑。
17. 产品解说：李小涵。
18. 鞭炮：李如彬。

（资料来源：http://yazhe.blog.hexun.com/10681736_d.html）

结合上述情景内容回答下列问题：

1. 谈谈你对此次庆典策划的看法。
2. 庆典策划在组织过程中需重点把握哪些内容。

材料二：

秘书小王接到来访的法国代表团的邀请，她将与上司一起出席法国代表团的答谢宴会。她白天陪同给法国代表团游览、购物，等忙完了，离晚宴的时间已经不到一个小时了。她精疲力竭地回到公司，上司李总经理看到她还穿着牛仔裤旅游鞋，就问她打算穿什么出席宴会。小王说，实在懒得回家换衣服，就这样去算了。李总一听，马上命令她必须回家换衣服。并让她来回打出租车，公司报销车费，以免耽误时间。小王一看总经理这样重视参会的着装问题，不敢怠慢，马上回家换衣服，并且又重新化了妆。

结合上述情景内容回答下列问题：

1．秘书小王的做法错在哪里？

2．正式宴会，尤其是涉外商务宴请，在着装上应该注意哪些问题？

【供料实训】

实训一：

工商银行省分行鑫源财富管理中心定于2010年12月19日开业，并定于当日上午在鑫源财富管理中心大厦门前广场（J市M区商业中心繁华路段）举行开业庆典。开业庆典上，拟请J市市政府副市长、工商银行A省行长、营业部总经理、黄金集团董事长分别代表市政府、省行、营业部和客户致辞。拟请J市市政府副市长、工商银行A省行长、人民银行J市分行副行长、银监局副局长、J市M区书记、J市市政府金融办主任、营业部总经理为开业庆典剪彩。

请本班同学选出10人的庆典筹备小组负责此次开业庆典的策划筹备组织工作，筹备小组内还需要做具体的工作分工，由本小组同学商议决定；其余同学可根据需要再分成嘉宾组（模拟与会嘉宾角色），礼仪组（模拟主持人和礼仪人员角色），演出组（模拟醒狮、或军乐队、或演出团队），观众组（模拟普通与会人员）。人员确定后，请全班同学集体协作，模拟此次开业庆典，期间必须包括剪彩环节。

实训二：

假如你是一家公司新上任的总经理助理，总经理让你安排一次中餐的接待晚宴，宴会邀请四川省某公司重要的合作伙伴，一行4人，3位男士，1位女士，分别是对方公司的总经理、负责销售工作的副总经理、销售部经理和总经理助理。

问题：你应该怎样安排这次商务宴请呢？

八、学习反思

____

____

____

任务六　远程会议

一、任务目标

1．了解远程会议的功能和类型。

2．掌握远程会议的特点。

3．能够在技术人员的技术支持下，独立组织常见的远程会议形式。

二、任务情景

为进一步推进全市信息化工作，MK市政府近日（2011年6月6日）决定于2011年

6月16日上午召开全市信息化工作电视电话会议。此次电视电话会议主要内容为传达省信息化工作会议精神，总结、部署全市信息化工作。参会人员涉及5个县区信息化工作领导小组成员，县区有关部门分管信息化工作的负责人，政府网站负责人；市信息化工作领导小组成员；市政府有关部门分管信息化工作的负责人，有关企事业单位分管信息化工作的负责人。请协助领导，配合相关技术人员，完成此次电视电话会议的组织工作。

三、任务分析

与传统的会议形式相比，电视电话会议的组织同样需要提前对所有会议要素进行确定，而区别主要体现在：电视电话会议还要提前预订视频会议室、提前与提供技术支持的会议服务公司预约、提前联络好主会场和分会场的负责人以保证会场及会场布置的落实等。因此，对于此次电视电话会议的组织，我们也必须重点把上述问题处理好。

四、任务实施

步骤一：确定会议的主题、形式和会议筹备小组

对于电视电话会议的组织，同样需要首先确定会议的主题、形式。此次会议的相关信息，材料中均已体现。会议主题为传达省信息化工作会议精神，总结、部署全市信息化工作；会议形式采用电视电话会议；会议时间初步确定为2011年6月16日上午，具体时间可与电信部门联系最终确定。

步骤二：预订电视会议室，确定会场，安排传送线路

随着信息化的发展，政府部门的各类电视电话会议的数量不断增加，但很多地方电视会议室可能还比较有限，因此必须提前进行预订。会场落实后，及时协助技术人员安排好传送线路。

通过联系后，我们确定会场包括主会场和5个分会场，主会场设在市电信公司三楼第一会议室，5个县分别设分会场。结合线路传送的情况，会议的具体时间可以敲定为2011年6月16日上午的9时整。

步骤三：确定各会场的主持协调人

主会场和5个分会场分别确定1～2名主持协调人，重点负责会前和会中的组织、联络，以保证信息的畅通。

步骤四：发布会议通知

会议筹备组结合已确定的会议要素，制发会议通知。

关于召开全市信息化工作电视电话会议的通知

各县、区人民政府，市政府有关部门：

为进一步推进全市信息化工作，市政府决定召开全市信息化工作电视电话会议。现将有关事宜通知如下：

一、时间地点：6月16日上午9:00，主会场设在市电信公司三楼第一会议室，各县设分会场。

二、会议内容：传达省信息化工作会议精神，总结、部署全市信息化工作。

三、参加人员：各县区信息化工作领导小组成员，县区有关部门分管信息化工作的负责人，政府网站负责人；市信息化工作领导小组成员；市政府有关部门分管信息化工作的负责人，有关企事业单位分管信息化工作的负责人（名单附后）。

四、要求：

1. 各县区参会人员由各县区负责通知，并做好会务工作。

2. 请汇报单位做好书面发言准备，发言时间3～5分钟，到主会场参会。

3. 各分会场于6月16日上午8:30开机与市政府视频系统对接，确保信息畅通。所有参会人员提前15分钟签到参会。

4. 各县区、部门将参会人员名单于6月14日上午11:00前报市政府办公室。

5. 市广电局、文联派记者采访报道，网络信息中心派工作人员收集资料。

附件：市直参会单位名单

MK市人民政府办公室

二〇一一年六月十日

（附件略，其中涉及参会的政府机关部门、事业单位、院校、大型企业共76家）

步骤五：分发材料

会议程序、议程及其他材料必须提前发至与会人员手中，以便他们有时间准备会议讨论。

步骤六：同一会场布置要求，布置会场

会场布置尽量统一，特别是条幅和主、分会场的标志牌。其他与传统会议的会场布置基本相同，不再赘述。

步骤七：提前接通传送线路

提前半小时接通传送线路，检查会场设备，保证会议的顺利进行。

步骤八：向与会人员强调注意事项

各会场负责人提前向参会人员强调注意事项：参会人员要按时参会，不迟到，不早退；会议召开时，与会人员要保持会场秩序，坐姿端正，着装整齐，认真听会，不得随意走动、中途退席，不接打电话，不吸烟。

步骤九：举行电视电话会议

同传统会议形式一样，按照之前确定的会议方案、会议议程组织召开会议即可。

步骤十：会中服务工作

步骤十一：会议善后工作

五、知识链接

（一）远程会议及其类型

远程会议是借助现代化的通信手段并在各种电子设备及软件支持下，实现跨区域召开会议的目的，也可称之为电子会议。

常见的远程会议形式有以下几种。

1．电话会议

所谓电话会议，通俗地说就是以电话机作为工具，利用电话通信网络和设备，把两地或多个地点的会议室连接起来开会的新型会议模式。与传统会议相比较，具有会议安排迅速，没有时间、地域限制，费用低廉等特点。任何电话用户只要申请并开通了"会议电话"的服务功能，就可以随时召开电话会议。多数应用于政府、企业日常工作和应急管理中。

2．电视会议

所谓电视会议，是以电视作为工具，利用会议电视系统设备和通信网，将声音、影像互相传送的一种现代化会议模式，也可称为视频会议。电视会议是同步会议，所有与会人员无论地理位置如何，都要在同一时间内参加会议。目前，作为电子政务的一个重要形式，已被我国各级党委、政府和各类企事业单位所采用，使用范围非常广泛。

3．网络视频会议

所谓网络会议，是通过网络等各种电子通信传输媒体来实现虚拟会议，使空间和时间上分布不同的用户共处一处，通过视频、音频、文字等多种方式交流信息。网络会议是基于软件和网络的，视频是它一个很重要的功能，因此很多地方也称之为网络视频会议（netmeeting）。先进的网络会议系统采用先进的音视频编解码技术，保证产品清晰的语音和视频效果；强大的数据共享功能更为用户提供了电子白板、网页同步、程序共享、演讲稿同步、虚拟打印、文件传输等丰富的会议辅助功能，能够全面满足远程视频会议、资料共享、协同工作、异地商务、远程培训以及远程炒股等各种需求，从而为用户提供高效快捷的沟通新途径，有效降低公司的运营成本，提高企业的运作效率。

（二）远程会议的特点

远程会议的最大特点体现在有效利用时间和节约会务费用两大优势上。

1．有效利用时间

不论党政机关、事业单位，还是各类型的公司企业，都希望通过更为科学管理的方式，实现高效、高质的工作效果。远程会议与传统会议相比，可以更好地克服与会人员所处空间不一致的问题，既节省了部分会议组织过程中的时间，也节约了与会人员奔波于路途的时间。帮助单位能够更加快速地解决问题、提高沟通效果。

2．节省会务费用

远程会议的另一优点体现在对会务费用的节省上，同样规模、同样主题的会议，采用远程会议与采用传统会议形式相比，至少在餐饮、住宿、交通、会议场地等费用上节省很多。随着技术的发展以及远程会议的普遍使用，不论电视电话会议还是各类型的网络会议，其网络、软件、设备使用的费用也越来越低。所以，对于大部分单位而言，时间和经费上的节省，使得他们更加青睐于远程会议形式。

六、实例展示

【案例一】

全时网络会议节约沟通成本

梅雨和田野是一对好朋友，她们担任各自公司的市场推广部行政助理工作。不同的是梅雨所处的是医疗行业，而田野所处的是竞争激烈的金融行业。两人在一次聊天中谈到了她们各自负责的一个项目的经费情况。

田野聊到她刚完成一个高端的产品推荐会，向公司的300位高端客户推荐最新的“家庭保障理财计划”。为了这个会，田野已经连续工作了两个多月了，平时加班就不说了，两个多月来只休息过一个周末。工作辛苦点也就罢了，最让田野头疼的是：推荐会的活动预算非常紧张。根据客户的定位，地点安排在北京一家5星级的酒店，包括茶歇的费用近五万元；部分客户还是外地飞过来的，机票和酒店的费用将近20万；为了调动现场的气氛，田野还颇费心思地请了一位有名的主持人过来；为了接待好300位客户，上海、广州、深圳几地的市场销售人员将近有20人到北京，这个出差费用……田野诉苦说公司为这个推荐会准备的预算是30万，从数字上来说已经不少了，但是怎么算都不够。怎么办？田野最后决定让同事们辛苦一下住经济型的酒店、坐经济型航空公司的班机往返，同事们也都非常支持。值得田野欣慰的是，推荐会最后的效果很好，有近40%的客户对田野公司新推的产品有兴趣。

梅雨告诉田野，她最近也在计划做一场产品说明会，但是公司给她的预算只有3万元。田野一听连忙摇头，直呼这简直是不可能的任务！但是梅雨很轻松地说自己的计划已经做好了3万元的预算，她计划邀请320位客户参加。

原来自从两个月前，梅雨被邀请参加了一场互联网研讨会之后，就对这种基于互联网的信息发布方式产生了极高的兴趣。通过朋友的介绍，提供这一服务的SS公司为梅雨详细介绍了“全时网络发布”的产品WebX。

WebX是基于Web的seminar，所有参加会议的来宾都会收到一封邀请的邮件，只需登陆邮件中的链接，找到会议的名称，点击加入后只需输入简单的信息就轻松地到达会议“现场”了。在这个“现场”，来宾可以清晰地听到演讲嘉宾的发言、演讲，并且可以看到演讲嘉宾演示的文档；当遇到不理解的问题时，还可以通过在线或者语音的方式将问题提出，演讲嘉宾可以马上给予回答；演讲嘉宾还将自己事先准备好的调查问卷置于WebX中，所有的来宾都可以在线递交问卷，会议的主办方可以对问卷进行统计分析，这一统计结果将会充分显示来宾对发布的产品和服务的兴趣。梅雨说，所有的会前邀请、注册，会中的演示、提问回答、问卷调查，会后的问卷分析、数据统计都可以借助WebX来完成。最重要的是，因为所有的来宾都是通过互联网的方式参加，省去了预订酒店、来宾的往返机票、员工出差等一系列的费用。支付WebX的平台使用费和人工服务费，3万元的费用帮她完成了以上所有的问题！

（资料来源：http://www.it.com.cn/f/network/088/14/640883.htm）

【解读】 前面我们曾单独介绍过远程会议的特点，而通过上面这则案例，我们更加形象、具体地体会到了远程会议在时间和经费上的节省。给予我们的启发是，作为会务工作人员，一方面需要在会议策划和筹划过程中，根据具体工作的需要，尽量采用远程会议的形式，在保证达到会议目的的同时，为单位减少时间和经费上的支出；另一方面，我们也要意识到，远程会议的使用已经越来越广泛，作为会务工作人员，不仅要能够组织好传统形式的会议，同时也要具备较好的组织远程会议的能力，能够把握远程会议组织过程中的各种知识和各类技能。

【案例二】

安徽省教育系统网络视频会议管理暂行办法

第一条　根据教育部办公厅关于印发《教育系统网络视频会议管理暂行办法》的通知（教办厅[2006]10 号）文件精神，为加强全省教育网络视频会议系统（以下简称视频会议系统）管理，充分发挥视频会议系统的效能，确保视频会议规范、优质、高效、安全运行，特制定本办法。

第二条　视频会议系统是新形势下推动教育系统进一步转变工作方式，改进工作作风，提高工作效能的一项重要手段。各单位要予以高度重视，充分运用视频会议资源召开会议。

第三条　视频会议系统是上联教育部，下联全省各市教育局和所有高校和厅直属中专学校的全省教育视频通信平台，视频会议系统各接入单位应充分利用视频会议系统开展会议、讲座、培训和交流等各项业务。

第四条　为节约会议经费、提高会议效率，教育厅公务会议凡适合以视频会议方式召开的，应通过视频会议方式召开。

第五条　视频会议系统由省教育厅办公室、信息中心分工负责管理。

（一）省教育厅办公室负责视频会议的统筹管理及组织协调工作，包括提出视频会议制度化、规范化建设意见；协调督促有关部门做好视频会议的技术保障和有关服务工作；协调处理视频会议系统建设和管理中的其他重要事项等。

（二）省教育厅信息中心负责视频会议系统的技术支持和保障工作，包括视频会议系统网络、主控设备等技术设施的日常管理维护；制订视频会议操作规范并组织实施；安排专业人员负责会前、会中、会后的相关技术保障；做好视频会议数据存储、归档；组织技术人员开展必要的专业培训等。

第六条　召开全省性视频会议必须按照会议审批的规定程序报批。省教育厅机关各处室及事业单位召开网络视频会议，必须提前两周向厅办公室提交会议方案和会议通知发文稿，经办公室审核并报有关厅领导审批同意后方可安排。会议方案应当包括会议名称、时间、出席领导、主会场参会人员、分会场设置及参会人员、发言单位等。

第七条　经审批召开的全省性视频会议一律以省委教育工委（省教育厅）或委厅办公室名义印发会议通知。会议通知应明确会场设置要求、系统联调测试时间、主会场的技术支持电话和联系人等事项，并及时抄送省教育厅信息中心。

第八条　视频会议主办单位应在视频会议召开的3个工作日之前主动与省教育厅信息中心等单位联系，以便提前做好相关调试及技术保障工作。视频会议因故推迟或取消，主办单位应及时告知有关单位。

第九条　视频会议会场应保持良好秩序，环境整洁，桌椅等设施摆放有序，参会人员应当着装整齐，不得随意走动、交谈。视频会议室禁止吸烟。

第十条　各视频会议系统接入单位应明确分管领导、落实管理人员，严格按照视频会议系统操作程序和规范要求进行操作、使用和管理本单位的视频会议系统，保证系统正常运行。

（一）视频会议召开之前，各分会场应按照会议通知要求，准时、全程参加会前的联调测试。

（二）视频会议开始前1小时，主会场和各分会场系统应进入就绪状态，保持各项技术配置参数到会议结束。

（三）会议期间，技术操作人员必须坚守岗位。主会场视频会议系统操作人员应根据会议需要，及时切换会场画面，了解各分会场的情况。各分会场应实时监控设备运行状况，随时与主会场保持联系，及时调整镜头和麦克风。

（四）视频会议系统设备必须指定专人负责管理和维护。会议期间，除视频会议操作人员之外，无关人员一律不得进入设备操作区，不得操作与视频会议有关的设备，不得谈论无关话题。

（五）会议结束后，由主会场统一终端会议连接。各分会场在主会场终端会议后，按操作流程关闭视频设备。

（六）分会场设备或网络出现故障，应及时排除，并向主会场报告。如暂时无法解决，主会场可为其提供会议录像资料。各分会场技术操作人员要建立视频会议系统档案记录系统使用情况，并及时将有关问题报告省教育厅信息中心。

第十一条　视频会议主办单位要会同有关技术部门认真做好会议电子数据的存储、归档管理及保密工作。未经批准，不得擅自对外公布有关信息。

【解读】　这是安徽省教育系统出台的关于网络视频会议管理的暂行办法。对于各类远程会议组织次数较多的单位，可以以此作为借鉴，将会务工作各个环节的具体要求通过制度的形式规定下来，以促进远程会议组织工作的不断完善。

七、拓展实训

【情景问答】

A市殡葬改革电视电话会议于2011年7月11日上午10点开始，11点进行到最后一项议程，由分管民政工作的副市长李强讲话。A市委市政府把今年定为“行政效能提升年”和“干部作风改进年”，李副市长也特别在讲话中强调会议的出勤状况，但是随后电视信号切换到S县的分会场，画面上竟然空无一人。

在A市主会场采访的CC晚报记者王华回忆：之前咱们市委市政府做了一个决定把今年当作一个行政效能提升年和机关作风改进年，各个机关尽量开视频会，这个政策出

来没几天，市里就召开了视频会议。在李副市长讲话内容中，一开始就强调今年的工作要求，如果今天发现会场应到的与会人员，特别是领导干部没有来，就是要追查，通报批评。而正当此时，电视切换画面，当切换到S县的时候，发现会场里面一个人没有，A市主会场开始出现议论声。

CC晚报记者王华说，类似的情况以往也出现过，但这一次，副市长李强中断讲话，生气地责问事情的原因和责任者。

为什么分会场会空无一人？昨天下午，S县政府办公室主任张先生解释，是因为秘书弄错了。

张主任解释道：这是因为昨天下午是有两个电视电话会，一个是供销社改革的，一个是殡葬改革，两个同时来，我们办公室的秘书以为是一个会，所以通知了上一个，第二个工作上有一点小失误，没有通知，市政府办公厅他们在电视电话会面看到没有，马上打电话下来，接到电话以后，很快组织人员到电视电话会议室要求参加会议的人员全部到会，听取了会议。

张主任说，前天的殡葬改革电视电话会议，S县原本应该有分管领导、民政科室和各乡镇的负责人在分会场参会。事发之后，他们已经向A市市政府提交书面检讨，说明原因，并且补习会议内容。

结合上述情景内容回答下列问题：

1. 在上述情景中，S县办公厅的秘书人员出现了什么错误？

2. 在电视电话会议的组织过程中，作为主会场会议组织人员和分会场的会议组织人员应特别注意哪些问题？

【供料实训】

关于做好T市推进“热爱伟大祖国　建设美好家园”
主题教育活动电视电话会议交流材料
准备工作的通知

各县（市）主题教育活动领导小组办公室，市直有关单位：

为进一步推动主题教育活动深入开展，根据省主题教育活动办公室的工作部署和要求，经市委同意，定于2011年6月29日上午10时召开我市推进“热爱伟大祖国　建设美好家园”主题教育活动电视电话会议。会议的主要任务是交流前一阶段主题教育活动的经验做法，总结2010年工作，部署推进2011年主题教育活动。为做好会议筹备工作，现就会议交流材料及会场准备的有关事项通知如下：

一、会议发言交流单位

1. T市。

2. T市民政局。

3. T市建设集团。

4. K县里湖镇。

5. G县文化体育局。

6. T市第十中学。

二、会议交流材料撰写要求

1. 总的要求：

会议交流材料是对本单位主题教育活动工作内容、方法、过程、效果的客观概括和总结，能够对全地区主题教育深入开展起到学习、参考、借鉴作用。要围绕贯彻落实主题教育活动有关精神，结合本县市、本单位实际情况，充分反映主题教育活动对推动经济社会发展各项工作的创新思路和典型经验，重点突出，言简意赅，字数控制在1500字以内。

2. 具体要求：

T市、K县里湖镇：开展主题教育活动对本市、县（镇）实现跨越式发展和长治久安“两大历史任务”如何发挥出了思想发动和助推作用；主题教育活动采取了哪些有效措施，如何把主题教育贯穿于经济社会发展各项事业、民生建设、重点项目的始终、取得了哪些成果；下一步工作思路。

T市民政局：如何围绕民生建设和维护社会弱势群体利益等方面开展好主题教育活动；在基层政权建设、残疾人工作、老龄工作、双拥工作、社会福利和救济等方面的工作取得的新成效和亮点；下一步工作思路。

T市建设集团：如何发挥主题教育活动对企业职工所起到的思想发动和凝聚人心的作用；开展主题教育活动在企业走出困境、提高经济效益、做大做强企业等方面取得了哪些成绩和具体做法；下一步工作思路。

G县文化体育局：本单位业务工作与开展主题教育活动如何有机结合；开展主题教育活动对全面推进本县教育、文化、体育、旅游等事业的发展，丰富人民群众的精神文化生活发挥了什么作用，取得了哪些成效；下一步工作思路。

T市第一中学：重点是针对教师如何进行思想政治教育和教师队伍管理，在学生中如何开展加强爱国主义和民族团结正面教育两个方面的具体做法；开展“双语”教育的做法和成果；开展了哪些主题教育实践活动，取得了哪些实效；下一步工作思路。

三、会场设置及参会人员

主会场在市政府五号楼电视电话会议室，各市（县）、单位设分会场。

1. 主会场参会人员：市委、市政府有关部门及邀请单位（名单见附件）的负责人。

2. 各单位分会场参会人员：各单位分管副书记、副镇长（副局长、副校长、副总）及有关部门的负责人（参会人员比照省分会场确定）。

四、有关要求

1. 参会人员请于6月29日上午9:50前进入会场。

2. 请主、分会场参加会议的单位将参会人员名单同会议交流材料一并上报。

五、其他要求

各单位会议交流材料于6月22日前以书面形式（一式三份）报送，同时发送电子邮件至地区主题教育活动领导小组办公室邮箱：diqu@163.com。

联系人：姚伟

电　话：87654321

T市“热爱伟大祖国　建设美好家园”
主题教育活动领导小组办公室
2011年6月17日

结合以上材料，完成下列综合实训任务：

1．请设定参与电视电话会议的会场和人员角色。

2．选派本班同学扮演上述角色，组建此次活动的办会人员和机构，利用日常网络即时视频软件（如QQ软件）模拟此次电视电话会议。

八、学习反思

____

____

____

附录A 会展简介

1851年5月1日早上9时，英国海德公园的水晶宫开门接纳前来参加开幕式的客人，50多万人聚集在海德公园四周。11时30分，9驾皇家马车列队离开了白金汉宫前往海德公园参加世博会开幕大典，12时钟声敲响，在“哈利路亚”乐曲声中，王室和他们的随行人员进入展览宫。

开幕式上维多利亚女王和每一位宾客一样兴奋激动，维多利亚女王曾在当晚的日记中写道：“……出发时天空微微下着细雨，在我们到达水晶宫前，太阳出来了，阳光照射在宏伟的大厦上，每个国家的旗帜都在阳光下飘扬。我们开上罗敦路，在入口处走出马车。当我们进入大厦，通过铁门，看见摇动的棕榈树和鲜花，无数的人群在走廊里和周围的椅子上，加上挥舞着的喇叭，都让我感到永远不会忘记的震撼，让我感动……我们走到中间，看到台阶和漂亮的水晶喷泉就在眼前，真是神奇！多么大，多么荣耀，多么让人感动。欢呼声，每张脸上洋溢着笑容，宏伟的建筑、棕榈树、鲜花、雕像、喷泉、乐器，我亲爱的丈夫，这次‘和平节日’的创造者，把地球上所有国家的工业联合了起来——确实让人感动，永远值得纪念……”

这便是第一届世界博览会——1851年英国万国工业博览会，正是这次博览会，揭开了世界博览会的帷幕。2010年，中国举办的上海世博会则刷新了12项世博会之最。

第一节 会展概述

一、会展的含义

目前，对“会展”的解释，众说纷纭，概括起来主要有以下几种。

概念一：会展是以展示和推销产品、技术为主要目的和特征的展览会。如各种展销会、交易会、洽谈会等。这种概念仅仅将会展定位于商业性展览会，涵义过于狭窄。

概念二：会展是会议和展览活动的总和。这种概念同前一种相比，增加了“会议”内涵，使会展的外延较前者更为宽泛。但是，并非所有的会议和展览活动都可称之为会展活动。我们通常不将党政机关和企事业单位，在自己住地内举办的、不产生营业收入的会议和展览纳入该范畴。再者，这一概念忽视了诸如旅游节、文化周等一些大型综合性节事活动，而这类综合性节事活动越来越成为当今会展活动的重要组成部分。

概念三：会展是特定空间的集体性物质文化交流、交易活动。这种概念无论是内涵还是外延都有所丰富和扩大。

综上所述，会展的含义可描述为：在个人或公司企业组织的一个临时性的市场环境

内进行的集体性、综合性的物质文化交流、交易活动。

二、会展的现代形式

根据会展所面向的市场划分，会展的现代形式主要有以下几种。

（一）商贸会展

商贸会展是企业对企业的会展，其主要目的是交流信息、洽谈贸易。参展方为制造商或为该行业提供特殊或是补充性产品、服务的批发商；典型的买方是会展主板产业的终端使用者。这类商贸会展的时间长短根据市场情况进行调整，可能只有一天，也可能有十多天。

（二）消费者会展

消费者会展对公众开放，参展商多为零售商及有意将商品和服务直接销售给终端消费者的制造商，基本展品是消费品，目的主要是直接销售。这类会展往往有会期限制。

（三）综合或混合会展

兼具商贸会展和消费者会展两种性质的会展被称做综合性展览。这类会展既对工商界开放，也对公众开放。参展方主要是制造商或大宗批发商。主要买方是目标细分市场的终端消费者。有时为了满足不同顾客的不同需求，参展方常有自己的中间商或零售商为消费者服务。经济越不发达的国家，展览的综合性倾向越重；反之，经济越发达的国家，展览的贸易和消费性质分得越清。

（四）国际博览会

国际博览会也叫世界博览会，简称世博会、世博。世博会是一项由主办国政府组织或政府委托有关部门举办的、有较大影响的国际性博览活动。参展者向世界各国展示当代的文化、科技和产业等正面影响着社会生活的成果。当代世博会鼓励人类发挥创造性和主动参与性，把人类发展的新概念、新观念、新技术展现在世人面前。其特点是举办时间长、展出规模大、参展国家多、影响深远。因此，世博会被誉为世界经济、科技、文化的“奥林匹克”盛会。

三、会展的特征

（一）经济性

会展是一种经济活动。自 20 世纪 80 年代起，会展作为一种新兴产业和经济增长点活跃在人们的视野中。特别是我国加入 WTO 之后，世界各国间的经济贸易往来进一步加强，我国会展业以年均增长 20%的速度迅猛发展。会展活动的经济性主要表现在：一是主办方和承办方在会展活动中，从提供展位租赁、门票和日常综合性服务中获得服务性收入，从而产生的直接经济效益；二是通过会展的举办，带动相关产业的经济增长，

包括餐饮、酒店、旅游、购物、物流等相关产业，创造了间接经济效益。

作为一种能够创造经济价值的活动，会展承载了经济、文化、政治等诸多要素，成为个人与企业、企业与企业、国家与企业、国家与国家之间经济、文化往来的桥梁，对提升社会经济总量，促进国民经济发展起到了积极作用。

（二）主题性

不同的会展有着不同的主题。市场经济条件下，当市场消费空间几乎饱和的时候，争夺市场份额的难度极大。仅仅靠热情、主动、周到的旧招式不足以出奇制胜、先声夺人。随着人们生活水平的提高，人们的消费观念趋向于个性化，生活方式趋向于多元化。不同的生活方式对应不同的价值观念，不同的人对于商品、服务及经营方式等有着不同需求。因此，会展组织者需要确定主题、特色，以寻求符合目标的参展商，并锁定相应的消费者和观展者，以获得预期收益。不同会展由于其交易、服务的目的不同，需要设置不同主题以区分目标客户、目标参展商等。所以说，会展必须有自己的主题“灵魂”。例如：法国巴黎在1855年举办的巴黎世界工农业和艺术博览会，主题是农业；而在1925年举办的是主题为“宣扬”的国际装饰艺术及现代工艺博览会。两个会展举办的主题不同，时间不同，参展观展的对象不同，参展人数也有很大差异。

（三）集中性

会展的集中性主要体现在两个方面：一是人流和物流、信息流等集中。主办者根据会展的主题和目的，将不同参展者提供的物品、信息、技术等集中陈列在一个特定的空间内予以展示，吸引大量的观展者前来参观，从而使参展者与观展者之间进行充分的信息交流。二是时间集中。会展是选择一个适当的时间集中举办，以形成一种时间的心理效应，在限定的时间内，参展者和观展者相互交流、沟通，大大节省他们的时间，也降低展会的成本。

（四）交互性

会展是一种交互性的活动，是一种参展者、参观者可以直接交流的平台。勒科赫斯特曾提出，“人类交往”是推动现代会展发展的动力。这种直接的交互活动方式优于市场其他营销方式。据英国的调查，通过一般渠道找到一个客户，需要成本219英镑；而通过展览会找到一个客户成本则为35英镑。同理，在反馈问题的渠道上，会展充分节省了中间环节，直接使消费者、加盟商、组织者等与厂家面对面。这种交互方式使问题的解决十分迅捷和便利，能够迅速改进服务、产品或者营销方式，更快地融入市场。

（五）产业化

产业是指具有同种属性的企业或组织的集合。根据《国民经济行业分类》的划分，会展属于第三产业，即在再生产过程中为生产和消费提供各种服务的行业。

会展的产业化特征主要体现在两方面：一是会展自身的产业化运作。会展的历史可以追溯至几千年前。在这上千年的演变过程中，会展企业的大量涌现，行业协会的建立，行业制度的不断完善，专业人才培养机制的建立及就业新领域的开辟等，使会展逐渐发展成为一个产业化运作的行业。二是会展业的发展依赖于多产业间的相互作用。会展活动中从备展到展后，涉及餐饮、客房、物流、旅游等相关产业的相互协作，形成联动效应。会展产业的繁荣带动相关产业发展，而相关产业提供的高质量服务和产品又使得消费者会因良好的“体验”而选择参加会展。会展产业及其相关产业间形成了互推、互促、互助的良好关联性，促使双方良性发展。

（六）技术性和艺术性

会展是一种现代化技术与艺术性紧密结合的活动。科技的革新对会展的兴起和发展具有重大作用。没有科技的支撑，会展在展示方式、准备手段、营销活动等各个方面就没有发展的优势，也就没有现代会展的辉煌。但是，科技水平不足以表现一个会展的综合水平，因为全球会展正在进行着一种全面的审美化历程。从外在的装饰到网络虚拟化的梦幻现实，从通过大众传媒的美化宣传到更深层的会展科学理论的审美化，艺术美学已经渗透到会展生活的各个层面。在会展活动中，高雅艺术得以生活化，社会生活得以艺术化。艺术门类中的美术、音乐、电影等艺术类行业经常运用会展手段展示其艺术成就，如各种文化展和艺术展等。普通会展经常借助艺术手段强化展示效果。

四、现代会展的基本要素

（一）组织者要素

组织者又称主办方，即发起、策划、主办会展活动的法定机构组织。对于会展系统的运作具有决定性的作用。

（二）承办者要素

承办者是根据主办方的要求和相应主题，承办、参与协办会展具体事务的法定机构组织。有时主办方和承办方是同一个组织单位，承担了从发起、策划到相应完备的服务等一系列环节。

（三）参与者要素

参与者要素又称主体要素，如会议活动的与会者、展览活动的参展者和观众等。他们是会展活动最活跃、最积极的因素，是会展活动主办方服务的主要对象。

（四）信息要素

会展活动是一种在特定时间和特定地点内进行的信息交流活动。会展活动中的展品展示、讲演、观摩、讨论等，其目的都是为了传播信息、获取信息。信息要素体现了会展活动的目的，贯穿会展活动的始终。

（五）物质要素

会展的信息需通过一定的物质载体进行传递、展示和接收。这样的物质载体是指举办会展活动所必需的场馆、设备、技术、器械等。物质要素是会展活动赖以进行的基本保障。

（六）时空要素

时空要素包括时间和空间两种形式。对于一个会展来说，时间和空间是十分有限却又十分必要的。科学合理地安排时间和空间对于现代会展活动来说，具有政治、经济、文化等多方面意义。

（七）形式要素

会展活动是会展承办者将参与者、时空、服务、物质、信息等要素以一定形式相互融合、相互作用的结果。而形式要素就是将这些要素进行整合的方式、途径。形式要素虽然需要服从于其他要素，但却是最活跃最能体现创新力的要素。

（八）服务要素

会展活动实际是会展企业提供的一种社会化服务平台，它将主办者与参展者、观展者等连接在一起进行交流、互动，从而达到宣传形象、招商引资、推广品牌、沟通信息、交流技术、洽谈合作等目的。

五、会展的功能

会展业作为一种新兴产业，发展速度之快，是由会展本身的功能和作用所决定的。会展能汇集巨大的商品流、信息流、技术流、资金流和人才流，通过整合产销渠道，缩短交易路径，推动经济贸易的交互发展，并通过会展平台推广新产品、新技术、新工艺，传播新知识、新观念，增加单位企业间经济技术合作机会，对国民经济和社会进步产生巨大的催化作用。

（一）会展业的经济贸易功能

在经济全球化的推动下，会展业对经济的贡献越来越大。会展活动不仅能促进贸易，推动地区、地方和国民经济的发展，而且能够显示经济发展的趋势。据统计，会展业的平均利润率为20%～25%，属高盈利行业。一次大型会展能够创造上亿元的直接收益以及几十亿甚至上百亿的间接收益。其对一个国家或地区经济发展的“带动系数”最低为1∶5，最高为1∶9，即会展直接收入若为1元，则其他相关收入为5～9元。

（二）会展业的信息传播功能

现代社会资讯高度发达，人们期望通过举办会展等活动以更快捷、更高效、更大量、更低成本的方式获得自己所需的有效信息。而会展业在信息传播方面具有以下几种优势：

信息沟通集中、信息分享有效、信息交换便利和信息成本低廉。这使得人们趋向于选择会展这种形式进行信息交流。以2010年在山东济南举办的首届中国非物质文化遗产博览会为例，全国31个省、新疆建设兵团以及山东17个城市，集中展示了各地区、各民族的共计622个非遗项目。博览会上，国粹京剧、皮影戏、茶艺、传统摔跤等多个国家级非遗项目的传承人集聚一堂，为广大观众展示独家绝活，更有不少民间艺术家在博览会上售卖艺术品或者进行项目签约。可以看到，通过这次博览会，不仅使参观者近距离接触了解了非物质文化遗产，也达成了505个意向签约项目。正是信息充分有效直接的沟通传播，使得经济文化交流更加畅快。

（三）会展业的技术革新功能

威廉·麦金丽将会展称为社会进步的计时器。现代会展不仅仅是社会进步的计时器，在推动产品和服务的持续变革方面，更是成为社会革新、进步的标志和营销媒介。由于经济发展，各行业消费指数等趋于饱和，参展商们越来越意识到科技现代化对于提高竞争力、扩大市场占有率的重要性。加大产品、服务、管理手段的创新，提高科技含量和质量水平是参展商的主要应对措施。会展业对于高科技的需求主要体现在新材料和新技术的应用方面，包括展馆设施更新、展台装修材料和设计手段革新、现场高科技管理手段、广告和招展手段革新、低成本高效化的市场调查等。可见，现代科技与会展业密不可分。

（四）会展业的产业拉动功能

会展活动不是一个单项独立的活动，它必须依托于其他各个行业、产业共同协作、共同完成，并互为条件、互相影响、共同发展。中国出口商品交易会期间，来自100多个国家和地区的10万外商云集广州，出租车司机每天因此增加300～500元的收入，酒店客房入住率达90%以上，宾馆饭店的营业额要高出平时的30%。由此可见，会展业对于提高城市的就业水平，推动所在地区的城市基础设施建设以及拉动该地区其他关联产业发展有着重要作用。欧洲人称展览是“城市的面包”，这个比喻形象生动地概括了会展业对城市经济的关联拉动作用。

（五）会展业的宣传教育功能

会展业作为文化产业的一个组成部分，既有经济的属性，又有文化的属性。经济的属性决定其追求经济效益，而文化属性决定了会展的目的往往是传播真理、普及知识、弘扬精神。这种情况下，会展的主办者不是一般的商业中介，而是对参与者的思想或意识施加影响的特殊主体；参与者也不是仅以客商的角色出现在会展上，而是作为普通受教者参观学习。会展作为一种开放式的学习资源和学习课堂，聚集了众多人才精英、产品精粹、技术精华，展示和讨论着世界最新潮流和发展趋势，人们在运用了声、光、电、像等现代化科技手段的“课堂”里，获得政治、文化、教育、法律等多重体验，宣传教育功能非常明显。

（六）会展业的形象塑造功能

会展活动不再仅仅是当今世界各国用以发展贸易、推动经济的一种手段，也是人们公认的开展友好往来、增进相互了解的国际政治活动。一个国家、地区或者一个城市，要提高自身的国际性，则需在经济、政治、金融、商贸、科技、文化等各个领域进行开放式的宣传，才能使得形象的辐射范围超出国界。会展是强有力的宣传武器，能助推一个国家或一个城市塑造和提升自身形象。

第二节 会展策划

一、会展策划的含义

从中文词源来看，“策”同“册”，最早是指古代书写文字的一种载体。古代用竹片或木片记事著书，成编的叫做“策”。今天演变为“计谋、策略”之意。“划”，也做“画”，也是“计划、打算”之意。因此，“策划”是指为达到一定目标而进行谋划、决策的程序。

会展策划就是在会展活动开始的最初阶段，围绕会展活动的目标，在充分掌握并全面、深入分析会展信息的基础上，运用科学的方法，制定会展活动的最佳方案的一种活动。会展策划不仅可以使某项会展活动具有最佳的实施方案，提供总体的指导思想和艺术构想，还可以提高经济收益、降低成本，使会展运作更加科学、合理和规范，有利于塑造良好的会展品牌形象。

一般说来，一份较为完整的会展策划，基本上包括策划者、策划对象、策划依据、策划方案和策划效果评估等要素。

策划者在会展活动中起“智囊”的作用，策划者的素质直接关系着会展的质量水平；策划对象既可以是某项整体会展活动，也可以是会展诸要素中某一要素（如会展设计）；策划依据包括策划者的知识结构、信息储备、艺术素养以及有关策划对象的专业信息；策划方案是策划者为实现策划目标，针对策划对象而设计创意的一套策略、方法和步骤；策划效果评估是对实施策划方案可能产生的效果进行预先的判断和评估。这些策划要素间互相影响、互相制约，构成一个完整的体系。

会展策划具有针对性、系统性、变化性和可行性等特点。

二、原则及方法

（一）目的性原则

会展策划必须遵循当年预估的市场规律来制定，追寻利益是会展的最终目标，而会展策划活动的实质就是获取特定的利益。策划者在策划时须明确所追求的利益，积极分析各项活动所带来的收益，并为利益的实现合理配置资源，以达到预期会展活动的目标。从会展组织者和参展商方面说，或塑造展会品牌、或塑造企业形象、或凸显公司知名度，都有某种特定的目的；从会展性质考虑，有的会展是营利性质的，有的则是公益性质的。这些因素都决定了策划应遵循目的性的原则。

（二）可行性原则

由于会展是一项非常复杂的工程，因此会展策划应根据自身情况以及外部环境的变化进行，量力而行，不可在条件不完备的情况下草率展开，以免使组织者和参展商名誉和利益受损。此外，会展策划应将会展活动的各种意外情况提前考虑到，并提出解决方案，以保障会展活动顺利进行。

（三）可控性原则

会展作为公共活动，事关参展企业、社会和公众的利益，所以应将整个会展置于主办方可掌控状态之中。要做到这一点，首先应在事前策划中考虑到对于不同突发情况的处理方法；其次是建立科学、合理的会展动态监控系统，时时刻刻关注会展活动进程的情况变化；最后是根据情况变化做出及时、有效的反应，将突发状况的不良影响降低到最小，必要的时候应对公众、参展商等交代说明。

（四）有效性原则

会展活动应达到其特定的效果，不仅仅是有效，还必须达到预期效果或者超出预期效果，否则就不能称之为一个成功的会展。会展的有效性是通过组织者、参展方和参观者的反应共同决定的，包括经济方面的有效性和社会价值导向的有效性。会展活动的预期效果不应仅仅凭借会展策划者的主观臆想来预测，而应该通过实际的、科学的会展效果预测和监控方法来把握。

（五）整体性原则

会展策划的整体性原则就是要求在策划过程中要把会展看作一个有机联系的整体，从整体、全局的角度出发考虑会展涉及的方方面面的问题，如会展之前的筹备、会展期间的组织管理、会展结束后的评估总结等。对于会展活动中的任何细小的环节，都应给予充分合理的统筹安排，不可人为地撕裂中间的联系，以保证会展策划工作的高效和有效。

（六）规范性原则

随着世界一体化的形成以及中国加入 WTO，作为服务贸易的一部分，会展业逐步做到全方位对外开放，服务贸易壁垒也被逐步拆除，会展经济与国际接轨的速度逐步加快，中国展览业面临比外国同行更为直接和激烈的冲击。要想在竞争中求得生存和发展，必须完善自身法规制度，尽快建立统一、有序、公平、规范性的市场体系，提高市场透明度，使会展更符合市场要求。

具体来说，首先是遵守相关法律法规，在法律法规允许的范围内从事会展策划。我国会展方面的法律规范主要包括国务院颁布的行政法规和其他一些规范性文件，如《中国加入世贸组织（WTO）服务贸易谈判中关于展示和展览服务中的承诺和减让》《展会

知识产权保护管理办法》以及国家工商行政管理局发布的《商品展销会管理办法》《展览会的章程与海关对展览品的建馆办法》等。其次是尊重伦理道德，尊重民族及当地的风俗礼仪禁忌，尊重基本社会价值规范。在不违背人们的价值观念、宗教信仰、图腾禁忌、风俗习惯下开展策划业务是会展从业人员的基本道德。最后是遵循会展业业内规范。不以一己私利损害参展商、参观者、组织者乃至全行业的利益，确保会展做到规范、合理、公平、有序。

（七）创新性原则

在市场经济条件下，要达到万商云集的高知名度，给参展商与参观者留下深刻印象的不二法门便是创新。现代市场中，各种会展令人眼花缭乱。要在这些会展中脱颖而出，必须做到形式和内容的“新”。会展策划的创新性主要体现在六个方面：会展的理念创新、会展的设计创新、会展的宣传创新、会展的组织管理创新、会展的参展目标选择创新和会展的布展创新。

如在第五届中关村电脑节上，为了突出中关村的高科技优势，会展采用了指纹触摸电脑显示屏上按键的方式拉开了电脑节的开幕式，这就是会展中的设计创新。

三、会展策划设计流程

（一）对企业进行有针对性的市场调研

收集有关本项目的各种资料，包括文字、图片以及录像等活动资料。对收集的资料分类编排，结集归档，并做认真、细致的分析研究。

（二）制定详细完整的会展策划方案

确定会展的目标市场、会展的规模、展品的选择，评估观众数量的多少和展览面积的大小以及参展的费用预算。

（三）实施前的培训

让参与会展的工作人员理解策划方案精神，熟悉策划方案要求，掌握实施方案的工作方法、步骤和技巧。

（四）印刷材料的设计制作

利用会展的会刊、展前快讯、媒体报道等手段来进行前期宣传，扩大企业的影响力，吸引更多的目标客户。

（五）展台的布置及展示

设备的调试安装，展台的人员配备是这个环节的主要内容。

（六）相关的会展服务

根据参加会议者的具体情况以及人数多少安排相应的车辆；根据参会人员的喜好，

预定各种形式的餐会，推荐不同的用餐地点；根据参会人员的喜好，为其设计不同的休闲方式，设计专门的旅游线路，介绍下榻酒店附近的娱乐设施。

（七）做好活动的评估

开好总结会，做好善后公关工作。

四、会展策划实例

大型交易展览会策划方案

×市自建市以来，由于以往经济落后，居民的住房条件一直没有得到改善，买车更是一种遥不可及的梦想。最近几年经济条件大大改善，全市人民对住和行的需求开始大量增加。有房有车是很多人的梦想，房与车是联系相当紧密的两个大件产品，因此，为满足×市人对住和行的需求，也为了活跃房市和车市，特策划本次大型交易展览会。

一、策划目的

1. 集中全面展示本地精品楼盘和时尚汽车，宣传本地房地产和汽车，使市民了解本地房地产发展水平和汽车制造工艺的发展状况，便于购房购车时的比较消费。

2. 促进房产开发商和汽车经销商的产品快速销售，活跃×市房市和车市，满足消费者的住房需求和汽车需求。

3. 进一步激发广大市民对住房和汽车的关注度，利用本次大型交易展览会，扩大房地产和汽车对本地市民的影响力。

4. 帮助企业塑造品牌形象，宣传企业产品，同时促进产品销售。

二、展会策略

1. 辉煌大气策略。辉煌大气的现场，使人胸襟开阔，从心理学角度上讲，这样的环境更容易使人“意乱情迷”，人的理性很轻易被感性打败，非常容易激发消费者潜在的购物欲望，从而出现抢购的现象。

2. 现场布置策略。

（1）现场布置隆重热烈：红色氢气球 8 个；条幅 8 条；火焰气拱门 1 个；立柱气模 1 对。

（2）现场分为房产展区和汽车展区两个区域，分别展示房产和汽车，使交易更有秩序，人流更易分开：①房产展区。划条块分割，并编号。②汽车展区。划条块分割，并编号。

（3）房产和汽车同时展出，以房产关注人群带动对汽车的关注，以汽车关注人群带动对房产的关注，营销互动，从而产生超级人气，营造热销的气氛。

3. 促销策略。利用消费者贪利的心理，整体展开促销活动，促进房产和汽车的销售，用强有力的促销活动刺激消费者抢购。促销活动如下：凡在促销期间在本展览会房产开发商或汽车经销商处购车购房者，凭购物发票或有效购物凭证，到领奖处领取以下赠品或参加以下促销活动：

（1）时尚手机一部，价值2000元（限1000部，先买先得）。

（2）送50元红包一个（限100名）。

（3）参加交易展览会消费者评比抽奖活动，奖红包总计20000元。

（4）超市面值50元折扣券（限100人）。

（5）购房前10名，送5平方米面积。

（6）持门票购房购车者除原来的优惠外，再额外优惠价格的2%。

注：除第（3）、（5）、（6）项外，其他部分活动由策划组织方出资；以上优惠过程请公证处公证。

4. 参展企业自定促销策略。虽然展览会已有促销活动，但参展各方可根据实际情况再自订促销方案，与展览会促销活动相结合，必能产生理想的销售效果。

5. 广告内容策略。金秋送爽，风轻云淡；丰收时节，喜气洋洋。值此大好季节，特举办四道盛宴：房宴、车宴、银行宴和青春宴，与全市人民同乐，以此庆祝丰收喜气之嘉年。

（1）房宴："房地产大餐"。本市精品楼盘集中展示，全面展出本市房地产最新发展水平，楼盘展示计划包括远达、南山花园、仁和、春天花园、国际泰隆大厦、凤凰小区、临亚家园、湖光小区、水岸新天、四季花园、晨雨苑、倮果花园、迎宾苑等。

（2）车宴："汽车大餐"。本市时尚轿车集中展示，全面展出本市车市新款车型，供用户集中选择，汽车展示计划包括奇瑞QQ、金杯海狮、雪铁龙、雪佛兰、上海大众、东风悦达起亚、庆铃、北斗星、奥迪、长安等众多品牌车型。

（3）银行宴："银行大餐"。本市多家实力雄厚的银行推出个人买车贷款、个人买房贷款等贷款项目，对广大的本市老百姓来说，不啻于一个好消息，借助本次大型交易展示会，各银行将会详细介绍自己的贷款项目和贷款方式。

（4）青春宴：特别邀请本地青春靓丽少女组合、活力四射的年轻乐队和带有迷人嗓音的歌手，无论是清风送爽的上午，还是浪漫迷人的晚上，都会演唱著名歌星的传世歌曲，进行青春靓丽的现代歌舞表演，演奏青春火热的现代乐曲。在青春宴的衬托之下，房宴、车宴味道更特别。

6. 广告媒体策略。

（1）报纸广告。①×市日报1/2版，2天；②×市晚报整版，2天。直接影响人数2万人；间接影响人数10万人。

（2）DM宣传单。①纸张：105克铜版纸；②规格：大8K；③质量：海德堡五色印刷机印刷；④印数：5万张；⑤发放对象：一户一递。直接影响人数25万人（按平均5人/户计算）；间接影响人数75万人。

7. 制造新闻点策略。

为求本次大型房车交易展览会产生轰动效应，特别制造新闻点"消费者评选活动"，评选出：

（1）绿化景观最好的某市楼盘。

（2）建筑外形最好的某市楼盘。

（3）性价比最高的某市楼盘。

（4）最经济实惠的某市楼盘。

（5）服务最好的某市楼盘。

（6）功能最齐全的某市楼盘。

（7）某市外形最时尚的轿车。

（8）某市功能最好的轿车。

（9）某市性价比最高的轿车。

（10）某市最经济实惠的轿车。

（11）某市服务最好的汽车经销商。

说明：①评选活动由公证处公证；②评选活动不另收任何费用；③参与评选的消费者参加抽奖，中奖人数3人，奖红包总计20 000元；④由获选企业各出资2000元奖励；⑤奖品发放由组织方在公证处监督下统一发放。

8. 现场控制策略。为避免因人气空前高涨，现场造成混乱挤压、人员受伤的情况，特别加强对现场秩序的控制，安排人群有秩序地参观和购买，特请20个保安维持秩序。

三、策略实施

1. 展会展位图（略）。

2. 参展企业在指定展位自行布展。

3. 展会组织方办理展会相关手续。

4. 现场安全秩序由组织方负责控制。

5. 广告位竞拍由组织方负责安排。

6. 广告及整体促销由组织方负责实施。

四、展会卖点

1. 全面展示本地精品楼盘。

2. 全面展示本地车市的汽车车型。

3. 房地产与汽车的首次联手集中展示，将前面1、2两大卖点的影响叠加，这就是1+1>2的经典展现。

4. 房宴、车宴、银行宴、青春宴四道盛宴吸引众多的眼球关注，广告创意独特新颖，以宴会比喻交易展览会，是对展览会宣传的一种创新。

5. 现场布置恢弘大气，场面气氛热烈隆重，房地产精彩纷呈，汽车各领风骚，银行信誉如日中天，足以令参观者心跳不已。

6. 促销力度强大，直接撞击消费者内心之弦，令消费者内心反复振荡，欲罢不能。

7. 宣传力度强大，无论是广告创意策略，还是广告媒体策略，都针对消费者的“敏感点”而策划，广告创意的循循善诱，广告媒体的反复冲击，都足以令消费者内心激起消费的欲望！

五、展会优点

1. 广告效应突出。如此强度的展会宣传相比任何传统广告，效果都要明显得多，展会的新闻性、轰动性、展示手法等所产生的影响力，远远超越传统广告的广告效应。

2. 促销效果明显。借助展会的广告效应，再利用强有力的促销手法配合，依据策划

者多年来的经验，必能产生理想的促销效果。

3. 费用低廉。与传统广告相比，预计参展企业本次最高投入 30 000 元左右，与传统广告费用相比，费用相当低廉。传统广告仅《某市日报》一版一天费用就是 1 万多，假如三种本地报纸媒体同时投放，两天就要花掉近 4 万，再加上其他如电视、电台、DM 宣传单等广告投入，其两天的广告费用将超过 6 万元。如果再加上促销活动，费用将直线上升。相比传统广告促销，交易展览会费用之低，效果之好，优势十分明显，这也是目前许多城市流行展览会的重要原因所在。

六、征求参展企业意见

1. 对此次参展有何意见，是否愿意参展？
2. 如果参展，需要多大布展面积？
3. 对此次促销策略有何意见，力度是否够大？
4. 对此次广告策略有何意见，是否有更经济更有效的广告策略？
5. 是否愿意参加本次展会广告夺标，从而在展会上扩大自身的影响力？
6. 是否有其他更好的展会想法？

注：请将以上意见及时反馈给本公司，以便及时做出适当调整，谢谢！

七、方案意见征求时间：2003 年 10 月 21 日～2003 年 11 月 1 日

八、方案确定日期：2003 年 11 月 8 日

九、展会组织方（略）

十、企业缴费报到时间

（1）2003 年 11 月 9 日 8:00～18:00 汽车经销商缴费时间。

（2）2003 年 11 月 11 日 8:00～18:00 房地产企业缴费时间。

（3）2003 年 11 月 12 日 8:00～18:00 银行、装饰公司缴费时间。

十一、广告位竞拍时间

2003 年 11 月 15 日 8:30～11:00，竞拍成功企业须当日付款。

十二、广告位竞拍地点

某市宾馆二楼会议室。

十三、企业布展准备日期

2003 年 11 月 28 日 8:00～16:00 汽车布展。

16:00～22:00 房产布展。

22:00～24:00 银行、装修公司布展。

十四、展会时间

2003 年 11 月 29 日 8:30～2003 年 11 月 30 日 17:30。

十五、促销期间

2003 年 11 月 29 日～2003 年 12 月 16 日，将促销活动延期，能够使促销效果最大化。

十六、成本预算（略）

十七、参会费用（略）

十八、展会地点：体育馆旁

（资料来源：http://www.mypm.net/bbs/article.asp?titleid=66253&ntypeid=5008）

第三节　会展准备

一个好的会展，不仅需要好的策划方案，还需要充分的准备工作。会展准备是否充分直接影响会展活动的成败。会展准备工作的范围很广，活动正式举行之前的各项工作都可以看作准备工作。下面介绍会展准备的主要工作。

一、会展举办信息的发布

会展活动整个过程都需要发布信息，准备阶段所发布的信息是举办信息，即主办者通过适当的形式和渠道，向会展对象（包括与会单位或个人，客商以及参观者）传递有关会展活动的内容、形式、时间、地点、参加范围等基本信息。这是会展组织者同会展对象之间沟通的重要方式，因此是会展准备工作中的一项重要环节。

（一）信息发布的形式和内容

信息发布的形式主要有以下几个方面。

（1）口头通知或提醒，如电话通知。

（2）书面文字发送，如文件、邀请函、海报、宣传册、广告等。

（3）会议发布，如以新闻发布会、动员布置会等形式，通过媒体或组织渠道向公众发布会展的相关信息。

信息发布的主要内容包含以下几个方面。

（1）会展活动的名称。

（2）会展活动的时间、地点。会展活动的时间和地点是十分重要的信息。时间包括报到时间、正式开展（会）时间及闭展（会）时间。地点包括会展活动举办的地点名称、所属街道名称、门牌号码、楼号、房间号等，如有必要应附交通地图，并标明地标及公交线路图。

（3）会展活动的主办方及承办方。在发布举办信息时，独立的主办、承办单位要注明全称或规范化简称；联合主办、联合承办单位须写明每个主办者、承办者名称。必要时还可简要介绍组委会、筹委会、执委会等组织管理机构的设置情况，以及协办单位、支持单位的名称。

（4）会展活动的参展商及赞助商。在注明参展单位及赞助商时，可适当对其先后次序进行调整，以显示阵容的强大。

（5）会展活动的主要内容。这一部分的内容应当涵盖会展活动的目的、宗旨、主题、议题、讨论的提纲、议程、报告人等。

（6）会展活动的形式。会展活动的形式包含两方面：一是独立活动形式，如网上会展、座谈会等；二是综合性活动形式，如大型会展活动中会中有展、展中设会。

（7）会展活动的规模。会展的规模显示了会展活动的层次和品味。如2010年在济南举办的“首届中国非物质文化遗产博览会”，是由文化部、山东省人民政府主办的，以“保

护传承、合理利用”为主题，采取“政府主导、社会参与、市场运作”的方式，邀请全国省级以上的非物质文化遗产项目和部分省级以上非物质文化遗产项目代表性传承人参展或参演，采取实物展示、销售、图片展览、多媒体演示、代表性传承人现场制作等形式的博览会。上述对于会展活动规模的描述，充分体现了此次会展的层次和品位。也有会展是以广告数据显示规模的，如“中国—东盟博览会”的举办广告载明：“设置 2000 个国际标准展位、200 个非标准展位和 2.6 万平方米室外展场，到会各国专业客商约 2 万人。”

（8）会展活动报名的相关信息。会展活动的报名时间、地点、手续及相关文件、资料应在举办信息中注明，同时要向与会者说明经费的承担部分、支付方式，展位价格、门票价格和其他收费项目也应明示。

（9）联络方式。会展活动的举办地址、邮编、电话、传真号码、联系人、银行账号等信息应根据需要予以明示。

（二）发布信息应注意的事项

（1）信息要准确。主要指发送对象无误，发布内容无偏差。

重要的通知、邀请信应采取当面送达的方式，送达时应请对方亲自签收。若代为签收，要跟踪信件去向，确保通知到人。若采用邮寄方式传送信息，要注意收件地址、收件人等相关信息的准确性。

发布内容无偏差是指反映会展活动的情况不能含有虚假、夸张的成分。

（2）信息发布要注意时效。会展是一个高信息化产业，一个信息的变动就会影响到整个会展活动的开展，比如场馆的更换、新参展商的加入等都会影响到会展活动，所以信息发布快速准确非常关键。

（3）信息覆盖面既要注意广泛又要有针对性。会展活动的信息具有受众范围广，受众针对性强的两面性。在受众范围方面，要让较广范围的信息接收者接收到会展相关信息，使更多的人对会展有兴趣。同时，由于不同会展是具备不同特性的，所以在发布会展信息的时候也要考虑到市场细分等情况来识别潜在顾客，针对特定目标客户进行有效“宣传”。

（4）信息传送方式要丰富。举办信息的发布方式多种多样，为谨慎起见，可同时采取两种以上的方式进行通知，如既要电话口头通知，又要发送邀请函等。

二、会展活动的证件管理

会展证件是指会展活动举办期间供参展人员、工作人员及其他相关人员佩戴使用的证件。会展证件的主要作用有：便于现场安全检查管理；便于统计参加会展活动的各类人员的数量及分布状况，预测会展相关结果；便于服务质量监督；便于人员之间相互辨认、联系、沟通交流等。

（一）会展证件的种类

大型会展活动的证件分三大基本类别。

（1）人证——证明活动参与人身份的一种证件，如参展证、代表证、工作人员证等。

（2）车证——给予车辆通行或停车的一种证件，一般分为内停证（可以停在场馆内的室内或地下停车场）、外停证（只能停在场馆外的露天停车场）、通行证（只能通行或作短暂停留）等。

（3）物证——对于物品搬入或搬离会展场馆的一种证明，即物品、参展样品的出入放行证等。

（二）会展证件的内容

（1）会展活动名称。证件上的会展名称必须写全称。党代会、人代会等法定性会议通常采用较为严谨的字体，如黑体、宋体等。其他会展活动可采用艺术字体。

（2）会展活动的会徽。

（3）证件持有人信息。持有人信息包括姓名、照片、国籍、工作单位或代表团等个人信息。

（4）证件名称。根据持有人身份、资格标明“出席证”、“工作证”、“布展证”等证件性质，且要用较大的字号醒目标识。

（5）证件编号。证件应统一编号，以便登记、归类、查找和管理。可用不同编码表示不同国籍、性别、年龄等信息，以便识别。另外，参展证需要标明所属展位。

（6）通行等级。在安保级别较高的会展活动中，证件应显示持有人通行区域的登记标记，不同区域的证件持有人不可在其他区域通行。

（7）日期。一般置于会展名称下方居中的位置。布展证、施工证需要标明有效期。

（8）持证须知。通常印在证件的背面，是对持证人提出的一些要求，以便加强证件管理。

三、会展活动的物料准备与设备保障

会展用品和设备是现代会展活动得以顺利开展的物质保障。随着科技的发展创新，会展对于物质的依赖性日益增强。根据会展活动的目的、方式和手段不同，所需的用品和设备有所区别，但不外乎以下几类。

（一）记载表达信息

会展信息需要通过适当的载体，被物化后才能得以传达、感知、接受和保存。如纸、簿册、摄像机、录音机等就是记载和表达会议信息的最基本用品。

（二）保障基本物质条件

会展活动需要基本物质条件作为保障，如桌椅、灯具等，大型会展活动所需的物质条件更多，要求更高，如空调、通信设备等。这样的物质条件又称“硬件”，与会展服务等“软件”共同服务于会展活动。

（三）营造和谐会展氛围

为营造一种适合会展主题的气氛，会展活动通常借助各种装饰物来点缀、烘托，如气球、各种花卉、旗帜、画像等。

（四）保障沟通交流

国际性会展因为参展对象来自于不同的国家，沟通时难免出现语言障碍等问题，准备同声翻译机等设备会让代表们有宾至如归的感觉，交流更加方便、畅快。

对会展活动器材设备的准备要做到“十六字”：周密计划、提前准备、专人负责、实用节约。

四、会展活动的成本控制与经费筹措

任何会展活动都需要一定的成本支出。会展的成本包括显性成本和隐性成本。显性成本是指会展过程中实际支出并消耗的费用，在账面上显示出来的，如交通费、食宿费、场地费等。隐性成本是指账面不显示、但确实存在的成本，如参展人员参展期间缺岗本职工作，在本职岗位上无法创造价值等。成本控制不仅要控制显性成本还要重视隐性成本的存在，从而控制会展成本。

会展的经费筹措可通过以下渠道进行：行政经费划拨；主办者分担；参加对象承担；社会赞助；转让无形资产使用权；开发广告资源等。

五、会展活动的参展人员培训

为让会展活动达到预期目的，保证会展活动高效满意，需对会展工作人员进行培训。培训内容包括企业知识、产品知识、谈判技巧、销售政策和营销知识、礼节礼仪等。对于初次参与会展的员工来说，培训还有一个重要目的就是鼓舞士气，让缺乏经验的人树立自信，能够从容应对客户。

六、会展活动的展位设计与展厅布置

展位是企业的脸面，好的展位设计能让人对品牌产生良好的第一印象，并在展会现场获得高度关注，为招商创造有利条件。

展位设计和展厅布置是一项繁重而又系统的艺术创作工程。设计与布置的时候要注意体现出展会的主题；注重视觉传递效果，综合运用多种艺术手段，打造魅力展厅和展位。

七、会展活动的展前检查与协调

展前检查与协调是会展活动顺利进行的必不可少的环节，主要作用是发现问题，弥补缺漏，及时调整原定的策划方案，保证活动顺利进行。

展前检查与协调的重点主要有两大方面，一是会展文件准备情况；二是场馆准备情况。会展文件是会展活动的目标、主题和策划结果的体现，也是组织和管理会展的依据，文件如有差错，小则影响会展活动的进程和效果，大则产生严重的政治影响和社会影响。场馆是会展活动能够正常开展和顺利进行的物质保证，场馆有问题，直接影响会展活动的正常开展。

展前检查和协调的方式主要有：电话了解；用文件上传下达；会议汇报与协调；实地检查落实。上述方式往往综合运用，目的是保证会展正常进行。

第四节 会展接待

一、会展接待的含义与特点

会展接待是指围绕会展参加对象的饮食、住宿、游玩、娱乐以及来往迎送等所作的安排。会展接待是会展工作的有机组成部分。

接待工作的主要特点是：

（1）接待过程的服务性。接待就是服务。会展接待首先要为参展对象（包括随行者）的“衣食住行乐”尽可能多地提供方便，帮助他们解决一些困难，以便让他们安心愉快地参加会展的各项活动。整个过程就是一个服务的过程。

（2）接待方式的礼节礼仪性。接待宾客时，要讲究接待仪式、接待方式，接待人员的言谈举止体现着东道主的文明水准。这不仅因为现代会展往往是国际性的（有时国内会展即使不邀请国外客商，也会有一些在驻地生活、学习、工作的外国宾客参加），而且也因为接待的礼节礼仪方式，体现了东道主对参加对象的基本态度，礼节失准往往会造成参会对象流失。所以，会展接待人员应根据会展的不同层次，掌握对内对外接待的基本知识，提高礼仪修养，了解和掌握不同国家不同民族的风俗习惯，做到接待得体。

（3）接待对象的复杂性。每一次会展，不管是参展商还是参展的宾客，成员结构十分复杂。以一次具体会展活动来看，接待对象不仅有正式成员或会员、列席成员，还会有特邀嘉宾、前来采访的媒体记者、上级机关和主管部门的领导，还有随行的服务保障人员以及社会公众。国际性会展成员更加复杂。不同国家和民族有不同的宗教信仰、文化习惯和社会风俗，接待中既要照顾大多数还要顾及小群体，协调各种关系，让各方都满意，这对会展接待工作是个极大的考验。

二、会展接待的作用

（1）保障会展实现预期目标。接待工作贯穿在签到、看望与会见、住宿作息安排、文艺招待、组织参观考察以及离会返回等会展活动的全部过程。会展接待工作做好了，可以使参展对象安心、顺心、放心地投入到会展的每一项活动中，从而保障办展方的会展活动达到预期目的，收到预期的经济效益和社会效益。

（2）塑造良好的社会形象。会展接待过程也是会展主办方对外宣传的绝好机会。出色的会展接待，有利于提高一个企业、一个城市甚至一个国家的社会声望或国际声望。

形象和品牌是无形的竞争力。

（3）丰富信息交流的途径。会展接待过程也是一个和各方宾客交流的过程。无论是在热情引导客人签到的细小环节，还是表达礼节礼貌的登门拜访，都是双方交流信息、获取信息的良机。

三、会展接待工作的主要内容

（一）接待准备

（1）信息收集。收集参加会展对象的基本情况、参展目的和背景、抵离时间和交通工具等信息，以便安排会展接待和服务。

（2）拟定接待方案。对重要的会展接待，要实现拟制接待方案，并把接待方案作为会展接待工作的依据。

（3）培训接待人员。针对会展接待的礼仪性和复杂性，对会展接待人员进行相应的培训，以便有针对性地做好接待工作。

（4）落实接待事项。安排专人分工负责落实好接待各环节的具体工作。

（二）接站与引导

接站是指会展接待人员根据不同接待规格，采取不同接站方式，前往机场、码头、车站等迎接参展对象。引导是指会展活动期间，接待人员为参展对象指引会场、展馆、展区以及展位、座位、餐厅等所有场所的方位。引导看似小节，却体现了主办方周到细心的服务，会赢得参展者的好感与赞誉。

（三）报到与签到

报到与签到都是参展方到达目的地后所办理的手续。二者的区别是，报到只是参展者到达会展地所办理的注册登记手续，只证明其抵达了会展地，但不能证明其参加每一项具体活动。签到则是参加对象进入会场或展馆时的签名或盖章刷卡，证明其参加了某项具体活动。报到时需要查验证件、登记信息、收发材料或文件、预收费用和安排住宿。

（四）看望与会见

参展对象安顿好后，主办方的领导出于礼节和进一步沟通的需要，出面看望或会见参展对象。这一环节需要做好以下工作：

（1）根据规格确定出面的领导人身份。

（2）安排见面的时间和地点。

（3）通知参展对象。

（4）安排陪同人员等。

（五）食宿与作息安排

饮食安排要注意规格适中、饮食安全卫生，还要照顾到有特殊要求的参展者的要求，如少数民族、外宾等。

住宿安排要注意集中、离会场近、设施齐全、安全安静等。

作息时间安排要注意服从会议议题活动的需要、劳逸结合等。作息时间如有变化，应立即通知相关人。

（六）文艺招待与参观游览

为丰富会展活动期间的业余生活，主办方往往还会根据情况安排休闲游览活动，如看电影或文艺节目，参观游览名胜等。

举行文艺招待注意做好以下工作：

（1）选好节目。配合会展主题或宣传的目的选择合适的文艺演出或影片。

（2）安排好接送和入席退场工作。

组织参观游览应该做到：

（1）选择策划游览项目及路线。

（2）安排落实线路、车辆、资金物品等。

（3）确定陪同人员。

（4）介绍情况。

（5）提醒注意安全。

（七）离返工作

（1）预订返程票。

（2）结算费用。

（3）检查会场和房间等。

（4）送行。

四、会展接待工作基本原则

（1）态度要热情，服务应周到。会展接待人员应当充分认识到接待工作的重要性，接待过程中，一定做到热情接待，周到服务，保证会展不会因为接待工作的失误而影响效果。

（2）接待讲礼节，待客需平等。对待来自不同国家、不同地区、不同地域或不同民族的参展对象，一定要讲究礼节礼仪方式，不要以任何歧视的态度或者不尊重的行为，去对待参展对象，避免造成关系紧张，气氛不够和谐而影响整个会展活动开展的局面。

（3）应急有预案，安全重防范。会展是一个规模庞大的活动，工作环节繁多，任何一个小的失误或错漏都可能让会展活动失败。因此，一定要针对主要环节制定应急预案，尤其是会展活动的安全保卫工作，采取严格的防范措施，制定可行的应急预案，保证会展活动的安全有序。

第五节 会 展 服 务

一、会展服务的含义

广义的会展服务，包括会展企业以及所有与会展活动相关的企业（比如旅行社、旅馆、酒店、超市、银行、保险等），向会展活动的主办方、承办者、与会者、参展者、客商以及观众提供的全方位服务。包括会展策划、会展筹备和组织、会展接待、会展文案的制作、广告宣传等。其中服务主力是会展企业。

狭义的会展服务，是指会展活动中，由主办方或承办方向与会者、参展者、客商以及观众提供的各项服务。如接待、展台设计与制作、展台搭建、交通、旅游、文书、通信、采访、金融等方面。这些服务大部分是由主办方或承办方直接提供，也有间接提供方，如银行、保险、旅游等。

本部分介绍的会展服务是狭义的会展服务。

二、会展服务的主要内容

从展会的实际运作过程来看，一个展会的服务体系应该包括展前、展中和展后三个阶段。简单地说，就是展览会的主办方要为参展商负责。比如展会前的咨询、充分利用网络宣传展览会的有关信息、在线预登记等；展会期间要“使展馆内的生活成为可能”；展后仍然为参展商提供数据分析服务等。具体说，会展服务的内容通常可以分为以下几类：

（1）广告宣传服务。现代会展广告宣传服务的项目很多，围绕会展现场的相关服务有宣传派送活动的宣传品、服务手册、提供会展现场的招贴广告和入场券广告等。

（2）设计安装服务。会展活动离不开安装服务，从展台、会场的设计，展具展架定制、搭建到撤展等都需要专门的服务。

（3）设备租赁服务。如向参展商提供语音视频会议系统、电视墙、视频数字投影仪、音响扩声系统、灯光表演系统、同声传译系统等设备的租赁、安装、调试服务。

（4）运输仓储服务。包括提供展品、展具、展架的包装、运输、通关、搬运、仓储等。

（5）信息咨询服务。信息咨询类服务包含的内容多种多样，如网络资讯；参展商信息收集；提供会议简报、展会动态、处理提案和议案；展会统计分析报告、建立行业信息中心等。

（6）秘书、礼仪服务。秘书、礼仪服务在会展活动中是最常见的服务内容，如现场分析报告制作、电子会刊的制作以及市场营销软件方面的服务；文印、文案写作、会议记录；报到签到、资料分发、礼仪引导；庆典礼仪、会展模特等，这些方面的服务都属于文秘和礼仪类的服务。

（7）观光考察服务。现代会展通常在会展活动期间或会展结束后，结合会展活动主题，安排商务考察、文化考察、观光旅游等方面的服务。

（8）休闲娱乐服务。安排文艺表演、体育比赛、电影录像，安排打高尔夫球等活动，让观众和嘉宾休闲娱乐也是会展常见的服务形式。

（9）后勤保障服务。主要是为参加者提供食宿安排、茶水供应、票务联系、展品保护、现场急救等服务。

三、会展服务的基本特征

会展工作的本质就是服务。概括起来说，会展服务具有如下基本特征：

（1）专业性。参与会展服务的人员必须掌握足够的会展专业知识，只有明确会展的业务性质、范围、工作流程、职责要求及服务标准，才能很好地完成会展服务工作。

（2）人文性。“人文”强调对人的关怀，强调个性化服务。在会展服务中，人文性贯穿于会展的整个过程——会展的议题、会展报名、会场的选择、会展的策划与筹备、日程安排、与会者的膳食、会展布置、现场服务及会后的后续工作等，每一个细小的环节都具有人文性。

（3）综合性。会展服务工作，需要综合素质好、业务能力强的专业人员。因为会展服务的对象特殊而又复杂，参与会展服务的人员不仅政治素质过关，艺术文化素养高，而且能熟练使用现代设施及设备，综合素质要求较高。

（4）时尚性。会展服务与时代经济的发展密切相连，因而，服务的形式与内容都要求具有时代感，甚至前卫，能给所有参加展会的人留下深刻的印象。

（5）协调性。会展服务涉及的部门很多，各部门需要通力合作，协调共进才能提高服务效率，达到共赢的目的。

思考题：下面是一个会展从业者的自述，请从他的自述中，总结出会展人必须具备的职业素质。

80后小伙，讲述会展公司艰辛成功的真实经历

2006年的2月，经过3轮面试，我被一家世界可以排上前十的会展公司录用了。

做过会展的朋友应该都知道，虽然十大最累的行业里面没有这一行，但并非因为它不够累，而是因为它比那些行业累得多。会展在中国一直没有受到过重视，只是把它作为市场营销，或是公关的一个附属品对待。而我，就在这样的一个夹缝行业中起步了。

公司的人手奇缺，可项目着实没少接，每个AE（是英语Account Executive一词的缩写，它是指在广告公司中执行广告业务的具体负责人）身上起码都背着五六个项目，有发布会，有晚宴，也有展台搭建。

我就在一窍不通中背上了4个项目，那是一段没日没夜的时光，每天忙到深夜两三点，手机随时待命。

一场最简单的新闻发布会，需要筹划场地斟选、场地租赁、现场摆台、流程、设计、搭建、道具、人员安排、表演、主持人台本、AV灯光音响、软件视频、摄影摄像、网络直播、礼品购买与包装、记者媒体、新闻通稿、媒体车马费用、接送飞机、嘉宾邀请、安排车辆、酒店入住、嘉宾台本，甚至是盒饭、停车证，等等诸多无比烦琐的事务。一

场最简单的新闻发布会。仅落在电脑上的各种ppt、excel与word就有数万字之多，更别提前期各方面的沟通与修改。确切地说，只要客户方面有一点点修改，便是牵一发而动全身，需要会展人员做出最及时的各方面协调，而前期哪怕是最不起眼的一根AV数据线在现场没有到位，也足以使整场精心策划好的会议砸锅。而那时，我竟身背4个项目，与不同的客户周旋，与数十家vendor协调。而我刚刚入行，一窍不通。

刚开始的项目，我几乎做一个砸一个。我意识到，做会展，需要有惊人的统筹力，规划力，沟通斡旋能力，需要你反应迅速，为人强硬却又进退有度，同时能说善写，当然，绝对要有无穷的精力、体力和脑力。而我，似乎除了英文还不错，其他一无是处。

我能不能撑过试用期，这是我当时唯一的想法。那时，GM经常把我叫到他的小屋里，告诉我，××客户又投诉你了。我低头，不知如何应对这样的诘难。

我被调组了，调到了一个新组，因为公司挖来了一个新的AD，据说是行业内数一数二的牛人，于是，公司决定把其他组里的累赘编进他那一组。至少，同事们都这样说。

我至今感谢那次调组，它让我碰到了一位非常好的leader，以及两位我引为患难之交的兄弟。

新AD的办事方式绝对的雷厉，他手上有四五个大客户，同时可以接下他们所有的会议和展位，并参加投标。他的脾气非常暴躁，但绝不是对你有偏见，只是因为你跟不上他的节奏。他会将一切工作极有条理地分配给下面的AM与AE，他时常在饭桌上对我们说，我们是一条船上的人，现在全公司都看着我们这个新组能不能完成今年的任务，我们不能先垮了。那时的组里，气氛前所未有的团结，因为leader，他很真。

我们接了个大项目，上万人的晚会，现场的每一位观众都是嘉宾，那是我迄今为止做过的最大的项目。一个月不到的准备时间，我们忙疯了。组里还有另外两个AE，年龄与我相仿，最大的80年生。我们各自有任务，却需要相互协调，于是我们渐渐熟识了起来，他俩一个在公司已经做了1年，另一个却比我还新。于是，“老”人带着新人，我们被重压压得喘不过气，却每天挣扎着往返于公司、客户、工厂和会场，独独没有回过家。

我犹记得晚会的前晚，我们搬到会场附近的酒店里，时隔8个月，我又一次住回了五星级酒店，可我那时完全没有了所谓“享受”的快感。脱下数天的臭衣，洗澡，然后直接去了会议现场，那里的搭建还在继续，礼品与兼职不知有没有到位，我得去盯场。

我现在信奉一句话，拔苗不能助长，但压苗却绝对可以。那时所面对的压力是无法用语言表述的。举个简单的例子，上万名受邀宾客的名字必须反复确认并打印成桌签，同时，还需要确认外地宾客的航班和入住信息，这已足够让人疯狂，作为邀请来的嘉宾，在桌签上，他们的名字绝对不能有一个字母的错误，而且嘉宾名单还总在变动，不到晚会开始，谁也不知道哪位嘉宾会临时不来，或者临时想来。而这，仅仅是属于整场晚会最不起眼的一个小环节——嘉宾邀请所需要承担的工作。在这样压力下，我学到了如何操办一台真正的晚会的幕后流程，并疯狂地想要将这些存在我的记忆里。

晚会结束时，我们连抱头痛哭的力气也没有了。客户一一上来向我们道谢，握手，欢笑。然后，我们坐在地上看着搭建工人撤场。我永远也忘不了当时leader站在一边发呆的样子。

经过了这场战役，我渐渐入行，慢慢也可以独立做一些小项目，似乎也没再接到什么投诉。在客户面前不再紧张和胆怯，敢和他们大胆地讨论并招待他们，也学会了和vendor们讨价还价……我渐渐脱离了月光的窘境，开始向家里汇钱，并开始考虑买房买车。

基本上，我的经历就到这里了。今年年中，有猎头给我打电话，让我去我现在的这家公司，因为有一个event manager的空缺，月薪16 000，可以带一个4人的team。其实，在毕业了三年后，接到猎头的电话已经是家常便饭，大部分我都会礼貌地回绝掉。但那个电话不同，因为在展览公司时我曾经与这家公司合作过几次，在同类公司中或许能排在世界的top 1，至少我与我的同事现在还是这样认为的。作为我原来所在会展公司的甲方，我一直想去，甚至成为了我的一个梦想，因为他能让我接触到行业内更上一层的建筑，市场部门的决策层面，于是为了实现这个梦想，我跳槽了，尽管我换过很多工作，但真正意义上的，光明正大跳槽，这是唯一的一次。

附录 B　公务文书中的数字使用规范

公文是党政机关、企事业单位或群众团体，行使管理职能、进行公务活动、办理具体事务的重要工具。现代公文中，数字已成为公文中经常使用的一种文字形式，在公文中数字形式应当规范有效地使用。

公文中常用的数字形式不止一种，有的人在使用中不知该如何选用不同的数字形式，存在着错用、滥用、误用、混用等情况，如“庆祝五一”写成“庆祝 5.1”、“腊月十五”写作“腊月 15”、“七八天”写作“七、八天”；而在讲话类（包括用口语形式表达的会议报告、主持词等所有文书）文稿中，面对较大的数字或较小的数字，有时又不顾及讲话人口语表达方便，拉出一大串阿拉伯数字，如“生产总量达 1 300 000 000 吨”造成讲话人念读起来生涩、尴尬。

实际上，公文中常用的数字书写形式有两种：一种是汉字形式；另一种是阿拉伯数字形式。数字在公文中的运用有着严格的规范要求，不仅中共中央办公厅颁布的《中国共产党机关公文处理条例》和国务院颁布的《国家行政机关公文处理办法》对数字使用有规定，而且有关部门还专门制定了国家标准的《出版物上数字用法的规定》。因此，公文行文中必须按照规定和标准使用数字形式，以维护公文的严肃性和权威性。

为了便于同学们的学习，特将公文中数字用法的主要的规范梳理摘录下来。

一、数字概述

汉字数字是指“〇、一、二、三、四、五、六、七、八、九、十”及其大写形式“零、壹、贰、叁、肆、伍、陆、柒、捌、玖、拾”。阿拉伯数字是指“0，1，2，3，4，5，6，7，8，9”十个数字。数字书写形式不同，就不能将这些不同形式的数字混用，不论是汉字数字，还是阿拉伯数字，在公文中都具有严格的规定和统一的用法。

二、汉字数字的使用规范

公文中有些地方必须使用汉字数字形式。

（1）长期以来约定俗成的定型的词语、词组、成语、短语、惯用语、缩略语或具有修辞色彩的词语中作为语素的数字，必须使用汉字。如：一概、九州、三番几次、八仙过海、零点方案、见其一未见其二、不管三七二十一、九牛二虎之力、行百里者半九十，等等。另外，某些数字形式的缩略语必须使用汉字数字，如“三个代表”“五讲四美”等。

（2）星期、季度的表述及规范化简称、统称用语需使用汉字形式的数字，如：星期一，星期六、第二季度、第四季度，二万五千里长征、十六届四中全会、七届三中全会等。

（3）中国历史纪年、干支纪年、夏历月日、各民族非公历纪年的表述，应使用汉字数字。如：万历十五年、丙寅年九月二十三日、戊子年四月十七日、腊月初八，正月十五，藏历阳木龙年八月二十六日等。同时，为了表达得更加明白清楚，可在它们的后边用阿拉伯数字进行括注。如康熙二十一年（1682年）。

（4）相邻的两个数字并列连用表示概数的，须使用汉字数字，且之间不能用符号隔开。如："三四天"不能写成"三、四天"，"八九万套"不能写成"八、九万套"。

（5）含有月、日简称以表示事件、节日或其他特定意义的词组，应使用汉字数字。如果涉及一月、十一月、十二月等因数字的重复性或连续性可能引发歧义的，要将表示月和日的数字用间隔号"•"隔开，并加引号。如："一・二八"事变（1月28日）、"一二・九"运动（12月9月），若写作"一二八"事变、"一二九"事变，则可能理解为"12月8日"、"1月29日"，进而也就违背了历史事实。涉及其他月份的，不必使用间隔号，但是否使用引号，则视事件的知名度和社会的习惯性使用而定。如"五四运动"、"五一国际劳动节"、"九一三"事件、"七七事变"等。

（6）用"多""几""余""左右""上下""大约"等表示不精确数时，使用汉语数字。如：一百多次、九万左右、十余年、三十上下、约五十人等。如果文中出现一组具有统计意义和比较意义的数字，用"多"、"约"等表示约数时，为保持局部体例上的一致，其约数也可以使用阿拉伯数字。如：全省农村信用社募集资金近5000万元，衣物9000多件，用于支持灾区灾民灾后重建。

（7）国家行政机关公文的成文时间用汉语数字，党的机关公文成文日期应按规定使用阿拉伯数字。如行政机关公文中成文日期署为"二〇一一年九月十八日"；党的机关公文则署为"2009年9月18日"。特别注意在签署行政机关公文成文日期时，应注意"〇"与"0"的区分。"〇"是一个汉字数字，而"0"是阿拉伯数字。"二〇〇八年四月十八日"不能写成"二00八年四月十八日"。

三、阿拉伯数字的使用规范

（1）公历世纪、年代、年、月、日、分、秒的表述，用阿拉伯数字。如：公元前8世纪、公元前365年、20世纪80年代、公元1949年10月1日、23时15分55秒等。另外，公文中的年份一般不用简写，如2007年，一般不写成07年。

（2）物理量数值必须使用阿拉伯数字，并正确使用法定计量单位。如：700kg、82cm、30℃等。非物理量数值一般情况下应使用阿拉伯数字，如500元，12个月、50名。

（3）统计表中的数值，如正负整数、小数、百分比、分数、比例等，必须使用阿拉伯数字。例如，18、−29，−23.5、56%、1/9、1:700等。

（4）部队编号、文件编号、证件号码和其他序号，须用阿拉伯数字。如：56242部队、总2389号、国办发〔2007〕12号文、T45/T34次列车、HP-3000型电子计算机、97号汽油、维生素C_2等。

（5）引文标注中的版次、卷次、页码，除古籍应与所据版本一致外，一般要使用阿拉伯数字。如：见《金融学》中文2版，208页，北京，中国教育出版社，1992。

（6）5位以上的数字且尾数多零的，为避免跨行和兼顾美观，一般可以用"万"、"亿"

等单位计数。如 345 000 000 元，可写成 3.45 亿或 34 500 万。注意多位的阿拉伯数字，不能换行。

（7）机关公文中的附件序号和页码标识当使用阿拉伯数字，如“附件 1”、“第 1 页”。

四、数字使用的注意事项

（1）在公文中使用概数（模糊数）、约数数字，应当只模糊一头，而不能模糊两头。如：“近百人”或“百人左右”，不能写或“近百人左右”；“80%以上”或“接近 80%”，不能写成“接近 80%以上”，等等。

（2）人民币大写应采用汉语数字的大写形式，如 128.45 元，当写作“壹佰贰拾捌圆肆角伍分”。

（3）文件标题序号标写采用汉字和阿拉伯数字混合使用的编排方式，其标准格式是：第一层为“一、”，第二层“（一）”，第三层为“1.”，第四层为“（1）”。

（4）文章中使用数字时，在不违反汉语习惯的前提下，能用阿拉伯数字的地方尽量用阿拉伯数字，但应尽量保持前后数字书写形式一致。

参考文献

葛红岩．2007．秘书与会议组织和服务．北京：人民出版社．
葛红岩．2007．新编秘书实务．北京：高等教育出版社．
葛红岩，施剑南．2007．会议组织与服务：知识·技能·案例·实训．上海：上海财经大学出版社．
胡伟．2010．会议与商务活动．北京：科学出版社．
焦东方，谢风来．2010．文书拟写与处理．北京：科学出版社．
金正昆．2005．政务礼仪教程．北京：中国人民大学出版社．
李树春．2010．会议文书写作方法·结构·最新例文．北京：中国纺织出版社．
梁春燕，等．2010．会议组织与服务．北京：北京大学出版社．
廖雄军．2007．会议组织规范与技巧．南宁：广西人民出版社．
鲁亚萍．2004．新编秘书实务．大连：大连理工大学出版社．
陆瑜芳．2006．秘书学概论．上海：复旦大学出版社．
孟庆荣．2010．秘书工作案例及分析（2版）．北京：清华大学出版社．
丘国新，陈少夫．2003．会议文书写作．广州：中山大学出版社．
桑德拉·L.莫罗[美]．2005．会展艺术：展会管理实务．上海：上海远东出版社．
宋影萍．2011．办公室文书写作与范例．北京：蓝天出版社．
王敏杰．2008．商务会议活动管理实务．上海：上海交通大学出版社．
王首程．2008．会议管理．北京：高等教育出版社．
王守福．2001．文秘工作案例与分析．北京：高等教育出版社．
王育．2005．秘书实务．北京：高等教育出版社．
王云奇．2011．会议文书写作规范与实用例文全书．北京：中国纺织出版社．
向国敏．2005．会展实务．上海：上海财经大学出版社．
向阳，等．2010．会议策划与组织．重庆：重庆大学出版社．
许传宏．2005．会展策划．上海：复旦大学出版社．
严三九，王虎．2010．文化产业创意与策划．上海：复旦大学出版社．
野田孝[日]．1989．怎样使会议效率化．王国文，等译．上海：科学普及出版社．
张丽琍．2009．秘书会务工作与实训．北京：中国人民大学出版社．
张芹玲．2009．应用文写作教程．北京：高等教育出版社．
张晓彤．2004．高效会议管理技巧．北京：北京大学出版社．
赵锁龙．2004．管理秘书实务．北京：中国人民大学出版社．
郑建瑜．2008．会议策划与管理．天津：南开大学出版社．
中国就业培训指导中心编写组．2006．秘书国家职业资格培训教程．北京：中国广播电视大学出版社．